Christian Schütte-Bäumner
Que(e)r durch die Soziale Arbeit

**Christian Schütte-Bäumner** (Dr. phil.), Diplom-Pädagoge, ist wissenschaftlicher Mitarbeiter am Fachbereich Erziehungswissenschaften der Johann Wolfgang Goethe-Universität Frankfurt am Main. Seine Forschungsschwerpunkte sind Professionalisierung Sozialer Arbeit, Queer Theory und qualitative Sozialforschung.

Christian Schütte-Bäumner

# Que(e)r durch die Soziale Arbeit

Professionelle Praxis in den AIDS-Hilfen

[transcript]

*Inaugural-Dissertation zur Erlangung des Doktorgrades der Philosophie am Fachbereich Erziehungswissenschaften der Johann Wolfgang Goethe-Universität*

*Gedruckt mit freundlicher Unterstützung der Hans-Böckler-Stiftung.*

**Bibliografische Information der Deutschen Bibliothek**
Die Deutsche Bibliothek verzeichnet diese Publikation in der Deutschen Nationalbibliografie; detaillierte bibliografische Daten sind im Internet über http://dnb.ddb.de abrufbar.



Umschlaggestaltung: Kordula Röckenhaus, Bielefeld
Lektorat & Satz: Christian Schütte-Bäumer
Druck: Majuskel Medienproduktion GmbH, Wetzlar
ISBN 978-3-89942-717-2

Gedruckt auf alterungsbeständigem Papier mit chlorfrei gebleichtem Zellstoff.

Besuchen Sie uns im Internet: *http://www.transcript-verlag.de*

Bitte fordern Sie unser Gesamtverzeichnis und andere Broschüren an unter: *info@transcript-verlag.de*

# Inhalt

# Vorher ist nachher oder: Sand im Getriebe

Das Verfassen eines Vorwortes gehört zu den eigentümlichen Konventionen literarischer Praxis. Auch wissenschaftliche Abhandlungen greifen diese Arbeitsweise auf und platzieren in diesem Textteil einführende Gedanken, Er-Klärungen, Auflösungen, Lobesreden, oder theoretische, holzschnittartige Skizzen. Es finden sich unterschiedliche Funktionen für diese Textform, die dem eigentlichen Hauptwort, also dem zentralen Skript vorangestellt wird. Wenn das Wort als *logos* verstanden und interpretiert wird, als auf die Vernunft bezogene Äußerung, so rückt seine Funktion als ›Lehrsatz‹ in den Vordergrund. Ich werde an dieser Stelle keine prologischen Gebrauchsanweisungen oder Interpretationsrezepturen für meine Untersuchung anbieten. Vielmehr möchte ich die Gelegenheit eines Davor nutzen und im Sinne eines Postskriptums, die Erfahrungen des Danach selbstreflexiv nutzen. Es geht mir um eine Kritik am allzu banalisierten Einsatz queerer Gesellschaftsanalysen. Und zugleich möchte ich einwenden, dass es nicht möglich ist, außerhalb gesellschaftlicher Diskurse und Anrufungen, Existenzweisen zu verteidigen, Widerstand zu organisieren und zu leben. Was ist das Problem, wenn queer als Denkbewegung über die Grenzen kategorialer Identitäten hinausgehen will und dafür mit den Grenzen sexueller Normativität spielt? Wieso sollte queer kein Konzept werden? Warum kann queer nicht als ›Werkzeugkiste‹, Arbeitshilfe und Programm genutzt werden? Und was hat das Ganze schließlich mit den Profis in den AIDS-Hilfen zu tun?

Die professionelle Praxis in den AIDS-Hilfen präsentiert sich in den Expert_innengesprächen, die ich mit Sozialarbeiterinnen geführt habe, als fortschrittliche, auf die Bedürfnisse der Adressaten zugeschnittene, soziale Dienstleistungs-Institution. Gleichzeitig sind komplexe Diskursformationen zu beobachten, mit denen es die professionellen AIDS-Arbeiter zu tun haben. Sie balancieren gewissermaßen zwischen sozialstaatlicher Gesetzmäßigkeit, ›neoliberaler Neuprogrammierung‹ des gesamten Care-Work und dem Besonderen, das ›ihre Einrichtung AIDS-Hilfe‹ ausmacht.

AIDS-Arbeit ist seit jeher eine Einstellungssache gewesen und insofern eng verknüpft mit Fragen nach der beruflichen, sexuellen und politischen Identität.

So gesehen beschreiben manche Akteure sich selbst in privaten wie auch professionellen Bezügen eng verbunden mit der AIDS-Hilfe als Arbeitgeberin und ›subkultureller Begegnungsstätte‹. Der Kampf um das schwule, gefährdete Subjekt nimmt in dieser Hinsicht eine herausragende Position ein und lanciert die geradezu leidenschaftlichen Bemühungen, das ›fragwürdige Ich‹ unter professionalisierungstheoretischen Gesichtspunkten eindeutig orientiert, nämlich schwul, zu determinieren. Schwule Identität wird in dieser Hinsicht als professionelle Autorität in Bezug auf Fragen effektiver AIDS-Prävention und philanthropischer Kranken-Betreuung apostrophiert. AIDS-Hilfe-Arbeiter repräsentieren hybrides Erfahrungswissen, das private Bewältigungsstrategien des Schwulwerdens mit professionellem Know-How zusammenführt.

Sozialpolitisch wird diese Sonderform der kollektiven Selbstsorge instrumentalisiert, indem die professionelle Praxis der Sozialarbeiter/innen in den AIDS-Hilfen als ›interaktives, subkulturelles Kompetenzprofil‹ etikettiert wird. Auf diese Weise schließt sich Ghetto-Politik mit Wohlfahrtsprogrammatik zusammen. Das wäre die eine, die affirmativ auf das handlungsfähige, autonome Subjekt bezogene Variante schwuler Selbsteinschätzung und Positionierung. »Diese Anstrengungen bestehen beispielsweise darin, dass neue soziale Formen in traditionelle Schemata eingepasst oder Bereichen der ›Unbewohnbarkeit‹ oder Nicht-Intelligibilität, wie Butler sie nennt, zugeordnet werden« (Genschel 1997: 84).

Der Literatur- und Kulturwissenschaftler Volker Woltersdorff analysiert die Etappen und Dimensionen des Coming-Out-Prozesses als subkulturelle Praktiken zwischen »Auflehnung und Anpassung« (Woltersdorff 2005: 177). Bemerkenswert an seiner Untersuchung ist, dass er in den subkulturellen Räumen der sexuellen Selbstvergewisserung sowohl ein Moment der Affirmation wie auch der Subversion ausmacht. Das Coming-Out, so Woltersdorff, »ist also auch ein Coming-in« (ebd.).

Damit kommt eine weitere, nämlich identitätskritische und reflexive Variante ins Spiel, die jedwede Identitätskategorie nach ihrer Deutungsmacht befragt. Verqueere Identitäts-Inszenierungen bewegen sich meines Erachtens in einem dialektischen Verhältnis der Fügsamkeit und der Opposition im Sinne subversiver Kapazität und Potenzialität. Wir haben es mit paradoxen Inszenierungen zu tun, denn: Jene ambivalente Gleichzeitigkeit im Prozess der Subjektwerdung kann zugleich auch als Analysemodus und produktives Unbehagen genutzt werden. Dieser Lesart folgend, geraten Subjektivierungsweisen in ein Konfliktfeld komplexer Machtverhältnisse. Ihre produktive Kraft stabilisieren sie durch den Zwang perpetuierender Selbstdarstellung. Das Konzept der Re-Inszenierung identitärer Vignetten erscheint unhintergehbar notwendig zu sein, weil wir versuchen, uns im Akt beständiger Wiederholungen erkennbar zu halten. Es bleibt aber offen und fraglich, wie fest und beständig Identifikationen wirklich sind. Damit sind Möglichkeiten angedeutet, soziale Techniken der Zuschreibung, Etikettierung sowie Konventionen durch Gegendiskurse zu stören, mit anderen Worten *Sand ins Getriebe* zu geben. Möglicherweise braucht eine Interessenpolitik von unten ›die Betroffenen‹, aber sie muss nicht wissen ›wer‹ sie sind[1]. Mit Sabine Hark (1999) lässt sich fragen:

»Wie kann ›im Namen‹ der Legitimierung einer sozial aufgezwungenen Differenz gesprochen werden, ohne die historisch spezifischen Mechanismen disziplinierender Differenzierung erneut zu stabilisieren? Was sind die politischen Einsätze, die bei dem Versuch auf dem Spiel stehen, eine Identitätskategorie – Instrument regulativer Regime der Normalisierung und zugleich persönlich, sozial und politisch (potentieller) Ort des Einspruchs gegen die vielfältigen Formen von Normalisierung – zu reartikulieren?« (Hark 1999: 18).

In einer queer-kritischen Perspektive wird die vermeintlich notwendige Bezugnahme auf ein vorbestimmtes und naturhaft angelegtes, monadisches Selbst im Sinne eines Originals, kritisiert. »Queer kann nicht ›echt‹ sein, es gibt nichts was die Authentizität von queer legitimiert, queer heißt einzig und allein ›performing the gap‹ den _ zu leben« (Herrmann o.J.). Mit dieser verqueeren Denkbewegung werden Selbst-Zuschreibungen als affirmative Kategorisierungen, die scheinbar selbstverständlich ablaufen und somit politische Realitäten als gegebene Ordnungsregulative voraussetzen, problematisiert. Wenn sich Individuen selbst als ›Homosexuelle‹, als schwules oder lesbisches Subjekt, identifizieren und gleichsam Aspekte des Seins als etwas Gegebenes oder wesenhaft Gedachtes eindeutig festschreiben und klassifizieren, so bleiben die politischen Effekte im ›closing the gap‹ unberücksichtigt. An diesem Punkt ›naiver Subjektkonstruktion‹ zeigen sich problematische Distinktionspraktiken: »Denn es ist eine Inszenierung, sich (gewöhnlich als Reaktion auf eine Anfrage) zu einer Identität zu bekennen oder in ihrem Namen zu schreiben, eine Inszenierung, die – ist sie erst produziert – manchmal die Funktion eines politisch wirksamen Trugbilds erfüllt« (Butler 2003: 144). Gleichwohl produzieren soziale Kämpfe um gesellschaftliche Anerkennung stets ein ›diskursives Residuum‹, das ich als Unbehagen thematisieren möchte, sobald wir im ›Namen von …‹ argumentieren und somit normative Schemata reproduzieren und konsolidieren.

1 Ich beziehe mich auf Butlers Ausführungen zum »Ort der politischen Neuverhandlung« (dies. 1993a: 10). Hier versucht Butler eine Erklärung, warum es nicht darum gehen kann, ›die Kategorie(sierungen)‹ von Menschen zu ignorieren, dass es aber sehr wohl um eine Zurückweisung dieser Typisierungen als naturalistische Bestimmung gehen muss.

Wenn ich Queer Professionals als Strategie für eine Form des reflexiven Nachdenkens, des genauen Hinsehens und den Versuch, sich nicht dumm machen zu lassen, beschreibe, so bleibt die Schwierigkeit, dass ich im selben Augenblick eine Namensgebung, ja eine Anrufung praktiziere. Mit den von mir ausgeführten, kritischen Analysen und Interpretationen zu professionellen wie auch sexuellen Identitäten und deren produktiven Verschränkungen praktiziere ich tatsächlich so etwas wie Etikettierung. Hier erweitert sich die Schwierigkeit in die Richtung, dass Etikettierungen immer auch politisch eingesetzt werden (können), und insofern Funktionalisierungen im Kontext von ›Bezeichnungen‹ stattfinden, die schließlich genau jene politische Instrumentalisierungen von ›besonderen Professionellen‹, die dann ›Queer Professionals‹ heißen könnten, legitimieren, die ich doch eigentlich irritieren wollte. Wie ist mit dem Problem der Fremdbezeichnung umzugehen, wenn eigentlich immer im Raum steht, dass die Zuschreibungen zugleich im Akt der Anrufung personalisieren und Essenzen festschreiben? Warum führe ich Queer mit der Professionalisierung Sozialer Arbeit in den AIDS-Hilfen im Titel ›Queer Professionals‹ zusammen? Vielleicht sollte meine Arbeit im Feld des institutionalisierten Care Work in den AIDS-Hilfen tatsächlich als eine reflexive Auseinandersetzung mit Begriffen verstanden werden. Nachdenken und Sprechen ohne Abstraktion wäre unter relationalen Gesichtspunkten nicht möglich, oder, wie Adorno es formuliert: »Denken ohne Begriffe ist keines« (Adorno 1997: 105).

Der Mensch macht sich ein Bild von der Welt, er identifiziert Gegenstände als eindeutig und bringt deren Erscheinung auf den Begriff. So können soziale Beziehungen überhaupt erst praktiziert werden. »Man braucht einen Begriff von der Sache, wenn man empirisch arbeiten will«, so könnte man vielleicht Helga Cremer-Schäfer treffend zitieren, und deshalb stellt sich eben schon die Frage, mit welchen Theorien, Vorannahmen oder Einstellungen Wissenschaft betrieben wird. In Bezug auf die Institution AIDS-Hilfe und ihre professionellen Akteure interessiert mich zweifellos, was es mit dem Subjekt auf sich hat. Doch impliziert dieses Interesse bereits ein Scheitern am ›naiven Subjektbegriff‹? Queer »steht für den Versuch, die Identitätskategorien schwul und lesbisch (und damit auch Heterosexualität als Identität) in ihrer (vermeintlichen) Kohärenz in Frage zu stellen. Es ist ein Zeichen, das nichts bezeichnet, da es keinen Referenten gibt, auf das es verweist: queer ersetzt in den USA neuerdings zwar häufig andere Selbstdefinitionen wie schwul, lesbisch, bisexuell; letztlich steht es jedoch quer zu all diesen Kategorien und beansprucht, diesen gleichsam den ontologischen Boden unter den Füßen wegzureißen« (Hark 1993: 104).

Ich interpretiere Queer Professionals als eine (sozialwissenschaftliche) Perspektive, deren Fluchtpunkt keine erneute Identitätsarbeit sondern die reflexive Beschäftigung mit diskursiven Praktiken ist, die als Begriff »ein Scharnier (bilden), an dem sich Reden und Handeln, Sprache und Macht als

Realität und Sinn erzeugende Praktiken verschränken« (Bublitz 2003: 10). Es handelt sich also um eine Denkbewegung, die den legitimierten Status Quo als Selbstverständlichkeit in Frage stellt, nicht mehr und nicht weniger. Queer in Koalition mit *Professionalism* symbolisiert eigentlich eine unmögliche Liaison, denn in der Assoziation, Queer als »Falschgeld« zu verstehen, wie es Sabine Hark (1993) anregt, würde ein legitimierter Standard, der mit dem Label professionell ausgezeichnet wird, konterkariert. Die ›Falschgeld-Professionellen[2]‹ in den AIDS-Hilfen irritieren den Diskurs der Institutionwerdung und Evidenzbasierung, welchen man als neues Paradigma in der Professionalisierungsdebatte (auch) in der Sozialen Arbeit sehen kann.

In dem Augenblick, wo professionelle AIDS-Arbeiter durch die Akzentuierung ›spezifisch schwuler Care-Kompetenzen‹ institutionelle Abgrenzungen zum Schutz vor Diskriminierung und zur Mobilisierung praktizieren, verweist eine queer-kritische Reflexion grundsätzlich auf identitätspolitische Dilemmata im Zuge einer Professionalisierung Sozialer Arbeit in den AIDS-Hilfen. Identitätsarbeit ist als unhintergehbare Interaktionsleistung zu verstehen, damit Anerkennung und soziale Zugehörigkeit in ein angemessenes Verhältnis zu sich Selbst gesetzt werden kann und zugleich repräsentiert sie immer auch ›Orte eindeutiger Lebensweise‹, die im Prozess der Konstituierung und Festschreibung hinterrücks Ungleichheiten und hierarchische Machtverhältnisse reproduzieren. Michel Foucault argumentiert in diesem Zusammenhang: »Die sogenannten Bewegungen zur ›sexuellen Befreiung‹ müssen, so glaube ich, als affirmative Bewegungen ›ausgehend‹ von der Sexualität verstanden werden. Das will zweierlei besagen: es sind Bewegungen, die von der Sexualität, von dem Dispositiv der Sexualität, in dem wir stecken, ausgehen und es bis zum Letzten funktionieren lassen; gleichzeitig aber setzen sie sich davon ab, lösen sich von ihm und gehen über es hinaus« (Foucault 1978b: 183). Queer Professionals greifen die Praxis ›ambivalenter Selbstbezeichnung‹ auf, die sich auf Kontinuität stützt, aber auch einen Bruch markiert. Mit anderen Worten haben wir es mit sozialen Aktivitäten zu tun, die zwar von Anfang an legitimierten, gesellschaftlichen Ordnungen unterworfen sind, die aber nicht vollständig in der Logik der Norm aufgehen. Dem Erfahrungswissen kommt an dieser Stelle besondere Bedeutung zu, denn in weiten Teilen kann es an den etablierten Diskurs der AIDS-Hilfen im Gesundheitsbereich anschließen und so auf produktive Weise eingesetzt werden. Schließlich zeichnet sich zudem so etwas wie eine *diskursive Überproduktion* ab, die sich nicht mehr gezielt auf eine klar begrenzte Handlungs-

2 Sabine Hark übersetzt queer als Substantiv mit ›Falschgeld‹; sie formuliert: »Umgangssprachlich ist *queer* ein Schimpfwort für Homosexuelle, spielt also mit der Assoziation, dass Homosexuelle so was wie Falschgeld sind, mit dem die *straight world*, die Welt der ›richtigen‹ Frauen und Männer, arglistig getäuscht werden soll« (Hark 1993: 103, Hervorh. i. O.).

notwendigkeit Bezug nimmt, sondern in den Bereich der Leerstelle(n) hinüberreicht. Diese Logik verweist auf Möglichkeitsräume des Uneigentlichen und Situationen des Als-ob.

Für die professionelle Praxis in den AIDS-Hilfen wäre nun im Anschluss zu fragen, wie sich das widersprüchliche Verhältnis im Kontext einer nachvollziehbaren, zugleich aber infrage zu stellenden Identitätspolitik im Feld darstellt. Wie funktioniert diese Ambiguität? Welche diskursiven Formationen werden im Bereich AIDS-Hilfen wirksam? Diesen Fragen möchte ich in der vorliegenden Untersuchung systematisch nachgehen.

# Einführung

So alt wie die Sozialarbeit selbst, ist die Debatte um Fragen, welcher Art ihre Professionalität sei, gar ob ihr überhaupt der Status einer Profession zugesprochen werden könne. Einmal wird gefordert, dass eine disziplinäre Identität stärker in den Blickpunkt theoretischer und praktischer Wissensbereiche Sozialer Arbeit rücken müsse (vgl. Dewe/Otto 2005a, b). Identität avanciert in dieser Hinsicht zum Dreh- und Angelpunkt professionstheoretischer Überlegungen. Ohne professionelle Identität gehe gar nichts. Ein anderes Mal wird vorgeschlagen, die Argumentationskette einer identitären Leerstelle zu verlassen und sich schleunigst den Erfolgen und Errungenschaften sozialarbeiterischer Konzeptentwicklung zuzuwenden. So dokumentiert zum Beispiel Silvia Staub-Bernasconi (1995) ihre Verwunderung über den disziplinär gepflegten, destruktiven Identitätsdiskurs in der Sozialen Arbeit und appelliert, endlich den »Weg aus dem Jammertal« (ebd.: 17) einzuschlagen und das hilflose, lautstarke Klagen zu beenden. Eine Theorie der Sozialen Arbeit sei durchaus möglich, nur müsse ihre Genügsamkeit und Bescheidenheit durch präzise Herstellung und Festschreibung einer wissenschaftlichen Basis ersetzt werden.

Wenngleich einige Gesichtspunkte in diesen Überlegungen hinsichtlich einer notwendig erscheinenden ›pragmatischen Definition Sozialer Arbeit‹ zutreffen mögen, lässt sich doch die Kontroverse im Professionalisierungsdiskurs nicht so ohne weiteres einfach abschaffen. Wenn man sich vor Augen führt, wie heftig die Diskussion um Professionalität und Nicht-Professionalität, berufliche Identität und Nicht-Identität geführt wird, so scheint dies zudem keine angemessene Reaktion. Die Entscheidung, ob einem Beruf ein besonderer Status zuerkannt wird oder nicht, reicht disziplinär wie auch berufspolitisch sehr weit. Die Art und Weise, wie nach Professionalitäten gefragt wird, wie also Begründungen, Erklärungen und möglicherweise auch Beweise gefordert werden, ist bereits entscheidend dafür, welche Konzepte zur Konstitution und Pflege von Professionalität schließlich akzeptiertermaßen den Professionalisierungsdiskurs beurteilen und bewerten dürfen. Wenn eine spezifische Identitätslogik bereits im Vorfeld als Masteridentität ausgemacht ist, so resultiert hieraus ein Ordnungsprinzip, das spezifische Professionalitäten qualitativ sortiert, andere gar ausschließt.

Wie ich am Beispiel Sozialer Arbeit in den AIDS-Hilfen empirisch aufzeigen werde, sind Expert/innen in den AIDS-Hilfen in mehrfacher Hinsicht gezwungen, sich als Identitäten darzustellen. Einerseits müssen sie klären, wie sie sich als sexuelle Identitäten im Leben behaupten können. Andererseits sehen sie sich mit der Anforderung konfrontiert, eine berufliche Identität annehmen zu müssen, um professionell auftreten zu können.

In diesem Zusammenhang spreche ich von ›Betroffenheiten‹ Sozialer Arbeit, die sich zum einen aus der Notwendigkeit ergeben, ein spezifisches Sexuellsein klären zu müssen, um zugleich den Anforderungen eines professionellen Auftritts zu genügen. Vor dem Hintergrund der Frage nach einer professionellen Identität entsteht in den AIDS-Hilfen, meiner Untersuchung zufolge, ein Problem. In Professionalisierungstheorien wird von den Professionellen Distanz gegenüber den Krisen und Problemen der Adressat/innen gefordert. Dies kann nun in AIDS-Hilfen (und meines Erachtens nicht nur dort) nicht mehr aufrechterhalten werden, denn hier zeichnet sich ein ›Konflikt‹ eines ›Selbstbetroffenseins‹ ab. Identitätskonstruktionen Sozialer Arbeit verlaufen im Praxisfeld der AIDS-Hilfen quer zum Sexualitäts-, Identitäts- und Professionalisierungsdiskurs. Auch wenn Identitätsregulierungen eingefordert werden, ist zumindest empirisch zu beobachten, dass die Verwobenheiten der Sozialarbeiter/innen in den AIDS-Hilfen mit wirkmächtigen Diskurseffekten kaum zu einer geschlossenen, einheitlichen Prototypisierung führen kann. »Denn die Normen, die diese Regulierungen leiten, gehen über die Instanzen hinaus, durch die sie verkörpert werden« (Butler 2004: 44).

In meiner Studie geht es weniger um die Frage nach der Identität von Sozialer Arbeit, denn vielmehr um die Frage nach ihren Konstitutionsprozessen: Wie entstehen Identitäten? Wie artikulieren die Akteure und Akteurinnen ihre professionelle Identität? Wie wird diese (re)produziert und bestätigt? Sind disziplinierende oder regulierende Mechanismen am Werke? Um dem analytisch auf die Spur zu kommen, bieten queertheoretische Überlegungen brauchbare Ansatzpunkte. Im Anschluss an Judith Butler frage ich danach, wie Identitäten reguliert werden und welche strategischen Möglichkeiten jenseits eindeutiger Professionalität existieren. Dabei interessiet mich, inwieweit ein professionelles Setting beschrieben werden kann, auch wenn queer-kritisch Identitätspolitiken in den Blick genommen werden. Verqueere Professionalisierung sucht Blindstellen im Programm, um die latenten, subtilen und ›normal gewordenen‹ Machtachsen im Diskurs (zumindest teilweise) sichtbar zu machen. Queere Strategien löschen keine Identitäten, sondern hinterfragen ihre genealogische Architektur.

Die von mir eingenommene queere Forschungsperspektive möchte keine bestehenden, gesellschaftlichen Kategorien eliminieren, um sie auf diese Weise sozialromantisch ›wegzudenken‹. Sie fordert aber dazu auf, habitualisierte, routinierte wie auch eingewöhnte Praktiken eines asymmetrischen Miteinanders zu destabilisieren. Vor dem Hintergrund dieser theoretischen Perspektive stelle ich eine Kritik an der ›professionellen Identität‹ als solcher heraus. Hieraus folgt, ob nicht eine Frage nach den Verhältnissen, in denen Soziale Arbeit angeboten und geleistet wird, angebracht und auch wesentlich aufschlussreicher wäre? Sind nicht auch Macht- und Herrschaftsverhältnisse am Professionalisierungsprojekt beteiligt?

Soziale Arbeit in den AIDS-Hilfen ist, wie andere Berufsfelder auch, immer häufiger mit Anforderungen nach Effektivität, Effizienz und Qualitätsentwicklung (-sicherung) konfrontiert. Die Thematisierung und Reflexion der Aufgaben, des Nutzens sowie des ›Warum Soziale Arbeit‹ ist aus mindestens zwei Perspektiven möglich. Eine erste Perspektive interessiert sich hauptsächlich für messbare, den Mehrwert steigernde Qualitäten. Diese steht in der Gefahr, Akteure auf ihre Verwertbarkeit zu reduzieren. Für ein kritisch-reflexives Projekt Sozialer Arbeit hingegen, dies wäre die zweite Perspektive, könnte es sinnvoll sein, die »unheilbaren Widersprüche«, wie Peter Pantucek (2005: 75) sie nennt, auf eine entdeckende Art und Weise zu hinterfragen? Möglicherweise ist dann auch die Entscheidung zwischen Old und New Professionalism vergleichsweise unerheblich, weil sich die Fragestellung und Perspektive verändert hat, und eine nicht-verdinglichende Perspektive im Umgang mit den ›Problemen anderer Leute‹ daher den Gebrauchswert Sozialer Arbeit akzentuiert.

Die Herrschaftskritik, die dem queeren Ansatz grundlegend innewohnt, umfasst das Verständigungswerkzeug ›unserer alltäglichen Kommunikation‹: Sprache. Es ist diese subtile Selbstverständlichkeit, mit der über sprachliche Kodes, Normen und Ordnungen aufrechterhalten und zementiert werden. Hiervor ist auch queere Forschung nicht geschützt. Auch sie agiert und argumentiert im Raum heteronormativ hergestellter und identitärer Gesetzmäßigkeiten. Im Rahmen wissenschaftlicher Textproduktion treten entweder Frauen oder Männer als Autorin oder Autor auf. Sie gehen wie vorbestimmt davon aus, dass auch ihre Leser/innen entsprechend Frauen oder Männer sein werden. Häufig findet sich bereits zu Beginn einer wissenschaftlichen Abhandlung der Verweis auf den Gebrauch geschlechtsspezifischer Artikulation. Gemeinhin fällt die Entscheidung auf die männliche Ausdrucksweise, sicherlich regelmäßig mit dem Einschub, dass immer auch das ›andere Geschlecht‹ mitgemeint sei. In einigen feministischen Texten wiederum taucht an dieser Stelle exakt das gegenteilige Ritual exklusiv weiblicher Ausdrucksweise auf. Einer exklusiv männlichen oder einer exklusiv weiblichen Sprachform wäre indes vorzuwerfen, dass die Trennung der Geschlechter anerkannt würde, dass sie eindeutige Identitäten bereits voraussetze. Die einfache Umkehrung, von maskulin zu feminin et vice versa, stellt die eingeführte Problematik einer Zweiteilung der Geschlechter nicht in Frage, sondern bestätigt sie.

Einer queer-kritischen Perspektive entspräche dieses Verfahren keinesfalls. Um den heteronormativen Sprachcode als sexuierte Regularität in wissenschaftlichen Texten zu sabotieren, werde ich sämtliche sprachlichen Kennzeichnungsmethoden anwenden. In der vorliegenden Arbeit wird dem chaotischen Gebrauch der weiblichen wie der männlichen Form der Vorzug gegeben, was den Einsatz der komplizierten, zusammenfassenden Formeln ›Innen‹, oder die Schrägstrichvariante ›/innen‹, oder aber auch die Möglichkeit eines »*performing the gap*« (Herrmann o.J.), den Unterstrich zu gestalten und zu leben, mit beinhaltet. Ungeplant und ohne Programm schöpft diese Bezeichnungspraxis aus sämtlichen Eigenarten, Geschlecht eindeutig zu markieren, nicht um festzuschreiben, sondern um zu irritieren.

Im Folgenden stelle ich den Aufbau der Arbeit vor. In Kapitel 1 »AIDS ist anders geworden« stelle ich den AIDS-Diskurs als Hintergrundfolie für die Entstehung von AIDS-Hilfe-Arbeit als Praxisfeld Sozialer Arbeit dar. Ich zeige, wie sich AIDS verändert hat und zunehmend als chronische, ›normale‹ Krankheit verhandelt wird. Während dieser Entwicklung der Geschichte von AIDS werden allerdings Normalisierungsprozesse unhinterfragt in die sozialarbeiterische Praxis integriert, wobei die Gefahr besteht, dass spezifische Diskriminierungspraxen übersehen werden. Unter Rekurs auf die Analysen zu Sexualität und Sexualitätsdiskursen von Michel Foucault, bespreche ich ›Bilder von AIDS‹ als Kontexte, in deren Kräfteverhältnis sie einerseits diskursive Verhältnisse erschaffen, von diesen sie aber andererseits überhaupt erst geschichtlich hervorgebracht werden. Ausgehend von meinen eigenen beruflichen Erfahrungen in der sozialpädagogischen Langzeitbetreuung HIV-positiver und AIDS-kranker Menschen reflektiere ich dieses Erfahrungswissen in Kapitel 2 »Selbst-Reflexive Sozialforschung«.

An dieser Stelle erläutere ich dann den qualitativen Forschungsprozess sowie das Erhebungsinstrument und reflektiere mein eigenes Involviert-Sein in das Untersuchungsfeld, um strukturelle Bias zu verhindern. Zwar erleichtert die Feldkenntnis den Eintritt und Zugang zur sozialarbeiterischen Praxis in AIDS-Hilfe, dennoch muss gerade deswegen die Gefahr eines theoretischen Hypostasierens berücksichtigt werden.

In den analytischen Rekonstruktionen von Gesprächen, die ich mit SozialarbeiterInnen in den AIDS-Hilfen, welche in meiner Untersuchung den Stellenwert von ›Experten ihrer Wirklichkeit‹ bekommen, geführt habe, stelle ich in Kapitel 3 »Wenn Sozialarbeit ›betroffen‹ ist« Korrelationen zwischen biographischer Entwicklung und beruflichem Einstieg der ExpertInnen in der Institution AIDS-Hilfe dar. Bereits an dieser Stelle möchte ich darauf hinweisen, dass die Namen der Interviewpartner_innen zu deren

Schutz frei erfunden sind, so dass keinerlei Rücklschlüsse auf ihre ›wirkliche Existenzweise(n)‹ gezogen werden können. Diese Praxis der Anonymisierung und Maskierung empirischer Daten wird späterhin genauer erläutert.

Zwischen Sexualität, Identität und sozialarbeiterischer Professionalität oszilliert eine Notwendigkeit der eindeutigen Klärung und Positionierung. Sozialarbeiter/innen machen Erfahrungen im Prozess des Coming Out und sind angehalten ihre (schwule) Identität zu präzisieren. Sie haben daher »natürlich einen ganz persönlichen Hintergrund« in den AIDS-Hilfen persönliches mit beruflichem Wissen gleichermaßen einzubringen. Das Spannungsfeld zwischen der Verwobenheit vorberuflicher Erfahrungen und anschließender Berufseinmündung sowie im Kontrastfall einem distanzierten Zugang zur AIDS-Hilfe, stelle ich in Typologien von Betroffenheiten bzw. verschiedenen Betroffenheitskategorien dar.

In Kapitel 4 reflektiere ich diesen empirischen Befund unter Zuhilfenahme machttheoretischer und subjektkritischer Perspektiven. Ich gehe dabei analytisch vor und frage danach, wie Soziale Arbeit im Berufsfeld der AIDS-Hilfen den komplexen Herstellungsprozess eindeutiger Identität mit den Anforderungen eines Sexuellseins sowie eines Professionellseins in ein Verhältnis zu setzen weiß. Ein weiteres Mal problematisiere ich ›Betroffenheit‹, diesmal jedoch als Typisierung ›involvierter Professionalität‹.

Schließlich stelle ich in Kapitel 5 eine strategische Möglichkeit vor, das Dilemma eindeutiger Identität zu irritieren. Dazu bediene ich mich eines theoretischen Ansatzes, der ›Queer-Theory‹, wie sie unter anderen von Judith Butler ausgearbeitet wurde. Queer, verstanden als Denkweise, ermöglicht es mir, die Festigkeit normativer Identitätsregulierungen auf einer theoretisch-strategischen Ebene anzufechten. Mit diesem Ausblick auf ›ungeklärte Professionalitäten‹, die im Modus reflexiv-kritischer Haltung stabile Ordnungen transversal-suchend durchstreifen möchten, endet meine Untersuchung.

# AIDS ist anders geworden

Die Probleme und Konflikte der Menschen, die sich mit dem HI-Virus infiziert haben sowie derjenigen die zudem an AIDS erkrankt sind, haben sich massiv verändert. Diese Annahme stützt sich auf beschriebene Veränderungsprozesse und antizipierte Entwicklungen vor allem im medizinischen Sektor (vgl. Hoffmann/Kampfs/Rockstroh 2005; Kamps 2005: 21ff.; Brodt/Helm/Kamps 2000). Der Blick auf die Situation von AdressatInnen, die auf spezifische Unterstützungsformen angewiesen sind, zeigt einen erheblichen Wandel in den jeweils höchst individuellen und variationsreichen Konfliktsituationen der kranken Menschen. Die sozialen Zugehörigkeiten der ›betroffenen Individuen‹ lassen sich nicht mehr eindeutig festlegen. Das Spektrum der Patienten und Klienten, die gemeinhin als Mitglieder einer ›Risikogruppe‹ an AIDS erkrankt sind, hat sich erweitert. Noch vor gut zehn Jahren war die Infektionskrankheit schwerpunktmäßig auf homosexuelle Männer und später zunehmend auch auf intravenös (i.v.)-Drogen gebrauchende beschränkt. Die Ätiologie und Epidemiologie wurde in einen engen kausalen Zusammenhang mit den sexuellen Orientierungen und Praktiken der Menschen gefasst, gesellschaftlich bewertet respektive moralisch kategorisiert. Die Hilfsorganisationen sehen sich heute mit einer veränderten, heterogenen Klientenstruktur, einer ›Klientenverschiebung‹ konfrontiert. Es sind vor allem MigrantInnen und heterosexuell orientierte Menschen, die nun auch zum Kreis der ›Betroffenen‹ zählen. In ähnlicher Weise häufen sich Problemlagen, deren Ursprung in psychischen Auffälligkeiten und sogar psychiatrischen Diagnosen begründet liegt, anders als noch vor gut zwanzig Jahren, als eine HIV-Infektion unweigerlich mit einem progredient infausten[1] Verlauf verbunden war (vgl. Carneiro 2002). Dies bedeutet, dass zu einer Zeit, wo es kaum Behandlungsmöglichkeiten

1 Ein progredient-infauster Krankheitsverlauf bedeutet im medizinischen Sprachgebrauch, dass eine tödliche (lat. infaustus: aussichtslos) Erkrankung, wie beispielsweise verschiedene onkologische Neoplasien, chronisch verlaufen.

der Krankheit AIDS gab, die Immunschwächekrankheit in aller Regel progressiv verläuft; der körperliche Allgemeinzustand verschlechtert sich kontinuierlich aufgrund des Immundefekts und der fehlenden Schutzfunktion gegen Bakterien, Viren und Pilze. Weitere soziale Konfliktpotenziale kreisen um den Phänomenbereich Armut und Obdachlosigkeit. Dies ist kein ausgesprochen neuer Trend, wohlgleich AIDS-kranke Menschen zunehmend auch mit massiven finanziellen Engpässen konfrontiert sind. Ulrich Heide (2000: 25), geschäftsführender Vorstand der Deutschen AIDS-Stiftung[2], weist darauf hin, dass Menschen mit HIV und AIDS durch einen krankheitsbedingten Mehrbedarf häufig in eine soziale Notlage geraten, die meist nur noch mit Unterstützung von außen verändert werden könne. »So rutscht eine erhebliche Zahl der an AIDS erkrankten Menschen auf das Niveau der Sozialhilfe. Und es dürfte der Mehrzahl der an der Immunschwächekrankheit leidenden Menschen kaum gelingen, diese einmal eingetretene Armutsphase zu überwinden« (Deutsche AIDS-Stiftung 2004: 20). Bedingt durch das ›mehr‹ an Lebenszeit wachse das Bedürfnis, wieder aktiv am Leben und Arbeitsleben teilzunehmen (vgl. Knittel/Höpfner 2001: 13). Das Etikett ›AIDS-Krankheit‹ in Verbindung mit krankheitsbedingt reduzierter Einsatzfähigkeit, schließt jedoch regelmäßig einen Wiedereinstieg in das Erwerbsleben aus.

Es akkumulieren Probleme, deren Ursprung sich in psychischen Auffälligkeiten und sogar psychiatrischen Diagnosen begründet. Gesicherte Erklärungsansätze hierzu fehlen. Auszugehen ist von einer verschlechterten allgemeinen Lebenssituation. Armut und Krankheit sind Kategorien, die eine in sich komplex verschachtelte Matrix sozialer Benachteiligung und Ausschließung[3] konstruieren. Für eine sozialwissenschaftliche Analyse der ›problematischen Lebenssituationen‹, geraten diese strukturbildenden Phänomene immer stärker in den Blick. Parallel zur Segregation AIDS-Kranker in wohlfahrtsstaatliche Hilfskonzepte hinein, die ihre Nicht-Produktivität auffangen und verwalten sollen, zählen die komplizierten Nebenwirkungen der Medikamente und ihre Resistenzen zu den belastenden und existentiell bedrohenden Faktoren. Angefangen vom Lipodystrophie-Syndrom, peripheren Neuropathien, Exanthemen, geht die Liste bis hin zu massiven Medikamenten-Unverträglichkeiten. Der situative Erfolg einer Therapie gegen die Krankheit AIDS ist in hohem Maße von ganz unterschiedlichen Faktoren abhängig. Eine kontinuierliche Einnahme der ärztlich verordneten Wirkstoffe gehört genauso dazu wie eine somatisch gewährleistete Medikamentenverträglichkeit. Die Medizin stellt in diesem Zusammenhang im-

2 Vgl. www.aids-stiftung.de.

3 Zum Hintergrund sozialer Ausschließungsprozesse durch sozialstrukturell produzierte Kontexte vgl. Cremer-Schäfer (2005a, b), bezogen auf die Bedingungen, denen HIV-positive und AIDS-kranke Menschen ausgesetzt sind, vgl. besonders den Jahresbericht der Deutschen AIDS-Stiftung (2004, 2005).

merhin ein Behandlungsergebnis in Aussicht, das die Sanierung der Körperabwehr in ihrer Funktion fast wiederherstellt. Ohne die Teilhabe an einem Behandlungskonzept, ist die wirksame Krankheitsabwehr ausgeschlossen. Mit den neuen medizinischen Behandlungsmethoden, die stets in Relation zu den Rahmenbedingungen wie soziale Lebenssituation und Compliance gesehen werden müssen, kann die Virusbelastung unterhalb der labortechnisch erfassbaren Grenze verlegt werden. Mit Compliance wird das Einhalten eines bestimmten medizinischen Therapieverlaufs beschrieben, der vom Medizinexperten exakt festgelegt wird[4]. Der HI-Virus ist damit zwar nicht verschwunden, denn er existiert in den Körperzellen infizierter Menschen weiter. Sein quantitatives, messbares Vorkommen ist aber soweit minimiert, dass der ›klassische Verlauf‹ über die Entwicklung opportunistischer Krankheiten außer Kraft gesetzt und zumindest in der Zeit der optimalen Wirksamkeit der Medikamente aufgehalten werden kann. »Dennoch darf bei aller Skepsis nicht vergessen werden, zu was HAART imstande ist. HAART wirkt oft Wunder! [...] Den Patienten geht es besser, und zwar deutlich, auch wenn es mancher Aktivist noch immer nicht wahrhaben will« (Hoffmann 2005: 94)[5]. Neben der Abhängigkeit von Medikamenten, die über die weitere Lebenszeit bestimmen, klagen viele Patienten und Klienten über Vergesslichkeit, Zerstreutheit sowie über mangelnde Selbstsicherheit. Der Anteil derjenigen, die neben einer AIDS-Erkrankung ebenso eine psychiatrische Diagnose vorweisen, nimmt stetig zu. Mechthild Carneiro (2002), Mitarbeiterin einer großen bundesdeutschen AIDS-Hilfe, erklärt dies mit einer Art Lebensmüdigkeit. Die Angst vor dem ungewissen Tod sei wieder spürbar. In Gesprächen mit Klienten komme diese Angst wieder häufiger vor. Sie bilde die Grundlage für eine ganze Reihe psychosozialer Krisen: Zukunftsangst, depressive Verstimmung, Schwermut, Verzweiflung, Isolation (vgl. ebd.: 7). Medizinische Behandelbarkeit von AIDS, Armut, soziale Ungleichheit und eine zunehmend komplexe NutzerInnenstruktur der personenbezogenen sozialen Dienstleistung von AIDS-Hilfen fasst den strukturellen Hintergrund eines ›Anders-Werdens‹ von AIDS zusammen.

4 Compliance bedeutet in diesem Zusammenhang Therapietreue. Wright (2003a) merkt an, dass der Begriff Compliance in der Originalsprache negativ konnotiert sei und eine tendenziell unterwürfige Bedeutung mitschwinge. Er empfiehlt daher die Wortwahl Adherence, die ohne fragwürdige Beibedeutungen auskomme und daher das Arzt-Patienten-Verhältnis treffgenauer beschreibe (vgl. Wright 2003a: 15ff.; Schütte 2005a).

5 ART und HAART sind medizinische Behandlungsstrategien, die auch Kombinationstherapien genannt werden. Diese ›therapeutischen Cocktails‹ sind hochpotente Medikamente, die den klinischen Verlauf der Krankheit massiv beeinflussen und durch Reparation des Immunsystems nachhaltig verlangsamen. Eine antiretrovirale Therapie (ART) bzw. highly active antiretroviral therapy (HAART) macht die Krankheit AIDS zwar nicht heil-, aber behandelbar (vgl. Hoffmann 2005: 91ff. sowie die Internetressource: www.hiv.net).

Wenn sich AIDS fast paradigmatisch von einer »Pandemie zu (einer) manageable disease« (Fesenfeld 2001) entwickeln konnte, so stellt sich die Frage nach aktuellen, professionellen Konzepten und ›Care-Strategien‹ fast zwangsläufig. Der ›Wandel von AIDS‹ charakterisiert insofern ein sozialwissenschaftlich bedeutsames Phänomen. Es dient als Hintergrundfolie für die später ausführlich dargelegten Interpretationen der ExpertInnen-Interviews in AIDS-Hilfen.

Das ›Problemfeld AIDS‹ wird zwar zu Beginn der AIDS-Epidemie von Expertinnen als Arbeitsplatz erschlossen, doch zeigt sich ebenso, dass sich »gerade die ›Laien‹ schneller und umfassender über AIDS informiert hatten als manche Professionelle« (Aue et al. 1995: 17). Wer sich Experte für AIDS und Hilfe, also für entsprechende Behandlungsformen, wie auch soziale Unterstützungsmodelle nennen darf, ist seit Beginn der ›AIDS-Hilfe-Bewegung‹ relativ deutlich eingegrenzt. Fachleute (Medizinerinnen, SozialarbeiterInnen und Krankenpfleger_innen), die zunächst unter dem Eindruck einer Unbeherrschbarkeit des HI-Virus, erst einige Zeit nach wirksamen Konzepten suchen mussten, waren zu Beginn der ›AIDS-Krise‹ erheblich auf die Erfahrungen der ›betroffenen Lebenswelten‹ angewiesen. So gesehen lässt sich zwar von der Entstehung von Expertengruppen ausgehen, die sich auch selbst ›berufen fühlen‹, spezifische Hilfemodelle zu entwickeln. Trotzdem ist die eindeutige Zuweisung von Zuständigkeiten sowie die Trennung Experte/Klient oder Patient, insbesondere in der ›AIDS-Ära‹ ohne medikamentöse Therapiemöglichkeit, kaum möglich. Mit der Gründung und raschen Professionalisierung der AIDS-Hilfen kann ein ›AIDS-Aktivismus‹, der im weitesten Sinne als ›politisch motivierte Kraft gegen AIDS und Schwulenfeindlichkeit‹ zu lesen ist, unter den Vorzeichen einer ›neuen Bewegung‹ reüssieren.

AIDS-Hilfen verstehen sich aus ihrer Tradition heraus zuallererst als Selbsthilfeorganisationen, die weniger am wissenschaftlichen Erfolg einer Fachdisziplin interessiert sind, sondern vielmehr am Wohlergehen der an AIDS erkrankten Menschen und ihrer je individuellen Bewältigungsstrategien. Zwischen AIDS-Hilfe-Bewegung und professioneller AIDS-Hilfe besteht seit jeher ein enger Zusammenhang. Achim Weber, Referent für Pflege und Versorgung der Deutschen AIDS-Hilfe e.V., argumentiert: »Wir konnten es nicht mehr mit ansehen. Immer mehr unserer Freunde waren krank geworden, viele gestorben – unter Bedingungen, die mit Selbstbestimmung, Patientenorientierung und Akzeptanz der Lebensweisen nichts, aber auch gar nichts zu tun hatten« (Weber 2004: 86).

Soziale Arbeit und Krankenpflege sind beides Expertengruppen, die häufig in enger Kooperation und in gemeinsamen ›Fachteams‹ psychosoziale Beratung und Betreuungsformen organisieren und ausbauen wollen. Sie bedienen sich dabei, zumindest unter dem kollektiven Dach der AIDS-

Hilfen, ähnlicher ›methodischer Grundlagen[6]‹ und verwandter sozialkommunikativer Strategien (vgl. Lühmann 1995). Jenseits organisatorischer ›(Methoden)-Einheitlichkeit‹ in den AIDS-Hilfen, ergeben sich hinsichtlich der jeweiligen Berufsgruppe bemerkenswerte Variationen im Unterstützungsansatz.

Für den Bereich der ambulanten Pflege von HIV- und AIDS-Patienten untersuchen Doris Schaeffer und Martin Moers (1995) das Dienstleistungsspektrum professioneller Akteure der Krankenversorgung. »Spezielle Aufmerksamkeit gilt der Frage, welche Bemühungen erfolgten, um die Leistungen der Professionellen so zu verschränken, daß eine ineinandergreifende und kontinuierliche Versorgung der Erkrankten gewährleistet ist und den Patienten während aller Phasen des Krankheitsverlaufs integrierte Versorgungspfade zur Verfügung stehen« (Schaeffer/Moers 1995: 3). Mit ihrer Untersuchung können sie unterschiedliche Verfahrensweisen im pflegerischen Umgang mit AIDS-Patienten nachweisen. Im Unterschied zum AIDS-Pflegeteam eines Wohlfahrtsverbands, das hinsichtlich einer Regelversorgung keine besonderen Schwerpunkte in der Behandlung von AIDS-Patienten entwickelte, versuchten AIDS-Spezialpflegedienste die Besonderheiten der Krankheit AIDS in den Vordergrund zu rücken und die Lebenslage der AIDS-kranken Patienten zu betonen. Der untersuchte Spezialpflegedienst besticht ihres Erachtens durch einen offensiven Umgang mit den Schwierigkeiten und Auswirkungen der ›AIDS-Krise‹. »Er hat in der Entwicklung und Umsetzung von Pflegekonzepten für Menschen mit Aids ein hohes Maß an Pionierarbeit geleistet und dabei eine Vielzahl von Innovationen erprobt, von denen viele auch für die Pflege anders Erkrankter nutzbringend und auswertbar sind« (ebd.: 86-87). Verwurzelt in der Schwulenbewegung entwickelt der AIDS-Spezialpflegedienst als gemeinnütziger Verein spezifische Konzepte der »Patientenorientierung« und »Bezugspflege« (ebd.: 49). Über »Betroffenennähe und –kompetenz« (ebd.: 23) versuchen die verantwortlichen Pflegeleitungen sehr entschieden, Fachkräfte aus den Risikogruppen im Pflegeteam hauptamtlich einzustellen.

Der ›Grass-root-Effekt‹ steht in diesem Beispiel des ›Versorgungssektors Pflege‹ Pate für die innovative Leistung von Selbsthilfeorganisationen, die versuchen, einen Übergang ins ›Profilager‹ trotz massiver Formalisierungszwänge Nutzerinnen-orientiert zu bewerkstelligen. Diesen ersten Einblicken in organisations-strukturelle Transformationsprozesse, die ich in der

6 Birgit Bader (1995) führt in einem einschlägigen Standardwerk mit dem Titel »Krankheits- und Sterbebegleitung«, herausgegeben von der Deutschen ?-DS-Hilfe e.V. im Jahr 1995 (die erste Auflage erschien im Jahr 1994), in den Bereich der humanistischen Psychologie ein. Für »Schulungen und Trainings« sei diese Theorie und das ihr zugrunde liegende Menschenbild, Ausgangspunkt für sämtliche Hilfeleistungen im Arbeitsbereich AIDS-Hilfen (vgl. ebd.).

historischen Rekapitulation der Entstehung von AIDS-Hilfen sowie im empirischen Teil für das Praxisfeld der Sozialen Arbeit noch detailliert ausbuchstabieren werde, geht im Folgenden eine gesellschaftstheoretische Skizze des Umgangs mit AIDS voraus. Welche Vorstellungen von AIDS lassen sich finden und portraitieren? Wie wird der angesprochene ›Wandel von AIDS‹ beschrieben?

## Bilder von AIDS: altes und neues AIDS-Bild

Im Laufe der Jahre ist AIDS anders geworden. Die unmittelbare Todesdrohung, die noch bis vor kurzem mit der Diagnose HIV-Infektion oder AIDS-Krankheit verbunden war, verliert an Bedeutung. In dieser Situation zeichnet sich ein Chronifizierungsprozeß einer behandelbaren, aber noch nicht heilbaren Erkrankung ab. Chronifizierungsprozeß deshalb, weil eine Reihe von Medikamenten den zerstörerischen Krankheitsverlauf äußerst wirksam beeinflussen können, um das Immunsystem soweit zu sanieren, daß Krankheitssymptome stark reduziert werden oder teilweise sogar ganz verschwinden können. 1996 findet in Vancouver die internationale AIDS-Konferenz statt. Es werden Proteaseinhibitoren vorgestellt, die eine Therapie in Kombination unterschiedlicher Wirkstoffe revolutionär verändern[7]. Ich gehe daher von einem alten und neuen ›AIDS-Bild‹ aus. Dieser Veränderungsprozess wird von dem Soziologen und Sexualwissenschaftler Martin Dannecker (vgl. 2000a, 2002b, 2003, 2004) ausführlich thematisiert. Seine Überlegungen zum Bedeutungswandel und zur Genese eines ›anderen AIDS'‹ (vgl. ders. 1997b, 2000a) übernehme ich für diese Arbeit. Die Formulierung eines ›AIDS-Bildes‹ veranschaulicht in diesem Zusammenhang die Veränderungsdynamik von AIDS aus unterschiedlichen Perspektiven. AIDS ist keine objektive Größe. Als analytischer und methodischer Hilfsbegriff verweist das ›AIDS-Bild‹ auf multidisziplinäre Darstellungsweisen dieser Veränderungslinien und unterstreicht damit ihren Konstruktionscharakter. Medizin, Psychologie und Soziologie versuchen, möglichst umfangreich und passgenau die psychischen und sozialen Auswirkungen von AIDS wie auch des medizintechnologischen Erfolgs in diesem Zusammenhang zu erklären[8] um so aus unterschiedlichen Blickwinkeln auf Situationen und

---

7 Proteaseinhibitoren, oder auch Proteasehemmer genannt, sind chemische Substanzen, die eine Reifung und Entwicklung der Virusstruktur innerhalb einer HIV-infizierten Zelle verhindern. Sie werden als Medikamente in der antiretroviralen Therapie (ART) äußerst wirksam eingesetzt (vgl. Hoffmann et al. 2005).

8 Für die medizinische Debatte kann die Veröffentlichung von Hoffmann/Kamps/Rockstroh (2005) genannt werden, für die Psychologie beispielhaft die Studie von (Bengel 1996), Deutsche Aidsstiftung ›Positiv leben‹ (1990) und für die Soziologie die Untersuchungen von Dannecker/Reiche (1974), Dannecker (1990; 2000b), Bochow (1993), Bochow et al. (2004) und Pollak (1990).

(Lebens-)Episoden involvierter Akteure zu schauen und den Veränderungsprozess der Krankheit AIDS zu präzisieren. Zwischen ›alt‹ und ›neu‹ kontrastiert das Bild von einer Krankheit ohne Aussicht auf Genesung mit dem Bild von einer Krankheit, die unvermutet zwar nicht geheilt, doch aber therapiert werden kann. Facettenreiche Interpretations- und Reinterpretationsmöglichkeiten als Erklärungsansätze stellen sich seit der Entdeckung des HI-Virus multidisziplinär zur Entwicklungsgeschichte. AIDS ist demzufolge nicht nur eine naturwissenschaftliche Kategorie. AIDS ist ebenso in gesellschaftliche Verhältnisse eingelassen, aus denen heraus Individuen versuchen, Krankheitsverläufe, und nicht selten damit verbundene Diskreditierungen, auf sehr unterschiedlichen Wegen zu bewältigen. Die Rede von einer ›AIDS-Krise‹ rekurriert bereits auf eine ›charakteristische‹ Lesart. Sie geht von einem extremen Sonderfall aus. Das Anreizen eines ständigen Sprechens und Berichtens über AIDS lässt sich vor diesem Hintergrund mit der Vorstellung einer »diskursive(n) Explosion« (Foucault 1983: 23) in Verbindung bringen. Bestimmte Weisen des menschlichen Denkens, Verstehens und Urteilens ermöglichen die Ausbreitung von Zuschreibungen und Topoi, die sich im Diskurs über AIDS stabilisieren und somit an der Produktion von Wirklichkeiten beteiligt sind. AIDS wird zum Synonym für einen gesamtgesellschaftlichen Ausnahmezustand.

## AIDS-Exceptionalism: gemachte Krisenstimmung

Der diskursive Ausgangspunkt von AIDS ist das Bekanntwerden der Existenz des HI-Virus durch erste Medienberichte über eine diffuse aber tödliche Immunschwächekrankheit, die als Epidemie erst später ihren Namen durch das Akronym AIDS bekam. In dieser ersten Phase des Prozesses im Umgang mit AIDS (ca. 1981 – 1986) steht eine allgemeine Verunsicherung im Vordergrund. Die Stimmung war ›panisch‹ aufgeladen. Verlässliche Informationen zum Phänomen AIDS waren kaum eruierbar. »Leben mit einer HIV-Infektion hieß bis vor kurzem: leben im Bewußtsein eines gewissen und bestimmten Todes« hebt Dannecker (1998) hervor. Die Nachrichten von Todesfällen und steigenden Infektionszahlen waren die einzigen Informationen, die zusehends Angst und Irritationen auslösten. Der ›Schock‹ wird als Ausnahmezustand, oder »exceptionalism« (Rosenbrock et al. 2002: 11ff.) bezeichnet, eine Situation also, die kaum ein- und abschätzbar zu sein scheint. Sieben interdependente Erklärungsbausteine weiß der Gesundheitswissenschaftler Rolf Rosenbrock et al. (2002) zusammen zu führen.

1) In den industrialisierten Ländern hat man sich daran gewöhnt, dass Infektionskrankheiten durch Antibiotika therapierbar sind. Das Aufkommen von HIV und dessen Effekte einer generalisierten Immunschwäche erzeugen »ein nicht mehr hintergehbares Sicherheitsgefühl« (ebd.: 16).

2) Die Behandlung von AIDS bleibt symptomatisch, denn das medizinische Wissen über das Vermehrungsverhalten des HI-Virus sowie sein ›biologisches Funktionieren‹ ist für eine kurative Behandlung unzureichend. MedizinerInnen konstatieren ihre Machtlosigkeit.
3) HIV wird durch ungeschützten Geschlechtsverkehr, besonders beim Analverkehr, und beim Tausch kontaminierter Injektionsnadeln während des Drogenkonsums übertragen. Die Diskussion über Infektionswege mobilisiert weitreichende Ängste und Unsicherheiten. »Es ging um Sex, Promiskuität, Homosexualität, Prostitution, Drogen, Blut, ›unerkannte Feinde/lebende Zeitbomben‹ sowie um ›vorzeitigen‹ Tod« (ebd.).
4) Gesundheitspolitische Entscheidungen mussten vor dem Hintergrund unklarer Zusammenhänge und einem Nicht-Wissen getroffen werden. Aufgrund der fehlenden Erkenntnisse werden Stimmen laut, die zum ›Schutze aller‹ Strategien der Kasernierung und Kennzeichnung Infizierter forderten.
5) Zugleich wird aber sehr bald deutlich, dass »Zwangsuntersuchungen, strenge Verhaltensauflagen, rigide Eingriffe in Bürgerrechte einschließlich massiver Einbrüche in die Privatsphäre« (ebd.: 17) im Sinnes des ›Old Public Health‹ keine probaten Konzepte darstellen, um effektiv einer Ausbreitung von AIDS zu begegnen.
6) Die Überzeugung, dass ohne Einbezug des ›Wissens der Betroffenen‹ keine Präventionsstrategien umzusetzen sein würden führte zum Ende des ›exceptionalism‹ dazu, dass die Partizipation von ›Betroffenen‹- und Zielgruppen immer stärker berücksichtigt wurde. Programmatisch galt in diesem Zusammenhang die Ottawa-Charta für Gesundheitsförderung der Weltgesundheitsorganisation (WHO). Wollte man kein vollständiges Kollabieren freiheitlicher Rechte durch repressive Einsperrungen riskieren, so war man auf die Zusammenarbeit mit den ›Risikoträger/innen‹ angewiesen.
7) Das gesundheitspolitische Risikomanagement sah eine intensive Zusammenarbeit mit den Betroffenengruppen vor, die sich bereits seit langem in Bewegungsstrukturen organisierten. Die sogenannte ›gay community‹ wurde unmissverständlich aufgefordert, sich am ›Kampf gegen das Virus‹ präventiv zu beteiligen. »Zum Teil dadurch angeregt, bildete sich zum anderen in zahlreichen Ländern um Aids eine Art Kordon von liberalkonservativen, liberalen und linken Parteien bzw. Bewegungen, dem sich rasch auch weite Teile des professionellen Pflege- und psycho-sozialen-Betreuungspersonals anschlossen« (ebd.: 18). Dieses Bündnis wird als »exceptionalist alliance« (Steffen 1998; zit.n. Rosenbrock et al. 2002: 18) bezeichnet, um hervorzuheben, dass unterschiedliche ›Betroffenengruppen‹ (Schwule, i.v.-Drogengebrauchende), aus Angst vor staatlicher Repression und Diskriminierung, bewegungspolitisch koalierten.

Insgesamt entwerfen Rosenbrock et al. (2002) vier Phasen des Umgangs mit AIDS. Neben der bereits erwähnten werden die folgenden Entwicklungsstufen definiert: Phase 2 (ca. 1986 – 1991) gilt als ›Praxis und Konsolidierung des ›exceptionalism‹. Phase 3 (ca. 1991 – 1996) steht für dessen allmähliche Auflösung sowie für die bemerkenswerten Anzeichen einer Normalisierung (Normalisierungsvorphase), die sich insbesondere als Implementierung innovativer Versorgungsstrukturen im Gesundheitswesen verstand. Phase 4 (seit 1996) bezeichnet den Zeitraum einer Normalisierung und Normalität (vgl. ebd.: 41ff.), die sich vor allem durch den Zuwachs an Behandlungsmöglichkeiten auszeichnet. Obgleich die AIDS-Krise gesundheitswissenschaftlich, wie auch gesundheitspolitsch, im Rückblick nicht auf ein Katastrophenszenario reduziert weden kann, sondern die professionellen Bewältigungsstrukturen in einer Gesamtschau mitberücksichtigt werden müssen, stellen sich die ›Bilder von AIDS‹ als komplexe Zusammenhänge dar. Zwischen Innovation und Katastrophe (vgl. Rosenbrock 2003) wird der Mythos AIDS mindestens bis Ende der 1990er Jahre in den Medien zunächst ostentativ als Katastrophe entworfen. »Die Definitionsprozesse, die AIDS zu einem gesellschaftlichen Problem werden ließen, waren deshalb so erfolgreich, da die Mediziner eine im Verhältnis zu anderen Infektionskrankheiten schwer übertragbare und eher seltene Krankheit zu einer ubiquitären Bedrohung hochstilisierten. Wie wir sehen werden, trägt diese Strategie alle Züge einer öffentlich inszenierten Panik. Panik deshalb, da man das Risiko einer Infektion zugleich maximierte (jeder Kontakt könnte potenziell gefährlich sein) und generalisierte (jede/r ist gefährdet). Dass hierbei alle Regeln wissenschaftlicher Kunst über Bord geworfen wurden, verdeutlichen schon die aufbereiteten epidemiologischen Daten« (Hutter 1997a: 88).

Die Nachricht eines ›todbringenden Virus'‹ wird über eine zunehmend mediengesteuerte Kampagne von den USA nach Europa transportiert. Die überlieferte Botschaft einer neuen gefährlichen Seuche wird zwar auch, wie oben bereits angedeutet, von wissenschaftlichen Disziplinen in die allgemeine Debatte über AIDS hineingetragen, den wesentlichen Teil einer ›Meinungsmache‹ übernehmen indes Vertreter/innen der Medien. »Die von Wissenschaft, Politik und den Medien inszenierte Moralpanik hat bei AIDS ihre Wirkung nicht verfehlt« (ebd.: 92). Informationen werden über eine spezifische Berichterstattung aufbereitet und konstruieren auf diese Weise eine fraktionierte Perspektive auf Situationen. Wirklichkeiten werden so hergestellt und stetig weiter verformt. Aussagen ziehen Varianten von Bedeutungen nach sich und modellieren ein Bild von etwas, das in der beschriebenen Weise vielleicht gar nicht, oder aber auch ganz anders erscheinen mag.

Der Soziologe Jürgen Beule (1999) untersucht Vorstellungen und Deutungsmuster über die Krankheit AIDS, die über die Printmedien transportiert werden. Über den Zeitraum vom 12.12.1981 bis 31.12.1997 werden Artikel der Tagespresse, Fachmitteilungen sowie ›graue Literatur‹ daraufhin untersucht, ob und wie sie kollektive Vorstellungen zu AIDS beeinflusst haben könnten. Um die spezifischen Betrachtungsweisen exakt darstellen zu können, wird das Prinzip »Bildwelten zu AIDS« (ebd.: 23) entwickelt, welches das Ausmaß einer medialen Beeinflussung zu veranschaulichen hilft[9]. Die mediale Produktion von Bildern über AIDS erscheint von Anfang an als begleitendes Phänomen. Die Berichterstattung über AIDS konsolidiert Bilder vom ›Patienten Null‹, von den ›Desperados‹ oder entwickelt die unterschiedlichsten Möglichkeiten, wie HIV entstanden ist und auf welchen Wegen es als Seuche über den gesamten Globus expandieren konnte. Medien übernehmen gewissermaßen eine Schlüsselrolle in der Vorbereitung und Konstitution von Bildern über AIDS sowie deren Einschätzung und Bewertung. Herbert Bock, B. Zafirov, Bruno Priehäußer et al. (1992) untersuchen ebenfalls die sprachlichen Darstellungsformen von AIDS in Printmedien. Unterstützt durch die Deutsche Forschungsgemeinschaft untersuchen sie über einen Veröffentlichungszeitraum von 9 Jahren die Zeitungsorgane Die Zeit, Der Spiegel, Die Welt, die Frankfurter Allgemeine Zeitung, die Frankfurter Rundschau und die Süddeutsche Zeitung. Im Zentrum der Fragestellung steht die Annahme, dass die Informationen, die über die jeweiligen Texte veräußert werden, immer auch konnotativ eingebunden sind, möglicherweise sogar bestimmte Interessen lancieren. Jene »metaphorischen Konstruktionen« (Bock 1997) werden im Wesentlichen über vier Hauptkategorien ›Krankheit‹, ›Geographische Orte‹, ›Betroffene‹ und ›Maßnahmen‹ analysiert. Ein Ergebnis der Studie ist, dass über die Unterscheidung Inland/Ausland in der Presse eine geographische Differenz erzeugt wird, die es möglich macht, die Gefahr infizierter Homosexueller als ›die Anderen‹ ins Ausland zu verlagern. Dieser These folgend wird vermutet, dass die Kategorie ›Schuld‹ durch Verdrängungsmechanismen verarbeitet wird (vgl. Bock/Zafirov/Priehäußer et al. (1992); Bock 1997: 100f.).

Auch in der Werbung sind diese Tendenzen nachweisbar. Gerade die Ästhetisierungen menschlicher Verhaltensweisen mittels Werbekampagnen sind durch ihren latent imperativ-erzieherischen Charakter besonders kritisch zu hinterfragen. »[…] Werbungen sind also ambivalent, da es genau zu jenem Zwischenspiel zwischen Ideologie und finanziellem Gewinn, […] kommt« (Wegenstein 1998: 295). Bestimmte politische Interessen verbin-

9 Es werden insgesamt 47 Zeitungen aus dem Bereich Printmedien inklusive ihrer Beilagen und Magazine angegeben. Darunger: Abendzeitung München, Ärzte-Zeitung, Berliner Zeitung, Bayernkurier, Bild-Zeitung, Der Spiegel, Deutsches Allgemeines Sonntagsblatt, die tageszeitung, Die Welt, Die Woche, Die Zeit, Focus, Welt am Sonntag (vgl. Beule 1999: 46-47).

den sich mit dem Versuch, ein Markenprodukt öffentlich bekannt zu machen und dessen Vorzüge und Nutzen hervorzuheben. Auf diese Weise werden spezifische Denkfiguren als semantische Aussageeinheiten mitgeführt, die auf den ersten Blick nicht unmittelbar gewahr werden. Die Verwendung des AIDS-Diskurses durch große Werbemaßnahmen orientiert sich zumeist am Schicksal der bekannten ›Risikogruppen‹ wie Homosexuelle, Prostituierte und DrogengebraucherInnnen. Diese Strategie wechselt in Phasen der spezifischen Gruppenbezogenheit zu einer allgemeinen Betroffenheit im Sinne des Slogans ›AIDS geht uns alle an‹.

Interessanterweise ist es genau dieser Verweis auf die grundsätzlich mögliche Infizierung jedes Gesellschaftsmitglieds durch HIV, der die Katastrophenstimmung und Massenhypochondrie schürt. AIDS ist plötzlich in der Lage, apokalyptische Ängste zu aktivieren und zugleich Wege aus dem Seuchendilemma anzubieten. Die Rückkoppelung der Krankheit AIDS an »unbewußte[..] und verdrängte[..] Sexualeffekte« (Schmidt 1987) führt fast zwangsläufig zur Reglementierungssystematik des ›Safer Sex‹, das jene Möglichkeit einer Infektion über ein bestimmtes Sexualverhalten ausdeutet. Somit steht die Gefahr einer Infektion in der individuellen Verantwortung jedes einzelnen. Die Entscheidung ist folglich zwischen moralisch verantwortbarer und gefährdender Sexualität zu treffen. Die sprachliche Darstellungsweise in metaphorischen Verklausulierungen, die panikschürend Verhaltensweisen bewerten und Empfehlungen aussprechen, hält sich über längere Zeit unverändert. HIV wird als Bedrohungskomplex gezeichnet, der unsichtbar allgegenwärtig ist. Strategien der Prävention werden parallel mit angeboten und veranschaulichen somit Wege aus dem Krieg durch »Treue dem Partner gegenüber« (Wegenstein 1998: 303).

Prävention durch Verzicht auf als risikoreich eingestufte Sexualpraktiken ist in der Anfangszeit der ›AIDS-Krise‹ ein probates Mittel für viele Menschen, um sich in der angstbesetzten Sexualität einigermaßen ›sicher‹ zu begegnen. Rosa von Praunheim und Martin Dannecker streiten in einem veröffentlichten Gespräch (von Praunheim/Dannecker 1987: 82ff.) über das Leistungsvermögen von Safer Sex als Präventionsmethode. Dem Standpunkt von Praunheims, es fehlten klare und zeitnahe Botschaften an die Subkultur, ihre Sexualität »als reine Fickkiste« (ebd.: 97) zu überdenken, entgegnet Dannecker, »tiefere Reflexionsprozesse« (ebd.: 86) im Auge zu haben. Sexualität sei zunächst an Lust gekoppelt, und deren strategische Bahnung durch Regeln von außen nicht so einfach steuerbar.

Martin Dannecker (2002b) arbeitet in diesem Zusammenhang die Kontexte zwischen AIDS-Krise, Sexualmoral und Sexualpraktiken heraus. Er stellt fest, dass die Angst vor einer HIV-Infektion eine effektive Veränderung des Sexualverhaltens im Sinne von Safer Sex bewirkt habe (vgl. ebd.: 37f.). Heute werde hingegen eine »Erosion des Safer Sex« (ders. 2000a: 7) konstatiert, weil die Todesrhetorik der Präventionsbotschaft nicht mehr greife. ›Gefährliche Sexualpraktiken‹ werden nicht mehr einfach ausgelassen, sondern in den Sex-Beziehungen ausgehandelt. Vor diesem Hintergrund wird dann von ›negotiated safety‹« (ders. 2002b: 43) gesprochen.

Ausgehend von der Angst erzeugenden Rede über AIDS, offenbart sich eine weitere Bedeutungslinie, die AIDS als Schuld, Schande und Sünde ausbuchstabiert. »Bei AIDS empfindet man nicht Scham, sondern die Zumutung einer Schuld« (Sontag 1997: 27). Aus kirchlicher Sicht sind es in erster Linie die Störungen einer ›richtigen Sexualität‹, die HIV und AIDS unter moralischen Gesichtspunkten beurteilen. Ein Positionspapier der EKD (Evangelische Kirche in Deutschland) plädiert für ein notwendiges Durchgreifen in verfehltes Sexualverhalten.

»Ein möglicher Zusammenhang zwischen persönlicher Schuld und Krankheit darf jedoch auch nicht geleugnet werden. Der biblisch bezeugte Zusammenhang von menschlichem Versagen und Gottes Gericht kann nicht in der Schwebe bleiben oder aufgegeben werden. [...] Darum ist in dieser Situation behutsame seelsorgerische Zuwendung notwendig, damit im Glauben Schuld erkannt und Vergebung erfahren werden können«[10].

Den Diskurs der Schuld präzisiert Erzbischof Johannes Joachim Degenhardt aus Paderborn, indem er die Aufklärungskampagnen scharf kritisiert und fordert, dass sich die »heute in Mode befindliche freizügige Auffassung von menschlicher Sexualität radikal ändern (müsse), [...] nachdem sich das sogenannte liberalistische Menschenbild als Irrweg und als falsch erwiesen habe« (Beule 1999: 88)[11]. Im Gegensatz zu Krebs, den man einfach hat, wird AIDS als kausal begründbare Situation interpretiert, die ›schuldhaft‹ übertragen wird. Der Transfer vom Virusträger zum Infizierten, so wird weiter angenommen, verläuft aktiv: ›man holt sich AIDS‹. Für diesen Krankheitserwerb werden aus theologischer Perspektive ganz bestimmte Verfehlungen verantwortlich gemacht, die aus dem ›widernatürlichen‹ und ›schöpfungswidrigen‹ Verhalten der Promiskuität und/oder Homosexualität heraus entstehen. Damit wird nicht bloß eine menschliche Lebensweise und Einstellung an den Pranger gestellt, es werden auch Menschengruppen gesondert hervorgehoben und gewissermaßen als die Verantwortlichen ausgemacht. »AIDS zu bekommen bedeutet in den meisten Fällen, als Angehöriger einer ›Risikogruppe‹, einer Gemeinschaft von Ausgestoßenen, entlarvt zu werden. Die Krankheit beleuchtet blitzartig eine Identität« (Sontag 1997: 27).

AIDS polarisiert durch Bilder und trennt ›Betroffene‹ zugleich in Lager. Das Sprechen in Metaphern und Symboliken hilft, Botschaften als Katego-

10 Beule (1999) zitiert hier aus der tageszeitung vom 29.07.1988 (vgl. ebd.: 88).

11 Beule (1999) zitiert hier aus der Frankdurter Rundschau vom 22.04.1987 (vgl. ebd.: 88).

rien des Denkens auf mehrere Ebenen zu justieren. Aussagen werden durch diese ›Sprachspiele‹ interpretationsbedürftig und engen die Perspektive des Gemeinten ein. AIDS-Viren als ›Killerviren‹ gehorchen einer Kriegsmetaphorik, die davon ausgeht, dass es einen klar zu benennenden Feind gibt, dessen Vernichtung oberste Priorität hat. Die »Topik des Viralen« (Mayer/Weingart 2004: 8) liefert »das Vorstellungsmuster für die verschiedensten Grenzverhandlungen, in denen die Unterscheidung zwischen ›Eigenem‹ und ›Fremdem‹ auf dem Spiel steht« (ebd. 2004: 9). Die Verschlüsselung bestimmter Aussagen und Aussagesysteme konstruiert sicherungsbedürftige Räume und Körperterritorien. Das fremde Andere dient als Begründungsformel für flächendeckende Observationen und Verteidigungsbemühungen. Trennungslinien werden durch Körper- und Rauminszenierungen hergestellt. ›Killerviren‹, ›heimtückische Mikroorganismen‹, ›Mikroben‹ und ›infizierende Erreger‹ erzeugen eine Krankheit, das Syndrom AIDS, und erfinden gleichsam biologistisch einen AIDS-Diskurs der soziale Ausschließungen und Ausgrenzungen geradezu provoziert. Wörter haben die Kraft zur kolonisierenden Bezeichnung. Sie inszenieren sich als »ansteckende Wörter« (Weingart 2003) und determinieren Situationen, in denen vom ›richtigen Umgang‹ mit HIV und AIDS-Krankheit, von Prävention und Sicherheitsmaßnahmen gesprochen wird. Auf diese Weise sind sie in der Lage, gleichsam eine Bedeutungsepidemie in Gang zu setzen.

Die Konstruktion oder ›Erfindung‹ einer ›pandemischen Massenbedrohung‹ erscheint in der Retrospektive strategisch gut vorbereitet. Sie sorgt gleichzeitig für die Anlage einer Dichotomisierungsachse, die sich der Produktion und ›Erfindung‹ ›überflüssiger und feindseliger Körper‹ im Gesellschaftskörper unterstellt. »Der AIDS-Diskurs zielte nicht darauf ab, echten Konsens zwischen Gruppen zu etablieren, sondern – im Gegenteil – unterstrich die Andersartigkeit von Gruppen, die sich in *lifestyle* und diskriminierenden Behandlungen angesichts der Gesetze unterschieden« (Wegenstein 1998: 302; Hervorh. i. O.).

Wenn ich von ›Erfindung‹ in Zusammenhang mit der naturwissenschaftlichen Entdeckung und sozialwissenschaftlichen Konstruktion von AIDS spreche, so möchte ich keinesfalls anzweifeln (sic!), dass es einen kausalen Zusammenhang zwischen den HI-Viren und der Krankheit AIDS gibt, so wie es beispielsweise Peter Duesberg[12] in Frage stellt. Die Begriffswahl ›Erfindung‹ akzentuiert lediglich den sprachlich-diskursiven Herstellungscharakter von AIDS in der Welt sowie dessen diskursive Platzierung. Die Krisenstimmung in Bezug auf AIDS funktioniert, weil die Fabrikation der AIDS-Bilder, Phantasien und Bedeutungsfelder in Machtstrategien und Herrschaftsfragen eingebunden ist. Ich gehe dabei grundsätzlich von einem Machtbegriff aus, der die Konstitution von Situationen und

12 Vgl. Duesberg (1996) sowie www.duesberg.com.

Handlungsweisen konditionierend-disziplinierend, erzieherisch-beeinflussend, im Wesentlichen aber unsichtbar, dafür allgegenwärtig und in komplexe Verhältnisse verstrickt, denkt. Im Anschluss an die Arbeiten des poststrukturalistisch forschenden Philosophen und Historikers Michel Foucault, vor allem seine genealogischen Analysen zu Macht, verstehe ich Macht als beweglich-transversale Größe, die sich über Äußerungen und Aussageeinheiten manifestiert und dabei trotzdem willkürlich bleibt.

Ausgangspunkt für eine Kritik an verdinglichenden Bezeichnungspraxen ist die Hypothese der Strukturtheorie de Saussures (1967), dass Dinge nicht selbsttätig einen Namen besitzen, sondern dass Sprache und ihre Sprachzeichen im Akt der Zuschreibung und Benennung eines ›Gegenstands‹ ein Verhältnis mit den Begriffen, die sie aufrufen, eingehen. »Sprache bildet nicht die Realität ab, sondern umgekehrt Realität konstituiert sich durch die Sprache« (Raab 1998: 11). Perspektiven, die zwischen Signifikat und Signifikant von kulturellen, gesellschaftlich getragenen Herstellungsweisen ausgehen und den sozialen Wandel jenseits strukturell-naturhaft vorgegebener Koordinaten aufspüren möchten, sehen im poststrukturalistischen Ansatz Bedeutungsverschiebungen am Werke. AIDS ist nicht gleich AIDS. Es kommt vielmehr darauf an, in welchen Kontexten AIDS besprochen wird, welches Wissen hierfür zur Verfügung steht und welche neuen Signifikate hieraus hervorgehen können. »Insofern steht bei Foucault der diskontinuierliche Wandel historisch gegebener Diskursformationen, d. h. die sich verändernden Regelformationen einer historisch gegeben sprachlichen Ordnung, im Kontext einer jeweils gegeben Gesellschaft, im Vordergrund« (ebd.: 15-16).

Jene machtanalytischen und machtkritischen Hinsichten auf Kontexte von Herrschaft und Ordnungsschemata werde ich im Anschluss an die Interpretation der beiden empirischen Analysen noch detailliert vorstellen. Zunächst möge der Hinweis auf die Wirkmächtigkeit von Machtkomplexen ausreichen, damit ich aufzeigen kann, mit welcher Brille ich auf ›AIDS-Bilder‹ schaue, um gleichzeitig an dieser Stelle zumindest anzudeuten, welche Perspektiven meine Vorstellungen von der ›Krankheit AIDS als Geschichte‹ tragen. AIDS steht in einem zeitlichen Bezugsrahmen, der die Veränderungen, aber auch ständigen Wiederholungen bestimmter Meinungen und (Vor-)Urteile ermöglicht. Die Geschichte von AIDS (als Diskurs) könnte vor diesem Hintergrund auch als ›strategisch-subversive Erfindung‹ klassifiziert werden. Sie gleicht einem Kampf, der mörderisch ist. »Mörderisch ist Aids, weil sich der Verstofflichungs-Charakter unserer Kultur im allgemeinen Umgang mit einer Krankheit auf allen Ebenen realisiert – ohne dass wir die Möglichkeiten hätten, uns durch theoretische Abstraktionen seelisch zu schützen« (Sigusch 1987: 7). Das ›Werden von AIDS‹ werde ich im folgenden Kapitel durch die Rekonstruktion der Entstehungsgeschichte der Krankheit AIDS sowie darauf folgend der professionellen Hilfeinstitutionen AIDS-Hilfen veranschaulichen.

## Die ›Erfindung‹ einer Krankheit: AIDS als Geschichte

Im Jahr 1980 wird in New York und San Francisco über das gehäufte Auftreten von ungeklärten Krankheitssymptomen berichtet. Es handelt sich hierbei um auffällige Veränderungen der Haut, die sehr selten vorkommen und als Kaposi-Sarkom beschrieben werden. Ebenso wird eine spezielle Art der Lungenentzündung, die Pneumocystis-Carinii-Pneumonie, diagnostiziert, deren Vorkommen immer Anzeichen für einen radikalen Verlust der weißen Blutkörperchen (T-Helferzellen) ist. Es wird schon bald der Zusammenhang zwischen einem Immundefekt über den Erwerb einer Virusinfektion und den bis dahin erkrankten, homosexuellen Männern hergestellt.

Mit einem Artikel in der New York Times vom 3. Juli 1981 wird die Öffentlichkeit zum ersten Mal mit den geheimnisvollen Vorfällen konfrontiert. »Rare Cancer seen in 41 Homosexuals« (Altman 1981) findet sich als Schlagzeile der bekannten amerikanischen Tageszeitung. Die Namensgebung ›AIDS‹ wird auf das Jahr 1982 zurückgeführt. Der zuvor entwickelte medizinische Kunstbegriff GRID (›Gay Related Immunodeficiency‹) wird im selben Jahr auf der Konferenz des Centers of Disease Control (CDC) in Washington in das Akronym AIDS (›Aquired Immunodeficiency Syndrome‹) transformiert. Die begriffliche Umformulierung von GRID zu AIDS weist darauf hin, dass die an AIDS erkrankten Menschen epidemiologisch nicht ausnahmslos den ›gay-people‹ oder gar der ›gay-population‹ zugeschrieben werden können. »Die heterosexuelle Übertragung von HIV ist offensichtlich häufiger als man dachte« (Kamps 2005: 22).

Der Wunsch einer eindeutigen Lokalisation der Krankheitsätiologie und die gleichzeitige Verantwortungszuschreibung führt an vielen Stellen zum Rekurs auf den vermeintlich erfolgreichen Fund des ›Patienten Null‹, ein homosexueller Flugbegleiter der Air Canadia namens Gaeten Dugas. Er soll aufgrund seines promisken Sexualverhaltens in Kombination mit ausgeprägter Mobilität und sehr häufigen Ortswechseln, den Virus verbreitet haben. Diese These wird zwar immer wieder zitiert und aufgeführt, bleibt aber höchst fraglich. Auch Jürgen Beule (1999) diskutiert den ›Patienten Null‹ eingehend (vgl. ebd.: 51-53). Er findet gleich mehrere ›Patienten Null‹. Je nach Tageszeitung oder Magazin, heißen sie Gaeten Dugas, der kanadische Flugbegleiter, der sich durch seine prekären Verhaltensweisen ›Promiskuität inklusive Homosexualiät‹, ›Internationalität‹ und ›Mobilität‹, besonders hervortut, oder Margarethe Rask, eine dänische Ärztin, die für den Import des Virus' aus Zaire, ihres damaligen Arbeitsortes, verantwortlich gemacht wird. Für Deutschland wird der homosexuelle Geiger aus Köln im Jahre 1978 zitiert. Sein Name bleibt unbenannt (vgl. ebd. 1999: 53; Der Spiegel 1989, 5: 195f.).

Der Sozialwissenschaftler Marco Pulver (1999) fragt nach den Hintergründen einer so beharrlichen Suche nach den Ursprüngen von HIV und AIDS. Die Diskussion um die Herkunft von HIV erwies sich seiner Studie zufolge

»oft genug als ›Kampfplatz‹ auf dem sich […] verschiedene gesellschaftliche Kräfte gegenseitig als Verursacher des Übels verdächtigten und vorgaben, das wahre Gesicht des von ihnen jeweils Beschuldigten zu kennen. Diese Anklagen ließen sich nicht einfach ignorieren; sie provozierten einen gegenseitigen Schlagabtausch, bei dem insbesondere das Verhältnis von Freund und Feind, die Vielfalt der beteiligten Positionen und deren Differenzen geklärt, befestigt und sichtbar gemacht wurde« (ebd.: 381).

Auffällig wird im Verlauf der sich wiederholenden Demaskierungen und Denunziationen, dass Mythen und (Seuchen-)Bilder von AIDS in der Bevölkerung kumulieren und sich stabilisieren, obgleich doch zu diesem Zeitpunkt eine Seuche durch AIDS nicht feststellbar war, »der Diskurs über AIDS also quasi *auf sich selbst* verwies« (ebd.: 1999: 340; Hervorh. i. O.)[13]. Der Spiegel beispielsweise titelt am 6. Juni 1983: »Tödliche Seuche AIDS – Die rätselhafte Krankheit« (Der Spiegel 1983 [23]: 144). Hier ist von der Lustseuche des 20. Jahrhunderts, vom Leiden ohne Hoffnung und von der Peitsche für die Homosexuellen die Rede. AIDS sei eine Epidemie, gegen die es keine Mittel gäbe. Es wird der Anschein erweckt, dass man dieser neuen ›pandemischen Supergefahr‹ einfach ausgeliefert sei.

Die Statements in Fritz Erik Hoevels` »Tabuthema AIDS-Stop« (Hoevels 1986) veranschaulichen im besonderen Maße die Extreme eines menschenverachtenden Umgangs mit dem Phänomen AIDS. In diesem Band ruft der Arzt Andreas Freudemann, Vorsitzender des 1985 gegründeten Vereins zur AIDS-Verhütung e.V. in Frankfurt am Main, unverhohlen zur »diskreten Tätowierung im Genitalbereich oder an vergleichbarer Stelle« (Freudemann 1986: 52) auf. Er überschreibt seine Ausführungen mit dem Titel: »Wie wir auf die Tätowierung aller Virusträger als Alternative zu ihrer Internierung kamen« (ebd.). Als ›Lösung des Problems‹ bietet Freudemann die Einführung eines Anti-AIDS-Ausweises an. Mit dem jährlich zu erneuernden Schriftstück bekennt sich die/der InhaberIn, »daß bei zwei im Dreimonatsabstand erfolgten Testungen keine Antikörper gegen das AIDS-Virus (HTLV III) nachgewiesen wurden. Er/sie hat sich verpflichtet, keinerlei Intimkontakte mit Personen einzugehen, die nicht im Besitz des gleichen Ausweises sind« (ebd.: 54). Internierungs- und Markierungsstrategien so genannter ›Risikopopulationen‹ zirkulieren quer durch die Gesellschaft. »Aids mobilisiert krypto-faschistische Reaktionen und

13 Marco Pulver ordnet die Hochphase der Herkunfts- und Ursprungsdebatten zwischen 1984 und 1987 ein (vgl. Pulver 1999: 340 ff.).

macht zugleich die latente Bereitschaft zu solchen Reaktionen in dieser Gesellschaft beklemmend deutlich« (Schmidt 1987: 28). In dieser Zeit, in der »die Chiffre AIDS [..] die ganze Welt erobert (hat)« und auch »die letzte Nische ins Bild gesetzt« (vgl. Sigusch 1990: 60) wurde, beginnt allmählich die Veröffentlichungswelle autobiographischer Erfahrungsberichte und Bekenntnisliteratur.

Mal berichtet die Presse von schuldigen Tätern, mal von gefährlichen Zeitbomben und mal von betroffenen Opfern. Stefan, 27 Jahre, schildert in der taz-berlin (taz berlin [4177] 1993: 17), anlässlich des Welt-AIDS-Tages, seine Erlebnisse des Isoliert-Seins nach einem AIDS-Test. Die Sprechstundenhilfe einer Arztpraxis habe ihn nach dem Test ganz merkwürdig gebeten, zur Beratung des Testergebnisses erst kurz vor Feierabend zu erscheinen. In einer anderen Situation habe ihm eine Ärztin nach einer Behandlung die Hand mit dem Hinweis nicht geben wollen, dass bei dieser Hitze immer alles so klebe und sie es deshalb vorziehe, sich einfach so, ohne Handschlag von ihm zu verabschieden. Stefan fasst sein Erleben auf drastische Weise zusammen, indem er konstatiert, mehr und mehr zu einer »AIDS-Schleuder« (ebd.) stilisiert worden zu sein. Auch in anderen autobiographischen Dokumenten ist die verunsicherte Auseinandersetzung mit den gesellschaftlich frei flottierenden Schreckensbildern wieder zu finden. Markus Commerçon (1994) berichtet von weitreichenden und existenziell bedrohlichen Situationen. Dazu schreibt er:

> »Die Angst, die ich während unseres zweijährigen Versteckspiels kennengelernt habe, ist die destruktivste Kraft, die es gibt. Diese Angst lähmt und bringt jegliche Weiterentwicklung zum Stillstand, weil sie einen daran hindert, neue Wege zu beschreiten; [...] Es ist ein ständiges Hetzen, vergleichbar einem Hasen auf der Flucht vor einer Hundemeute. Man sitzt in seinem Versteck und beobachtet sich selbst, jeden seiner Schritte [...]« (Commerçon 1994: 175).

Es wird deutlich, wie subtil und wirkmächtig soziale Stigmatisierungs- und Diskriminierungserfahrungen erlebt und individuell verarbeitet werden.

Bernd Aretz (1995), Rechtsanwalt und Notar und in Selbstbezeichnung »bürgerlich autonome Tunte« (ebd.: 156), beschreibt in seinen »Annäherungen: meine ersten 10 Jahre im Zeichen von Aids« (1995) seine Eindrücke als ›Betroffener‹ und schildert den Umgang mit Stigmatisierungen diskreditierter Menschen aus seiner Sicht folgendermaßen: »Wir waren in der Anfangszeit ziemlich alleingelassen. Nicht, daß wir nicht Objekte atemberaubender Zuwendung und Interesse gewesen wären, aber als gleichberechtigte kritikfähige Menschen kamen wir nicht vor. Manchmal konnte man den Eindruck haben, als ob es bei AIDS nur um Durchhalteparolen oder Mitgefühl beim Prozess des Sterbens ging« (ebd.: 26). Zwischen dogmatisch-aktivierenden Appellen und einem missverständlichen Gestus tröstender Empathie macht Aretz darauf aufmerksam, dass die ›AIDS-Panik‹

subtile, verdinglichende Trope HIV-positiven und AIDS-kranken Menschen gegenüber freisetzt, die enttäuschen, ernüchtern und Kräfte absorbieren. Das autobiographische Schreiben konnte der Erfahrung, »ziemlich alleingelassen« zu sein, ein wenig Kraft zum Reflektieren zurückgeben. »HIV wurde über Literatur Bestandteil nicht nur des Sterbens, sondern des alltäglich gelebten Lebens. Für die Verletzungen gab es Trost« (ebd.: 24). Diese und viele andere Statements[14] zeigen die damals große gesamtgesellschaftliche Verunsicherung, aber auch die grundsätzliche Haltung gegenüber Minderheiten und benachteiligten Gesellschaftsmitgliedern. Fast mag man sich an dieser Stelle an Adornos Sentenz erinnern, die ermunternd darlegt, dass die »fast unlösbare Aufgabe [..] darin (besteht), weder von der Macht der anderen, noch von der eigenen Ohnmacht sich dumm machen zu lassen« (Adorno 2003: 63; Hans-Guck-in-die-Luft). Dieser Aufforderung Adornos gewissermaßen folgend, kamen Anfang der 1980er Jahre Freundeskreise und Selbsthilfeinitiativen zusammen, um dem personalisierenden und damit gleichsam entpolitisierenden AIDS-Diskurs ›in Bewegung‹ entgegen zu treten. Es entwickelte sich ein Engagement, das sich zusehends institutionalisierte. Zwischen sozialer AIDS-Hilfe-Bewegung und wachsendem Bedarf an professionellen Care-Strategien entstehen die ersten AIDS-Hilfen sowie deren Dachverband, die Deutsche AIDS-Hilfe e.V. (DAH). Im Anschluss an Margrit Brückner (2001) verwende ich den Begriff ›Care‹ in einem umfassenden Sinne, als Klammer um Fürsorge- und Pflegetätigkeiten (vgl. ebd.: 269). Damit ist nicht nur die Trennung zwischen bezahlter und unbezahlter Arbeit (Care Ökonomie) angesprochen, sondern zugleich die geschlechtsspezifische Konnotation weiblicher Fürsorgetätigkeiten, die vor allem im privaten Bereich geleistet werden und dadurch gesellschaftlich wie sozialpolitisch gerne übersehen werden. Unter Care verstehe ich eine komplexe Perspektive auf Versorgungsleistungen, die »nicht nur die Beschäftigung mit informell und professionell im Wesentlichen von Frauen ausgeübter Sorge- und Pflegetätigkeit im Lebenszyklus (Kindheit – Alter, Gesundheit – Krankheit), sondern ebenso sozialpädagogische und sozialarbeiterische Tätigkeiten in besonderen Lebenslagen (wie Erziehungshilfen, Berufsfördermaßnahmen für Jugendliche, Unterstützung allein Erziehender, Betreuung in Frauenhäusern, Maßnahmen für Migrantlnnen). Der Umfang und die jeweilige Art und Weise von Fürsorge und Pflege (Care) unterliegen – ebenso wie die Definition dieser Bereiche selbst – gesellschaftlichem Wandel« (ebd.). Care und AIDS-Hilfe-Arbeit stehen dementsprechend in einem professionellen Verhältnis, das sich über die Zeit rasch institutionalisiert, das heißt eben auch gesellschaftlich relevanter wird. Bemerkenswert ist für den angesprochen Bereich, dass Pflegearbeit, Sorge und Betreuung von Männern für Männer, dies zumindest schwerpunktmäßig in den Anfän-

14 Zum Beispiel Helmut Zander (1988): »Der Regenbogen. Tagebuch eines Aidskranken«.

gen der AIDS-Hilfen, geleistet wird und insofern die herkömmliche Definition von Care erweitert.

Wie entwickelt sich Care im AIDS-Diskurs unter den Vorzeichen prekärer individueller Schicksale und einem enormen Handlungsdruck durch staatliche Instanzen, AIDS-Hilfen Nutzerinnen-orientiert und präventiv zu organisieren? Mit der folgenden Skizze der Kontexte, aus denen heraus die Institutionen der AIDS-Hilfe entstanden sind, verlasse ich den makroskopischen Rahmen gesellschaftlicher ›AIDS-Bilder‹ und konzentriere den Fokus nunmehr auf Prozesse, die in AIDS-Hilfen, wie in jeder anderen Care-Institution auch, bürokratische Strukturen festsetzen. Diese Darstellung ist m.E. deshalb notwendig, weil sie den Hintergrund konkretisiert, von dem aus die empirischen Suchbewegungen im Praxisfeld Sozialer Arbeit in AIDS-Hilfen ausgehen.

## AIDS-Hilfe zwischen Bewegung, Selbsthilfe und Professionalisierung

Die Geschichte der AIDS-Hilfen ist eine Erfolgsgeschichte. Zu dieser Feststellung kommt Rolf Rosenbrock bereits 1993 in einem Jubiläumsband der Deutschen AIDS-Hilfe anlässlich des zehnjährigen Bestehens der AIDS-Hilfen (vgl. Rosenbrock 1993).

»Die von Gesundheitswissenschaftlern oft beschworene Vision des spontanen, solidarischen und selbstverwalteten Zusammenschlusses von Menschen, die von einem gemeinsamen Risiko bedroht sind, wurde in der AIDS-Hilfe Wirklichkeit und Erfolg: In den hauptsächlich vom HIV-Risiko betroffenen Gruppen haben sich Einstellungs- und Verhaltensänderungen ereignet, die in Ausmaß und Zeitstabilität alle Beispiele der bisherigen Geschichte von Public Health und Prävention übertreffen« (ebd.: 14).

Gerade als ›Betroffene‹ und ›Hauptrisikogruppe‹ auserkoren, wird eine umfassende Zusammenarbeit und Kooperation unterschiedlicher Schwulengruppen von dem Gesundheitswissenschaftler Raimund Geene (2000: 229) beobachtet. Die erneute Angst vor einem Aufflammen homophober Verleumdungen und stigmatisierender Kategorisierungen führt 1983 zur Gründung der DAH als späterer Dachverband sämtlicher bundesdeutschen AIDS-Hilfen. Der Entstehungskontext des neuen Interessenverbands ist von einem breiten gesundheitspolitischen Vorwissen gekennzeichnet. Insbesondere parteipolitisch erfahrene schwule Mitstreiterinnen nutzen ihren Überblick und prägen so die Haltung des Bundesverbands bereits sehr früh (vgl. Ritter 1992: 78 ff.). Im selben Jahr entsteht die Berliner AIDS-Hilfe als Projekt, im Juli 1985 die Frankfurter AIDS-Hilfe, die sich gern als originär bewegungsorientiert und daher in besonderem Maße politisch aufgeklärt versteht (vgl. Haunss 2004; Hauschild 1998; Ritter 1992).

Das Misstrauen gegenüber den gesellschaftlichen Bildern von AIDS, die durch eine massenmediale Meinungsmache in der Gefahr stehen, sich dauerhaft in das Selbstverständnis der Bevölkerung einzuschreiben, ist groß und durchaus berechtigt. Ein diffuser Aktionismus steuert zunächst die Auseinandersetzung mit dem eigenen Verstehen der AIDS-Bedrohung sowie den (gesundheits-)politischen Überlegungen für eine effektive Gegenstrategie. Schwulenbewegte AktivistInnen prägen die Konstitution einer gemeinsamen Initiative gegen AIDS. Sie begründen schließlich die ›Allianz im Ausnahmezustand‹ (›exceptionalist alliance‹). Auch Kajo Pieper und Guido Vael (1993), beide damals im Vorstand der DAH, sehen das schwulenbewegte Engagement in der Gründungsphase verantwortlich für die Idee einer Ausarbeitung wirksamer Handlungskonzepte. Doch allmählich können sich AIDS-Hilfen von den Bildern der »großen Schwulentreffen« (ebd.: 28) distanzieren und eine Phase der »Entschwulung der AIDS-Hilfen« (ebd.) initiieren. Ihre Begriffswahl ›Entschwulung‹ möchte die Schnittstelle vom ›sexuierten Club potentieller Virusträger‹ hin zu einer professionellen Institution unterstreichen, die nunmehr in der Lage ist, für eine Vielzahl gesundheitspolitischer Problematiken wissenschaftlich fundierte Handlungskonzepte zur Verfügung zu stellen. Vermittels dieser Absetzbewegung von einer geschlossenen Gruppenzugehörigkeit, transportiert ein ›Entschwulungsprozess‹ die Botschaft einer thematischen Öffnung in Richtung professioneller sozialer Dienstleistung einer Nichtregierungsorganisation. Die Nähe zu staatlichen Institutionen im Entwicklungsprozess von AIDS-Hilfen beeinflusst deren Methodenentwicklung von Beginn an und müsste professionalisierungstheoretisch reflexiv mitgedacht werden. ›Entschwulung‹ stellt an dieser Stelle eine durchaus missverständliche Begriffswahl dar. Sie könnte ebenso als Versuch gelesen werden, Schwulsein im Kontext von AIDS-Hilfe unter professionalisierungspragmatischen Erwägungen auszulöschen. Mit dem Zitat aus dem Aufsatz von Pieper/Vael möchte ich den Hinweis geben, dass es im Entstehungs- und Konstitutionsprozess von AIDS-Hilfen um ein Arrangieren ihres Selbsthilfecharakters mit professionellen, also vergleichbaren Strukturen sozialer Sicherung ging. Inwieweit dieser Verlauf durch ›äußere Umstände‹ bestimmt oder frei gewählt wurde, kann letztlich nicht eindeutig geklärt werden. Meine Absicht ist es nicht, ›Elemente sozialer Bewegung‹ in AIDS-Hilfen gegen mögliche Professionalisierungsnotwendigkeiten auszuspielen. Ich möchte also keinen Endbericht der ›Geschichte AIDS-Hilfe‹ verfassen, sondern auf diskursive Verflechtungen schauen. Diese können mal als aufeinander bezogene und ein anderes Mal als sich widersprechende Interessensbereiche gedacht werden. Interessant sind ihre Bruchstellen.

Die Einwilligung der AIDS-Hilfen in die Arbeitsteilung mit der Bundeszentrale für gesundheitliche Aufklärung (BZgA), die die Aufklärungsarbeit für die ›heterosexuelle Allgemeinbevölkerung‹ mittels massenmedialer Programme, der so genannten personalkommunikativen AIDS-Aufklärung (vgl. Bührlen-Armstrong 1998) übernimmt, ermöglicht ihr eine Konzentration der Arbeit auf Aufklärung und Prävention hinsichtlich der eigenen Klientel, also der Schwulen und später auch der DrogengebraucherInnen und Prostituierten. Notwendig wird eine finanzielle Konsolidierung der geplanten Projektideen und gesundheitspolitischen Interventionen. Eine Anschubfinanzierung ermöglicht der DAH primärpräventive Dienstleistungskonzepte umzusetzen (vgl. Geene 2000: 233).

Das konzeptuelle Gerüst einer AIDS-Arbeit ist von Anfang an eingefärbt von staatlichen Disziplinierungsinteressen und »innerverbandlichen Regulierungen« (ebd.: 235). Dieser Trend sorgt für einen allmählichen Rückzug bewegungsorientierter Aktivisten, die eine stärker alternative Positionierung favorisieren. Trotz wirkmächtiger Abhängigkeitsverhältnisse von Regierung und Kapital, gelingt es der AIDS-Hilfe durch Hinwendung zum Prinzip des »community building« und »community organizing« (vgl. ebd.: 236; Rosenbrock et al. 2002: 22) eine spezifische Idee der Intervention zu entwickeln und diese handlungstheoretisch präzise zu verorten und auszuarbeiten. Der Bewegungsgedanke respektive das Wissen über die Entstehungshintergründe und Professionalisierungsphasen der AIDS-Hilfe bleibt trotz einer gesundheitspolitischen Eingemeindung in die funktionierende soziale Sicherungssystematik, zumindest bis Mitte/Ende der 1990er Jahre bestehen. AIDS-Hilfen beziehen sich immer noch gerne auf gemeinschaftliche Sinnhorizonte, die sich in der Institution als identitäre Ideologie vereinigen und stabilisieren. Community steht in der schwulen Szene für Gemeinschaftlichkeit und (sub)kulturelle Identität. Der Aufbau (Community Building) und die Organisation (Community Organizing) unterstützender Netzwerke kommen ohne die Bezugnahme und den Rückhalt aus der Szene zunächst nicht aus. Die Figur eines Community-Building stellt heraus, dass eine gemeinschaftliche Idee Grundlage für eine institutionelle Organisationsstruktur sein kann (›Community-Effekt‹). Community-Building ist demzufolge maßgeblich daran beteiligt, dass sich eine ›institutionelle Identität‹ als Organisations-Skript entwickeln kann (vgl. Klatetzki 2004). Kollektive Identitätskonstruktionen fördern die Entstehung professioneller Strukturen und Handlungsroutinen in AIDS-Hilfen und sind willkommene Gesprächspartner seitens staatlicher Instanzen (vgl. Süßmuth 1987). ›Betroffene‹ in AIDS-Hilfen haben/tragen einen Namen, sie *›sind‹* Schwule, und gelten als verhandlungsfähige Partner für eine gemeinsame Präventionsanstrengung im subkulturellen Milieu. Andreas Salmen und Albert Eckert (1988), beide damals schwulenpolitisch engagiert, weisen darauf hin, dass die wissenschaftliche Erforschung neuer sozialer Bewegungen, die Schwulenbewegung, wenn überhaupt, nur am Rande als ›Homo‹ oder ›Schwulengruppen‹ miterwähnt. Eine sozialwissenschaftlich fundierte Analyse der Entstehungsgeschichte von AIDS-Hilfe und ihre historisch gewachsene Verbindung zur Sozialen Arbeit konnte bisher nicht vorgelegt werden[15]. Schwulenbewegung und AIDS-Hilfe-Identität sind zu Beginn der 80er Jahre noch unmittelbar aufeinander bezogen. »Die Deutsche AIDS-Hilfe ist nicht von Gesunden oder Kranken gegründet worden, sondern von schwulen Männern, die sich und ihre Lebenswelt von einer neuen, zusätzlichen Gefahr durch ein Virus und die daran hochzüngelnde Repression einer (wenn auch oft nur noch latent) immer noch homophoben Umwelt bedroht sahen« (Rosenbrock 1993: 15). Abscheu und Abwehrhaltungen gegen schwul und lesbisch lebende Menschen beziehen sich nicht nur auf das einzelne Individuum, das ›gleichgeschlechtlich‹ begehrt, sondern entwickeln einen aktiv zurückweisenden Antrieb gegen entsprechende gesellschaftliche Gruppierungen. Homophobie prägt gesellschaftlich Strukturen und manifestiert sich gleichsam im Alltagshandeln. »Das ist die Idee der Performativität, mit der ausgedrückt wird, daß symbolische Handlungen – jedenfalls unter bestimmten Umständen – durch ihren bloßen Vollzug außersymbolische Tatbestände schaffen können. Unser Sprechen ist zugleich auch ein Tun (Krämer 2001: 241)«[16].

Das Anderssein erscheint auf den ersten Blick auf die eine oder andere Weise möglich zu sein, denn die Dramatik, die dem Homosexuellsein anhaftet, hat sich in den letzten Jahren zusehends entspannt. »Verschwunden ist die Homophobie indessen nicht. Der Hass auf das Andere, die Angst vor dem Fremden prägt nach wie vor die Tiefenschichten des zwischenmenschlichen Umgangs« (Hutter et al. 2000: 30). Dieser Verweis wird auch von anderen Autoren gestützt (vgl. Jagose 2001; Maas 1999), die einerseits darlegen können, welchen inneren und äußeren Gesetzmäßigkeiten Homophobie gehorcht (vgl. Rauchfleisch 1996), und wie sie sich im gesellschaftlichen Koordinatensystem eingeschrieben hat (vgl. Köllner 2001; Bleibtreu-Ehrenberg 1978, 1989). Eine heteronormative Leitkultur produziert fast ganz selbstverständlich normabweichende Subjekte, die ihre ›Differenz als Andersartigkeit‹ im Sozialisationsprozess erst Schritt für Schritt realisieren. Ganz allmählich bemerkt man unbewusst oder bewusst, dass die Kategorien, die eine Gesellschaft für die eigene Zuordnung bereit hält, wertbezogen aufgeladen sind. Das mann-männliche oder frau-frauliche Begehren ist die Falltür in eine Sozialkategorie, die eine Konstruktion von ›Sonderlingen‹ fast unausweichlich macht. Den Begriff ›Sonderlinge‹ verwende ich

15 Erst die Arbeit von Sebastian Haunss (2004) nimmt sich eines Vergleichs zwischen Autonomen- und Schwulenbewegung unter den Vorzeichen ›kollektiver Identität‹ an.

16 Aus lesbischer Perspektive äußert sich Constanze Ohms (2000) zum Problem der »Gewalt gegen Lesben« (ebd.) und etwas umfassender, die schwule Seite einbeziehend, mit Klaus Stehling zusammen unter dem Titel » Gewalt gegen Lesben - Gewalt gegen Schwule: Thesen zu Differenzen und Gemeinsamkeiten« (Ohms/Stehling 2001).

hier polemisch konnotiert. Ähnlich wie bei den Zuschreibungen *schwul* und *gay* möchte ich einerseits darauf aufmerksam machen, dass es sich um sprachlich hervorgebrachte und rhetorisch verwendete Handlungen handelt, die diskriminieren. Die Äußerung ist als gesamter Akt, als Handlung zu sehen, die kategorisiert, etikettiert und gleichsam Effekte durch und im Sprechen produziert (Sprechakte). Sprechakte wirken performativ, indem sie diskursive Zusammenhänge materialisieren. Sie erzielen ihre Wirkung durch die historisch-spezifische Produktivität der Diskurse, denen sie eingeschrieben sind. Andererseits entsprechen sie keinem naturhaften Grundgesetz, das unveränderbar wäre. Sie leben durch ständige Wiederholungen und müssen ihre Wirkmächtigkeit immer wieder performativ herstellen. Darin liegt auch eine gewisse Chance des Widerständigen. Werden die Zuschreibung gleichsam politisch emanzipativ ›umgewendet‹, so provoziert nunmehr ein anderer – in diesem Fall emanzipativer – Sinngehalt ihre ursprüngliche Bedeutung. *Schwul*, *gay* verweisen dann auf eine politisch notwendige Debatte, Sexualitäten machtkritisch zu hinterfragen. *Sonderlinge* verweisen auf das Normalisierungsgebot, das die Produktion eines Sonderstatus' in sich selbst mit trägt. Der regelmäßige Rekurs auf einen ›Sonderstatus‹ begrenzt Entwicklungsräume, anstatt sie offen zu halten. »Der homosexuell fühlende Mensch durchläuft neben der allgemein-sexuellen Sozialisation eine *Sonderentwicklung*, innerhalb derer sich seine Disposition auf Angehörige des gleichen Geschlechts allmählich verfestigt [...]« (Hutter/Koch/Lautmann 2000, S. 29; Hervorh.d.V.). Dass sich ›Sonderlinge‹ nicht ausnahmslos nur als diskreditierte Subjekte oder gar als ›drittes Geschlecht‹[17] wahrnehmen, sondern das vermeintlich Artifizielle ihrer Sexualbiographien aus dem Privaten in eine Öffentlichkeit einstellen wollen, zeigt die Entstehung der zweiten deutschen Schwulenbewegung.

## Schwulenbewegung

Eine Reihe recht aktueller Arbeiten beschäftigen sich eingehend mit der ersten und zweiten deutschen Schwulenbewegung (vgl. Haunss 2004; Kraß 2003: 10ff; Jagose 2001 und Mildenberger 1999). Die Gründung des Wissenschaftlich-humanitären Komitee (WHK) durch den deutschen Neuro-

17 Volkmar Sigusch (2000) erläutert in seinem Aufsatz »Uranität als Existenzweise« die Ausführungen des ›Vorkämpfers der Homosexuellen-Bewegung‹ Karl Heinrich Ulrichs, zu den Möglichkeiten eines weiblichen Homosexuellen als »*Sexual*subjekt« (ebd.: 67; Hervorh. i. O.). Der Blick auf eine andere Existenzweise, »der weibliche Charakter der Urninge, (das) dritte Geschlecht« (ebd.: 74), ist insofern von Bedeutung, als dass erstmals, zum Ende des 19. Jh. ›Alternativen‹ zum Geschlechterdualismus öffentlich thematisiert werden konnten. »Es geht nicht um Krankheit, Missbildung, Unzucht, Lasterhaftigkeit oder Übersättigung, sondern um Eigenart, Variation, ein Drittes, ein Viertes, ein Anderes« (ebd.: 89).

Neurologen und Sexualforscher Magnus Hirschfeld 1897 wird gemeinhin als der Beginn der ersten deutschen Schwulenbewegung angesehen. Zentrale Aufgabenschwerpunkte der Organisation waren der Versuch einer Beseitigung der strafrechtlichen Verfolgung Homosexueller durch Abschaffung des § 175 StGB sowie die Weiterentwicklung eines homosexuellen Selbstverständnisses als ›drittes Geschlecht‹. Magnus Hirschfeld ging es in erster Linie um eine wissenschaftliche Begründung und Legalisierung ›angeborener Homosexualität‹ als natürlicher Lebensform (vgl. Herzer 2001). Später wurde auf diese biologistische Reduktion des eigenständigen Zwitterkörpers ›Urninge‹, so wie ihn Karl Heinrich Ulrichs verstand, kritisch reagiert. Für das damalige Bild von Homosexualität ist das Engagement in eigener Sache allerdings bemerkenswert. Das Engagement um das WHK verlor sich mit dessen Zwangsschließung im Naziregime und durch die resultierende Zwangsemigration sowie den Tod vieler seiner Anhänger.

In der Nachkriegszeit blieb die Situation für Schwule bedrohlich. Der von den Nationalsozialisten verschärfte § 175 StGB hatte vorerst noch volle Gültigkeit. Eine geschwächte Schwulenbewegung konnte an die wissenschaftlichen Auseinandersetzungen zur gesellschaftlichen Situation Homosexueller im Sinne Magnus Hirschfelds nicht anknüpfen. Auch das Engagement des Arztes Hans Giese, der bereits in seiner Dissertation 1946 vorsichtig anmahnte, eine Reform des § 175 StGB sei geboten, ist ein eher verhaltener Versuch, Homosexualität zwischen Männern wieder zu thematisieren. Giese gründete 1949 das Institut für Sexualforschung in Frankfurt am Main in privater Initiative (vgl. Herrn 1999: 39) und eröffnete gemeinsam mit Hermann Weber im selben Jahr das neue WHK »als Unterabteilung des Instituts in Frankfurt« (ebd.). Seine Wiedereröffnung vermochte es nicht, den alten Bedeutungsgehalt des Komitees wiederzuerlangen.

»Die neue oder zweite Schwulenbewegung ist in der Bundesrepublik Deutschland eng mit der 1968er-Bewegung verknüpft. Ihr entscheidendes Gründungsereignis ist zwar nicht unmittelbar mit den studentischen Protesten verbunden, fällt aber dennoch in die von der Studentenbewegung bestimmte Periode gesellschaftlicher Liberalisierung«, konstatiert der Politologe und Bewegungsforscher Sebastian Haunss (2004: 191).

Wenn ich in diesem Kapitel die ›Situation schwuler Menschen als Bewegung‹ skizziere, weil ich davon ausgehe, dass diese Beschreibung notwendig ist, um den AIDS-Hilfe-Diskurs in seiner historischen Entwicklung präzise darstellen zu können, ist ein »Nicht-Vorkommen von Lesben« (Brunnett/Jagow 2001: 202) in diesem Zusammenhang ebenso bedeutsam. Lesbische Menschen tauchen in der Rede über HIV und AIDS vergleichsweise selten auf. Ihre Situation verblasst im männlich-hegemonialen Diskurs von Homosexualität. Eine Differenzierung zwischen Frauen und Männern und gleichsam ihre homosexuelle Zwillingsbinarität führte in der »Diskussion um Safer Sex zwischen Frauen« zu einem »Schattendasein, von dem sich auch die Publikationen von Lesben seit den 80ern nicht lösen können« (ebd.: 205). Es ist diesem männlichen Bild homosexueller Lebensweise geschuldet, dass AIDS, AIDS-Hilfe-Bewegung und Schwulenbewegung untrennbar miteinander verschachtelt sind und gemeinsam ein Muster ›eines sehr normalen Schwulen‹, der zudem ›AIDS hat‹ erzeugen und für sämtliche darauf folgende Debatten konsolidieren (vgl. Connell 1999: 165).

Am 25.06.1969 wurde das 1. Strafrechtsreformgesetz, noch unter Bundeskanzler Kurt Georg Kiesinger in der großen Koalition von 1966-1969, das die Handschrift des damaligen Justizministers Gustav Heinemann trägt, verabschiedet. Datiert wird der Anfang eines neuen gemeinsamen schwulenpolitischen Engagements um den 1.9.1969, der gesetzlichen Entkriminalisierung des heftig umstrittenen § 175 StGB der es jetzt erlaubte, homosexuelle Handlungen mit Partnern oberhalb des 21. Lebensjahrs vorzunehmen. 1973 wurde die Schutzaltersgrenze auf 18 Jahre abgesenkt. Erst 1994 beschloss der Deutsche Bundestag die ersatzlose Streichung des Driskriminierungsparagraphen 175. StGB. Sebastian Haunss (ebd.) beschreibt die frenetische Genese schwuler Magazine, zum Beispiel »du und ich – Magazin für Freunde von heute«, aber auch einer kommerziellen Subkultur in dieser Zeit. Bars, Kneipen, Cafés und Discotheken konnten unter legalen Vorzeichen eröffnen, und dieser Umstand wurde genutzt.

Das zentrale politische Ereignis, das gewissermaßen die Geburtsstunde unterschiedlichster schwuler Initiativen darstellte, war das couragierte Aufbegehren ›der Szene‹ und der ›Sub‹[18] in den Szenebars und Kneipen während der Razzien in der New Yorker Christopher Street vom 27. auf den 28. Juni 1969. Das Fass der Übergriffe gegen die persönliche Integrität war übergelaufen und endlich bestand die Möglichkeit, sich gemeinschaftlich zur Wehr zu setzen und der Willkür polizeilicher Interventionen kämpferisch und selbstbewusst entgegenzutreten. Das New Yorker Lokal Stonewall Inn steht mit seinem Namen für dieses kämpferische Datum. Scott Bravmann (2003), Historiker aus San Francisco, beschreibt es als »eine Art lavendelfarbene(n) Sturm auf die Bastille«, die als politisches Aufbegehren, »den offiziellen Beginn der schwulen Unabhängigkeitsbewegung« (ebd.: 240) symbolisiere.

Auch in Deutschland nimmt die Schwulenbewegung diese Reform im politischen Selbstbild der Schwulen und Lesben wahr. Als Knotenpunkt der

18 Die umgangssprachliche Verwendung ›Sub‹ als Abkürzung für Subkultur wird in der Schwulenszene gerne mit Bezug auf einen gemeinsamen, familialen Hintergrund eingesetzt. In der ›Sub‹, oder in der ›Szene‹ konzentrieren sich Begegnungsstätten für Lesben und Schwule und halten insofern eine subkulturelle Infrastruktur vor.

Etablierung neuer Initiativen und politisch wirksamer Gruppen kann die öffentliche Debatte um den Filmemacher Rosa von Praunheim angesehen werden. Jetzt rückte erstmals eine dezidiert gesellschaftskritische Perspektive in die Arena der Widerstände gegen schwule Lebensentwürfe. Rosa von Praunheim bringt das explosive Gemisch eines neuen schwulen Selbstbewusstseins als Autor und Regisseur auf den Punkt: »*Nicht der Homosexuelle ist pervers, sondern die Situation in der er lebt*«[19].

Der provozierende Titel war der Untersuchung »Der gewöhnliche Homosexuelle« (1974), die Martin Dannecker gemeinsam mit Reimut Reiche gerade veröffentlicht hatte, entlehnt. Dannecker und von Praunheim verurteilten aber nicht nur die diskreditierende gesellschaftliche Rahmung homosexuellen Begehrens, sondern auch die kleinbürgerliche, devote Haltung der schwulen Menschen. Sie fordern eine radikale Emanzipation, deren Aushandlungsprozesse sichtbar auf der Straße und nicht in dunklen Hinterzimmern, Verstecken oder öffentlichen Toiletten ablaufen sollen. »Der Film hatte damals den Arbeitstitel ›Das Glück in der Toilette‹, was meine Auffassung von der homosexuellen Subkultur widerspiegelte. Es war eine detaillierte Subkulturkritik am Beispiel eines jungen Homosexuellen [...]« (von Praunheim im Streitgespräch mit Martin Dannecker: von Praunheim/Dannecker 1987: 82). Rosa von Praunheim rekurriert auf die Handlungstradition des ›Klappensex‹ von schwulen Menschen. Diese Nische als letzter oder einziger sexueller Raum stellt den Treffpunkt für anonymen und schnellen, schwulen Sex dar. In seiner Darstellung homosexueller Lebenswelten geht Köllner (2001, S. 317 ff.) auf die Studie des amerikanischen Soziologen Laud Humphreys ein. Dieser interviewte 100 Personen zu ihren ›Klappen‹-Gewohnheiten und arbeitet die meist non-verbalen Interaktionscodices eilfertiger sexueller Triebbefriedigung unter Ausschluss der Öffentlichkeit heraus. Die Partnersuche steht dabei nicht im Vordergrund. Die Möglichkeit sich unerkannt, flüchtig zu begegnen um gemeinsam Sexualität zu praktizieren ist die zentrale Motivation der ›Klappe‹ (vgl. auch Dannecker/Reiche 1974, S. 106). Klappensex ruft gleich zwei entscheidende Spezifika auf den Plan: Als Reaktion auf die gesellschaftliche Sanktion mann-männlicher Partnerschaften entsteht eine Sexualitätspraxis, die sich sowohl vor Repression und Gewalt schützen muss und zugleich diesem Zustand doch ihren je eigenen Reiz abgewinnen kann. Der heimliche Sex auf der ›Klappe‹ ist in aller Regel lustvoll besetzt (vgl. Laud Humphrey 1974).

---

19 Vgl. http://www.rosavonpraunheim.de; Rosa von Praunheim führte Regie in dem gleichnahmigen Film, der 1970 in Deutschland erscheint. Im Fernsehen wurde der Film erstmals im 3. Programm des WDR 3 ausgestrahlt und zwar am 31.01.1972 zu später Stunde. Darsteller: Bernd Feuerhelm, Berryt Bohlen, Ernst Kuchling, Dietmar Kracht, Steven Adamczewski u.a.

Bereits an dieser Stelle zeichnet sich das konfliktreiche Potenzial subkultureller Emanzipation ab. Zwar sprechen die zahlreichen Kooperationen auf dem Sektor verbandlicher und politischer Einflussnahme für den Erfolgskurs der damaligen Integrationsbemühungen schwuler Aktivisten. Ab 1975 kristallisiert sich jedoch der Konflikt zwischen den »Integrationalisten« und den sogenannten »Radikalen« (beides Geene 2000: 228) heraus, der Auslöser für eine Zersplitterung linker Bewegungsorientierung ist. Insbesondere das Unvermögen, einen gemeinsamen Verband zu gründen, der die Meinungs- und Ideenvielfalt institutionell rahmt, zeigt auf, wie leidenschaftlich unvereinbar politische Ansichten gelebt wurden. Möglicherweise liegt aber auch hierin gerade eine Stärke, insofern sich die Schwulen ›als Ganzes‹ politisch keiner klar abgrenzbaren Vereinigung unter- und zuordnen lassen.

Haunss (2004) stellt die Konfliktlinien in zwei Fließrichtungen zusammenfassend dar. Im Dunstkreis der heftigen Debatten über die politische Forderung Rosa von Praunheims und dessen Mitstreiter entsteht 1971 die Homosexuellen Aktion Westberlin (HAW) (vgl. Quaestio 2000: 10)[20], die das marxistische Antagonismusmodell Kapital und Arbeit aufgreift und mit dessen Hilfe die Implantation dichotomer Geschlechtlichkeit für eine Ausweitung und Verfestigung asymmetrischer ökonomischer Strukturen anprangert. Die Nähe zum linken Politikflügel beschert den Schwulen zwar einerseits eine gute Möglichkeit gesellschaftskritische Ziele in ein bereits existentes Theoriegerüst einzupassen. Auf der anderen Seite stehen sich diese beiden Welten, postmarxistische Linke und Schwulenbewegung, nicht zwangsläufig loyal gegenüber. Man musste zur Kenntnis nehmen, »dass die vermeintlich fortschrittlichen K-Gruppen und -Parteien nicht unbedingt weniger schwulenfeindlich waren als der Rest der Gesellschaft« (Haunss 2004: 196). Auch in der schwulen Bar- und Kneipenszene taten sich die provokanten Thesen schwer, verstanden und mitgetragen zu werden. Der weitaus kompliziertere Konfliktbereich bezieht sich indes auf die Frage, wie weit das Verständnis von sexueller Befreiung gehen soll. Sind mit den Forderungen nach Antidiskriminierung und Loyalisierung homosexueller Lebenswelten sämtliche Sexualitäten mitgedacht, oder beschränken sich die Postulate einzig auf die Anerkennung des Schwulseins. Kapitalismuskritik einerseits und Identitätspolitik andererseits stehen sich gelegentlich unbeholfen gegenüber. Das Homolulu-Festival 1979 in Frankfurt am Main wendet sich fast schon leidenschaftlich gegen Sex-Normierungen und paternalistische, patriachale Herrschaftssysteme. Als jedoch italienische und französische ›Tunten im Fummel‹ auftreten und provokativ das Interesse der »Feministen« (Salmen/Eckert 1989: 39) proklamieren, fraktionieren sie gleichsam die konzeptionelle Agenda schwuler Befreiungsinteressen.

20 Das Autorenkollektiv Quaestio steht für die Verfasser_innen Nico J. Beger, Antke Engel, Corinna Genschel, Sabine Hark und Eva Schäfer.

Sind ›Tunten‹ eine ›Maskerade‹ die eine politische Reformorientierung karnevalisieren, oder steht ›die Tunte‹ nicht vielmehr für eine umfassende und ehrliche Kritik am wirkmächtigen Heterosexismus? Die feminine Repräsentation schwuler Selbstkonzepte bleibt eine sensible Achse im Feld schwuler Emanzipation. Jörg Maas (1999: 76ff.) kann den ›Tunten-Konflikt‹ in Bezug auf die gesellschaftliche Akzeptanz des Völklinger Kreises, eines Verbundes homosexueller Führungskräfte in der Wirtschaft, veranschaulichen. Er arbeitet heraus, dass effeminierte Männer in die Kategorie der unerwünschten Männlichkeit exiliert werden, weil sich dieser Teil ›schwuler Identität‹ nach wie vor gesellschaftlich höchst non-konform darstelle. Die Skandalisierung sexueller Diskriminierung und Unterdrückung sogenannter Randgruppen respektive ausgeschlossener sozialer Akteure im gesellschaftlichen System, führt vor dem Hintergrund gesetzlicher Liberalisierung zu einer weitreichenden Neugründungswelle schwuler Gruppierungen. Raimund Geene (2000) skizziert mit Salmen/Eckert (1989) eine quantitative Zunahme von Schwuleninitiativen zwischen 1971 und 1974 von 31 auf 45 Organisationen. ›ACT UP‹ und ›Queer Nation‹ sind beides besonders bemerkenswerte und hervorzuhebende Bündnisse der Subkultur, weil sie explizit auf die Entprivatisierung pathologisierender Diskurse abzielen. Die gesellschaftlichen Etikettierungspraktiken sollen auf diese Weise in den Bereich der öffentlichen Diskussion und Verantwortlichkeiten zurückgeholt werden.

ACT-UP (*AIDS Coalition to Unleash Power*) ist ein Aktionsbündnis, das sich 1987 in New York gegründet hat (vgl. Weiß 2001: 39). In Berlin konstituiert sich 1989 eine ACT-UP-Gruppe nach US-amerikanischem Vorbild. Mit Hilfe von lautstarken Demonstrationen warnt das politische Bündnis davor, AIDS ausnahmslos als Krankheit der Homosexuellen und Drogenabhängigen zu betrachten. Mit einem dezidiert radikal-politischen Konzept treten diese Bewegungsaktivisten auf, »um mit Mitteln des Protests und des zivilen Ungehorsams die staatlichen Stellen zum Handeln zu bewegen und öffentliche Aufmerksamkeit für die Aidsproblematik zu erregen« (Haunss 2004: 208). Für die deutsche Diskussion um einen alternativen Ansatz zur Problematisierung und kritischen Auseinandersetzung mit den gesundheits- und sozialstaatlichen Interventionen steht unter anderem der Name Rüdiger Anhalt (1994), der sich beispielsweise maßgeblich an der so genannten ›Kirchenaktion‹ 1991 beteiligte. Geplant war die strategische Störung der Deutschen Bischofskonferenz 1991 in Fulda. Mit Transparenten, Flugblättern und Parolen – zum Beispiel ›Stoppt die Kirche‹; ›Die Kirche bringt uns den Tod‹; ›Solidarität mit AIDS-Kranken‹ – versuchen die Aktivisten auf das problematische Verhältnis insbesondere der katholischen Kirche zur Homosexualität aufmerksam zu machen (vgl. ebd.: 145ff.). Die einzige ACT-UP Gruppe, in der sich auch Frauen engagierten (oder engagieren durften) entstand in Hamburg[21]. Ähnlich wie die ACT-UP-Aktivisten verfolgt auch die Aktionsgruppe ›Queer Nation‹ die öffentlichkeitswirksame Thematisierung gesellschaftlich etablierter Praktiken gruppenbezogener Diskriminierung. Im Vordergrund stehen jedoch schwul-lesbische Emanzipationsbestrebungen und die Sichtbarmachung von Gewalt gegen homosexuelle Lebensentwürfe. 1990 gründet sich Queer Nation – Volker Weiß gibt als Gründungsjahr 1989 an (vgl. Weiß 2001: 39) – die den Begriff Queer strategisch umwendet und mit einer entgegengesetzten Bedeutung auflädt. Mit dem Slogan ›We're here. We're queer. Get used to it‹ unterstreicht Queer Nation ihre Forderungen. Damit steht die Selbstbezeichnung Queer nicht mehr als Beleidigung und Herabsetzung, sondern unterstützt die Darstellung des ›Perversen‹ als berechtigte Konzeption zwischenmenschlicher Existenzweise (vgl. Kraß 2003: 17f.)[22].

Inmitten dieser Phase schrittweiser Professionalisierung und institutioneller Etablierung sorgt die naturwissenschaftliche Entdeckung und ›soziale Erfindung‹ von AIDS für eine Katastrophenstimmung und erzeugt eine insgesamt bedrohliche Atmosphäre. Es geht um so ›schambesetzte Extreme‹ wie Sexualität, Homosexualität, Prostitution und Drogen. Rausch und Lust skandalisieren die vermeintlich liberalisierten gesellschaftlichen Räume. Archaische Ängste suchen unverzüglich nach Schuldigen, denen die Verantwortung für diese ›moderne Pest‹ übertragen werden kann. Die klassische Sündenbock-Strategie gelingt exzellent.

Die anfängliche Kohärenz zwischen Schwulenbewegung und AIDS-Hilfen hat sich über die Jahre signifikant verändert. AIDS-Hilfen verstehen sich längst nicht mehr ausschließlich als Club für schwule Interessen und Belange. Das fachlich-theoretische Gerüst professioneller AIDS-Hilfe-Arbeit speist sich zwar aus den ideellen Grundüberzeugungen einer besonderen AIDS-Hilfe-Geschichte. Als professionelle Anbieterin sozialer Dienstleistungen, müssen sich die AIDS-Hilfen vermehrt mit den Anforderungen an eine *funktionstüchtige* und *wirksame* Nichtregierungsorganisation auseinandersetzen.

21 Einen guten Überblick über die Entstehungsgeschichte der ACT-UP-Initiativen bietet der Band von Andreas Salmen (1991): »ACT UP. Feuer unterm Arsch. Die AIDS-Aktionsgruppen in Deutschland und den USA«.

22 Volker Woltersdorf (2003) hebt in diesem Zusammenhang die nicht ganz unproblematische affirmative Verwendung des Nationenbegriffs hervor (vgl. ebd.: 915). Das LFQ (Netzwerk lesbisch-feministisch-queerer Forscherinnen) verfasst ein Positionspapier, in dem sie die Initiative Queer Nation (http://www.queer-nations.de), insbesondere »die patriotisch-nationalistischen und integrationspolitischen Prämissen der Initiative Queer Nations (kritisieren) und [..] zu einem kritischen Dialog auf(fordern)« (LFQ 2006). Im Kontext des LFQ engagieren sich, unter vielen anderen, Antke Engel (Hamburg), Hanna Hacker (Wien, Österreich), Sabine Hark (Berlin), Renate Lorenz (Berlin), Heike Raab (Frankfurt).

## AIDS-Hilfe und Gesundheitsförderung: Entwicklungen

Beeinflusst durch sozialwissenschaftliche Erkenntnisse des New Public Health[23] können sich die AIDS-Hilfen an dem 1986 festgeschriebenen ›Lebensweisenkonzept‹ der Weltgesundheitsorganisation (WHO) orientieren und das salutogenetische Selbstverständnis für den eigenen Handlungsrahmen reformulieren. Lebensweisenakzeptanz und Salutogenese sind Begrifflichkeiten, die auf den ersten Blick erklärungsbedürftig sind, vor allem dann, wenn sie zusammengeführt werden und als gemeinsame Orientierung das zentrale Konzept vieler Projekte im Gesundheitswesen (nicht nur von AIDS-Hilfen) stützen.

Eine weiter übergeordnete Kategorie wird als ›Gesundheitsförderung‹ bezeichnet. Ausgehend von der berühmten ›Ottawa-Charta zur Gesundheitsförderung‹, die 1986 auf der ersten internationalen Konferenz zur Gesundheitsförderung das Selbstverständnis der Weltgesundheitsorganisation (WHO) festlegte, wird zwischen einem Risikofaktorenmodell und einem salutogenetischen Konzept zur Erklärung von Krankheitsursachen und –verläufen unterschieden (vgl. Geiger/Kreuter 1997; Naidoo/Wills 2003: 184ff.)[24].

Eine Risikoperspektive konzentriert sich streng auf biomedizinische Zusammenhänge, die sich eindimensional an den epidemiologisch überprüfbaren Ursachen von Krankheiten orientieren. Besonders im Bereich zur langfristigen Untersuchung von Koronarerkrankungen zählt die Ursachenforschung zwingend zum Studiendesign. Ob ein Mensch raucht, trinkt oder sich ›falsch bewegt‹, sind jene ausschlaggebenden Kriterien, die über eine binäre Definition gesund/krank Menschen (Patienten) in ein reduktionistisches Krankheitsmodell einordnen. Über statistische Verfahren werden »Erkrankungswahrscheinlichkeiten« (Bengel/Strittmatter/Willmann 2001: 19) angenommen. »Je mehr Risikofaktoren, insbesondere bei Männern, vorliegen, um so höher ist die Wahrscheinlichkeit, einen Herzinfarkt zu bekommen« (ebd.: 18).

Durch den Versuch, Krankheitsursachen in das Zentrum der Analyse von Krankwerden und Gesundbleiben zu stellen, kommt der Gesundheits-

23 Als junge Querschnittswissenschaft im Gesundheitswesen entspricht Public Health einer »Theorie und Praxis der auf Gruppen bzw. Bevölkerungen bezogenen Maßnahmen und Strategien der Verminderung von Erkrankungs-, Progredienz- und Sterbewahrscheinlichkeiten durch Senkung von (pathogenen) Belastungen und Stärkung von (salutogenen) Ressourcen« (Rosenbrock 1997: 4). Seit ihrer disziplinären, und bezogen auf das heterogene Spektrum der NutzerInnen gesundheitsförderlicher Dienstleistungen, strukturellen Öffnung, wird auch zwischen Old und New Public Health unterschieden. Im Vergleich zur reinen Krankheitsvermeidung, versucht New Public Health Prävention, Therapie und Rehabilitation mehrdimensional (insbesondere interdisziplinär) zu verstehen.

24 Vgl. auch http://www.who.int

bildung und Prävention auch in den AIDS-Hilfen eine herausragende Bedeutung zu. Vor allem die klassischen sozialmedizinischen Präventionsanstrengungen mit ihrer Einteilung in Primär-, Sekundär-, und Tertiärprävention versuchen bereits, dogmatische Appelle und eine ›Abschreckungspädagogik‹ durch umfassende, themenzentrierte Aufklärung zu ersetzen, oder zumindest zu ergänzen. Als Begriffstrias rekurriert Prävention zunächst auf das Ziel, Krankheiten (vor allem chronischen Erkrankungen) möglichst mehrdimensional verhindernd zu begegnen. Primärprävention möchte grundsätzlich jede Ursache von Krankheit erkennen und Wege aufzeigen, diesen Risikofaktoren zu entgehen. Aufklärungskampagnen sind mögliche, umfassende Maßnahmen. Sekundärprävention setzt an den Möglichkeiten einer Früherkennung an. Krankheitssymptome werden vor ihrer Chronifizierung entdeckt und zielgenau behandelt. Beratung zu Therapiemöglichkeiten und medizinischer Testung können als entsprechende Maßnahmen resultieren. Tertiärprävention setzt die effektive Behandlung ins Zentrum ihrer Anstrengung, um einer Verschlimmerung des Zustands entgegenzuwirken. Psychosoziale Begleitung könnte hiernach eine Form und Methode partizipativer Unterstützung darstellen (vgl. Walter/Schwartz/Hoepner-Stamos 2001: 22-23; Ketterer 1998: 39).

Eine salutogenetische Perspektive erweitert diesen medizinischen Präventionsbegriff und bevorzugt die Begrifflichkeit Gesundheitsförderung. Diese umfasst nämlich, neben den drei vorbenannten Präventionssäulen, auch den Aspekt der (gesellschaftlichen) Verhältnisse, in denen Krankheiten entstehen und innerhalb deren Strukturen sich Krankheiten überhaupt erst entwickeln können (vgl. Etgeton 1998a).

Der Gesundheitssoziologe und Begründer der salutogenetischen Perspektive, Aaron Antonovsky, ergänzt das eindimensional verkürzte und überaus unterkomplex definierte Risikofaktorenmodell um das Phänomen einer Kohärenz zwischen ganz unterschiedlichen Eigenschaften. Ein Kohärenzgefühl (sense of coherence, Soc), die Leitmetapher der salutogenetischen Studien Antonovskys, erklärt sich über den energetischen Spannungsbogen verschiedener Eigenschaften und Persönlichkeitsmerkmale des Menschen, die zusammengenommen ein System dynamischer Balance bilden. »Die salutogenetische Fragestellung« (Bengel/Strittmatter/Willmann 2001: 24), warum der Mensch gesund bleibt und trotz Risikofaktorenmodell nicht erkrankt, führt Antonovsky zu der Annahme einer Integration spezifischer Verstehens- und Bewusstseinsleistungen des Menschen. Gemachte Erfahrungen werden in das Persönlichkeitssystem des Menschen akkomodiert, so dass eine gesundheitsförderliche Kraft freigesetzt werden kann. Jenseits heterostatischer Vorstellungen von pathologischen Risikofaktoren fungiert nun ein Kontinuum zwischen Gesundheitspol und Krankheitspol als Erklärungsmodell[25]. Die Nähe des salutogenetischen Konzepts zur Systemtheorie ist an vielen Stellen den empirischen Studien zum Kohärenzgefühl zu entnehmen. Ebenso korrespondiert die angenommene Fähigkeit des Menschen, sich die Welt anzueignen, mit den entwicklungspsychologischen Erkenntnissen Jean Piagets. Dieser sah die kognitiven Entwicklungsschritte des Menschen als die entscheidenden Qualitäten menschlichen Wachstums. Das Antrainieren bestimmter Fähigkeiten im Sinne einer Reiz-Reaktions-Koppelung stehe einem strukturell gedachten Entwicklungsprozess nach. Das durch den Menschen Erlebte könne in spezifischen Phasen verarbeitet und in das Personsystem integriert werden. Emergenzen würden auf diese Weise nicht als isolierte, frei schwebende Pertubationen verstanden, die verhaltenstherapeutisch steuerbar wären. Erlebtes gelte als akkomodationsfähige Erfahrung, die im günstigsten Fall den spannungsgeladenen Verarbeitungsverlauf äquilibrieren könne (vgl. Piaget 1969).

Für Antonovsky ist das Kohärenzgefühl ein Phänomen, das empirisches Wissen dynamisieren kann und statt einer pathogenetischen Sicht, die Rahmenbedingungen und Kontexte für Gesundheit hervorhebt. Es entspricht einem globalen Orientierungsmuster, das innere und äußere Erfahrungswelt erklärbar macht und sie zusammenführt. Um gesund leben zu können, sind überdies Ressourcen erforderlich, die eine entsprechende ›gesunde Lebensweise‹ ermöglichen. Antonovsky »richtet sein Interesse nicht auf spezifische Symptome, sondern auf die Tatsache, daß ein Organismus seine Ordnung nicht mehr aufrechterhalten kann. Die genaue Art der Störung interessiert ihn dabei nicht« (Bengel et al. 2001: 27).

Das Leitbild von AIDS-Hilfe orientiert sich sehr stark an dem kritischen Potenzial salutogenetischer Gesundheitsvorstellung, die sich nicht mit rein behavioristischen Naturgesetzen im Sinne von ›black boxes‹ zufrieden geben möchte. Mit einer grundsätzlich skeptischen Haltung gegenüber seuchenhygienischen Programmen, gehen die Konzeptverantwortlichen in AIDS-Hilfen dazu über, neben der prinzipiellen Akzeptanz der Lebensweise, das triadische Präventionsdogma um den Begriff der Struktur zu erweitern. Die Frage, warum ein Mensch gesund bleibt, oder krank wird, lässt sich nicht ausschließlich durch Verhaltensstudien und Gefühlsmessungen darstellen. Es geht auch immer um soziale Verhältnisse, in deren Kontext sich gesellschaftliche Situationen stabilisieren können. »Strukturelle Prävention als AIDS-Hilfe-Konzept ist sicherlich Hans-Peter Hauschilds Verdienst, aber das war kein kompletter Bruch mit der bisherigen AIDS-Hilfe-Geschichte« (Rosenbrock 1998, in einem Round-Table-Gespräch der DAH

25 Neuerdings wird in der erziehungswissenschaftlichen Debatte auch der Begriff ›Resilienz‹ verhandelt. Dieser beschreibt die Fähigkeiten von Individuen und/oder Systemen, erfolgreich mit schwierigen, belastenden Situationen umzugehen und diese ›aus eigener Kraft‹ zu bewältigen (Stehaufmännchen-Fähigkeit) (vgl. hierzu exemplarisch Welter-Enderlin/Hildenbrand 2006).

zum Thema ›Strukturelle Prävention‹, DAH 1998: 13). Hans-Peter Hauschild ist Mitbegründer der Frankfurter AIDS-Hilfe. Seine zentrale Argumentationsfigur ist die Kritik an der taktischen Segregation unterschiedlicher Lebensweisen. In Frankfurt, so Hauschild, stünden DrogengebraucherInnen (Junkies) und Prostituierte gegen die Mehrheit der Schwulen. Seiner Ansicht nach werde diese Gegenüberstellung politisch inszeniert, um auf Kosten der völlig uneinsichtigen, gefährlichen und drogen konsumierenden ›Desperados‹ mit den etwas umsichtigeren Schwulen sozial- und gesundheitspolitisch zusammen zu arbeiten. »Diese Begriffe sind nach bürgerlicher Gesundheitsvorstellung geradezu logisch: statt Betroffene allgemein zu bekämpfen, bekämpft man nur deren ›asoziale‹ Segmente, und der bürgerlichen Öffentlichkeit und den ›guten‹ Betroffenen lässt man Prävention angedeihen. Soviel zum Ursprungsmythos, wie ich ihn verstehe« (Hauschild 1998 in einem Round-Table-Gespräch der DAH zum Thema ›Strukturelle Prävention‹, DAH 1998: 15).

›Strukturelle Prävention‹ ist darum bemüht, die gesellschaftlichen Verhältnisse gegenüber einem individuellen Verhalten (welches nicht vollständig ausgeblendet wird) in den Mittelpunkt der Analysen für geeignete Umgangsweisen mit HIV-Infektion und AIDS-Erkrankung zu stellen. Der ministeriale Appell an die ›einsichtige Fraktion der Betroffenen‹ nach effektiver und schneller Selbsthilfe wird politisch instrumentalisiert, um so die gesellschaftlichen Strukturen, in denen sich Lebensweisen kalibrieren, ein Stück weit auszublenden. »Diesem Selbst zu helfen«, das den ärmlichen und miserablen Bedingungen des Straßenstrichs und der Bahnhofsplatte nicht entkommen kann, »bedeutete zunächst, die Strukturen seines Elends zu verstehen« (Hauschild 1998: 66). ›Strukturelle Prävention‹ oszilliert zwischen Verhaltensweisen und Verhältnisbedingungen. Ihr Ziel ist es sicherlich, Neuinfektionen vorzubeugen um die anschließende Kettenreaktion von potenzieller Ansteckung (durch Infektiösität) und Erkrankung zu umgehen. Der Weg dorthin lasse sich aber nicht von oben, also akademisch oder behördlich auferlegen.

»Wer Verhalten dauerhaft ändern und dabei helfen wolle, diese Veränderungen stimmig in die jeweilige Persönlichkeit zu integrieren, müsse die Situationen und also die Verhältnisse, in denen es stattfinde, mitberücksichtigen und mitverändern. Die oberflächliche Konditionierung präventiver Handlungsmuster durch behavioristische Lernprogramme bewege sich nur an der Oberfläche des Verhaltens und schlüge daher zwangsläufig fehl – oder gar in Repression um« (Etgeton 1998a: 71f.).

Die Vorstellung, dass die Lebensmodelle von Menschen, um die Perspektive ›auf welche Art und Weise sie leben‹ ergänzt werden muss, ist innerhalb der sozialpädagogischen Forschung nicht neu. Hans Thiersch (2002a, b) hat hierzu eine umfassende (kritische) Alltagstheorie Sozialer Arbeit vorgelegt, die sich über Grundlegungen zur Lebensweltorientierung und ihrer gesellschaftlichen Einordnung auszeichnet.

## Lebenswelt – Setting – Qualitätsentwicklung in AIDS-Hilfen

Die Orientierung an der Lebenswelt von AdressatInnen Sozialer Arbeit ist ein breit anerkanntes praktisches Einstellungs- wie forschungslogisches Prinzip, welches die politische Verfasstheit individueller Lebensweisen in ihr analytisches Kalkulieren und Agieren aufnimmt. Ausgehend vom soziologischen Lebensweltbegriff, der von Edmund Husserl und auch Jürgen Habermas ausgearbeitet wurde, verwendet Hans Thiersch die Lebensweltorientierung als professionelle Konzentration auf die soziale Konstitution problematischer Situationen, die im Alltag von ›Betroffenen‹ für gewöhnlich entstehen können. »Soziale Arbeit als Hilfe zur Lebensbewältigung agiert [...] in den Gegebenheiten und Ressourcen der Lebenswelt. Im Zeichen dieser Forderung haben sich traditionelle Angebote der Sozialen Arbeit verändert, indem sie sich der Lebenswelt ihrer AdressatInnen geöffnet haben« (Thiersch 2002b: 217).

Alltagsbezug und explizit Niedrigschwelligkeit gehören genauso zu den tragenden Säulen, wie grundsätzliche Offenheit fremden Lebensweisen gegenüber, oder eine flexible Gestaltung resultierender sozialer Hilfe. »Im Konzept einer Alltagsbegleitung, die Menschen in der Organisation ihres Lebens, also im Umgang mit Geld, Gesundheit, Wohnung und Freundschaften unterstützt, wird diese Offenheit im Handlungsrepertoire der Sozialpädagogik besonders deutlich« (ebd.: 218). Mit einer ›gewissen Anständigkeit‹ (Thiersch) oder gar ›advokatorischen Ethik‹ (Brumlik) ist Soziale Arbeit in AIDS-Hilfe gefordert,

- Lebensweisen zu akzeptieren,
- Identitäten zu stärken und
- Hilfe zur Selbsthilfe zu organisieren (vgl. DAH 1998: 26).

Auf diese Weise entsteht ein Menschenbild innerhalb der AIDS-Hilfen, das dazu tendiert, das eigene Leitbild eklektizistisch aus sozialphilosophischen und sozialwissenschaftlichen Postulaten der humanistischen Psychologie, Psychoanalyse, dem systemisch-konstruktivistischen Ansatz sowie den Erkenntnissen einer subjektwissenschaftlichen Psychologie für die (Fach-) Öffentlichkeit festzuschreiben. Professionelle Dienstleistung benötigt eine theoretische und ideelle Visitenkarte, um im Konkurrenzkampf zwischen den ›effektivsten Präventionsstrategien‹ dauerhaft bestehen zu können.

Bisher gibt es keine wirklich sozialwissenschaftlich fundierte Ausarbeitung und Offenlegung aller sozialen und pflegerischen Dienstleistungen in AIDS-Hilfen. Sie haben es »bislang sorgsam vermieden, ihre Positionen zu einem Konzept von Sexualität, auch gerade schwuler Sexualität, festzuschreiben« (Sindelar 2003: 196). Vor dem Hintergrund fragwürdiger Identitätspolitiken, die den AkteurInnen abverlangen, sich eindeutig zu positionieren, ist dieses ›Versäumnis‹ tatsächlich ein großer Vorteil. Die Verhandlungen über ein AIDS-Hilfe-Selbstverständnis, man könnte auch sagen über eine AIDS-Hilfe-Identität, sind durch komplizierte Interessen und Lobbyarbeit beeinflusst. Sie stehen nicht außerhalb eines AIDS-Diskurses, sondern sind mit ihm auf das Engste verwoben. Wie ich bereits durch die Rekonstruktion eines ›AIDS-exceptionalism‹ zu zeigen versucht habe, ist Identitätspolitik in AIDS-Hilfen getragen von spezifischen Vorstellungen,

- was AIDS bedeutet (›AIDS-Bilder‹),
- wie sich ein Umgang mit AIDS optimalerweise ausrichten sollte (Prävention und Gesundheitsförderung),
- welche politischen Überzeugungen berücksichtigt werden müssten (soziale Bewegung),
- und nicht zuletzt, welche wissenschaftlichen Disziplinen (Medizin, Soziale Arbeit, Pflege) für die Bearbeitung ›sozialer Probleme‹ in Bezug auf AIDS mandatiert werden.

Ferner lässt sich ein ökonomischer Diskurs bestimmen, der die Praxis Sozialer Arbeit, im vorliegenden Fall das Berufsfeld AIDS-Hilfen, mit zunehmend finanzierungspolitischen Kontrollen und Überprüfungen konfrontiert. Bemerkenswert erscheint in diesem Zusammenhang, dass »seit Ende der 1990er Jahre sozialpolitisch die Tendenz zu einer ökonomistischen Reduktion der erreichten Standards professioneller Praxis in den sozialen Berufen auf ausschließlich an Wirtschaftlichkeitskriterien orientiertem Vorgehen nach der Logik des Marktes zu beobachten ist« (Dewe/Otto 2005a: 187).

Eine Ausnahme bildet der Gesundheitsbereich, als Teil des Sozialen, hierbei nicht. Das Interesse an primärpräventiven Konzepten wächst kontinuierlich, so dass die Erfahrungen der AIDS-Hilfen, die mittlerweile auf zwanzig Jahre präventive Praxis zurückblicken können, heute eine gefragte Wissensressource darstellen. ›Erfolgreiche Prävention‹ ist eine geforderte Qualität. Ihre Überprüfung soll sich an Effektivitäts- und Effizienzkriterien orientieren, so dass der Beweis für ›gute Qualität‹ geführt werden kann.

»Die Erfahrungen der AIDS-Hilfe-Organisationen können deshalb wichtige Lehren für die Nutzung des Nichtregierungssektors in der Bekämpfung anderer Krankheiten enthalten. Aber wie kann man die Ergebnisse und Auswirkungen der Arbeit der AIDS-Hilfe-Organisationen überprüfen? Umfassende Evaluationen dieser Art waren bislang in vielen Ländern wegen politischen und finanziellen Einschränkungen erheblich beeinträchtigt. Das größte Hindernis dabei ist jedoch der Mangel an klar definierten Theorien und Methoden für die Auswertung solcher Aktivitäten. Angemessene Evaluationsverfahren, die nicht nur wissenschaftlich fundiert, sondern gleichermaßen für Praktiker und Zuwendungsgeber von Relevanz sind, müssen entwickelt werden« (Wright/Block 2005: 10).

Die Frage nach den Arbeitsmethoden, Standards und Inhalten Sozialer Arbeit in AIDS-Hilfen ist demzufolge mit der Intention verbunden, für ein Evaluations- und Qualitätssicherungsdenken zu werben. AIDS-Hilfe ist, wie andere Praxisfelder Sozialer Arbeit auch, in Fragen ökonomischer Rationalität eingebunden. Sie ist angehalten, ihre Arbeitsweisen transparent zu halten und näher zu definieren. Michael T. Wright und Martina Block (2005) untersuchen Arbeitsroutinen, -methoden und -konzepte in AIDS-Hilfen nach ihrer primärpräventiven Einbettung. Sie nehmen eine systematische Bestandsaufnahme[26] der Handlungsweisen in der Praxis von AIDS-Hilfe-Einrichtungen vor. Unter an derem werden alle Mitgliedsorganisationen der Deutschen AIDS-Hilfe mittels Fragebogen gebeten, über ihre Einstellungen zum Thema Qualitätssicherung und Evaluation zu berichten. Erstes Ergebnis der Studie belegt eine Qualitätsdefinition der PraktikerInnen, die sich unmissverständlich an den Bedürfnissen ihrer Zielgruppe orientiert (Zielgruppenorientierung). Was steckt hinter einer ›Zielgruppenorientierung‹ und welche Einstellungen und Erwartungen lassen sich zwischen den Zeilen herauslesen?

Zielgruppenorientierung basiert auf einer grundsätzlichen Akzeptanz pluraler Lebensentwürfe. Ähnlich wie das Modell einer Lebensweltorientierung fokussiert die Zielgruppenorientierung auf die je spezifischen, strukturellen Bedingungen, mit denen Individuen konfrontiert sind. Daher korrespondiert Lebensweltorientierung, als theoretisch-analytischer Fixpunkt, unübersehbar mit der gesundheitsförderlichen Betrachtungsweise eines Setting-Ansatzes.

»Er baut auf den Erfahrungen im Bereich Community development auf. Die Erkenntnisse der 80er Jahre im Bereich der Organisationsentwicklung führten zur Erweiterung dieses Ansatzes hin zum Setting-Ansatz. Setting heißt wörtlich übersetzt Rahmen oder Schauplatz. Gesundheitsfördernde Maßnahmen sind auf die Lebensbereiche ausgerichtet, in denen die Menschen den größten Teil ihrer Zeit verbringen und die von ihrer Struktur her die Gesundheit aller Beteiligten maßgeblich beeinflussen. [...] Für ihre dauerhaft gesundheitsgerechte Gestaltung ist die aktive Einbeziehung und Mitwirkung aller Beteiligten von großer Bedeutung« (Brösskamp-Stone/Kickbusch/Walter 1998: 154-155).

Setting und Lebenswelt hängen hinsichtlich ihrer Bedeutungslogik eng zusammen. Sie entstammen zwar unterschiedlichen wissenschaftlichen Diszi-

---

26 Wright/Block (2005) verwenden ein Fragebogeninstrument sowie Projektbesuche bei zwölf Mitgliedsorganisationen der Deutschen AIDS-Hilfe e.V. als Dachverband der regionalen AIDS-Hilfen.

plinen, einerseits der Gesundheitsförderung (New Public Health) und andererseits der Sozialpädagogik, doch treffen sie im Praxisfeld AIDS-Hilfe wieder aufeinander. Je nach dem, welcher wissenschaftlichen Provenienz sich Autoren zuordnen, wird mal von Lebensweltorientierung, mal von Setting gesprochen. In beiden Fällen aber geht es sowohl um das je konkrete Verhalten des Individuums, wie auch um seine Möglichkeiten zu einem bestimmten Verhalten. In diesem Sinne sind also die Verhältnisse und Strukturbedingungen angesprochen, in denen und mit denen Individuen leben. Eine (sozialpädagogische) Zielgruppenorientierung greift den roten Faden gesellschaftlicher Voraussetzungen auf, die gleichsam Konstruktionsgrundlage für ein ›mehr oder weniger gutes Leben‹ bilden[27].

Ansatzpunkt für eine fachlich-methodische Konzentration auf zielgruppenspezifische Bedürfnislagen, ist die Vorstellung, dass sich Klienten – und hier ist explizit die Rede von den Adressaten der AIDS-Arbeit – in den verhandelten Diskursen gesellschaftlichen Wandels, so auch einer ›Ökonomisierung des Sozialen‹, aufhalten, von diesen beeinflusst werden, sie aber auch stets mitproduzieren. An der Frage, wie sich das Subjekt repräsentiert, welchen identitären Zuschnitt es favorisiert, und wie die strukturellen Voraussetzungen für eine Handlungsfähigkeit beschaffen sein müssen, lässt sich dieser Punkt plausibel machen. Damit ist das normative Niveau des Sozialen angesprochen.

»Lebensweltorientierung sieht Menschen nicht anthropologisch-abstrakt, sondern in heutigen gesellschaftlichen Verhältnissen, also – zum einen – in den Verhältnissen alter und neuer Ungleichheiten, wie sie sich zwischen materiellen Ressourcen und Zugehörigkeiten zu Geschlecht, Generation und Ethnien ergeben. Sie sieht sie – zum anderen – in der Brüchigkeit traditioneller Klassen und Milieus, in der Unübersichtlichkeit von Lebensmustern z.B. in Bezug auf Arbeit, Beschäftigung und Privatheit, z.B. in den regionalen und sozialen (familialen und nachbarschaftlichen) Strukturen.

27 Vgl. hierzu auch die neueste Capability-Approach-Forschung (vgl. Ziegler 2003: 787). Die Pointe dieses theoretischen Ansatzes, der auf den indisch-britischen Soziologen Armartya Sen zurück geht, besteht nun darin, Chancen und Möglichkeiten für ein gelingendes (und gutes) Leben in den Mittelpunkt sozialpädagogischer Forschung zu rücken. Man könnte auch von einem Ansatz für Verwirklichungschancen oder Befähigungsgerechtigkeit sprechen. Sen legt dabei »besonderen Wert auf die Berücksichtigung der grundsätzlichen Handlungsfähigkeiten jeder einzelnen Person« (Eichler 2001: 11). Ein Befähigungsansatz, so die Hoffnung, verbinde ein »Eröffnen von neuen Möglichkeiten« mit der »Vermeidung einer einseitigen Reduktion auf individualisierbare Dispositionen« (Ziegler 2003: 359). In diesem Zusammenhang sei ebenfalls auf die Governance-Forschung und den Sozialraum-Ansatz (vgl. Rose 1999; Ziegler 2003; Kessl et al. 2005; Cremer-Schäfer 2002b; Rathgeb 2005a und b) verwiesen.

Sie sieht Menschen – zum dritten und nicht zuletzt – in den Strukturen der Moderne konfrontiert mit schwierigen Aufgaben in der Bestimmung eines eigenen Lebenskonzepts, in den Chancen und Zumutungen der Lebensbewältigung, der Arbeit an einer schwierigen Identität« (Thiersch 2000: 533).

Zielgruppenorientierung nimmt die Vorstellung von spezifischer Gruppenzugehörigkeit in ihr Konzept auf. Sie versucht zwar, zwischen den Bedürfnissen und Ressourcen ihrer Klientel zu differenzieren sowie die strukturellen Verhinderungen mit zu berücksichtigen, sie verliert aber über den Bezug auf ›Ziel-Gruppen‹ das eigene normative Potenzial aus den Augen, welches sich seinerseits als Form struktureller Diskriminierung im sozialpädagogischen Konzept manifestieren könnte.

Wenn ich zu Beginn von einer ›Klientenverschiebung‹, also einer heterogenen Öffnung der Klientengruppen in Zusammenhang mit dem ›Wandel von AIDS‹ gesprochen habe, so ist die sozialpädagogische Bezugnahme auf diese Entwicklung durch Lebenswelt- und Zielgruppenorientierung einerseits anerkennenswert, zumal sich ein gesundheitsförderlicher Trend abzeichnet, der vermehrt den sozio-ökonomischen Status berücksichtigt. »Es ist daher besonders wichtig, die Gesundheitsförderungsmaßnahmen auch und vor allem in den Settings durchzuführen, in denen die sozial Benachteiligten wohnen, arbeiten oder ihre Freizeit verbringen« (Mielck 2003: 17). Andererseits steht der sozialpädagogische wie auch gesundheitsförderliche Setting-Bezug in Gefahr, Lebens-Räume abzuschliessen und Individuen in ›typische Lebenswelten‹ und ›identitäre, eindeutige Ziel-Gruppen‹ einzuordnen. Das Riskio einer verdinglichenden Kolonialisierung von Klientengruppen, die gleichsam normativ von spezifischen ›Lebensführungen im Milieu‹ ausgehen würde, besteht auch im direkten ›face-to-face-Kontakt‹ zwischen Experte und Klient.

## Beziehungsarbeit

Zielgruppenorientierung benötigt neben einer sozialpolitisch aufmerksamen Grundeinstellung auch kommunikative Kompetenzen, um im Feld glaubwürdig und ›bedarfsgerecht‹ kommunizieren zu können. »Beziehungsarbeit« (DAH 1998: 26; vgl. Aue/Bader/Lühmann 1995) kennzeichnet den ideellen Rahmen eines weit gefassten Beratungsbegriffs (von ›anonymer Telefonberatung‹ bis hin zur ›aufsuchenden Beratung‹) in AIDS-Hilfen. In einer Beratungssituation entsteht ein interaktional zu gestaltender Handlungsspielraum, der die strukturelle Determiniertheit in das professionelle Unterstützungssetting mit aufnimmt. »Eine spezielle Form der Beratung, die ebenfalls aus Konzepten der schwulen Selbsthilfe entwickelt wurde, ist die Beratung von Positiven durch Positive« (Lühmann 1995: 49).

Wenn ein Beziehungsangebot effektiv gelingen soll, so können nicht ausschließlich Beratungssituationen vorausgesetzt werden, die entlang einer Komm-Struktur Klienten bereits im Vorfeld ein hohes Maß an Eigeninitiative abverlangen. Das Wissen, oder besser die Information der Unterstützungsmöglichkeiten, ist nicht zwangsläufig bei den potentiellen NutzerInnen von AIDS-Hilfe-Angeboten vorhanden. Vor diesem Hintergrund arbeiten AIDS-Hilfen regelmäßig mit einem niedrigschwelligen Beratungs- und auch Betreuungsansatz. NutzerInnen werden – so beispielsweise in den Projekten des Betreuten Wohnens – ambulant in ihren Wohnungen und Quartieren aufgesucht. Sind die Beratungsangebote eher konventionell konzipiert, »werden oft diejenigen Personen, die besonders dringend Unterstützung und Hilfestellungen benötigen, nicht erreicht und es besteht die Gefahr, dass sich ihre ohnehin heikle Lage noch verschlechtert. Niedrigschwellige Projekte dagegen warten nicht, bis Menschen Kontakt zu ihnen aufnehmen, sondern gehen unmittelbar auf die Zielgruppen ihrer Arbeit zu, um sie zu einem frühestmöglichen Zeitpunkt erreichen zu können. Dies gelingt am besten durch das Aufsuchen und Begleiten der Zielgruppe in ihrer Lebenswelt (Settingansatz)« (Lehmann et al. 2005: 131; vgl. auch Lehmann 2003) und zeigt sich unter Umständen als ›fürsorgliche Belagerung‹.

Niedrigschwelligkeit ist wahrscheinlich die entscheidende Kategorie im gesundheitsförderlichen Kontext milieu- und quartiersbezogener Sozialarbeit. Niedrigschwellige, zugehende Interventionen Sozialer Arbeit, die sich in die kulturellen Räume ihrer NutzerInnen einschleusen und sich mit ihnen bezüglich ihrer Interessenlagen ›emphatisch verbrüdern‹ hypostasieren ihre Dienstleistung dann, wenn sie ihre ›Besuche‹ lediglich als ›Ablageplatz‹ (Rosenbrock) für Gesundheitsinformationen.

»Erst mittels der aktiven Einbindung der Betroffenen (Partizipation), der Stärkung der persönlichen Handlungsfähigkeit der Einzelnen für die Gestaltung ihrer gesundheitlichen Lebensbedingungen (Vermittlung von ›Life Skills‹) und des Ausbaus der Kooperation zwischen verschiedenen gesellschaftlichen Gruppen (Vernetzung und Organisationsentwicklung) wird ein umfassender gesundheitsfördernder Entwicklungsprozess nach dem Setting-Ansatz implementiert« (Kilian/Geene/Phillippi 2004: 158).

Lebensweisenakzeptanz korrespondiert mit einem Leitbild der ›gesundheitsförderlichen AIDS-Arbeit‹, das eine »identitätsstiftende Funktion« (DAH 1998, S. 24) mit sich führt, im Setting die Lebensweisen und -welten ihrer Nutzer_innen akzeptiert und kommunikative Asymmetrien zu überwinden versucht. Schließlich repräsentiert Lebensweisenakzeptanz ein partizipatives Modell, das die Teilhabe-Teilnahme-Verhältnisse AIDS-kranker Menschen vermittels Hilfe zur Selbsthilfe-Strategien als Strukturproblematiken auf das je konkrete Betreuungshandeln bezieht. Im Grunde ist »das Ziel von Beratung [...] immer die Hilfe zur Selbsthilfe« gewesen, so fassst Jörg Lühmann (1995: 51) das Schwerpunktangebot der AIDS-Hilfen zusammen.

Eckhard Rohrmann hat, gemeinsam mit Peter Günther, in einer kleinen Aufsatzsammlung die verschiedensten Facetten einer Selbsthilfetheorie wie auch Selbsthilfemethodik bemerkenswert treffend zusammengefasst (vgl. Günther/Rohrmann 1999). Soziale Selbsthilfe entspreche weniger einem klar umrissenen Modell individueller Selbstregulation, sondern entstehe innerhalb eines breiten Spektrums unterschiedlicher, politischer Motivationen. Kritisch re-formuliert möchte sich Selbsthilfe gegen bestehende Versorgungsstrukturen wenden und für eine ›selbstbestimmte‹ und ›autarke‹ Organisation von Hilfsdiensten eintreten. Ihren Ausgangspunkt nehmen diese Überlegungen stets von konstatierten Ausgrenzungen, Diskriminierungen oder einfach übersehenen Beeinträchtigungen. Die Konstruktion von so genannten ›Behinderungen oder chronischen Krankheiten‹ wird als gesellschaftlich unzureichend reflektierter Marginalisierungsdiskurs ausbuchstabiert, der stets eine Tendenz zur Produktion sozialer Ungleichheit mit sich führe. Konservative Selbsthilfebefürworter sehen das Subsidiaritätsprinzip als zentrale Kategorie einer Sozialpolitik, die sich historisch über die Weimarer Republik und die Entstehung der Bundesrepublik hinaus erhalten konnte (vgl. Rohrmann 1999: 15). Entstaatlichung sowie Privatisierung individuell zu verantwortender ›Störpotentiale‹ gehören zu deren Argumentationslinie, Selbsthilfe als effektives wie auch effizientes Selbstversorgungsmodell im sozialen Sicherungssystem dauerhaft zu installieren. Einigkeit besteht im kritischen wie auch konservativen Lager darüber, dass Selbsthilfe unverzichtbar sei: Sie »ist irgendwie gut, förderungswürdig und unterstützenswert« (ebd.). In regelmäßigen Absetzbewegungen zum Ehrenamt sowie zur Laienkompetenz wird Selbsthilfe gar als »Korrektiv und ›vierte Säule‹ im Gesundheitswesen« (Matzat 2003: 14) in den Olymp sozialer Sicherungssystematik erhoben.

Ehrenamt und Laienkompetenz sind, wie auch Selbsthilfe, weitreichende Diskurse im Bereich Sozialer Arbeit. Teilweise überschneiden sie sich, teilweise stellen sie eigene Forschungszweige dar. Ich möchte es an dieser Stelle bei dem Selbstverständnis von AIDS-Hilfen als Selbsthilfeorganisationen belassen, denn dieser Diskurs erscheint mir zur Vorbereitung auf die empirische Studie in Kapitel 3 am bedeutsamsten zu sein.[28]

So hilfreich und wichtig der Selbsthilfebezug ist, so kritisch muss seine Entwicklung gesehen werden, wenn die Leistungsanforderungen an Nutzer/innen Sozialer Arbeit steigen und Modelle einer Individualisierung von

---

28 Für die Debatte um das Ehrenamt sei auf Thomas Rauschenbach (2005), für ehrenamtliches Engagement in den AIDS-Hilfen auf den Band der Deutschen AIDS-Hilfe e.V. (1999): »Zwischen Selbstbezug und solidarischem Engagement. Ehrenamtliche Begleitung von Menschen mit AIDS«, für den Diskurs ›Laienkompetenz‹ auf Hildegard Müller-Kohlenberg (1996) verwiesen.

Hilfekonzepten mit Empowerment-Ansätzen verkreuzt werden, so dass am Ende der Kostengewinn von Selbsthilfe und weniger die autonome Entscheidungsfreiheit des Individuums im Vordergrund steht. Selbsthilfe ist in Verhältnissen zu denken. Die ›persönlichen Defizite‹, die Kranke, Süchtige oder Behinderte in Selbsthilfegruppen verhandeln, sind stets in Bezug auf gesellschaftliche Rahmenbedingungen zu sehen. Ent-Pädagogisierung Sozialer Hilfe durch Stärkung autonomer Entscheidungsräume akzentuiert den emanzipativen Charakter von Selbsthilfe. Vor diesem Hintergrund betonen Strategien des Empowerments, neben der Selbstbestimmung, in besonderem Maße die verschütteten Fähigkeiten der Adressaten Sozialer Arbeit (vgl. Herriger 2002; Herriger/Kähler 2003). Es besteht die Gefahr, dass Empowerment gesellschaftliche Ungleichheiten dadurch individualisiert.

Mit den aufgeführten Prinzipen der ›strukturellen Prävention‹ beschreiben die AIDS-Hilfen ihren je charakteristischen Theorierahmen, der versucht, Verhalten und Verhältnisse in Korrelation zu denken. In diesem Raum kritischer Auseinandersetzung mit dem Gesundheits- und Krankheitsbegriff sowie mit einer generellen Kritik am System der Gesundheitsversorgung reiht sich AIDS-Hilfe ein in die Diskussion um eine notwendige Reform bestehender Körpervorstellungen, Hilfekonzepte, Sozialleistungen und Fragen ihrer Qualität. Gesundheit und Krankheit sowie ihre ›gesellschaftliche Konstruktion als Wirklichkeiten‹ müssen neu gedacht werden. Sie können längst nicht mehr als eindeutige Kategorien im Leben definiert werden. Zu sehr sind die Vorstellungen, Bilder und Einstellungen von ›gesunder Lebensführung‹ in komplexe Machtstrukturen eingebunden, die das Subjekt normativ begleiten. Das Leben soll aber nicht nur dressiert und diszipliniert, sondern vielmehr reguliert werden. ›Bevölkerung‹ und ›Spezies‹ sind Begriffe, die in diesem Zusammenhang von Michel Foucault immer wieder aufgegriffen werden. Gesundheit, Krankheit und vor allem Sexualitäten sind Phänomene, die in diesem Sinne vom Staat erforscht werden sollen. AIDS-Hilfen entstehen gewissermaßen als ›Regulationsbehörden‹ in einer Zeit, in der das Leben der Bevölkerung durch AIDS bedroht wird und durch sozialfürsorgliche Wohlfahrtsstaatlichkeit diszipliniert und reguliert werden soll. Die Menschen sollen ›normal‹ gemacht werden. »Eine Normalisierungsgesellschaft ist der historische Effekt einer auf das Leben gerichteten Machttechnologie« (Foucault 1983: 139). Der Wandel des AIDS-Bildes, den ich als ›Exceptionalism‹ eingeführt habe, fließt ein in jene Ära, die Foucault als »Bio-Macht« (ebd.: 135) präzisiert hat. Soziale Arbeit in AIDS-Hilfen entsteht als Institution im Prozess eines sich verändernden AIDS-Bildes.

Nachdem ich den AIDS-Diskurs danach befragt habe, welche Vorstellungen von AIDS sich im gesellschaftlichen Raum implementieren konnten, möchte ich nun damit beginnen, das Berufsfeld AIDS-Hilfe qualitativ-empirisch vorzustellen. Vordem werde ich in Kapitel 2 zeigen, mit welchen Instrumenten qualitativer Sozialforschung das Feld rekonstruiert werden kann. Ich möchte »genau hinsehen, geduldig nachdenken und [..] (mich) nicht dumm machen lassen« (Steinert 1998b: 67).

# (Selbst-)Reflexive Sozialforschung

Es gilt als Standard empirischer Sozialforschung, dass die eigene Position, Stellung und Vorgeschichte im Untersuchungsplan einer qualitativen Studie auftauchen sollte (vgl. Pankofer 1997: 86f. und 93-95; Maas 1999; Muckel 1996; 2000). Die Frage, wie es konkret funktioniert, die Übersicht nicht zu verlieren und das Vorgehen in festen Bahnen zu halten, bleibt indes häufig unbeantwortet. Die Orientierung an diese Maxime ist verständlich, werden an das innere sowie äußere Layout einer Forschungsarbeit doch ›objektive‹ Kriterien geknüpft. Wissenschaftlich zu arbeiten, bedeutet gemeinhin, ein rationalisiertes, nützliches und stets überprüfbares Wissen zu erzeugen, das sich jenseits emotionaler Befindlichkeiten herstellen und darstellen lässt. Sprache in Textform gebracht, verbindet dann optimalerweise bereits vorhandenes mit zukünftigem Wissen. »Erkenntnis besteht in der ständigen Integration vorhandener Teilerkenntnisse zu neuen Strukturen« (Kruse 1997: 145).

Trotzdem: bereits die Performanz neuer Erkenntnisse steht in der Gefahr, selbst produzierte Brüche und mögliche Ungenauigkeiten zu vernachlässigen. Der wissenschaftliche Sprach- und Darstellungsmodus ist traditionell an ›bestimmte‹ Regeln geknüpft. Zugleich bleibt er jedoch diffus, denn verschiedene wissenschaftliche Disziplinen, die wiederum ihre eigenen genuinen Vorstellungen von der ›apodiktischen Art‹ zu forschen und zu präsentieren haben, beeinflussen das Erscheinungsbild einer wissenschaftlichen Studie. Nicht jede Erkenntnis, die als Forschungsergebnis präsentiert wird, kann unmittelbar mit einer ungebrochenen Akzeptanz der ›Scientific Community‹ rechnen[1].

1 Einen erbitterten Kampf um valide und wahre Forschungsergebnisse führte lange Zeit die Naturwissenschaft gegen die Geistes- und Sozialwissenschaft et vice versa. Heinz Steinert (1998b) hebt hervor, dass es im Forschungsprozess nicht um ein »rechthaberische(s) Modell« von Wahrheit gehen könne, sondern darum, »die verschiedenen perspektivischen Aufnahmen zu vergleichen und zusammenzufügen« (ebd.: 67).

Es ist daher anzunehmen, dass die Existenz einer Reihe unterschiedlicher Tabus im Kontext der Anfertigung wissenschaftlicher Expertisen wirksam und richtungweisend sein dürfte, denn so ziemlich jede Forscher/in kommt nicht umhin, sich selbst, ihr Tun und Handeln entlang einer der Wissenschaftstraditionen zu verorten, sich selbst einzuordnen.

Die Konzentration auf sprachlich und textlich aufbereitetes Faktenwissen, welches ein Datum möglichst wie eine Kamera als Kopie wiedergeben möchte, reproduziert ›Vermeideregeln‹: das Ich-Tabu, das Metapherntabu und das Erzähltabu. Die resultierenden Ausweichmanöver, die in der Folge das Ich, das Erzählen und die Methaphorisierung unterlassen möchten, generieren gleichsam problematische, vielleicht sogar inkongruente Sprach- und Darstellungsgewohnheiten. Texte entstehen dann unter Vorzeichen, die mehr Imitation, Ausgrenzung, und Imponiergehabe im Sinn haben als Verständigung oder Vermittlung[2].

Was aber, wenn der Forscher ›mittendrin hängt‹? Wenn Fragender und Befragter ›gleichermaßen oder in ähnlicher Weise betroffen‹ sind? Die Nähe zum Feld kann durchaus vorteilhaft sein, wenn sich der Interviewer auskennt und so eine vertrauensvolle Atmosphäre herstellt. Sie birgt aber gleichzeitig eine gewisse Gefahr, mit den thematischen Hintergründen des Forschungsgegenstandes derart verwoben zu sein, so dass wirkliche Fragen in diesem Fall kaum mehr stellbar wären. Jörg Maas (1999) untersucht in seiner Studie Identitätsentwicklungen und das Stigma-Management von homosexuellen Führungskräften. Er beschreibt auf nachahmenswerte Weise den Umgang mit dem Risiko einer einflussreichen Verwobenheit zwischen Wissenschaftler und dem Forschungsgegenstand (vgl. Maas 1999: 102). Wenn der Sozialforscher sehr gezielt eine soziale Beziehung, wenn auch nur für den Moment des Interviews, herstellt, dann wird die Interaktion ganz offensichtlich von der gemeinsamen Sache, wie in diesem Fall, mit Homosexualität umgehen zu müssen, geprägt werden (vgl. ebd.). Die Auflösung gravierender und verfälschender Übertragungsfehler leistet Maas durch die transparente Herleitung seiner Forschungsidee[3].

Der französische Ethnopsychoanalytiker Georges Devereux weist in seiner Veröffentlichung »Angst und Methode« (1998) auf das Wesen der Beobachtungssituation im Forschungsprozess hin. Der Fokus sei auf folgende Kriterien zu richten: »1. Das Verhalten des Objekts. 2. Die ›Störun-

2 Otto Kruse (1997) beschäftigt sich mit diesem Phänomen eingehend und bezieht sich dabei auf den *window-pane*-Komplex, der die wissenschaftliche Sicht mit dem Blick durch ein Schaufenster gleichsetzt. Die Probleme, die beim Schreiben wissenschaftlicher Texte entstehen können, fasst er folgendermaßen zusammen: »Imitation von Wissenschaftssprache«, »Verabsolutieren eines dominanten Stils«, »Beeindruckungsstilistik« und »Fehlender eigener Stil« (ebd.: 151f.).

3 Dieser Vorgang wird von der Sientific Community entsprechend gewürdigt (vgl. Junge 2001).

gen‹, die durch die Existenz und die Tätigkeit des Beobachters hervorgerufen werden. 3. Das Verhalten des Beobachters: seine Ängste, seine Abwehrmanöver, seine Forschungsstrategien, seine ›Entscheidungen‹ (d.h. die Bedeutung, die er seinen Beobachtungen zuschreibt)« (ebd.: 20 ff.). Devereux sieht die Reflexion von Störungen im Forschungsprozess als »Ecksteine einer wissenschaftlichen Erforschung des Verhaltens«, denn dann »bleiben (sie) nicht – wie man gemeinhin glaubt – bedauerliche Malheurs, die man am besten eilends unter den Teppich kehrt« (ebd.: 29) an.

Die Psychologin Ariane Schorn (2000) macht den Versuch, sich einem Modus alltäglicher Kommunikation anzunähern, und schlägt vor, mit der ganzen Person in die Forschungssituation einzutreten[4] und keine künstliche Trennung zwischen ›neutraler Wissenschaft‹ und Privatperson einzuführen. Sie weist dabei ausdrücklich auf die Gefahr einer emotionalen Verwicklung der Forscherin mit dem Forschungsgegenstand hin und plädiert daher grundsätzlich für eine reflektierte Aufarbeitung. Somit »können wichtige gegenstandsbezogene Daten gewonnen werden« (Schorn 2000).

Die verschiedenen habituellen Facetten eines Experten, der als Beobachter, Fragender, eben als sozialwissenschaftlich Suchender in ›künstliche Interaktionen‹ eintritt, arbeiten die beiden Sozialwissenschaftler Alexander Bogner und Wolfgang Menz (2002b) systematisch heraus. Sie verknüpfen mögliche Eigenschaften des Interviewers mit den kommunikativen Resultaten, die sich vor- oder nachteilig im jeweiligen Anwendungsbereich darstellen können. So ist der Interviewer mal Co-Experte, mal Laie, Autorität, Komplize oder potenzieller Kritiker (vgl. ebd.: 62f.). Entscheidend ist für diese Schematisierung, dass vielfältige Interviewsituationen vorstellbar sind. Es geht weniger um den Entwurf einer exklusiven Interview- oder Beobachtungssituation, gewissermaßen als Königsweg, hingegen mehr um die bewusste Rekonstruktion des Verlaufs von Datenproduktionen.

## Qualitativer Forschungsprozess und Erhebungsinstrument

Wo beginnt nun die Idee für eine theoretische Debatte über das Professionalitätsverständnis von SozialarbeiterInnen in AIDS-Hilfen? Der Gedanke an eine empirisch-forschende Erkundung entstand im Kontext meiner sozialarbeiterischen Tätigkeit in der psychosozialen Langzeitbetreuung HIV-infizierter und AIDS-kranker Menschen in einer großen AIDS-Hilfe-Einrichtung. Konkret handelte es sich um Erfahrungen, die ich im sozialpädagogischen Projekt ›Betreutes Wohnen‹ gemacht habe. In einem Team

4 Auch Devereux (1998) fordert einen Beobachter, »wie er wirklich ist« und hält sich in dieser Hinsicht an das Paradigma undurchführbarer Neutralität (vgl. ebd.: 52).

erfahrener AIDS-Arbeiterinnen und Berufsnovizen entwickelte sich bald die Frage, mit welchen Methoden, Konzepten und Überzeugungen wir eigentlich arbeiten. Im Zentrum so mancher Fachdiskussion steht die viel diskutierte und in medizinischen Gutachten geäußerte Zäsur im Zusammenhang mit der Behandlungsmöglichkeit von HIV/AIDS (vgl. Kap. 1). Wie aber steht es um das Selbstverständnis der ›Sozialexperten‹?

Der Rückgriff auf die Berichte der SozialarbeiterInnen und ihre Erzählungen, wie es früher einmal war[5], bestimmt die sozialwissenschaftlich vorbereiteten Fragen an die praktizierenden Experten in den AIDS-Hilfen nach ihren Einstellungen zum AIDS-Diskurs sowie nach ihren Einschätzungen hinsichtlich der Nutzer/innen ihrer personenbezogenen Dienstleistung. Interessant erscheint vor diesem Hintergrund der Einfluss eines veränderten ›AIDS-Bildes‹ für die aktuelle sozialarbeiterische Praxis. Anders formuliert: Hat der ›Wandel von AIDS‹ erkennbar Einfluss auf Methode, Konzept und Theorie Sozialer Arbeit genommen? Oder trifft die Kritik zu, AIDS-Hilfe bleibe als »AIDS-Hilfe ohne Bedarf – ein schwuler Wohlfahrtsverband«, der an seiner »korporatistischen Machtstellung« (beides Geene 2000: 238) klebe und nicht mehr in der Lage sei, das eigene Tun, den Auftrag zur Hilfe, professionell zu sondieren und vor allem als in sich schlüssige Strategie zu formulieren?

Auf welche Weise Selbstreflexion als Potential erkannt und genutzt wird, soll die Datenerhebung sowie deren Analyse und Interpretation später zeigen. Im Grunde haken sich bereits an dieser Stelle die Vorstellungen, die ich selbst in dieser Sache mit mir trage, in den weiteren Verlauf der Arbeit ein. Deshalb trägt dieses Kapitel auch die Überschrift (Selbst-)Reflexive Sozialforschung, denn von Interesse ist das reflexive Potential der Interviewpartner/innen genauso wie mein eigener Fokus als ›forschender Sozialarbeiter‹. Ich möchte diesen Gegenstand theoretisieren, um ihn gleichzeitig analytischer ins Auge zu fassen. Damit wäre die Urszene des Entstehungszusammenhangs der vorliegenden Studie skizziert.

Im Anschluss an die erste Rohzeichnung der Forschungsidee führte ich zwölf leitfadengestützte ExpertInneninterviews mit SozialarbeiterInnen aus regionalen (ländlichen) und Metropolen-AIDS-Hilfen. Insgesamt besuchte ich acht AIDS-Hilfen. In fünf Einrichtungen führte ich Gespräche, die aufgezeichnet wurden und in das Datensample aufgenommen werden konnten. Der zuvor entwickelte Leitfaden besteht im Wesentlichen aus fünf Bereichen:

- Fragen zur sozialen Situation der interviewten Sozialarbeiter/in,

5 In den ExpertInneninterviews werden regelmäßig unterschiedliche (Kleinst-) Projekte der AIDS-Hilfen erwähnt. Hierzu zählen Aktionen wie der ›Spritzenbus‹, der gemäß des szenenahen *Streetwork*-Ansatzes direkt zu den DrogengebraucherInnen fährt und so einen hygienisch kontrollierten Spritzentausch gewährleisten kann.

- Fragen in Bezug auf Biographie, Motivation und Berufseintritt,
- Fragen zur Qualität der Berufseinmündungsphase,
- Fragen zur Einschätzung der Klientensituation,
- Fragen nach professionellen Instrumenten in der sozialpädagogischen Praxis.

Eine Auswahl der Interviewpartner erfolgte kriteriengeleitet durch eine Vordefinition von Merkmalen (vgl. Kelle/Kluge 1999: 46). Die Verwendung eines qualitativen Stichprobenplans erlaubt eine begründete Vorab-Eingrenzung und Feinzeichnung des Datensamples. Beispielsweise sollte mit Männern in gleicher Fallzahl wie mit Frauen gesprochen werden, die AIDS-Hilfe-Institutionen der Metropolen sollten genauso wie ländliche AIDS-Hilfen im Datensample auftauchen. Ziel des qualitativen Stichprobenplans ist es, die Heterogenität und Bandbreite des Forschungsfeldes abzustecken und systematisch, forschungspraktisch im Datensample berücksichtigen zu können. Die sozialstrukturellen Kontextbedingungen für diese Studie sind folgende:

- Größe der AIDS-Hilfen
- geographische Lokalisation,
- Geschlechterverhältnis,
- Umfang des Erfahrungswissens bezogen auf die Entwicklungsphasen von AIDS-Hilfen.

Die langjährige Erfahrung der Kolleginnen spielte überdies insofern eine nicht unerhebliche Rolle, weil davon auszugehen ist, dass die langjährige Zugehörigkeit, von Gründung der AIDS-Hilfen bis heute, andere Einstellungen und Selbstverständnisse hervorbringt, als das in einer Generation der Fall ist, die erst ›vor kurzem‹ das Feld der AIDS-Arbeit betreten hat. Das gesamte Datensample liegt verschriftlicht und paraphrasiert vor. Ein nicht zu unterschätzender Vorteil in der Auswahl geeigneter Gesprächspartner/innen war die unmittelbar vertraute Atmosphäre ›zwischen Kollegen‹. Der Forscher wird als Co-Experte angesehen, der über die ›Internas‹ und institutionellen Gepflogenheiten informiert ist und an den ›höhersymbolischen Sinnwelten der Institution‹ partizipieren kann (vgl. Schütze 1987). Er ist Eingeweihter. Diese Position unterstreicht ein Interviewpartner folgendermaßen: »[...], dass es auch vielleicht Dinge gibt, die ich sage, die nicht so ganz, wie soll ich sagen, dem entsprechen, was man vielleicht von einem AIDS-Hilfe-Mitarbeiter irgendwie erwartet und mit denen ich mich so extern irgendwie auch nicht rauslehnen würde, sondern die ich eher jemandem auch sage, der selbst auch zum Stall gehört« (Sebastian Droschke 1: 28-33).

Die Idee, den Fragenkatalog leitfaden-gestützt, nicht aber leitfaden-bestimmt zu verwenden, öffnet die Gesprächssituation nachhaltig. Die Vorzeichen der Interview-Kommunikation sind sodann stärker auf das Befinden des Partners konzentriert. Trotzdem eine thematische Zentrierung im Vordergrund steht, ermöglicht eine eher zwanglose Gesprächsatmosphäre Erfahrungsberichte zu evozieren.

Der Forschungsprozess versteht sich grundsätzlich als offen und wurde als ein Verfahren aufeinander aufbauender Arbeitsschritte angelegt. Ähnlich wie Rainer Diaz-Bone (2002) in seiner Dissertationsschrift »Kulturwelt, Diskurs und Lebensstil« formuliert, verstehe ich das ›theoretische Schließen‹ und Schlussfolgern als Abduktion. »Die Interpretation ist während des Analyseprozesses auf die besondere Kunstfertigkeit angewiesen, ›im richtigen Moment‹, sich abzeichnende neue Elemente zu erkennen und – durch den theoretischen Blick inspiriert – in bestimmter Weise zu verknüpfen, um auf die sie bildende Praxis zu schließen« (ebd.: 195). Zwischen einem neuen Gedanken, der im Forschungsprozess entsteht, und seiner Ur-Entsprechung, die vielleicht auch vorher bereits im Ansatz existierte, aber nun im empirischen Arbeiten überprüft und belegt werden soll, besteht eine Relation. Phasen der Entdeckung wechseln sich mit solchen der Überprüfung ab und generieren auf diese Weise etwas vorläufig Neues. »Die abduktive Vermutung ›suggestion‹ kommt uns wie ein Blitz. Sie ist ein Akt der *Einsicht*. Zwar waren die verschiedenen Elemente der Hypothese schon vorher in unserem Verstande; aber erst die Idee, das zusammenzubringen, welches zusammenzubringen wir uns vorher nicht hätten träumen lassen, läßt die neu eingegebene Vermutung vor unserer Betrachtung aufblitzen« (Peirce 1991 zit.n. Diaz-Bone 2002: 195f.; Hervorh. i. O.).

Der erste Interpretationsdurchlauf führte bereits zu ersten Hypothesen. Es kann beispielsweise schon im ersten Interpretationstext ein Zusammenhang zwischen der persönlichen Situation des Gesprächspartners (Alexander Wahrendorf) und seiner Verwobenheit mit dem Berufsfeld AIDS-Hilfe hergestellt werden. Im Anschluss an die erste Rohzeichnung der Forschungsidee, verlief die zweite, größere Forschungsphase im Feld der AIDS-Hilfen (und ihrer Projekte) en bloc. Kategorien- und Schlagwortverzeichnisse sämtlicher Interviews, erstellte Paraphrasen sowie die Anfertigung erster Interpretationen sammeln sich als Ergebnis systematischer Untersuchung in einem Analyse- und Interpretationsarchiv. Es entsteht eine Analogie mit der gegenstandsbezogenen Konzeption ›Grounded Theory‹ (vgl. Corbin/Strauss 1996). Die prozesshaften Arbeitsschritte des offenen, axialen und selektiven Kodierens können optimal mit diesen Erhebungs- und Auswertungsphasen verbunden werden. Insofern stellt die Auswahl der Methode ›ExpertInneninterview‹, die ich im Folgenden erläutern werde, eine Konkretisierung sowie Optimierung des Forschungsinstruments in Bezug auf die herkömmlichen, klassischen narrativen und problemzentrierten Vorgehensweisen dar.

## Zur Methode: Interviews mit Expert_innen

Die von Michael Meuser und Ulrike Nagel in ihrem Lehraufsatz »ExpertInneninterviews-vielfach erprobt, wenig bedacht« (vgl. Meuser/Nagel 2002) dargestellten Forschungsabläufe ermöglichen ein strukturiertes Erhebungs- und Bearbeitungskonzept. Unterschiedlichste Wissensbestände und Wissensressourcen von Sozialarbeiterinnen in den AIDS-Hilfen können als Deutungswissen hinterfragt und entdeckt werden, um so die Konstitutionsbedingungen von Handlungsorientierungen herauszufiltern.

»Das theoriegenerierende Experteninterview zielt auf die Erhebung von ›Deutungswissen‹, also jenen subjektiven Relevanzen, Regeln, Sichtweisen und Interpretationen des Experten, die das Bild vom Expertenwissen als eines heterogenen Konglomerats nahe legen. Mit der Rekonstruktion dieses ›Deutungswissens‹ betritt man – altmodisch formuliert – das Feld der Ideen und Ideologien, der fragmentarischen, inkonsistenten Sinnentwürfe und Erklärungsmuster. Mit dieser analytischen Differenzierung wird zum einen das spezifische Erkenntnisinteresse des theoriegenerierenden Experteninterviews präziser darstellbar. Außerdem wird auf diese Weise deutlich, dass das Expertenwissen als ›homogener Wissenskörper‹ nicht hinlänglich zu fassen ist« (Bogner/Menz 2002b: 43f.).

SozialarbeiterInnen können vor diesem Hintergrund als ExpertInnen bezeichnet werden, die über ein spezielles, wissenschaftlich erworbenes Wissen, aber eben auch über ein Erfahrungswissen verfügen, das sich zwischen alltagsweltlicher Vorerfahrung, Theoriekompetenz und Praxisorientierung verortet[6]. Der Sonderstatus des Experten, als Verwalter geheimen und besonderen Wissens, wird von Meuser/Nagel kritisiert.

Ihrer Ansicht nach präsentiert sich das Sonderwissen des Experten als zu starre Konstruktion professioneller Identifikation, da sowohl der Erwerb als auch die Verwaltung ausgewiesener Wissensbestände eher diskursiv verfügbar erscheinen. Eben dieser Zusammenhang bedürfe in ihren Augen einer Methodenerweiterung. Sie schlagen vor, die implizite Ebene expertokratischer Kompetenzdarstellungen qualitativ mit zu bedenken und gegebenenfalls rekonstruktiv zu erschließen. Das ExpertInneninterview eignet sich besonders für die Untersuchung sozialarbeiterischer Wissensressourcen in AIDS-Hilfen, weil der Schwerpunkt des Erkenntnisinteresses auf das Erfahrungswissen gelegt wird. Die ExpertInnen selbst stehen mit ihren Einstellungen, Erfahrungen und Kompetenzen im Zentrum der qualitativen

6 In Bezug auf die Relevanz für die Soziale Arbeit vgl. besonders auch Friedhelm Ackermann und Dietmar Seeck (1999). Diese Studie arbeitet ebenfalls mit der ›Methode Meuser/Nagel‹ und untersucht in drei Populationskohorten generative Deutungsmuster und Handlungskompetenzen von SozialarbeiterInnen im Studium, im sogenannten Anerkennungsjahr und in der Berufspraxis Jugendamt.

Befragung. Die strikte Trennung zwischen ›Betriebs‹- und ›Kontextwissen‹ ist für das ExpertInneninterview wesentlich, um das Erhebungsinstrument und die anschließende Auswertungsphase funktional zu strukturieren und auf thematische Schwerpunkte zu präzisieren. »Das Erfahrungswissen von Expertinnen bezeichnen wir in Abhängigkeit von der Stellung und der Funktion innerhalb des Forschungsdesigns im ersten Fall als Betriebswissen, im zweiten Fall als Kontextwissen« (Meuser/Nagel 2002: 75).

Die analytische Unterscheidung zwischen Betrieb und Kontext übernehme ich insoweit, als dass ein Wissen über die Institution AIDS-Hilfe und ihre organisatorischen Gesetzmäßigkeiten Ausgangs- und Referenzpunkt für Datenerhebung wie auch Interpretation darstellt. Von besonderem Interesse sind Kenntnisse der ExpertInnen über betriebliche Zusammenhänge und die Einordnung sowie Bewertung institutionsspezifischer Praxisroutinen. Handlungsgeschicklichkeit und Bewältigungsstrategien können wie ein Mosaik sukzessive zusammengesetzt werden. Der Schwerpunkt liegt auf den je individuellen Erfahrungen, von denen Sozialarbeiterinnen berichten und in Episoden darstellen. Und dennoch steht letztlich nicht die interviewte Person als rekonstruierbarer Einzelfall im Vordergrund, sondern die bedeutsamen Einstellungsmuster, die von verschiedenen ›Typen von Experten‹ geteilt werden, ohne dass dies auf den ersten Blick sofort zu erkennen wäre. Die betriebliche Seite des Erfahrungswissens bildet forschungslogisch »ein kategoriales Gerüst als Bezugsrahmen für die empirische Analyse« (ebd.: 76).

An dieser Stelle verdeutlicht sich die Betonung thematischer Sinneinheiten im Vergleich zur Datenauswertung über Sequenzanalysen.

> »Anders als bei der einzelfallinteressierten Interpretation orientiert sich die Auswertung von ExpertInneninterviews an thematischen Einheiten, an inhaltlich zusammengehörigen, über die Texte verstreuten Passagen – nicht an der Sequenzialität von Äußerungen je Interview. Demgegenüber erhält der Funktionskontext der Expertinnen an Gewicht, die Äußerungen der Expertinnen werden von Anfang an im Kontext ihrer institutionell-organisatorischen Handlungsbedingungen verortet, sie erhalten von hierher ihre Bedeutung und nicht von daher, an welcher Stelle des Interviews sie fallen. Es ist der gemeinsam geteilte institutionell-organisatorische Kontext der Expertinnen, der die Vergleichbarkeit der Interviewtexte weitgehend sichert« (ebd.: 81).

Und dennoch geht es nicht einfach um holzschnittartige, expertokratische Sprachfragmente, die beliebig aus dem Gesprächskontext herausgerissen und strategisch neu zusammengesetzt würden. »Diskursverläufe« (ebd.: 77) halten den gemeinsam geteilten Sinn zusammen.

Forschungspraktisch versuchte ich, das Expertengespräch durch Leitfragen zu strukturieren. Nachdem das Gespräch in aller Regel mit einer kurzen Erläuterung des Forschungsinteresses vom Wissenschaftler eröffnet wird, ›leiten‹ die Fragen

- ›Wie lange arbeitest Du schon bei der AIDS-Hilfe?‹,
- ›Wie bist Du zu diesem Job (zum betreuten Wohnen) gekommen?‹
- ›Kannst Du vielleicht beschreiben, wie das für Dich gewesen ist?‹

zum ersten Erkenntnisbereich (Motivation, Berufseinmündungsphase). Fragen wie

- ›Kannst Du vielleicht mal das professionelle Setting Deiner Klientenkontakte skizzieren?‹
- ›Könntest Du bitte eine entsprechende Situation erzählen, an der mir dies deutlich wird?‹ und
- ›Gibt es Situationen, wo Du sprichwörtlich mit Deinem Latein am Ende bist, beschreib doch mal‹,

strukturieren den Bereich sozialpädagogischer Methodik. Durch die Vorarbeiten am Leitfadeninstrument, und hier folge ich dem Vorschlag Meuser/Nagel (2002: 78), war ich mit den zu besprechenden Themen vertraut, so dass ich häufig vom Leitfaden als ›Ablaufmodell‹ abweichen konnte und die gewünschte Offenheit im Gespräch die Kommunikation erleichterte.

Entscheidend ist das Erfahrungswissen, das sich ausdifferenziert und variiert, das aber diskursiv am Bedeutungshorizont der Institution anschlussfähig bleibt. Die Frage nach dem Wissen über Hintergründe und Sinnzusammenhänge in Bezug auf Kontexte, die über das spezifische Betriebswissen hinausgehen, wird in der Analyse der hier geführten ExpertInneninterviews nicht ausgelassen. Äußerungen und Aussagen werden mit Blick auf das Wissen und die Beteiligung an der Entstehungsgeschichte und dem Entwicklungsverlauf von AIDS-Hilfen berücksichtigt. Betrieb und Kontext sind an dieser Stelle miteinander verschränkt. Dies zeigte bereits das einführende Kapitel zum veränderten ›AIDS-Bild‹, das gewissermaßen historisch-spezifisch den Diskurs hervorbringt, in den sich die Experten einschreiben, den sie immer wieder produktiv erneuern und weiter tragen. Insofern wird nicht übersehen, dass Sozialarbeit einerseits in Verbindung mit den spezifischen ›Lebenswelten‹ der ihr anbefohlenen Menschen steht und andererseits selbst in diskursive Strukturen eingebunden ist. Betrieb und Kontext lassen sich für die Datenerhebung und die Ausarbeitung der Instrumente voneinander unterscheiden. In einem diskurstheoretisch informierten Verstehen, welches gerade ›Kontexte‹ als in Machtverhältnisse eingebunden interpretiert, wird die zunächst artifizielle Unterscheidung zwischen AIDS-Hilfe-Institution (Betriebswissen) und biographische Motivation (Kontextwissen) mitgedacht und für die hier je spezifische Ausgangssituation variiert.

Für die konkrete Datenerfassung im Forschungsfeld schlagen Meuser/Nagel (2002: 83ff.) ein 7-phasiges Ablaufmodell zur leitfadengestützten, offenen Befragung von ExpertInnen vor. Das Verfahren gliedert sich in folgende Abschnitte:

- Datenerhebung
- Transkription
- Paraphrase
- Überschriften
- Thematischer Vergleich
- Soziologische Konzeptualisierung
- Theoretische Generalisierung.

Zur Darstellung von Entwicklungsschritten zwischen den einzelnen Arbeitsphasen werde ich die Bearbeitungsebene der Paraphrase, der Themen-Heuristik sowie der analytischen Portraitierung beispielhaft in Kapitel ›Ablauf der Interviews‹ erläutern. An dieser Stelle wird die Verwendung der qualitativen Forschungstechniken für die vorliegende Studie aufbereitet und beispielhaft dargestellt, wie ich mich als Forscher dem Forschungsgegenstand näherte, wie sich die Kommunikation gestaltete und wie ich schließlich mit den ›Antworten der ExpertInnen‹ interpretativ verfahren konnte.

## Zugang zum Untersuchungsfeld

An zwei Zitaten aus dem Untersuchungssample werde ich beispielhaft zeigen, wie sich der Eintritt in die Welt des interviewten Experten vollzieht, welche Schwierigkeiten entstehen können und welche Voraussetzungen und Merkmale das Gespräch überhaupt erst möglich machen, erleichtern, oder gar aussichtslos pertubieren. Der Aspekt, Nähe zum Feld zu erzeugen und durch berufliche und andere biographische Erfahrungen bereits während der Datenerhebung thematisch nah an den befragten Personen zu stehen, wird intensiv in der qualitativen Sozialforschung diskutiert (vgl. Bogner/Menz 2002b). Die Vor- und Nachteile einer informierten Forscherpersönlichkeit entfalten sich dabei auch in den Gesprächen mit Sozialarbeitern in den AIDS-Hilfen[7].

7 Auf das Problem zu großer Nähe mit dem Forschungsfeld wurde bereits ganz zu Beginn des Kapitels ›Selbst-Reflexive Sozialforschung‹ hingewiesen. An dieser Stelle folgt der Versuch, diese Stolpersteine für die vorliegende Untersuchung transparent und nachvollziehbar zu machen. Denn nur die möglichst umfangreiche und offene Schilderung der qualitativen Vorgehensweise kann dem Vorwurf, regelmäßig Bias zu erzeugen, wissenschaftstheoretisch überzeugend und fundiert begegnen.

## Unsicherheit als Chance

Alexander Wahrendorf, 41 Jahre alt, seit 15 Jahren in einer AIDS-Hilfe engagiert, studierte nach kaufmännischer Ausbildung und Tätigkeit auf dem zweiten Bildungsweg Sozialpädagogik an einer Fachhochschule. Bereits parallel zu seinem Studium entschließt er sich für eine ehrenamtliche Tätigkeit in der AIDS-Hilfe, die er nach seinem Studienabschluss als Diplom-Sozialpädagoge 1992, mit Zusatzausbildung in systemischer Beratung, in eine hauptamtliche Anstellung modifizieren kann. Zunächst in Teilzeit, ein weiteres Jahr später auf einer Vollzeitstelle, arbeitet Wahrendorf in den unterschiedlichen Teilbereichen der AIDS-Hilfe, wie Öffentlichkeits-, Beratungsarbeit, zielgruppenspezifische Begleitung ehrenamtlicher Mitarbeiter/innen, bis hin zu Präventions- und Kulturarbeit. Seit zwei Jahren besetzt er die Position des leitenden Geschäftsführers. Das Gespräch mit Alexander Wahrendorf ist eines der ersten Interviews und wird bereits zu Beginn durch die Forscherfrage nicht ganz unproblematisch eingeführt.

»Für mich ist es ja auch relativ neu, solche Gespräche zu führen [...].Es ist schon noch so ein Probelauf auch so als Vorbereitung [...]. Anders gesagt ist es auch schon sehr interessant. [...]. Es ist also hier jetzt nicht nur zur Probe und dann wirft man, dann wirft man es weg; es ist beides. Auf der einen Seite ist es Probe, auf der anderen Seite auch Vorbereitung« (Interviewer im Gespräch mit Alexander Wahrendorf 1:10-26).

Gleich zu Anfang des Gesprächs offenbart der Interviewer seinem Interviewpartner, dass er (noch) kein Experte auf dem Gebiet sozialwissenschaftlicher Forschung oder qualitativer Erhebungsmethoden in den Erziehungs- und Sozialwissenschaften ist. Er präsentiert sich als Novize in diesem Bereich der Wissenschaft und Forschung. Das ›Geständnis‹ des Forschenden gibt Anlass zu der Vermutung, dass Alexander Wahrendorf möglicherweise mit Verwunderung oder gar Verunsicherung reagieren könnte. Im Vorfeld des Gesprächs wurde doch ein wissenschaftliches Interview zu einem wissenschaftlichen Thema und zu einer wissenschaftlichen Fragestellung angekündigt. Die Rede von der ›neuen Situation als Probe‹ stellt die gesamte Interviewsituation bereits zu Beginn auf die Ebene einer ungewissen Verwendungssicherheit. Im Gegensatz zur Ankündigung wird auf beiden Seiten das Kompetenzspektrum eingeschränkt und angenommen, dass sich die Qualität des Gesprächs möglicherweise nicht für eine Auswertung eignen könnte. Einerseits degradiert der Interviewer die eigene Erhebungsqualifikation, was zur Folge haben kann, dass Wahrendorf daran zweifelt, ob er es hier wirklich mit einem Co-Experten zu tun hat. Dagegen konnte er sich noch in den vorbereitenden Gesprächen zur Durchführung des Interviews sicher sein, es mit einem Kollegen zu tun zu haben.

Andererseits suggeriert die Bezeichnung ›Probelauf‹ den Status einer Vorstudie mit stark reduzierter Bedeutung, deren Hauptinteresse dem Einüben und Trainieren qualitativer Forschungspraxis geschuldet ist. Die unsichere Haltung des Fragenden zum Auftakt des Gesprächs kann aber auch das Selbstbewusstsein und die Selbstsicherheit Wahrendorfs stärken. Wenn man ihm unterstellt, er habe vielleicht Vorbehalte gegenüber Wissenschaftler_innen, die sich vom Elfenbeinturm der Wissenschaft lediglich aus Gründen der Verwendung und des Gebrauchens sozialwissenschaftlicher Erkenntnisse ›nach unten‹ wagen, dann kann gerade die latente Unsicherheit des Forschers helfen, dessen biographische Folie als ›Praktiker im Wissenschaftler‹ mit dem Status des ›Experten der Praxis‹ zu harmonisieren[8]. Die Interaktion kann somit auf gleicher Augenhöhe den Gesprächsverlauf störungsfreier gewährleisten. Als Interaktion zwischen Co-Experte und Experte wird die Situation auf symmetrischer Ebene gehalten und es fällt atmosphärisch leichter, Details zu offenbaren und das ›wirklich Interessante‹ zu berichten.

## Exklusivität durch ›Stallgeruch‹

In einem weiteren Interview, das ich mit Sebastian Droschke führte, kommt der Konstruktion und der Rolle des Co-Experten ebenfalls eine große Bedeutung zu. Diesmal wird der gemeinsame Bezugspunkt, der sich später als vertrauensvolle Nähe zum Gesprächspartner positiv auf den Gesamtverlauf des Interviews auswirkt, über Vorbehalte und Skepsis gegenüber dem Erhebungsinstrument thematisiert. Droschke problematisiert zunächst die Aspekte ›Anonymität und Vertrauen im Gesprächsverlauf‹ sowie Möglichkeiten zur Maskierung qualitativer Originaldaten.[9]

Sebastian Droschke, 43 Jahre alt, seit 17 Jahren in AIDS-Hilfe engagiert und beschäftigt, studierte Erziehungswissenschaften und beendete sein Stu-

8 Auf das historisch entwickelte Theorie-Praxis-Problem geht auch Ernst Engelke (1993) ein, wenn er feststellt, dass »auch heute noch (ein) *gespanntes* Verhältnis zwischen TheoretikerInnen und PraktikerInnen (besteht). Pauschale gegenseitige Abwertungen erschwerten und erschweren die sachlich geforderte Zusammenarbeit. Für ›die PraktikerInnen‹ wurden ›die TheoretikerInnen‹ zu Spinnern, die natürlich keine Ahnung von der Praxis haben [...]« (ebd.: 73; Hervorh. i. O.).

9 Die Namen der Interviewpartner_innen sind zu deren Schutz frei erfunden. Ich habe mich für diese Vorgehensweise entschieden, um trotz Anonymisierung, den jeweiligen Bezug zum Interviewskript nicht unnötig zu verkomplizieren. Dies wäre beim Einsatz von Abkürzungen wie Herr W. oder Frau P. meines Erachtens der Fall. Mit der vorliegenden Praxis der artifiziellen Benennung von Interviewpartnerinnen, ist der erforderlichen Anonymisierung und Maskierung genüge getan. Allen GesprächspartnerInnen wurde vorab versichert, dass ihre Daten verschlüsselt und maskiert verwendet und nicht an Dritte übergeben werden.

dium mit dem Diplom. Nach seiner akademischen Ausbildung bildet sich Droschke in systemischer Beratung und Therapie weiter und schließt diese berufliche Phase ebenfalls mit einem Diplom ab. Zum Zeitpunkt des Interviews befindet er sich in Ausbildung zum Supervisor. Droschke verfolgt seit 1983, dem Gründungsjahr der AIDS-Hilfe, deren Entwicklung zunächst als Freund des Vereins, dann ehrenamtlich und später, seit 1989, als hauptamtlicher Mitarbeiter. Seine Arbeitsschwerpunkte sind AIDS-Beratung, Betreutes Wohnen, Bildungsarbeit, Zielgruppenspezifische Prävention. Seit gut zehn Jahren leitet Droschke als Geschäftsführer eine mittelgroße AIDS-Hilfe.

Der Interviewer eröffnet das Gespräch vor der hier zitierten Interviewpassage mit einer Beschreibung der Interview-Formalia. Er stellt den inhaltlichen Kontext her und versichert, dass sämtliche Aussagen streng vertraulich verhandelt werden. Die Aspekte ›Anonymisierung‹ und ›Vertrauen[10]‹ greift der Interviewpartner auf und äußert zunächst Skepsis hinsichtlich einer wirklich einlösbaren, vertraulichen Verarbeitung des transkribierten Materials. Er betont, dass die Einhaltung der zuvor vom Interviewer skizzierten Regeln des Gesprächsverlaufs für ihn ganz besonders wichtig ist.

»Weil ich mir vorstellen kann, dass es auch vielleicht Dinge gibt, die ich sage, die nicht so ganz, wie soll ich sagen, dem entsprechen, was man vielleicht von einem AIDS-Hilfe-Mitarbeiter irgendwie erwartet, und mit denen ich mich so extern irgendwie auch nicht rauslehnen würde, sondern die ich eher jemandem auch sage, der selbst auch zum Stall gehört« (Sebastian Droschke 1: 28-32).

Daran anschließend wendet er aber seinen Blick von den Befürchtungen eines potenziellen Missbrauchs vertraulicher Daten und erklärt, dass seinerseits eine Art Grundvertrauen vorhanden sei, denn immerhin gehöre der Interviewer selbst ja auch »zum Stall«. Diesem Befund entgegnet der Interviewer mit einer wiederholten Zusage eines grundsätzlich vertrauensvollen Umgangs mit dem erhobenen Datenmaterial. Der ›institutionelle Stallgeruch‹ scheint für den Gesprächspartner Sebastian Droschke entscheidend zu sein, damit er sich im Verlauf des Gesprächs öffnen kann und sich nicht auf vorsichtiges, phrasenhaftes Nacherzählen beschränken muss.

Die Offenbarung des Forschers im Vorfeld, bis vor kurzem selbst noch in AIDS-Hilfe beschäftigt gewesen zu sein, zwar nicht am gleichen geographischen Ort, aber in einem vergleichbaren Projekt für die psychosoziale Begleitung AIDS-kranker Menschen, ist an dieser Stelle ausschlaggebend für die Interaktion zwischen den Gesprächspartnern, die sich ansonsten fremd sind. Die Gesprächssituation ist geklärt. Einerseits wird das Gespräch

10 Der Interviewer spricht wörtlich von »vertraulich« (Interview Sebastian Droschke 1:16, 25).

aufgezeichnet. Auch diesen Aspekt erwähnt Droschke an anderer Stelle als Sicherheitsfaktor, der ihn zum freien und offenen Bericht motiviere. Andererseits erscheint die Vertrauensbasis des ›gemeinsamen Stalls‹ als so grundlegend, dass sich Droschke hierüber ausreichend abgesichert fühlt, um nicht mehr zwischen dem, was gesagt werden darf, und dem, was im ›Betrieb‹ als Geheimwissen zu verbleiben hat, trennen zu müssen.

Der ›gemeinsame Stall‹ als Metapher für ähnliche Erfahrungen im AIDS-Hilfe-Bereich, so wie ich es in Kapitel 1 angedeutet habe, ermöglicht eine Situation, die sich mit ›Parteilichkeit‹ umschreiben ließe. Mein Status als AIDS-Hilfe-Kollege bewirkt Assoziationen gemeinsamer Vorerfahrungen, auf die sich Droschke nun beziehen kann. Sein Hinweis auf die Preisgabe ›heißer Informationen‹ und Einschätzungen, die sonst in anderen Gesprächen in der Form nicht geäußert würden, rückt die Situation auf eine fast exklusive Ebene. Insbesondere die Meinungen und Beurteilungen aus seiner eigenen Praxis, die sich nicht komplett an den Richtlinien und Überzeugungen der Institution AIDS-Hilfe zu orientieren scheinen, sind für die Rekonstruktion von Brüchen und Schieflagen sozialer Praxis besonders bedeutsam. Auf der Ebene Experte/Co-Experte kann sich der Interviewpartner ausreichend geschützt fühlen, um auch ›betriebliche Internas‹ mitzuteilen.

## Einiges wird auch nicht mehr gesagt

Problematisch wird die Nähe zum Interviewpartner und zum Untersuchungsfeld dann, wenn die Kommunikation zwischen den Experten in einen kollegialen Austausch abzudriften droht. Aus einer solchen Konstellation heraus würde es schwierig, die heuristische Neugier ausreichend offen zu halten, um implizites Erfahrungswissen und Einstellungsvarianten noch zu erhalten. Die üblicherweise notwendige, detaillierte Aufklärung über Zusammenhänge im beruflichen Alltag Sozialer Arbeit sowie die Erläuterung betrieblichen Insiderwissens, könnte sich durch die Position des Kollegen und Co-Experten stark reduzieren. Zu befürchten ist folglich, dass wichtige Inhalte und Prinzipien aus dem Wissensbestand des Interviewpartners ausgespart bleiben, weil sie als bekannt vorausgesetzt werden.

»Also das fällt mir da gerade noch mal so ein, ein ganz wesentlicher dritter Aspekt dabei. Ich meine, ich muss da ja nicht ewig ausholen, denn das kennst Du ja sicherlich auch, und das weißt Du selber auch alles, wenn Du damals gerade in der Pflege warst, dann kennst Du ja auch die Situation, dass natürlich gerade die Mediziner gegenüber diesem Klientel vollkommen hilflos waren« (Alexander Wahrendorf 18: 23-28).

Die symmetrische Interaktionssituation bedingt auf diese Weise, dass Detailinformationen nicht weiter ausgeführt werden müssen. Berufsspezifische

Zusammenhänge werden nur noch angedeutet und als Datum zur Strukturierung der weiteren Erzählung lediglich benannt.

»Also bei manchen Klienten, da denke ich auch manchmal, na ja, also den [Klient A] kennst Du ja auch, also die Wohnung und alles: Katastrophe und so, ja, schlimm [...]« (Clemens Wagner 326-328).

Der Einwand, dass der dialogorientierte Kommunikationsaufbau zwischen den ›Experten der Praxis‹ im professionellen Relevanzrahmen verbleiben könnte (vgl. Bogner/Menz 2002b: 63), ist nicht von der Hand zu weisen. Wenn sich sogar herausstellt, dass sich das Wissen über Klientenbiographien überschneidet und sich ganze Erfahrungsstränge parallelisieren, dann können die Schilderungen des Interviewpartners in einen kryptischen Explorationsstil wechseln, der tendenziell Fragen offen lässt, anstatt komplizierte Deutungsmuster umkreisend aus verschiedenen Perspektiven zu besprechen. Dennoch ist die Co-Experten-Stellung eine nicht zu unterschätzende Interaktionskonstellation, die durch ihr hohes fachliches Niveau umfangreiche Fakten und stellenweise auch detailliertere Explizierungen von Selbsteinschätzungen und Einstellungsformationen liefern kann, eben weil davon auszugehen ist, dass ein fachlich-symmetrisches Niveau die Gesprächsgrundlage bildet.

## Phasen der Interviewauswertung

Für die qualitativen Interviews dieser Studie wird eine Gruppe professioneller Berater und Betreuer gebildet. Es sind SozialpädagogInnen und SozialarbeiterInnen mit absolviertem Studium, die im Berufsfeld AIDS-Hilfe, z.B. Beratungszentren, Kriseninterventionsstellen, Sozialarbeit in Justizvollzugsanstalten (›Knastarbeit‹), Projektarbeit mit MigrantInnen, aufsuchende und begleitende Sozialarbeit, beschäftigt sind. Die Kriterien zur Auswahl der Interviewpartnerinnen und zur Zusammenstellung des Datensamples waren zunächst bestimmt durch meine eigenen Praxiserfahrungen im Berufsfeld AIDS-Hilfe, durch Hinweise praktizierender ExpertInnen im Forschungsfeld, durch Gespräche mit der Landesarbeitsgemeinschaft der Hessischen AIDS-Hilfen sowie durch die Erkenntnisse der Erstanalyse des empirischen Materials im Pretest. Meine Forschungsfrage entstand unmittelbar im Praxisfeld der AIDS-Hilfe-Arbeit. Auf diese forschungsstrategisch bedeutsame Situation habe ich bereits hingewiesen und sie für den vorliegenden Forschungsprozess reflektiert.

Im Folgenden wird es um die unterschiedlichen Ebenen und konkreten Arbeitsschritte im Bearbeitungsprozess der ExpertInneninterviews gehen. Die bereits erwähnten sieben Phasen der Datenbearbeitung werde ich vorstellen, wobei sich die Darstellung auf die drei Ablaufebenen ›verdeutlichende Beschreibung/Paraphrase‹, ›Gliederung thematischer Sinneinheiten‹ sowie ›theoretische Interpretation/Typenbildung‹ beschränkt. Auf diese Weise möchte ich beispielhaft die Phasen der Interviewauswertung erläutern.

## Verdeutlichende Beschreibung

Zunächst wird eine Originalpassage aus dem Interview mit Alexander Wahrendorf zitiert. Sie repräsentiert beispielhaft den Ausgangspunkt zur Demonstration aller drei Bearbeitungsdimensionen, die mit der verdeutlichenden Beschreibung des Datenmaterials beginnt.

Die verdeutlichende Beschreibung entspricht im Wesentlichen einer Paraphrase und versucht, im Kontext der Chronologie des Gesprächsverlaufs das Gesagte in eigenen Worten wiederzugeben. Diese erste inhaltliche Annäherung an das Interviewtranskript ist besonders vorteilhaft, wenn der Interviewer, wie im vorliegenden Fall, das Gespräch selbst geführt und verschriftlicht hat. Denn auf diese Weise wird eine inhaltliche Vergegenwärtigung sowie ein textnahes Grundverständnis gewährleistet, das es erlaubt, sämtliche Gedanken in Form von Memos gesondert zu vermerken. Spontane Ideen, die sich auf übergeordnete Interpretationsphasen beziehen, gehen dabei nicht verloren und können später als hilfreiche Gedächtnisstützen für entsprechende Textsegmente dienen. Schließlich ermöglicht die verdeutlichende Beschreibung eine erste Einteilung in thematische Einheiten. Auffallende Kategorien können bereits als Schlagworte vermerkt und gezielt abgelegt werden. Die Interviewsequenz beginnt folgendermaßen:

Interviewer: »und da würde mich von Dir zunächst mal interessieren, wie Du zur AIDS-Hilfe gekommen bist, […] und welche Bedeutung damals AIDS für Dich hatte und welche Bedeutung es heute für Dich hat«.
Andreas Wahrendorf: »Und das auf einer ganz persönlichen Ebene? Soweit das ...«.
Interviewer: »Beides, also, das geht ja, denke ich, auch so ineinander über. Du kannst ja ...«
Wahrendorf: »Ja gut, ich meine, ich habe natürlich einen ganz persönlichen Hintergrund, speziell also auch hier zu erkrankten Menschen, bin also auch schon sehr lange hier (lachen), und ich gehöre ja zwar nicht zur ersten, aber auf alle Fälle zur zweiten Generation, mit also noch einem sehr stark eigenmotivierten Anteil, also der sich ja auch im Laufe der Jahre eben ganz klar verändert hat, ne. Nimmst Du das jetzt schon auf?«
Interviewer: »Ja, ja, das Tonband ist schon angeschaltet«
Wahrendorf: »Ach so!!! Ich dachte ... ja gut, also gut, ich sach ma so auf dieser persönlichen Ebene würde ich natürlich sagen, also ich bin 19Hundert Ende 98 ach quatsch 98, Ende 89 zur AIDS-Hilfe gekommen, das war parallel zu meinem Studium hier an der FH, der Sozialpädagogik, hat die AIDS-Hilfe früher dort da-

mals erstmalig ehrenamtliche Mitarbeiter gesucht und für mich war irgendwie so klar, ich hatte gerade im Prinzip sehr erfolgreich mein Coming-out hinter mich gebracht, dass ich hier in der AIDS-Hilfe und eben nicht in einer k[irchlichen] Einrichtung in A-Stadt irgendwie ehrenamtlich was machen wollte, weil ich sozusagen vorher noch nicht sehr viele Erfahrungen im sozialen Bereich gemacht hab', weil ich das ganze Sozialpädagogik, Sozialwesen über den zweiten Bildungsweg und vorher praktisch eine wirtschaftliche Ausbildung und auch Berufserfahrung hatte«.
Interviewer: »Hhmm«
Wahrendorf: »Also, wie gesagt, für mich war damals so ganz klar, sammeln von, von sozialen oder Erfahrungen in der Sozialarbeit stand für mich im Vordergrund und AIDS-Hilfe eben aufgrund, sag' ich mal, des eigenen Schwulseins, war eben für mich hier die AIDS-Hilfe ganz klar Anlaufstelle. Ich habe dann hier im Prinzip 1 ½ Jahre ehrenamtlich in den verschiedensten Bereichen mitgearbeitet und habe dann mich 1991 hier auf 'ne vakante ½ - Stelle beworben, die ich dann auch glücklicherweise bekommen habe, obwohl ich mit meinem Studium noch gar nicht fertig war. Und hab' ja dann eigentlich dann bis zum Ende meines Studiums 94 dann parallel hier gearbeitet ja und bin dann im Prinzip so dann ab 95 dann ja voll oder hauptberuflich dann hier eingestiegen und seitdem bin ich hier« (Passage aus dem Interview mit Alexander Wahrendorf 1: 23-2: 30).

Das Gespräch wird durch mehrere inhaltliche Fragen vom Interviewer eingeleitet. In der Anfangssequenz wurden die rhetorischen Beziehungspositionen metakommunikativ bereits geklärt[11]. Von den Erläuterungen zum Interviewsetting führt die Strategie des Interviewers nun zu den wesentlichen Bedeutungsfeldern der Kommunikation. Die Aspekte ›Eintritt in AIDS-Hilfe‹, ›persönliche Bedeutung von AIDS damals‹ sowie die ›persönliche Bedeutung von AIDS heute‹ fassen den Fragenkanon zusammen. Wahrendorf erwidert unverzüglich mit einer Gegenfrage, die auf einen, möglicherweise vom Interviewer gewünschten, Bericht mit persönlichem Kontext rekurriert. Der Interviewer möchte sich nicht eindeutig festlegen und macht mit seiner Antwort darauf aufmerksam, dass es in seinen Augen um ›beides‹ gehe, also sowohl um die ›persönliche Ebene‹ als auch um die ›formale Geschichte‹ der beruflichen Einmündung in die AIDS-Hilfe.

An dieser Stelle beginnt die zweite Sequenz, die im Folgenden den ›persönlichen Hintergrund‹ Wahrendorfs in Bezug auf sein Engagement in AIDS-Hilfe thematisiert. Nachdem der Interviewer klären konnte, dass aus seiner Sicht sowohl persönliche, wie auch sachliche Zusammenhänge zu schildern wären, beginnt der Gesprächspartner mit einer selbstreflexiven Darstellung der Beweggründe für sein AIDS-Hilfe-Engagement. Er kann auf eben dieser ganz persönlichen Ebene die Motivationsaspekte, die ihn zur AIDS-Hilfe gebracht haben, aufführen und näher erläutern. Dabei hebt

11 Vgl. Kapitel ›Unsicherheit als Chance‹.

er seine persönlichen Erfahrungen mit AIDS-erkrankten Menschen hervor, die er zwar nicht näher erläutert, die er aber als Begründungsfaktoren zumindest mit aufführt. Der Beginn seines AIDS-Hilfe-Engagements liege schon einige Zeit zurück. Er sei schon sehr lange in diesem Bereich tätig. Überhaupt, so erzählt Wahrendorf weiter, könne die Zeit der Zugehörigkeit zu AIDS-Hilfe mit dem Begriff der ›Generation‹ präziser veranschaulicht werden. Mit einem Lachen unterstreicht er seine langjährige Mitgliedschaft und ordnet sich einer ›zweiten Generation‹ in AIDS-Hilfe zu, die er mit einem spezifischen, eigenmotivierten Habitus ausgestattet versteht. Vor diesem Hintergrund bemerkt Wahrendorf, dass die Motivation der zweiten Generation in AIDS-Hilfe zwar durchaus noch vorhanden sei, dass sie sich aber spürbar im Laufe der Zeit verändert habe.

Die Sequenz wird plötzlich durch eine Zwischenfrage Wahrendorfs zur Technik unterbrochen. Er möchte sich vergewissern, ob sein Bericht bereits aufgezeichnet wird. Nachdem eine elektronische Tonbandaufnahme bestätigt wird, versucht Wahrendorf zunächst seinen Gedanken bezüglich der elektronischen Datensicherung zu konkretisieren, unterbricht sich aber selbst und schließt umweglos an die vorherige thematische Sequenz an.

Auf der Basis persönlicher Beweggründe präzisiert Wahrendorf den Zeitpunkt des Eintritts in die AIDS-Hilfe. Er nennt zunächst das ausgehende Jahr 1998, bemerkt aber seinen Lapsus linguae und verbessert das Datum auf 1989. Nachdem die zeitliche Einordnung geleistet werden konnte, beginnt eine weitere Sequenz, die versucht, unterschiedliche Erklärungen für ein AIDS-Hilfe-Engagement zu veranschaulichen.

Zeitgleich zum Studium der Sozialpädagogik an einer Fachhochschule habe er damals auf ein Gesuch der AIDS-Hilfe nach ehrenamtlichen MitarbeiterInnen hin reagiert und seine Unterstützung angeboten. Das formale Angebot der AIDS-Hilfe schildert Wahrendorf als einen Teil seines Begründungsmodells. Denn zeitgleich zu der rein organisatorischen Möglichkeit einer ehrenamtlichen Betätigung, reflektiert Wahrendorf die Qualität seiner sexuellen Orientierung und Identität als weiteren Argumentationsstrang. Im Prozess der Erkenntnis einer ›anderen sexuellen Orientierung‹ bietet sich für ihn AIDS-Hilfe als passender Ort für berufliche wie auch private Auseinandersetzungen an. Die Selbstvergewisserung schwul zu sein, verbindet sich mit dem Anspruch einen passenden Ort für zukünftig dauerhafte Beschäftigung zu finden.

Wahrendorfs persönliche Erfahrungen im Coming-Out-Prozess koppeln sich an seinen Wunsch, fehlende berufliche Erfahrungen im sozialen Bereich durch ein Engagement in AIDS-Hilfe aufzufüllen. Trotzdem er über Praxis im Berufsalltag verfügt, reduzieren sich diese Erfahrungen jedoch auf den Bereich seiner Erstausbildung im wirtschaftlichen Sektor. Diese Leerstelle versucht Wahrendorf durch aktive Beteiligung im Feld Sozialer Arbeit zu kompensieren. Beide Interessenslagen, das Potenzieren beruflicher Expertise nach der zweiten Ausbildung zum Diplom-Sozialpädagogen, wie auch die sehr private Auseinandersetzung mit der eigenen sexuellen Positionierung, kombinieren sich zu einem gemeinsamen Argumentationskomplex, der von einer weiteren Sequenz abgelöst wird, die sich stärker an den formalen Ablaufstrukturen in der Einrichtung orientiert.

So beschreibt Wahrendorf im Folgenden den Übergang von ehrenamtlicher zu hauptamtlicher Anstellung nach anderthalb Jahren. 1991 kann er, parallel zum Studium, eine halbe Stelle besetzen, die er bis 1994 innehat, um sie ein weiteres Jahr später abermals in eine Vollzeitstelle umzuwandeln.

Die verdeutlichende Beschreibung zeigt am Beispiel der Narrationen Alexander Wahrendorfs, wie der Zugang zum Datenmaterial nach der Erhebungs- und Transkriptionsphase gestaltet werden kann. So dient die verdeutlichende Beschreibung an dieser Stelle als Fallrekonstruktion. Die Eigenlogik des Falls wird hier im Interviewverlauf berücksichtigt und es werden erste Versuche unternommen, das Forschungsmaterial in seiner einheitlichen Struktur nachzuvollziehen. An welcher Stelle etwas wie gesagt wird, warum und warum auch vielleicht nicht, veranschaulicht die Art und Weise, mit der ich ›auf das Forschungsmaterial‹ schaue. Um einem impliziten Sinngehalt im Interviewtext auf die Spur zu kommen, ist es also entscheidend, zunächst den gesamten Gesprächsverlauf eines Interviews in seiner Sequenzialität nachzuzeichnen respektive die Logik der kommunikativen Dynamik im Prozess zu nutzen. Dieser Arbeitsbogen wird einerseits durch die verdeutlichende Beschreibung und andererseits durch die synchrone Anfertigung spontaner Ideen und auffälliger Phänomene als Memos gemeinsam bewerkstelligt. Die Geschichten, die sich im Interviewtext präsentieren, lassen sich so plausibel und nachvollziehbar einfangen. Der Gesamteindruck einer Narration wird gespeichert und dient als Orientierungspunkt für weitere Analyseschritte, die sich stärker einem thematisch geleiteten Kategorisieren und Ordnen zuwenden.

## Bildung thematischer Sinneinheiten

Die Vorgehensweise in dieser Arbeitseinheit ist der ›Überschriftensuche‹ und dem ›thematischen Vergleich‹ im Sinne Meuser/Nagel (2002, S. 85ff.) entlehnt. Meine Zusammenfassung in ›thematische Sinneinheiten‹ soll das Abzielen auf Einstellungen und Haltungen unterstreichen, die sich als Muster in Interviewtexten niederschlagen. Ich gehe davon aus, dass Überzeugungen entweder explizit, aber auch implizit geäußert werden können. Sie sind daher nicht immer auf den ersten Blick erkennbar, sondern müssen analytisch herausgearbeitet werden. Die Suche nach Themen, thematischen Feldern und Sinneinheiten ist weiterhin eine textnahe Bearbeitungsleistung. Die transportierten Sinngehalte im Gespräch gehen nicht verloren. Das

Interviewmaterial wird verdichtet, Textpassagen kategorisiert und damit die Geschlossenheit des Dokuments aufgebrochen. Im Unterschied zur Einzelfallanalyse, die sich streng am Prinzip der Sequenzialität ausrichtet, steht die Zusammenfassung thematischer Einheiten sowie die Zuweisung entsprechender Kodes im Vordergrund. Ich unterscheide dabei zwischen ›natürlichen‹, so genannten ›in vivo Kodes‹ und konstruierten, artifiziellen Kodes (vgl. Strauss 1998: 64; Meuser/Nagel 2002: 86; Schmidt 2003: 553). Die Einordnung und Systematisierung bedeutsamer Inhalte erlaubt bereits die Identifikation zentraler Tendenzen. Interviewpassagen werden nicht nur zusammengefasst, paraphrasiert und geordnet, sondern auf einem ersten Abstraktionsniveau interpretiert. Sicherlich sind es auch forschungspraktische Erwägungen, die dazu führen ein ›Raster von Aussagen‹ anzufertigen. So kann schneller erfasst werden, um was es überhaupt geht, wie welche Themen an- und besprochen werden, wann und warum sie sich wiederholen und ob Mehrfachnennungen als bedeutsamer Befund reinterpretiert werden sollte oder ob sie als Redundanzen vernachlässigt werden können (vgl. Meuser/Nagel 2002: 81). Die Bildung thematischer Sinneinheiten lassen sich am Beispiel des Interviewtranskript folgendermaßen darstellen:

### Interviewformalia und mögliche Störungen: (als thematische Sinneinheit)

- Wahrendorf: »Nimmst Du das jetzt schon auf«?
- Interviewer: »Ja, ja, das Tonband ist schon angeschaltet«
- Wahrendorf: »Ach so!!! Ich dachte …ja gut, also gut, ich sach ma«

Störungen der Interviewsituation werden, zumindest für die hier besprochene Sequenz, aus der Logik des Gesprächverlaufs herausgenommen. An anderer Stelle könnte der Einfluss von Störungen größer sein und würde dann analytisch stärker berücksichtigt. Die entsprechenden Textstellen aus dem Originaldokument und der verdeutlichenden Beschreibung werden zwar unter einem separaten Gliederungspunkt mitgeführt, rücken aber bezüglich spätere Interpretationsphasen in den Hintergrund.

### »Auf einer ganz persönlichen Ebene«: persönliche Ebene, persönlicher Hintergrund, zweite Generation (als Themen und Unterthemen)

- »Und das auf einer ganz persönlichen Ebene«?
- »[…] ich habe natürlich einen ganz persönlichen Hintergrund, speziell also auch hier zu erkrankten Menschen, […]«
- »Ach so!!! Ich dachte ... ja gut, also gut, ich sach ma so auf dieser persönlichen Ebene würde ich natürlich sagen, […]«

- » […] ich gehöre ja zwar nicht zur ersten aber auf alle Fälle zur zweiten Generation, mit also noch einem sehr stark eigenmotivierten Anteil, […]«

Der ›persönliche Hintergrund‹ erscheint im Interview mit Wahrendorf eine immer wiederkehrende Kategorie zu sein, die sich im Verlauf des Gesprächs verdichtet. Da der Interviewpartner selbst von seiner ›ganz persönlichen Ebene‹ spricht, kann diese Aussage als Kategorie ausgewählt werden. Sie dient als Ordnungsname für Textpassagen, die sich ihr unterordnen lassen.

### Berufliche Erfahrungen: Ehrenamt, Studium, hauptamtliche Beschäftigung

- »[…] also ich bin 19Hundert Ende 98 ach quatsch 98, Ende 89 zur AIDS-Hilfe gekommen, das war parallel zu meinem Studium hier an der FH, der Sozialpädagogik, hat die AIDS-Hilfe früher dort damals erstmalig ehrenamtliche Mitarbeiter gesucht […]«
- »Ich habe dann hier im Prinzip 1 ½ Jahre ehrenamtlich in den verschiedensten Bereichen mitgearbeitet und habe dann mich 1991 hier auf 'ne vakante ½ - Stelle beworben, die ich dann auch glücklicherweise bekommen habe, obwohl ich mit meinem Studium noch gar nicht fertig war. Und hab' ja dann eigentlich dann bis zum Ende meines Studiums 94 dann parallel hier gearbeitet ja und bin dann im Prinzip so dann ab 95 dann ja voll oder hauptberuflich dann hier eingestiegen und seitdem bin ich hier«

Der persönliche Hintergrund als Katalysator für das Interesse und die Motivation eines dauerhaften Einsatzes in AIDS-Hilfe erscheint für die hier vorliegende Textpassage besonders bedeutsam. Thematisch lassen sich zwei Stoßrichtungen ausmachen. Ehrenamt, Studium und hauptamtliche Beschäftigung entsprechen Kategorien, die einen formal-organisatorischen Weg durch die Institution AIDS-Hilfe skizzieren. Sie können unter die Sinneinheit ›berufliche Erfahrung‹ zusammengefasst werden. Weiterhin finden sich Skizzen intimer biographischer Entwicklungsverläufe, die eine Schnittstelle in der Beschreibung der beruflichen Einmündung in die AIDS-Hilfe darstellen. Ich fasse sie als (Unter-)Kategorie ›Sexuelle Orientierung‹ zusammen. Werden später weitere Interviewtexte in die Analyse einbezogen, stellen die diese Kategorien Orientierungspunkte dar.

Sexuelle Orientierung:
Coming-Out, das eigene Schwulsein

- »[…] und für mich war irgendwie so klar, ich hatte gerade im Prinzip sehr erfolgreich mein Coming-out hinter mich gebracht, […]«
- »[…] und AIDS-Hilfe eben aufgrund, sag' ich mal, des eigenen Schwulseins, war eben für mich hier die AIDS-Hilfe ganz klar Anlaufstelle«

Ob nun als ›in vivo Kode‹ oder artifizieller Kode, dient die Bildung thematischer Sinneinheiten als grobes Raster, um das enorme Datenvolumen zu reduzieren, Redundanzen erkennen zu können und das weitere Bearbeitungsverfahren übersichtlich zu gestalten. Mit dieser Vorgehensweise wird der Wert einer sequenzanalytischen Bearbeitungsweise nicht in Frage gestellt. Um jedoch zu einer aussagekräftigen Typenbildung zu kommen, müssen tragfähige Kristallisationspunkte ausgemacht sein, die als heuristische Sensoren ähnliche und unterschiedliche Aussagenkomplexe in anderen Interviews aufspüren und einordnen können. Es entstehen Gliederungsachsen, die differenziert zu bewerten sind. Kategorieeinheiten, die sich quer zum gesamten Datenkorpus legen, werden im Wert steigen. ›Thematische Ausreißer‹ indes verweisen auf Kategorisierungen mit einem hohen Spezialisierungsgrad.

## Typenbildung und theoretische Interpretation

Die thematische Gliederung der umfassenden, qualitativ erhobenen Textmenge ist eine erste Möglichkeit, die Äußerungen und Aussagen der Gespräche in einen systematischen Zusammenhang zu bringen. So gelingt es, den Inhalt des Gesagten relativ zügig zu veranschaulichen, um einen Überblick davon zu bekommen, was erzählt wurde.

Für eine theoretische Interpretation und Konzeptualisierung entdeckter Bedeutsamkeiten wird es nun notwendig, die Geschlossenheit eines Interviewtextes als Einzelfall zu verlassen, um den Blick stärker darauf zu richten, was innerhalb der gebündelten Kategorien berichtet wird. Es geht hier also nicht mehr nur um das einzelne Interview und seine spezifische Sinnstruktur. Vielmehr wird der gesamte Datenkorpus in den Blick genommen, um anschießend Merkmalsräume zu definieren, die das empirische Material gewissermaßen als qualitativ verschiedene Bedeutungsfelder aufspannen. Die komplexe Gestalt sozialer Wirklichkeiten ist auf den ersten Blick kaum nachvollziehbar. Zu diffus und verschachtelt scheinen Handlungen abzulaufen, ohne dass sich eine schlüssige Logik daraus ableiten ließe.

Und trotzdem finden sich häufig typische Merkmale, die immer wieder auftauchen und daher als Typik und Muster beschreibbar und systematisch rekonstruierbar sind. Vermittels Rekonstruktion der Berichte von Sozialarbeiter/innen in AIDS-Hilfen konnte ich drei unterschiedliche Typen in Bezug auf die berufliche Einmündungsphase der Sozialarbeiterinnen in die AIDS-Hilfe bestimmen und voneinander abgrenzen. Ich verstehe sie als Idealtypen im Sinne Max Webers (1922), die sich in einem Merkmalsraum allmählich aufschichten und über die Zuführung und Kombination weiterer ›typischer Merkmale‹ sukzessiv an Gestalt gewinnen. »In seiner begrifflichen Reinheit ist dieses Gedankenbild nirgends in der Wirklichkeit empirisch vorfindbar, es ist eine Utopie, und für die historische Arbeit erwächst die Aufgabe, in jedem einzelnen Falle festzustellen, wie nahe oder wie fern die Wirklichkeit jenem Idealgebilde steht« (ebd.: 191).

Um das empirische Feld sinnvoll zu strukturieren und den vielen möglichen Merkmalskombinationen eine begründete Form zu geben, stellt die Bildung von Idealtypen ein geeignetes Instrument dar. Idealtypen repräsentieren keine Wirklichkeit als Reinform, sondern verweisen auf den Konstruktionscharakter empirisch fundierter Analyse. Sie entsprechen einem transparenten Modell systematischer Gruppierung zentraler Merkmale im Merkmalsraum. Wenn ich späterhin zeige, wie sich Phänomene und typische Einstellungen der Sozialarbeiter manifestieren, so werden die Interviewpassagen detaillierter vorgestellt, die m.E. maßgeblich für den Idealtypus stehen können.

Bei der Typenbildung handelt es sich prinzipiell um einen Gruppierungsprozess (vgl. Kluge 2000). Wenn sich die Eigenschaften und Facetten auf einer Ebene sehr ähnlich und mithin vergleichbar sind, so wird dieser Zusammenhang für die Typenbildung »interne Homogenität« (vgl. Kluge 2000) genannt. Zwischen den konstruierten Typen wiederum, lässt sich von »externer Heterogenität« (ebd.) immer dann sprechen, wenn sich auf der Ebene einer Typologie die Eigenschaften deutlich voneinander unterscheiden. Typenbildung dient dem Verstehen und Erfassen komplexer Sinnzusammenhänge und ›sozialer Wirklichkeiten‹. Zentraler Schritt in der Interpretation der jeweiligen typologischen Einheiten ist die vergleichende Kontrastierung (vgl. Kelle/Kluge 1999: 75).

Damit ist ein qualitatives Einschätzen und Beurteilen von Äußerungen angesprochen, um diese einerseits einem bestimmten Merkmalsraum zuordnen zu können und andererseits für die Suche nach entgegengesetzten Mustern zu sensibilisieren. Die Interviewfälle, die sich in einem typischen Merkmalsraum zusammenfinden, lassen sich als Idealtypen in einer Mehrfeldertafel übersichtlich zusammenfassen[12].

12 Kelle/Kluge (1999: 78 ff.) beziehen sich in ihrer Übersicht insbesondere auf die Studie von Uta Gerhardt (1986) »Patientenkarrieren. Eine medizinsoziologische Studie«. Unter der Fragestellung, wie sich Patientenkarrieren am

Das entwickelte Schema der Typenbildung werde ich im folgenden Kapitel vorstellen und detailliert erläutern. Ich unterscheide drei differenzierte Typen, die sich aus der ›empirischen Realität‹ heraus entwickelt haben. Ihre Einzelphänomene werden jedoch zusammengenommen interpretiert und konstruieren demzufolge ein ›spezifische Bild‹, das sich als bedeutsames Phänomen, nicht aber als ›Prototyp‹ verstehen lässt. Die »Charakteristik der gebildeten Typen« (ebd.: 94) wird im Zusammenhang einer theoretischen Interpretation vorgenommen. Sie möchte die Einzelfälle in ihren Merkmalsräumen analytisch zuspitzen, ohne die damit verbundene Gefahr zu übersehen, dass sich der theoretische Interpretationsgrad im Idealtypus möglicherweise von den durchschnittlichen Kriterien im Merkmalsraum der kategorisierten Fälle als Verbindungslinie abhebt.

Auf der Ebene der Typenbildung und des theoretischen Interpretierens befinde ich mich schließlich im Rahmen des Forschungsprozesses auf einem analytischen Niveau, das den jeweiligen Idealtypus mit wissenschaftlichen Diskursen in ein Verhältnis zu setzen weiß. Konkret bedeutet dies, dass ich Hypothesen, die auf der Grundlage empirischer Analysen entstehen, abduktiv mit weiteren Hypothesen aus dem Datenmaterial konfrontiere. Das theoretische Schließen, so wie ich es bereits zu Beginn des Kapitels angedeutet habe, stellt sich gleichsam zwischen eine rein deduktive oder rein induktive Vorgehensweise[13].

Fluchtpunkt der Suche, Entdeckung und Rekonstruktion neuer Ordnungsmuster, ist stets die Annahme, dass eine andere, unbestimmte und noch nicht näher untersuchte Logik in den Handlungsroutinen Sozialer Arbeit im Praxisfeld der AIDS-Hilfen aufzufinden ist. Mit Charles Peirce (1955) gesprochen: »Deduction proves that something must be; Induction shows that something actually is operative; Abduction merely suggests that

Beispiel chronischen Nierenversagens bei männlichen Patienten abbilden, werden vier unterschiedliche Formen der Familienrehabilitation erkannt (vgl. ebd.: 257). Sie spannen in ihren ›Extremen‹ das Forschungsfeld über vier Pole auf. So findet sich auf der einen Seite der Typ der ›traditionellen Familienrehabilitation‹, der den nierenkranken Patienten als Hauptemährer beschreibt. Ihm diametral gegenüber steht der Typ der ›rationalen Familienrehabilitation‹, der sich durch den Wechsel der ›Ernährerrolle‹ von erkranktem Ehemann zur Ehefrau auszeichnet (vgl. ebd.). Das entsprechende Schaubild zur Verdeutlichung der von mir gebildeten Merkmalsräume, füge ich im Anschluss an die Dateninterpretation als zusammenfassenden Rückblick ein.

13 »Abduktive Anstrengungen suchen nach (neuer) Ordnung, jedoch zielen sie nicht auf die Konstruktion einer *beliebigen* Ordnung, sondern auf die Findung einer Ordnung, die zu den überraschenden ›Tatsachen‹ passt oder, genauer: die handlungspraktischen Probleme, die sich aus dem Überraschenden ergeben, löst. […] Die abduktiv gefundene Ordnung ist also keine (reine) Widerspiegelung von Wirklichkeit - sie reduziert auch nicht die Wirklichkeit auf die wichtigsten Bestandteile. […] Insofern sind die abduktiv gefundenen Ordnungen weder (beliebige) Konstruktionen, noch (valide) Rekonstruktionen, sondern *brauchbare* (Re-)Konstruktionen« (Reichertz 2000: 284f; Hervorh. i. O.).

*something may be*« (ebd.: 171; Hervorh. d. V.). Im Anschluss an diese forschungsstrategischen Überlegungen, werde ich nun im folgenden Kapitel das entwickelte Schema der Typenbildung darstellen.

## Wenn Sozialarbeit ›betroffen‹ ist

Im Anschluss an die ersten analytischen Rekonstruktionen von Gesprächen, die mit Sozialarbeiterinnen in AIDS-Hilfen geführt wurden, zeigt sich ein Zusammenhang zwischen biographischer Entwicklung und beruflichem Einstieg der Expertinnen. Die Analyse der Interviews führt mich zu einer zentralen Kategorie der ›Betroffenheit‹. Dabei kann ich zwischen unterschiedlichen Formen der ›Betroffenheit‹ differenzieren, so dass sich ›Betroffenheit‹ im Folgenden besser im Plural besprechen lässt. ›Betroffenheiten‹ signalisieren die Varianz und Komplexität, die sich hinter dieser Kategorie verbergen. ›Direkte‹, ›indirekte‹ sowie ›Nicht-Betroffenheit‹ sind als ›Grade des Involviertseins‹ und des Engagements der Akteure im Datenmaterial ausdifferenzierbar. Die Typologie ›Betroffenheiten‹ bleibt dabei nicht auf der Ebene einer Schlagwortsammlung stehen. Sie stellt sich vielmehr als zentrale Tendenz im gesamten Datenkorpus auf und entspricht daher gewissermaßen dem Rahmen dieser Studie. Sämtliche nachfolgenden qualitativ-diskursiv interpretierten Ergebnisse stehen in diesem Rahmen oder tangieren ihn zumindest. Wie stieß ich nun ganz konkret auf diese ›neuen Ordnungen‹ und mit Hilfe welcher gedanklicher Operationen konnte ich schließlich diese Typologie ›brauchbar‹ re-konstruieren?

Das Muster der ›Betroffenheiten‹ tritt während der beruflichen Einmündungsphase der Sozialarbeiter/innen in ihr Beschäftigungsverhältnis mit der AIDS-Hilfe auffällig hervor. Meine Vermutung, dass eine Relation zwischen beruflichem Einstieg und biographischer Entwicklung der Experten analysierbar sein könnte, führte zu der Frage, ob ›Betroffenheiten‹ ausschließlich individuell zu verstehen sind, oder ob sich Anzeichen für eine ›kollektive Betroffenheit‹ abbilden, die sich in Analogie zur bestehenden Schwulenbewegung im (Selbsthilfe-)Verein AIDS-Hilfe unter den Vorzeichen ›institutionelle Konzepte‹, ›institutionelles Selbstverständnis‹ und ›Einstellungen zur Professionalität‹ wieder finden könnten. Ausgehend von den bereits beschriebenen Arbeitsschritten der qualitativen Rekonstruktion sozialarbeiterischer Selbstaussagen soll nun der ›Fall Alexander Wahrendorf‹ interpretativ weitergeführt werden. Seine Erzählungen dienen mir als Ausgangspunkte, die sich im Sinne einer Forschungsidee stetig verdichten. Im Merkmalsraum ›direkte Betroffenheit‹ können so Anschlussfähigkeiten

higkeiten vorbereitet und über vergleichbare Kodes hergestellt werden. Späterhin ergänzt das Interview mit Sebastian Droschke diesen Untertyp der ›direkten Betroffenheit‹.

Clemens Wagner, Thorsten Klar und schließlich Elisabeth Wahl[1] vervollständigen die rekonstruktive Darstellung dieses ersten Merkmalsraums. Abschnittsweise werden bedeutsame Charakteristika herausdestilliert und für eine theoretische Konzeptualisierung allmählich zugänglich gemacht. Auf diese Weise lassen sich Konnexionen zu theoretischen wie auch verwandten empirischen Erkenntnissen herstellen.

## ›Direkte Betroffenheit‹: Warum ausgerechnet AIDS-Hilfe?

Aus der Typologie der ›Betroffenheiten‹ heraus, war ich in der Lage, sukzessiv ein Muster zu entwickeln, das die zweifelhafte und fragwürdige Konnotation dieses Begriffs durchaus berücksichtigt und für die weiteren Interpretationen mitführt. Der Term ›Betroffenheiten‹ wird zunächst als Arbeitsbegriff verstanden, der sich entwickelt, ausdifferenziert und für eine Transformation in weitere Beschreibungen, ›Bewertungen‹ und Analysetopoi als Inspiration dient. Wenn ›Betroffenheiten‹ nicht bloß über eine affirmative Achse gedacht werden, sondern wenn ihre Bedingtheiten reflexiv mit in die Interpretationsanstrengungen eingefasst werden, so schärft sich der Blick vom ›betroffenen Subjekt zum engagierten Experten‹. ›Betroffenheiten‹ rekurrieren in dieser Sichtweise nicht ausschließlich auf einen individualpsychologischen und selbst verantworteten Begründungsrahmen. Es geraten vielmehr gesellschaftsstrukturierende Faktoren in den Fokus der Untersuchung.

Die Frage nach den Motivationen für ein hauptamtliches, professionelles Engagement in AIDS-Hilfe streift auf diese Weise Kontexte, wie Gesundheit, Krankheit und Sexualität, die sich aus einer sozialwissenschaftlich-erziehungswissenschaftlichen Perspektive diskursiv in den gesellschaftlichen Bereich einhaken und komplexe Verhältnisse produzieren. Von AIDS ›betroffen‹ zu sein, kann vor diesem Hintergrund mehr bedeuten als eine medizinische Diagnose ›HIV-positiv‹ oder ›AIDS-krank‹.

1 Elisabeth Wahl ist Sozialarbeiterin in einer mittelgroßen AIDS-Hilfe. Sie ist selbst schwer an einer Virusinfektion erkrankt, die nicht im Zusammenhang von HIV oder AIDS steht. Bereits zu Beginn des Gesprächs stellt sie sich selbst auf die gleiche (krankheitsbezogene) Ebene mit ihren Klientinnen. Daher kann sie, trotzdem nicht direkt an AIDS erkrankt, doch in diese Typologie gefasst werden, da sie emotional beteiligt von ihren eigenen Krisen berichtet, die, so ist ihre Deutung, durchaus eine Qualifikation darstellen können.

Ich habe mich im Verlauf der Interpretation des Gesprächs mit Alexander Wahrendorf, und später auch in weiteren Interviews, immer wieder gefragt, warum sich Sozialarbeiterinnen in den AIDS-Hilfen ›ausgerechnet für dieses Berufsfeld‹ entschieden haben. Was führt die Expertinnen in diese Institution und warum schildern sie häufig eine solche Verbundenheit mit der Institution AIDS-Hilfe?

Des Weiteren fiel mir bereits in meiner eigenen sozialarbeiterischen Praxis auf, wie zentral sich ein ökonomistischer Diskurs (auch) im Berufsalltag der AIDS-Hilfen durchzusetzen weiß. Dieser Gedanke findet sich tatsächlich in weitaus geringerem Maße, als ich es annahm, in den Gesprächen mit den Sozialarbeiterinnen wieder. Es irritierte mich insofern, als die Forderungen nach Qualität sowohl politisch wie auch fachwissenschaftlich umfassend diskutiert werden (vgl. Rosenbrock 2004; Luber/Geene 2004; SVR 2005) und demzufolge eine Debatte um Qualitätsentwicklung eigentlich zu erwarten gewesen wäre.

Konzepte und Methoden der Belegbarkeit und Erfassung ›guter Praxis‹ spielen für die Soziale Arbeit, genauso wie für den Bereich Gesundheitsförderung, eine immer größere Rolle. Zwanzig Jahre nach Entstehung der AIDS-Hilfen sind professionelle Sozialarbeiter in den AIDS-Hilfen mit sozialstaatlichen Veränderungen konfrontiert, die es immer schwerer machen, den Finanzierungsrahmen für psychosoziale Projekte zu sichern. Die Forderung nach Qualitätsentwicklung sowie nachweisbarem Erfolg primärpräventiver Maßnahmen im gesamten Sozial- wie auch Gesundheitswesen ist groß und wächst kontinuierlich. Insbesondere Zuwendungsgeber, so genannte Entscheider wie Krankenkassen und staatliche Behörden, aber auch die Fachöffentlichkeit, formulieren ein wachsendes Interesse am Nachweis von Qualität durch nachvollziehbare und überprüfbare Kriterien (vgl. Borchardt 2004). Die Qualität und Wirksamkeit dieser Arbeit lässt sich aber nicht so einfach messen, analysieren oder testen wie beispielsweise ein Werkstoff oder eine gewerbliche Dienstleistung. Soziale Arbeit setzt in den vielschichtigen Lebenswelten der Menschen, in den Settings an. Vorschläge und Appelle zur Veränderung von Ordnung(en), sei es durch Gesundheitsprävention, sei es durch Soziale Arbeit, können nur in sehr großen Zeiträumen und auch nur in »lokalen Geltungsbereich(en)« (Reichertz 2000: 278) aufgenommen und implementiert werden. Eine ›objektive‹ Wirkungsmessung erfolgreicher Sozialarbeit indes ist daher nur sehr schwer, wenn überhaupt, zu gewährleisten. »Hinzu kommt, dass sowohl die Gestaltung als auch die Geltung dieser Ordnung an die Sinnzuschreibungen und Interpretationsleistungen der handelnden Subjekte gebunden sind« (ebd.) und von daher keine unvoreingenommene oder wertneutrale Handlungslogik vorstellbar ist.

Zielführender scheint mir der Einblick in die Praxis Sozialer Arbeit, in ihre je spezifischen Handlungsabläufe und beruflichen Routinen zu sein, um forschend herauszufinden, ob und auf welche Weise sich Sozialarbeiter/innen in AIDS-Hilfe mit den angedeuteten Diskursen auseinandersetzen. »Sozialwissenschaftliche Handlungserklärungen zielen nun auf die (Re-)Konstruktion der für die handelnden Subjekte relevanten Ordnung« (ebd.). Wie arrangieren Sozialarbeiter/innen ihren beruflichen Alltag im »große(n) Wuchern des Diskurses« (Foucault 2003: 33)? Die qualitativ erhobenen ExpertInneninterviews sind die Voraussetzung für eine empirisch abgesicherte Darstellung beruflicher Einstellungen, Haltungen und Selbstverständnisse in AIDS-Hilfen. Die bereits angedeutete Notwendigkeit, den (Be-)Deutungsgehalt von ›Betroffenheiten‹ genauer zu skizzieren, gelingt vermittels abduktiv qualitativ re-konstruierter Typologie.

## »Ich habe natürlich einen ganz persönlichen Hintergrund«

Nachdem ich das Gespräch mit Alexander Wahrendorf, wie bereits im Kapitel ›Unsicherheit als Chance‹ beschrieben, etwas missverständlich eingeleitet hatte, folgt seinerseits ein Erklärungstext, der die thematischen Gesichtspunkte stärker in den Mittelpunkt rückt. Von den Erläuterungen zum Interviewsetting und den Formalia, werden nun die wesentlichen Bedeutungsfelder angesprochen. Der erfragte Aspekt ›AIDS und die persönliche wie berufliche Bedeutung‹ bahnen die Möglichkeit zur reflexiven Darstellung der Beweggründe für ein AIDS-Hilfe-Engagement des Interviewpartners. Mit der im Folgenden zitierten Nachfrage Wahrendorfs, der selbst nicht HIV-infiziert ist, und seiner anschließenden Eröffnungssätze, beginnt die erste Interpretation.

> »Und das auf einer ganz persönlichen Ebene?«; »Ja gut, ich meine, ich habe natürlich einen ganz persönlichen Hintergrund«; »Ja gut, also gut, ich sach ma so auf dieser persönlichen Ebene« (Alexander Wahrendorf 1: 28, 1: 32-33 und 2: 7-8).[2]

Alexander Wahrendorf nimmt sofort Bezug auf die persönliche Ebene. Sicherheitshalber fragt er noch einmal nach, ob wirklich diese ganz persönliche Ebene gemeint ist, oder ob die Frage nicht doch eher einer formelleren, womöglich fachwissenschaftlicheren Perspektive galt. Nachdem dieser Unsicherheitsfaktor aus dem Weg geräumt ist, kann Wahrendorf auf eben dieser ganz persönlichen Ebene die Motivationsaspekte, die ihn zur AIDS-Hilfe gebracht haben, aufführen und näher erläutern. Wahrendorf erklärt

2 Die ersten beiden Textstellen wurden bereits im Kapitel ›verdeutlichende Beschreibung‹ zitiert. An dieser Stelle geht es aber nicht mehr um das beispielhafte Vorführen des Erhebungsinstruments, sondern um das Interpretieren und die Datenauswertung, so dass diese Mehrfachnutzung ohne Schwierigkeiten funktionieren kann.

seinen ›ganz persönlichen Hintergrund‹, als wäre es eine Selbstverständlichkeit ›natürlich‹ diesen persönlichen Bezug ›haben zu müssen‹, um bei der AIDS-Hilfe arbeiten zu können. Es steht ganz außer Frage, den beruflichen Wechsel aus dem wirtschaftlichen Bereich[3] nach dem Sozialpädagogikstudium im Berufsfeld der AIDS-Hilfe zu beginnen und dort zu arbeiten. Im Interview gibt es insgesamt 84 Fundstellen für das Wort ›natürlich‹. Dies zeigt das Selbstverständnis Wahrendorfs und belegt gleichsam, dass die Verbindung zwischen beruflicher und persönlicher Entwicklung wie vorbestimmt und ohne Alternative, fast ›naturwüchsig‹ verläuft, um im Sprachduktus Wahrendorfs zu sprechen, und sich sukzessive verfestigt. Meines Erachtens findet sich bereits an dieser Stelle der erste Hinweis für eine ›direkte Betroffenheit‹ Wahrendorfs. Die Selbstverständlichkeit, die mit dem Adverb ›natürlich‹ verstärkt wird, könnte den Blick auf die eigene Verbindung zu dem Schicksal von AIDS-Kranken, die zu diesem Zeitpunkt noch ungeklärt ist, richten. Ein Hinterfragen des Verhältnisses zur AIDS-Hilfe-Institution mit ihrem deutlichen Selbsthilfecharakter, lässt bereits an diesen frühen Interviewpassagen ein bedeutsames Involviertsein in institutionelle und organisatorische Zusammenhänge vermuten.

»Ich bin also auch schon sehr lange hier (lachen), und ich gehöre ja zwar nicht zur ersten aber auf alle Fälle zur zweiten Generation, mit also noch einem sehr stark eigenmotivierten Anteil, also der sich ja auch im Laufe der Jahre eben ganz klar verändert hat« (Alexander Wahrendorf 1: 33-2: 2).

Mit der Aussage, schon seit sehr langer Zeit in AIDS-Hilfe-Kontexten engagiert zu sein, untermauert Wahrendorf seine Zugehörigkeit zur Organisation sowie sein umfangreiches (Betriebs-)Wissen. Er versteht die lange Zeit der Zugehörigkeit zur AIDS-Hilfe als eine Art Qualifikation oder Auszeichnung. Die beständige Mitgliedschaft wird positiv aufgewertet. ›So lange dabei zu sein‹ gilt als Besonderheit und verdient folgerichtig entsprechend Anerkennung. Trotzdem der Bericht von der langen Verbundenheit und des zeitintensiven Engagements durch ein Lachen begleitet wird, das schamhaft andeuten könnte, dass sich die doch recht umfangreichen, beruflichen Erfahrungen im sozialen Bereich ausschließlich auf ein singuläres Berufsfeld begrenzen, wird dieser Kenntnishorizont auch im weiteren Verlauf des Gesprächs als kontinuierlich ›positive Eigenschaft‹ mitgeführt. Die Entscheidung, ›natürlich‹ und ganz selbstverständlich in dieser Einrichtung zu arbeiten, erklärt sich aus einer explizit persönlichen Motivation heraus. Die berufliche Einmündungsphase ist ganz erheblich durch Eigenmotivation, Identifikation mit dem institutionellen Selbstverständnis der Organisa-

3 Der Bezug auf diese berufsbiographischen Daten ist möglich, weil bereits im Kapitel ›Unsicherheit als Chance‹ auf diese Sozialdaten, im Zusammenhang mit Wahrendorfs Vorstellung, eingegangen wurde.

tion sowie durch persönliche Erfahrungen und Bezüge in diesem Kontext gekennzeichnet. Die personbezogene Entwicklungsgeschichte, die offensichtlich bereits vorberuflich angelegt und mit ganz heterogenen, unterschiedlichen Dynamiken verbunden ist, anders als dies bei einer rein beruflichen Karriereplanung erforderlich wäre, scheint aber nicht auf einer subjektiven Ebene zu verbleiben.

Das Erfahrungswissen wird vielmehr generational abgelegt und modifiziert. Im Zusammenhang mit der selbstreflektierten beruflichen Einmündungsphase, führt Wahrendorf den Begriff der Generation bzw. der Generationen ein. Die zweite Generation in AIDS-Hilfe, zu der er sich dazugehörig fühlt, hat, vielleicht im Gegensatz zu anderen Generationen, (noch) einen eigenmotivierteren Anteil. Diese Eigenmotivation wird als Erfahrungshintergrund vorgestellt, der konstitutiv für die Entstehung einer Generation in AIDS-Hilfe zu sein scheint. Es bleibt also nicht bei individuellen Erlebnissen, die den Zugang zu AIDS-Hilfe forcieren. Vielmehr lassen sich aus Wahrendorfs Selbstbeschreibung kollektive Verarbeitungs- respektive Entscheidungsmuster herauslesen. Der gemeinsame Erlebnishintergrund im Zeichen von AIDS formiert sich zu einer gemeinschaftlichen Aufgabe. Von einer ersten Generation werden Konzepte erdacht und resultierende Ziele formuliert. Auf einer noch undefinierten Zeitachse kann dieses Engagement an jüngere Generationen, im Fall Wahrendorfs an die zweite Generation, weitergegeben werden. Der eingeführte Generationenbegriff verdeutlicht die Verbundenheit zwischen den Individuen in jeweils aufsteigender oder absteigender Linie. Es ist zu vermuten, dass Wahrendorf den genealogischen Terminus als Vergleich benutzt, um eine familiäre Beibedeutung ins Spiel zu bringen, die möglicherweise persönliche wie politische Überzeugungen einer gesellschaftlichen Gruppe (Community) zu verbinden weiß. Die Koppelung gemeinsamer Erfahrung mit resultierender Ausformulierung kollektiver Ziele und Strategien rückt Wahrendorfs Erzählung in die Nähe sozialer Bewegungen. Der Anschluss an die historischen Wurzeln der AIDS-Hilfe ist aus dieser bewegungstheoretischen Perspektive unverkennbar. Eine erste Generation in der AIDS-Hilfe entspräche in dieser Lesart den GründungsaktivistInnen, die aus heterogen zusammengesetzen Interessen und Motivationen das professionelle Modell einer Nichtregierungsorganisation AIDS-Hilfe ins Leben rufen. Gleichzeitig kann das Sprechen über Generationen den Abstand sowie die zeitliche Spanne zwischen den Individuen als Differenz herausarbeiten. Generationen entwickeln sich auf einer linearen Zeitachse und schaffen es dabei kaum, die gesamte Wissensbatterie sozialisatorisch, sozialstrukturell sowie habituell erworbener Ressourcen in die jeweils nächste, jüngere Generation zu transportieren. Dass sich der eigenmotivierte Anteil bereits in der zweiten Generation im Laufe der Jahre ganz klar verändert habe, könnte Wahrendorf als Problem eines störanfälligen, ideellen (vielleicht sogar ideologischen) Transfers von

Erfahrung und Wissen über Generationen hinweg, verstehen. Die Veränderung von der ersten zur zweiten Generation macht an dieser Stelle aber noch nicht deutlich, ob es sich lediglich um den Verlust verschiedener Teilbereiche von Wissen über AIDS-Hilfe handelt, oder ob sich gar gruppenbezogene Einstellungen, Überzeugungen und Sichtweisen in ihrer Substanz verändert haben. Das Merkmal des Beteiligt-Seins erscheint konstitutiv für eine AIDS-Hilfe-Generationen-Definition zu sein. Die Noch-Motivation, so ist zu vermuten, steht in der Gefahr, stetig an Bedeutung zu verlieren. Die Rede von der ersten und der zweiten Generation in AIDS-Hilfe signalisiert die Entwicklung eines klar erkennbaren Veränderungsprozesses. Andererseits deutet sich das unausgesprochene Charakteristikum einer ersten Generation an. Merkmal dieser Gruppe scheint zu sein, dass das Maß der persönlichen Motivation noch uneingeschränkt vorhanden ist. Die Eigenmotivation veranschaulicht hier die Praxis sowie das Ausmaß des freiwilligen Engagements innerhalb der Selbsthilfebewegung und später professionellen Einrichtung AIDS-Hilfe. Wahrendorf selbst ist aus sich heraus zu einem Engagement in AIDS-Hilfe motiviert. Er gehört zwar nicht mehr zur ersten AIDS-Hilfe-Gründer-Generation, aber bereits zur direkt darauf folgenden, zweiten Generation zählt er sich ohne weiteres dazu.

An dieser Stelle ergänzt Sebastian Droschke den Merkmalsraum, denn auch er weiß von verschiedenen Generationen in AIDS-Hilfen zu berichten. Sebastian Droschke, den ich bereits vorgestellt habe, ist, wie auch Wahrendorf, selbst nicht HIV-infiziert. Im Gespräch berichtet er mehrmals von seinem Schwulsein, so dass er dem Typ ›direkte Betroffenheit‹ zufällt. Schwulsein und HIV-Infektion sind beides Signaturen, die ich dem Merkmalsraum der ›direkten Betroffenheit‹ zugeordnet habe. Eines der beiden Merkmale reicht aus, um in diese Typik aufgenommen zu werden.

»Diese erste Generation ist gegangen und ich gehörte, kann man, denke ich, so sagen, zur zweiten Generation. Inzwischen sind wir ja so bei der vierten, fünften angekommen in AIDS-Hilfe würde ich mal so sagen, wenn ich so Typen zusammenfassen sollte, also ich bin so ein Kind der zweiten. Also so die ganzen Anfänge, die habe ich nur aus der Ferne miterlebt aber dann, als sich dann hier so der ganze Rauch verzogen hat, natürlich auch der ganzen Auseinandersetzungen um die Fragen: was ist AIDS-Hilfe, wozu ist die da, wie stehen wir, was weiß ich, zu Therapie und zum Test und und und. Als hier also die gröbsten Sachen ausdiskutiert wurden. Das ist die Phase, die ich noch miterlebt habe, aber dann bin ich so reingekommen, als das eigentlich eher geklärt war« (Sebastian Droschke 4: 17-26).

Auch Sebastian Droschke verwendet den Begriff der Generation in ganz ähnlicher Weise, wie es Alexander Wahrendorf bereits vorgeführt hat. Es ist bemerkenswert, dass der Begriff der ›Generation an sich‹ hier ebenfalls im Sinne einer familienverbundenen Erfahrungswissensgemeinschaft eingeführt wird. Über diesen Terminus versucht Droschke gezielt das kollektive Erleben einer bestimmten Gruppe von Menschen zu verdeutlichen, um so den Zusammenhang zwischen schwulen Männern, AIDS, Angst und Bedrohung in Bezug zu AIDS und Selbsthilfeinitiative hervorzuheben. Die erste Generation könnte, wie es auch bei Wahrendorf ausgedrückt wurde, einer »Gründergeneration«[4] entsprechen. Und in der Tat wird zum Ende des Interviews die ›Generationenfrage‹ erneut aufgegriffen und eingehend skizziert. Eine Vielzahl unterschiedlicher Generationen, die heute sogar bis zur fünften Generation reicht, sind differenziert voneinander zu definieren, weil ihr Entstehungskontext und folglich ihr Motivations- und Interessenhintergrund variiert. Die ›Gründergeneration‹ beispielsweise als erste Generation handle (noch) aus eigener Betroffenheit heraus. Menschen, »die irgendwann mal aus einer Betroffenheit wie auch immer heraus überhaupt so etwas gegründet haben«[5], finden sich zusammen und gründen eine Initiative, »manche haben es auch als Selbsthilfe bezeichnet«[6]. Parallel zur Entwicklung des Antikörpertests, so berichtet Droschke weiter, sind es in erster Linie schwule Männer, überwiegend Mediziner, die, teilweise selbst von HIV und AIDS betroffen, Mitte der achtziger Jahre Selbsthilfeinitiativen gründen, aus denen dann später, 1987, die AIDS-Hilfen hervorgehen. Das Angebot der Einrichtung beschränkte sich damals noch auf Beratung und die Durchführung des Antikörpertests. Das Gründerengagement verlief zu dieser Zeit ausschließlich in einem ehrenamtlichen Kontext[7]. Als Mitglied, oder wie Droschke es ausdrückt ›Kind der zweiten Generation‹, werden die Erfahrungen der Anfangszeit von AIDS-Hilfe sehr lebendig und emotional beteiligt geschildert. Zwischen »szenenahe(r) Generation«[8] und einer »Entfremdung auch von Szene oder auch von Inhalten«[9] zählt sich Droschke, wie auch Wahrendorf, schon nicht mehr genuin zu den Entstehungsverantwortlichen. Vielmehr verortet er sich einer Gruppe, die durchaus noch auf ein Wissen über die Geschichte von AIDS-Hilfe zurückgreifen kann, aber nicht mehr unmittelbar an den Auseinandersetzungen um die zentralen Fragen, was AIDS und ihre Hilfsorganisation zu diesem Zeitpunkt und zukünftig bedeutet, teilnimmt. Ab diesem Zeitpunkt setzt aber bereits eine Tendenz der Entfremdung von Szene und Inhalten ein. AIDS-Hilfe-Prinzipien werden aufgeweicht oder aufgegeben und entfernen sich zunehmend von der »reinen Lehre«[10].

4 Sebastian Droschke 13: 29.
5 Sebastian Droschke 13: 27-28.
6 Sebastian Droschke 2: 21-22.
7 Sebastian Droschke 2: 17-24.
8 Sebastian Droschke 13: 30.
9 Sebastian Droschke 13: 32.
10 Sebastian Droschke 14: 1.

Der Entwurf einer Generationenkategorie kann unter diesen Vorzeichen einerseits als politische Reaktion auf die »autoritären, rigiden Zwangsdrohungen«[11] dieser Zeit verstanden werden. Andererseits vermittelt der Rekurs auf Generationendifferenz eine gewisse »Pflicht zur Sorge für die Enkulturation der Kulturneulinge« (Winterhager-Schmid 2004: 175). Es geht nicht bloß um individuelle Betroffenheitsverläufe im Zeichen von ?-DS, sondern um die gemeinschaftliche Erfahrung gesellschaftlicher Ausgrenzung. Jene sozialen Ausschließungsmechanismen provozieren und stützen einen gemeinsamen Kampf »gegen die Bilder« »vom Küssen kriegt man es«[12] und gegen die persistenten Stigmatisierungsfallen. Das AIDS-Stigma wird als dauerhaft und aktuell immer noch präsent klassifiziert. Die »Angst mit dieser Krankheit identifiziert zu werden«[13] ist auch noch im Jahre 2002 durchgängig und kaum zu relativieren. Es ist offenbar ganz entscheidend, dass die teilweise traumatischen Erlebnisse ein kollektives Bewältigungsmuster initiieren, sich gewissermaßen als zentrale Erleidenskurve im Bewusstsein der beteiligten Akteure dauerhaft festsetzen können. Es ist ungewiss, auf welche Weise dieses grundsätzliche Wissen, respektive die ›geteilten Erfahrungen‹, als Gebrauchswert und kapitales Wissen in die jeweils folgende Generation weitergetragen werden können. Denn nach Meinung von Sebastian Droschke wird es zusehends komplizierter, die sinnstiftende Idee, die sich in der Anfangszeit der AIDS-Hilfen generieren konnte, »bevor sich so der ganze Rauch verzogen hat«, den jüngeren Generationen zu vermitteln.

Es kann festgehalten werden, dass sich entlang der Berichte von Alexander Wahrendorf und Sebastian Droscke AIDS-Hilfe personell über einen Generationenbegriff konstituiert. Die zweite AIDS-Hilfe-Generation, deren Kennzeichen zwar noch durch Eigenmotivation geprägt ist, aber schon deutliche Veränderungsprozeduren durchlaufen hat, wird von einer ersten Gründergeneration unterschieden. Die Bezugnahme Droschkes auf eine ›reine Lehre‹[14] veranschaulicht die Überzeugung einzelner Akteure, von einer gemeinsam geteilten Erfahrungsfolie ausgehen zu können, die recht bald in eine institutionalisierte Organisationsform als systematisiertes und strategisch aufbereitetes Erfahrungswissen eingebunden werden kann.

Der substanzielle Kern eines Engagements ist nicht statisch festgeschrieben, sondern entwickelt sich in der Logik von Generationen prozesshaft. Damit sind Merkmale des Generationenbegriffs angesprochen, die ein ›Brauchtum‹, also eine bestimmte Art und Weise des Erlebens und Verstehens definieren. Aus einer Binnenperspektive betrachtet sind einerseits die Assoziationen der beiden Interviewpartner mit familiärer Zugehörigkeit,

11 Sebastian Droschke 2: 18.
12 Sebastian Droschke 17: 17.
13 Sebastian Droschke 16: 30.
14 Vgl. Sebastian Droschke 14: 1.

Verbunden ›tradierter Bräuche‹ und gemeinschaftlicher Identifikation auffallend. Andererseits, von außen betrachtet, schwingt über den Bericht eines Generationenwechsels so etwas wie ›Veränderungsbereitschaft‹ und -fähigkeit (vielleicht auch -notwendigkeit) innerhalb einer Gemeinschaft (Community) mit. Im Verständnis einer sozialen Bewegung argumentieren Wahrendorf und Droschke auf der Ebene einer ›verbindenden Gemeinschaftlichkeit in den AIDS-Hilfen‹. Sie beschreiben den Transformationsprozess einer genuinen AIDS-Hilfe-Idee eher im Sinne eines Prozesses und nicht als Zwang zum Befolgen apodiktischer Regeln und Ordnungen. Mit Blick auf die Bewegungsforschung zeigt sich ein störanfälliges Arrangement, Kooperationen sowie Bündnisse zwischen Individuen, die sich in einem mehr oder weniger intensiven Austausch über Aktionen und Debatten, aber auch in Selbstverständnisdiskursen befinden. Es handelt sich um »Akteure gesellschaftlichen Wandels«, die sich als »kollektiv handelnde Subjekte konstituieren und [sich ständig] (re-)produzieren« (Haunss 2004: 19).

Alexander Wahrendorf ergänzt des Weiteren den Diskursstrang ›Generation‹, indem er sich im Folgenden mit dem Thema ›sexuelle Identität‹ und ihre Bedeutung für den Berufseinstieg in AIDS-Hilfe auseinandersetzt. Der Grund für das Zusammenkommen im Freundeskreis, in einer Selbsthilfe und letztlich auch in der Institution AIDS-Hilfe, ist in den als prekär etikettierten und als solche auch erlebten Lebenssituationen zu suchen.

»Also, wie gesagt, für mich war damals so ganz klar, sammeln von sozialen Erfahrungen in der Sozialarbeit, das stand für mich im Vordergrund. Und AIDS-Hilfe eben, aufgrund sag' ich mal, des eigenen Schwulseins, war eben für mich hier die AIDS Hilfe ganz klar Anlaufstelle«; »[…] und für mich war irgendwie so klar, ich hatte gerade im Prinzip sehr erfolgreich mein Coming-Out hinter mich gebracht, dass ich hier in der AIDS-Hilfe und eben nicht in einer [anderen] Einrichtung in A-Stadt irgendwie ehrenamtlich was machen wollte, weil ich sozusagen vorher noch nicht sehr viele Erfahrungen im sozialen Bereich gemacht hab', weil ich das ganze Sozialpädagogik, Sozialwesen über den zweiten Bildungsweg und vorher praktisch eine wirtschaftlich Ausbildung und auch Berufserfahrung hatte« (Alexander Wahrendorf 2: 21-24 und 2: 11-17).

Ausgehend von den fehlenden sozialen Erfahrungen, die Alexander Wahrendorf berufsbiographisch sammeln möchte, strebt er eine berufliche Entwicklung im Sozialen Bereich an. Er akzentuiert sein eigenes Schwulsein immer wieder als Motivationsgrundlage für einen Kontakt zur AIDS-Hilfe. Die Erfahrungen während seines Coming-Out inspirieren ihn zu dem Entschluss, parallel zu seinem Studium der Sozialpädagogik ein ehrenamtliches Engagement in der AIDS-Hilfe zu beginnen. Ganz bewusst und ›selbstverständlich‹ fällt die Entscheidung zugunsten der AIDS-Hilfe und eben nicht auf eine andere, vielleicht sogar konfessionell geprägte Einrichtung. Hintergrund des in der AIDS-Hilfe als üblich erscheinenden persönlichen Bezugs ist das ›sehr erfolgreiche Coming-out‹ sowie das eigene ›Schwulsein‹, aber auch die fehlenden Erfahrungen im sozialen Bereich, die sodann im Berufsfeld AIDS-Hilfe gemacht werden sollen. Wahrendorf berichtet wiederholt auf einer sehr persönlichen Ebene.

Der skizzierte Entscheidungsprozess ist ihm bewusst. Sein eigenes Coming-Out erwähnt er an einer Stelle im Interview, die thematisch die Rahmenbedingungen, Voraussetzungen und Hintergründe des Einstiegs in AIDS-Hilfe behandelt. Wahrendorfs Bewältigungsprozeduren im Kontext seiner sexuellen Sozialisation und Neukalibrierung elementarer Persönlichkeits- und Identitätsanteile stehen in einem offensichtlich engen Zusammenhang zu seiner Überlegung, in der Institution AIDS-Hilfe mitzuarbeiten. Die entdeckte sexuelle Orientierung Schwulsein muss so gesehen fast zwangsläufig zur ›AIDS-Hilfe als Anlaufstelle‹ führen, wenn parallel zu einer Auseinandersetzung mit sexuellen Identitätsentwicklungen auch ein Wunsch nach Unterstützung und Anteilnahme entsteht. Die Begrifflichkeit Anlaufstelle symbolisiert in dieser Lesart eine zwingende Notwendigkeit, gerade dort vorzusprechen oder gar vorsprechen zu müssen, wo ein ›Insider-Wissen‹ um die spezifische Situation des Coming-Out vermutet wird. In der Situation, das Coming-Out gerade sehr erfolgreich hinter sich gebracht zu haben, beschreibt Wahrendorf ein unhintergehbares Bedürfnis, sich mit Gleichgesinnten, die im Milieu von AIDS-Hilfe vermutet werden, auszutauschen. Hinter dieser eindeutigen und sicheren Entscheidung steht die Vermutung oder auch das Wissen, dass AIDS-Hilfe einen Ort symbolisiert, der für schwule Subkultur und schwule Emanzipation steht, zumindest entlang einer historischen Entwicklungslinie. Bestätigt wird dieses Muster von den Erfahrungen Sebastian Droschkes.

»AIDS war damals schon eine sehr öffentliche Sache, aber auch natürlich dadurch, dass das Schwule waren und also ich selbst als Schwuler diese Leute kannte und immer davon hörte. Für mich selbst war das, diese Phase in der das passierte, aber auch noch sehr stark Coming-out-Phase. Mein Coming-Out stand sehr stark unter dem Eindruck von AIDS. Also es hat sicherlich bei mir, ich gehöre zu der Generation, wo es eine Verzögerung gegeben hat, eine Coming-Out-Verzögerung, aufgrund der Angst vor dieser Krankheit. Es gab dann bei mir so Phasen, also Phasen in denen es für mich mehr eine Rolle spielte, und Phasen wo es jetzt weniger eine Rolle spielte, aber insgesamt hattes es, auch nachdem das Coming-Out so über die Runden war, hatte es schon immer was sehr bedrohliches. Und wenn ich im Nachhinein so eine Interpretation äußern würde, warum ich zur AIDS-Hilfe gegangen bin, dann würde ich einfach sagen, um dort einen Ort zu haben, wo ich mich dem, also wo ich das Thema für mich bearbeiten kann, um es für mich überhaupt handhabbar zu machen. Das hat auch so funktioniert [...]« (Sebastian Droschke 2: 28-3: 7).

Auch Droschke rekurriert auf die Konvergenz der Entdeckung einer sexuellen Identität, die prozesshaft gefunden und allmählich im Selbstkonzept aufgeschichtet werden muss. Der Selbstfindungsprozess wird nachhaltig durch eine als bedrohlich erlebte Situation im Zeichen von AIDS erschwert, so dass AIDS-Hilfe zu einem Ort werden kann, wo es überhaupt erst möglich wird, eine »Coming-Out-Verzögerung« zu durchbrechen und den Verlauf eines allmählichen »Going public« (Dannecker 2000b: 180) mit dem »inneren Coming-Out« (ebd.) zu verbinden, um schließlich durch AIDS-Hilfe geschützt, eine Identität unter erschwerten Vorzeichen auszubilden.

Wenn Alexander Wahrendorf in Bezug auf AIDS-Hilfe von einer ›Anlaufstelle‹ spricht, so vervollständigt Sebastian Droschke dieses Bild, indem er diese Anlaufstelle als einen Ort in den Blick nimmt, an dem er »das Thema« für sich »bearbeiten kann, um es [..] überhaupt handhabbar zu machen«.

Schwule Lebensweisen stehen, gerade im Kontext von AIDS, unter dem Eindruck einer medial erzeugten AIDS-Panik. Eine gemeinschaftliche Auseinandersetzung findet ihren Ursprung in je individuellen biographischen Prozessen und Episoden der Bewältigung. Die Frage nach dem ›was bin ich? – bin ich schwul, anders, oder doch ›fast normal?‹ – wird (sozial-)psychologisch gern als Sozialisationsphase gekennzeichnet, die aus dieser Sicht heraus notwendigerweise ablaufen muss, möchte das Individuum unbeschadet den weiteren Lebensweg selbst-bewusst, also mit einer sicheren Vorstellung seiner/ihrer selbst bestreiten. Als Entwicklungsprozess verstanden betont der Begriff des inneren Coming-Out die Bewusstwerdungsnotwendigkeit der eigenen Subjektivität. Sexuelle Präferenzen, wie das Begehren des eigenen Geschlechts, sollen als sexuelle Orientierungen in den Lebensplan integriert werden. Auf diese Weise könne sich das Individuum Klarheit darüber verschaffen, wie es (sexuell) fühlt und bereits erahnen, dass diese Lebensweise ›in aller Regel‹ irgendwann auch Schwierigkeiten provozieren könnte. Das ›Going Public‹, also das ›Herauskommen‹ und ›Heraustreten‹ aus einer verheimlichten Situation des Andersseins, wird im Anschluss daran als ›äußeres Coming-Out‹ bezeichnet (vgl. Braun 2001). Martin Dannecker und Reimut Reiche (1974) haben in diesem Zusammenhang die Figur des »gewöhnlichen Homosexuellen« eingeführt und empirisch nachweisen können. Besonders interessierte sie ein zu beobachtender ›Aufstiegswille schwuler Männer‹. Im Wissen um die eigene Mitgliedschaft einer (noch) nicht völlig akzeptierten Minderheit in der Gesellschaft, sei bei diesem Typus eine Tendenz zur Identifikation mit dieser Gesellschaft, die als Aggressor auftritt, auffällig. Zwar wird heute dieser Befund aufgrund der Zunahme vielfältiger Lebensentwürfe sowie der postmodernen Erschütterung eines ›autonomen Subjektes‹, das mit sich selbst identisch sei und einer ontologischen Wesenheit gleichkomme, angezweifelt. Dennoch zeigen Coming-Out-Problematiken in ihrer Überschneidung mit AIDS, dass der Status des Besonderen hartnäckig bestehen bleibt und Identitäten scheinbar zwangsläufig ihre Spezifität in sich aufnehmen (müssen), um sie gegenüber ›den Anderen‹ zu verteidigen. Insofern lässt sich an der Logik des »›gewöhnlichen Homosexuellen« durchaus anschließen, denn: »Die schwule Subkultur lebte ja daraus, dass ihre Mitglieder scharf zwischen ›schwul‹ und ›nicht schwul‹ unterschieden und außerhalb der subkulturellen Räume von dem, was dort akzentuiert wurde, nichts oder möglichst wenig zu erkennen gaben. Die Spannung zwischen der Negation der Homosexualität in der ›normalen Welt‹ und der Akzentuierung der Homosexualität in der Subkultur gehörte bis vor kurzem zur Grundexistenz des ›gewöhnlichen Homosexuellen‹. Und diese Spannung hat den subkulturellen Räumen auch ein besonderes Aroma verliehen« (Dannecker 2000b: 178-179).

Warum das Coming Out immer noch eine herausragende Sozialisationsleistung darstellt, in dem man angehalten ist, sich an gesellschaftliche Normen, wie ›man sexuell sein soll‹ zu orientieren, zeigen grundsätzlich Studien zum Umgang mit Homosexualität und Adoleszenz. Spätestens auf dem Schulhof ist die offene Rede vom ›schwulen Ich‹ nahezu unmöglich. Der Schulhof ist ein homophober Ort. In einer Studie über die Lebenssituation schwuler Jugendlicher, die im Auftrag des Niedersächsischen Ministeriums für Frauen, Arbeit und Soziales von Ulrich Biechele, Günter Reisbeck und Heiner Keupp (2001) durchgeführt wurde, fragen diese: »Sind die Zeiten wirklich vorbei, in denen die Mehrheit der Minderheit das Leben schwer machen wollte und konnte?« (ebd.). Mit Hilfe eines Fragebogeninstruments, das mit einem verwertbaren Rücklauf von 353 Fragebögen argumentiert[15], versuchen die Autoren einen ›Blick in die Schulhöfe‹ zu werfen und stellen dabei folgendes fest: »In weniger als 20 % der Fälle erleben die Schüler, dass LehrerInnen Schwule verteidigen, wenn sie zur Zielscheibe von Witzen und Verächtlichmachung werden« (ebd.: 37). Die Vermutung, dass sich etwas anders entwickelt als bei anderen, entspricht der frühzeitigen Begegnung mit einer normativen Ordnungstradition abendländischer Rationalität, die es gewohnt ist, in Dichotomien zu denken (beispielsweise die binäre Trennungslogik der ›Geschlechter Frau/Mann‹). »In dieser Lebensphase[16] leiden die meisten schwulen Jugendlichen an Einsamkeit und erheblichen Identitätsproblemen. Der Schritt in die Gewissheit, schwul zu sein, ist heute mit dem gleichen Ausmaß an negativen Gefühlen wie Unsicherheit und Furcht verbunden wie vor 30 Jahren« (ebd.: 36). Cheri Jo Pascoe (2006) vom soziologischen Institut der Universität Berkeley zeigt die

15 Davon konnten 173 Fragebögen, auf dem ›klassischen Wege‹ über Szenetreffpunkte bearbeitet werden. 180 weitere Fragebögen wurden über das Internet eingeholt und analysiert.

16 In aller Regel wird hierunter die Lebensphase zwischen dem 14. und 17. Lebensjahr verstanden.

Verwendungsweisen der Anrufung »Du bist so 'ne Schwuchtel, Alter« (Pascoe 2006: 1) in einer ethnographischen Studie, die an einer kalifornischen High School durchgeführt wurde. Über die zentrale Diffamierung homosexueller Jugendlicher hinaus, werde die Zuschreibung ›Schwuchtel‹ grundsätzlich als beleidigender und ausgrenzender Gewaltakt angewendet. Der ›Schwuchteldiskurs‹ stehe im Kontext sexuierter Bedeutungsstrukturen. Und genau über diesen Mechanismus funktioniere schließlich der disziplinierende Effekt der ›Schwuchtel‹: »Sie ist flüchtig genug, um Jungen dazu zu bringen, ihre Verhaltensweisen aus der Furcht heraus, dass ihnen eine Schwuchtelidentität permanent angehängt werden könnte, zu kontrollieren; und sie ist definitiv genug, um Jungen ›schwuchtelig‹ genanntes Verhalten schnell erkennen und vermeiden zu lassen« (ebd.: 3).

Die Bedeutung sexueller Identität spielt für die Konstitution von Subjektivität – und das sollte an dieser Stelle gezeigt werden – eine außerordentlich bedeutsame Rolle. Die Formulierung abgrenzbarer und ›evidenter Identitäten‹ bereits im frühen Jugendalter ist Voraussetzung, um im gesellschaftlichen Kampf um Anerkennung und Beteiligung passende Positionen besetzen zu können. Dies gilt wohl auch für den Berufseinstieg in AIDS-Hilfe, denn AIDS ist ein Phänomen, das gesellschaftliche Verhältnisse diskursiv mitproduziert. AIDS-Bilder sind entsprechend als wirkmächtige Effekte eines Diskurses über AIDS zu verstehen. Seine spezifische Bedeutungskraft erhält der Begriff AIDS nicht einfach durch seine Existenz als Wort oder als ›Ding an sich‹, sondern durch die Vitalität einschlägiger Diskurse, die ihm Bedeutung verleihen und Bedeutung zuschreiben. »In [...] [dieser] Produktivität von Diskursen liegt auch ihre Macht, ja liegt Macht schlechthin« (Villa 2003: 25).

Die Szenen, die in beiden Interviewtexten zum Vorschein kommen, zeigen, wie identitätslogisch Begriffe und Kategorien aufgebaut sind. Sexuelle Präferenz, sexuelle Orientierung und Infektions- respektive Krankheitsrisiko offenbaren sich als Prozesse, die eingeflochten sind in das Verfahren einer Subjektwerdung (vgl. Butler 1991: 37ff.). Der Kampf um Autonomie, Partizipation und Anerkennung im gesellschaftlichen Miteinander wird mit vereindeutigenden Identitätsmarkern geführt. Es scheint unabdingbar zu sein, eine Identität zu entwickeln und anzunehmen, die sich im gesellschaftlichen Kanon auf die eine oder andere Weise des ›Mitsingens‹ einlässt.

Mit Replik auf die bisher besprochenen Interviewpassagen stellt sich für mich die Frage, wie es um die Stimme, mit der gesungen wird, bestellt ist. Wie muss sie beschaffen sein, um gehört und akzeptiert zu werden? Ob nun von Schwulen, von AIDS-Kranken oder Sozialarbeiter/innen gesprochen wird: immer erscheint mir aber eine identitätsstiftende Supermatrix am Werke zu sein, die entweder einem Abkommen Folge leistet, insofern diszipliniert, oder aber selbst am Bedeutungsgehalt der Signifikanten produktiv beteiligt ist und demzufolge auch reguliert. Die Rede ist von diskursiven Formationen, oder besser von deren Effekten, die mit Hilfe stabilisierender Konzepte, wie »Geschlecht (*sex*), ›Geschlechtsidentität‹ (*gender*) und ›Sexualität‹« (ebd.: 38; Hervorh. i. O.) Kontinuitäten zwischen diesen Konzepten herstellen.

Auf diese Weise gelingt eine Hervorbringung von Identität, die sich mit den gesellschaftlich anerkannten Formen des ›Seins‹ arrangiert, mit diesen in Beziehung tritt und somit zu einer intelligiblen Identität avancieren kann. Judith Butler geht von einer heteronormativen Matrix aus, in deren Logik das Begehren zwischen Mann und Frau als Grundform einer Identität bereits ausgemacht ist. Jemand zu sein kann demnach nur bedeuten, dass entschieden werden musss, welchem Bereich das Individuum zugeordnet wird und welchen Kategorien es sich vor allem selbst zuordnet. Die heterosexuelle Fixierung impliziert ein Denken und Sprechen in Gegensätzen und ist auf diese Weise ausgesprochen produktiv. Identitäten müssen kontinuierlich hergestellt werden. »Die Performativität der Geschlechtsidentität kann nicht unabhängig von der zwangsweisen und wiederholenden Praxis der regulierenden Sexual-Regimes theoretisch bestimmt werden; [...] das Regime der Heterosexualität wirkt dahingehend, dass es die ›Materialität‹ des Geschlechts eingrenzt und konturiert, [...] die Beschränkungen des Konstruktivismus offenbaren sich an jenen Grenzen körperlichen Lebens, wo es verworfenen oder entlegitimierten Körpern versagt ist, als ›Körper‹ zu gelten« (Butler 1997: 40).

Die Einheit von Körper, Geschlecht und Begehren, die Trias *sex*, *gender* und *desire*, bezeichnet Butler als Gesetz der heterosexuellen Kohärenz. Zwangsheterosexualität konstituiert sich als Machtregime, das grundsätzlich von einer heterosexuellen Basis jeder Identität ausgeht. Die Einführung eines Binarismus in den Diskurs eindeutiger, biologischer Beschaffenheit des Menschen erzeugt den Anschein einer Materialität, die ›natürlich gegeben‹ sei, um so dauerhaft und stabil den Referenzrahmen für jegliche Identitätsgenese aufzuspannen. Wenn dieser Diskurs bestimmte regulierende Normen immer wieder zitiert, bringt er selbst das hervor, was er allem Anschein nach doch nur benannt hatte. Intelligible Geschlechter sind solche, die sich im Spannungsfeld des Herstellungszwangs ›geschlechtseindeutiger Wesen‹ unauffällig eingliedern und verorten können und gleichsam vom gesellschaftlichen Diskurs anerkannt werden (vgl. Villa 2001; 2003). So erst werden die Voraussetzungen geschaffen, um im Wettbewerb zwischen gesellschaftlichen Räumen der Teilnahme und Nicht-Teilnahme überhaupt bestehen zu können. Identitätsbildung und ihre Praxis gelebter Identität vollziehen sich demzufolge ausschließlich über den Mechanismus sozialer Ausschließung. »Die Ermöglichung Subjekt zu sein, geht somit mit der Disqualifizierung bestimmter anderer (zum Beispiel homosexueller) Seinsmöglichkeiten einher. [...] Die Grenzziehung zwischen Innen und

Außen ist daher ein Mechanismus, der Zonen legitimer Existenzweisen einrichtet und reguliert« (Rau 2004: 60). Lebensentwürfe sind normativ abgesteckt. Es ist wichtig, alles dafür zu tun, dass Subjekte, die ihnen zugestandenen Territorien nicht überschreiten, andernfalls besteht die Gefahr, »dass wir herausfallen oder herausgestoßen werden« (Butler 2002: 6). In den ausgesperrten Räumen wird es indes sehr schwer, anschlussfähige Gespräche (im Sinne von Diskursen) zu führen, die auch gehört werden. Etwas Verworfenes befindet sich jenseitig intelligibler Arenen, und doch stellt es die »Bedingung seiner Möglichkeit« (ebd.) erst her.

Volkmar Sigusch hat mehrfach darauf hingewiesen, dass die Mechanismen einer Vergesellschaftung von AIDS durch Strategien der Mystifikation, Dramatisierung und Ideologisierung funktionieren. Die Präparation devianter Subjekte zeigt er am Beispiel der medizinischen Disziplin:

»Die Infektiologen Helm und Stille haben eine eigene Stadieneinteilung der Erkrankung publiziert [...]. *Krankheitsstadium 1a - das sind gesunde homosexuelle Männer*, die nachweislich nicht infiziert und nicht ›antikörperpositiv‹ sind. Ja, das steht so drin, dass sie keine Antikörper haben. Sie haben nichts, sie sind nichts weiter als homosexuell. Nun liest man dann in Doktorarbeiten, die unter diesem Einfluss stehen, als ersten Satz: Wie ja bekannt ist, ist die Homosexualität ein Risikofaktor ... Also das ist Mystifikation, das ist Dramatisierung und natürlich Ideologisierung: dass man die Sexualform Homosexualität als solche zum Krankheitsrisiko erklärt und über die Individuen einen Abfalleimer stülpt, unter dem sie hervorquellen, stinkend und schreiend. Weggebügelt, weggeschnitten wird alles Subjekthafte, und man sagt: *die* Homosexualität, was sowieso Schwachsinn ist, weil es da natürlich große Differenzen gibt, wie bei anderen Sexualformen auch« (Sigusch 2005b: 161, Hervorh. i. O.).

Homosexualität als Risikofaktor und grundlegendes Krankheitsrisiko entpuppt sich im Diskurs zu AIDS und Sexualität als Ergebnis normierender und auch bezeichnender Abklassifikationen in Bereiche des »konstitutiven Außen«. Und so passt es dann auch, wenn sich schwule Männer nach ihrer Metamorphose, von einer ›fraglichen zu einer ›geklärten Identität‹, im Anschluss an das sozialpsychologische Verfahren der ›Coming-out-Vergewisserung‹ als eindeutig schwul identifizieren – auch klassifizieren -, um so Orte der Solidarität und geteilter Gruppenidentität aufzusuchen.

Das Coming-Out wird von beiden Interviewpartnern im Zusammenhang mit der beruflichen Einmündungsphase in die AIDS-Hilfe hervorgehoben. Der Akt des Heraustretens kann aus psychologischer Perspektive durchaus ›erfolgreich gelingen‹. Wenn zudem auf geeignete Rahmenbedingungen, ›Orte und Anlaufstellen wie AIDS-Hilfen‹ beispielsweise, die atmosphärisch den Coming-Out-Prozess unterstützen, zurückgegriffen werden kann, wird es einfacher, eine Identität, im vorliegenden Fall eine schwule Identität, zu stabilisieren.

Aus einem theoretischen Blickwinkel jedoch, den ich mit Judith Butler eingeführt habe, verbleiben auch schwule Identitäten im Kontext einer heteronormativen Matrix, im konstitutiven Außen und damit im Bereich des Verworfenen. Dieser Zusammenhang gilt nicht nur für schwule Freizeitaktivitäten, die nicht selten in abgeschlossenen Räumen der Subkultur ablaufen, sondern auch für die beruflichen Felder, in denen ein »homosexuellenfreundliches Klima« (Knoll/Edinger/Reisbeck 1997: 28) erwartet wird. Für Alexander Wahrendorf und Sebastian Droschke ist die AIDS-Hilfe ein solcher sozialpolitisch bemerkenswerter Ort, der unterschiedliche Interessen und Zielorientierungen zu verschmelzen weiß.

## »Ich kann da auch mehr sein wie ich bin«

Idealtypische Bezugspunkte zur Kategorie ›direkte Betroffenheit‹ lassen sich auch im Gespräch mit Clemens Wagner finden. Clemens Wagner, 44 Jahre alt, ist Diplom-Sozialpädagoge in einer großen Metropolen-AIDS-Hilfe. Seit 1986 hat er Kontakt zu dieser Einrichtung, ist dort bis 1990 ehrenamtlich und später hauptamtlich beschäftigt. Er hat vor seinem Fachhochschulstudium eine technische Ausbildung absolviert. Während und nach seiner akademischen Qualifikation nahm er an Weiterbildungen in klientenzentrierter Gesprächsführung nach Carl R. Rogers, zu sozialrechtlichen Schwerpunktthemen, Fragen der Sterbebegleitung sowie zu medizinischen Neuigkeiten im Bereich HIV-Infektion und AIDS-Krankheit teil.

»Ja, das Spannende war einfach in einem Arbeitsfeld tätig zu sein, was mit mir was zu tun hat. Also einmal eben weil ich selbst positiv bin, weil ich schwul bin. Ich kann da auch mehr sein, wie ich bin. Ich kann offen sein, ich kann da ganz frei sein, ja. Ich muß kein Versteck spielen, was ich woanders hätte vielleicht tun müssen, [...]. Aber es ist trotzdem noch was anderes, in so einem schwulen Zusammenhang zu arbeiten, als so in so einem heterosexuellen Zusammenhang. Also das ist freier und hat mehr mit mir und meiner Person zu tun und das finde ich schon spannend« (Clemens Wagner 154-162).

Die aufgeführte Textpassage zeigt exemplarisch, dass sich ein Zusammenhang zwischen biographischer Entwicklung und beruflichem Einstieg der Expertinnen ausmachen lässt. Die Entscheidung Wagners, sich in der AIDS-Hilfe zu engagieren, wurde offensichtlich nicht zufällig oder beliebig getroffen, sondern korrespondiert eng mit den biographischen Entwicklungen und Verläufen. Wagner verbindet ebenfalls ganz selbstverständlich unterschiedliche Eigenschaften seiner Person mit Erfahrungen, sich verstecken zu müssen. Seine Komposition einer ›positiv-schwulen‹ Identität ist seiner Erfahrung nach durch Repressionen und, so ist anzunehmen, von Diskriminierung und Ausschließungsprozessen begleitet. Das Arbeitsfeld AIDS-Hilfe dagegen erscheint ihm als ein Ort der barrierefreien Selbstidentifikation und der Möglichkeit, offen und frei ›wirklich authentisch‹ die eigene Person, seine Identität zu präsentieren.

Offensichtlich vor dem Hintergrund von Diskriminierungen[17] gleichgeschlechtlicher Zuneigung wird es zusehends erforderlich, sich als politisch-emanzipiert ›schwul‹ und/oder ›selbst positiv‹ zu kategorisieren, sich normativ zu identifizieren. Wagners Bedürfnis nach einer identitätspolitischen Zuordnung seiner Selbst, reagiert auf die beständig mitlaufenden, ordnungsstiftenden Seinskonzepte, den Zwang, sich selbst darstellen zu müssen. Identitäten stabilisieren sich im beständigen diskursiven Wiederholen und Zitieren regulierender Normen. Dieser Vorgang verläuft unauffällig, unspektakulär, wirkt fast ›natürlich‹, jedenfalls unhintergehbar und wie selbstverständlich. »Identitätsdiskurse fungieren dabei als eine Strategie im politischen Feld, durch die Identitätsbewegungen versuchen, sowohl die Grammatik der Konstitution politischer Subjekte zu verändern als auch sozialstrukturelle und politische Veränderungen zu erzielen. In den symbolischen Identitätskämpfen steht die höchst reale und folgenreiche Ordnung der Welt zur Debatte« (Hark 1998: 36). Die AIDS-Hilfen entwickeln sich langsam von einer Anlaufstelle zur Selbstvergewisserung und Klärung der eigenen Subjektivität zu einem Schutzort. Dieser Ort steht im Kontext eines ›schwulen Zusammenhangs‹ und symbolisiert gleichermaßen Freiheit und Sicherheit, die es ermöglichen, eine identitäre Heimat zu finden.

Andererseits wird auf diese Weise eine Sonderposition des Subjekts erschaffen, die mit dem Label ›Mitglied einer Risikogruppe‹ zusammengefasst werden kann. »Identitäten werden in Situationen mobilisiert, in denen sich unangepasste Verhaltensstile nicht ungehindert entfalten können. Identitäten sind *politische Reflexe* auf Zuweisungen sozialer Randpositionen« (Hirschauer 1992: 341; Hervorh. i. O.). Wagner koppelt persönliche Erfahrungen im Privaten an institutionelle Selbstverständnisse. AIDS-Hilfe konstituiert sich in dieser Perspektive als geschlossener Topos, der als künstlich-sichere Lebenswelt wahr- und angenommen wird.

»Also ich weiß gar nicht, ob ich im Moment Sozialarbeit in einem anderen Bereich, bei einem anderen Träger machen könnte, wollte, ich glaube, dann würde ich lieber etwas ganz anderes machen. [CS: Ahaa] In einer Boutique arbeiten und Hosen verkaufen (lacht) oder irgend so was, keine Ahnung. Also ich kenne auch

17 Dass Homophobie nach wie vor eine Stigmatisierungsquelle ist, stellt auch der Sozialforscher Rüdiger Lautmann (1997) fest: »Sorgfältig analysiert werden müssen die *Agenturen der Homophobie*. Hier haben wir es nicht mit böswilligen Verschwörern zu tun, etwa einzelnen Bischöfen oder erzkonservativen Politikern. [...] Vielmehr sind es Instanzen, Verhältnisse und Vermittlungen, welche das Geschäft der Homosexuellenfeindlichkeit betreiben« (ebd.: 67; Hervorh. i. O.). Zu den Stereotypen einer Homophobie vgl. auch Dannecker (1997i: 32ff.).

viele Leute, die in anderen Bereichen der Sozialarbeit tätig sind, und unterhalte mich mit denen, und das wäre es einfach nicht!« (Clemens Wagner 370-375).

Es verstetigt sich der Eindruck, dass AIDS-Hilfe ganz bestimmte Voraussetzungen erfüllt, die ausschlaggebend sind, diesen Job und eben keinen anderen zu ergreifen. Der Interviewpartner steigert das Zusammenspiel zwischen seiner ›direkten Betroffenheit‹ und dem beruflichen Verlaufsbogen, indem er Sozialarbeit in der AIDS-Hilfe als den für ihn einzig denkbaren Praxisort definiert. Das Arbeitsfeld ist so eng mit den individuellen Erfahrungen und Bedeutungszuschreibungen verschmolzen, dass sich andere ›Bereiche der Sozialarbeit‹ in toto ausschließen. Die Kategorie ›direkte Betroffenheit‹ ließe sich im Kontext sozialarbeiterischer Professionalisierungsprozesse als ›involvierte Expertise‹ übersetzen. Auch in anderen Textpassagen wird regelmäßig von der Offenheit der Einrichtung sowie dem Entstehungskontext aus einer ›Selbsthilfe der Schwulen‹ heraus berichtet, um zu dokumentieren, dass AIDS-Arbeit eine ganz besondere Tätigkeit im Berufsfeld Soziale Arbeit und Gesundheit darstellt. Der Selbsthilfediskurs in AIDS-Hilfe ist eng an ihre Gründungsmotivation gekoppelt und hat eine umfassende Tradition »zum Schutz der eigenen Gruppe – zunächst der schwulen Männer, dann der Prostituierten, später auch der Drogen gebrauchenden Menschen – vor staatlicher Repression, vor Ignoranz der Gesellschaft, aber auch der eigenen Community« (Etgeton 2002, 124). Das Bild verdichtet sich, dass AIDS-Hilfe als Institution in bestimmten Situationen einen bestimmten Expertentypus anzieht wie ein Magnet. Dieser Magnetismus entfaltet seine performative Wirkung »nicht als ein vereinzelter oder absichtsvoller ›Akt‹« (Butler 1997: 22), sondern als die »ständig wiederholende und zitierende Praxis, durch die der Diskurs die Wirkungen erzeugt, die er benennt« (ebd.). Das Bild einer ›ganz selbstverständlichen‹ beruflichen Einmündung in die AIDS-Hilfen, funktioniert als performativer Akt. Die Notwendigkeit und das Bedürfnis der Gesprächspartner, diesen Zusammenhang beständig zur Sprache zu bringen, so wie es sich in den bisher analysierten Textpassagen zeigte, wirft in meinen Augen die Frage auf, warum sie eine Selbstverständlichkeit, die sich doch eigentlich dadurch auszeichnet, nicht hervorgehoben zu werden, dennoch in den Vordergrund rücken. Wahrscheinlich hängt dies mit der Notwendigkeit zusammen, die eigene Identität beständig im performativen Akt bestätigen zu müssen, das Sein sprachlich immer wieder herzustellen und das Selbstverständliche insofern stets zu betonen.

## »AIDS-Hilfe bedeutet bereits, dass ich schwul sein könnte«

Thorsten Klar ist Diplom-Sozialpädagoge, 35 Jahre alt und hatte den ersten Kontakt zur AIDS-Hilfe während eines Praktikums im Jahre 1994 in einer süddeutschen, mittelgroßen Stadt. Danach wechselt er in den ehrenamtlichen Bereich und ist ab Juni 1997 hauptamtlich im Bereich ›Betreutes Wohnen‹ der AIDS-Hilfe in einer Großstadt beschäftigt.

Thorsten Klar hat an mehreren fach- und bereichsspezifischen Weiterbildungsveranstaltungen, die von einschlägigen Trägern oder Fachhochschulen organisiert wurden, teilgenommen. Er schildert eine große emotionale Verbundenheit mit der Institution AIDS-Hilfe, aber auch mit der Gay Community, die er in das Konstrukt ›AIDS-Hilfe-Bewegung‹ integriert und als gemeinsame Gruppe gleich interessierter Individuen sieht.

»Der erste Kontakt zur AIDS-Hilfe hatte auch mit meinem Coming-Out zu tun. AIDS war als sozialarbeiterisches Feld für mich nahe liegend, da ich wusste, dass dort schwule Männer arbeiten und auch zum Klientel gehören. Es war für mich ein weiterer Baustein des Coming Out, z.B. sagen zu können, ich arbeite bei der AIDS-Hilfe, bedeutete in vielen Augen bereits, dass ich schwul sein könnte. Damit erübrigte sich manchmal das eigentliche Outing in Form von ›Ich bin schwul‹. Auch das Wissen, dort als schwuler Mann arbeiten zu können und akzeptiert zu sein, spielte eine Rolle. Das Gefühl, mich auf der Arbeit nicht verstellen zu müssen, ebenso wie ich es nicht im Privatleben tue, ist eine Form von Lebensqualität. Das wird mir aber erst heute so richtig bewusst und spielte früher eher unbewusst eine Rolle« (Thorsten Klar 30-38).

Die Bedeutung der Institution AIDS-Hilfe konnte ich an einigen Stellen herausarbeiten. Neben der bekannten Begründungsfolie, dass AIDS-Hilfe einen Ort ausmacht, der in informierten Kreisen bekannt dafür ist, dass er ›Seinesgleichen‹ die Möglichkeit eröffnet, ›frei‹, akzeptiert und einigermaßen ›authentisch‹ das eigene Leben zu organisieren und eine »soziale Infrastruktur zum Betreiben des eigenen Lebens« (Steinert 2005: 51) biete, findet sich in der Erzählung von Thorsten Klar mindestens noch eine weitere bemerkenswerte Verbindung zur Institution AIDS-Hilfe als Ort identitätssensibler Konzeptionen. Das Wissen, beziehungsweise die ziemlich abgesicherte Annahme, dass AIDS-Hilfe gesellschaftlich als ›schwule Institution‹ wahrgenommen und geschlechtlich eindeutig kategorisiert wird, nutzt Klar für seine je individuelle Repräsentation als schwuler Mann in der Arbeitswelt, hier eben offensichtlich klar erkennbar als schwuler Sozialarbeiter-Mann in einer AIDS-Hilfe. Mit seinem Statement, »sagen zu können, ich arbeite bei der AIDS-Hilfe, bedeutete in vielen Augen bereits, dass ich schwul sein könnte« (vgl. oben), verdeutlicht er nochmals, dass die offenbar nicht so einfache Selbstartikualtion als Schwuler – ›ich bin schwul‹ – über das strategische Ausnutzen einer eindeutig ideologisch besetzten Institution vereinfacht werden kann. Unter dem Dach von AIDS-Hilfe, so könnte die Idee Klars formuliert werden, muss die Frage nach der Qualität einer Geschlechtsidentität nicht mehr zwangsläufig gestellt werden. Für die Aushandlungsprozesse, die interaktionalen Situationen immer vorausgehen und stets erneuert und für weitere Entscheidungen im Rahmen von zwischenmenschlichen Begegnungen abgestimmt werden müssen, kann das Etikett, welches als Markenzeichen einer sozialpolitisch einigermaßen bekannten Einrichtung, wie es die AIDS-Hilfen sind, für die je individuelle Darbietung genutzt werden. Die soziale Konstruktion einer *sexuellen Identität* im Berufsbereich wird durch den affirmativen Akt der identitären Kreuzung privater mit formal-beruflichen Selbstkonzepten in den Vordergrund gerückt.

Ich verwende den Begriff der sexuellen Identität hier in Anlehnung an die von Angelika Wetterer (1995b) ausgeführte Wirksamkeit »grundlegender Strukturmomente der Vergeschlechtlichung von Berufsarbeit« (ebd.: 20). Die Trennung der Sexualität vom Geschlecht möchte ich indes nicht affirmieren, und einen Sexualdimorphismus entsprechend nicht verlängern; denn wie Stefan Hirschauer bereits 1989 feststellte, erscheint die »soziale Dimension der Geschlechterwirklichkeit [..] auf die ›Ausschmückung‹ einer natürlich gegebenen Basis reduziert« (ebd.: 100) zu sein. Wenn ich den Herstellungsaspekt sexueller Identität pointiere, so deshalb, weil ich mit Judith Butler davon ausgehe, dass Sex wie Gender und wie auch Desire im Spannungsfeld von Natur und Kultur keine Tatsachen repräsentieren, vielmehr diskursiv gemacht, hergestellt, nicht also gegeben sind.

Wenn ich nun von der sozialen Konstruktion sexueller Identität spreche und mit Verweis auf Angelika Wetterer zunächst die Geschlechtsidentität erwähne, so ist dieser Gedanke insofern möglich, weil *Schwulsein* selbstredend auch nur im Kontext eines eindeutigen Geschlechts zu denken ist, nämlich als männliches Geschlecht. Die Kalibrierung einer schwulen Identität folgt im Modus der Heteronormativität dem ›alten Geschlechterbinarismus‹. Die Zusammenführung dieser verschiedenen Identitätspartikel, also einerseits sexuelle Identität und andererseits berufliche Identität, ist für diese Interpretation bedeutsam, weil Thorsten Klar sein Schwulsein in unmittelbaren Zusammenhang mit seinem »Gefühl« stellt, sich »auf der Arbeit nicht verstellen zu müssen«, in diesem institutionellen Rahmen also kein Stigma-Management leisten muss.

AIDS-Hilfe als Ort professioneller, personenbezogener Dienstleistung konstituiert sich parallel als Raum sozialkultureller Selbstvergewisserung. Unbestritten ist die Wirkmächtigkeit und der Einfluss, den AIDS auf sämtliche Bereiche des Lebens schwuler Menschen hat. AIDS führt zur konstitutiven Veränderung schwuler Lebensstile. Und deshalb kommt den AIDS-Hilfen damit eine bedeutsame Rolle im Rekrutierungsprozess intelligibler Subjekte zu. Die sonst klassischerweise formulierte Kritik an der heterosexuellen Voraussetzung, wird von Thorsten Klar als Situation der Erleichterung und Befreiung bewusst hergestellt (vgl. Knoll/Edinger/Reisbeck 1997).

Gleichzeitig signalisiert die performative Darbietung eines AIDS-Hilfe-Mitarbeiters, der in der vorliegenden Lesart also ›natürlich‹ schwul sein muss, dass die Offenlegung der ›besonderen Sexualität‹ durch das Coming-Out nicht singulär gelebt und verarbeitet wird, sondern in einem Gruppenzusammenhang gleich mehrere Individuen betrifft. Thorsten Klar macht die Etikettierung ›ich bin schwul‹ für sich nutzbar und setzt sie als affirmatives Labeling Approach strategisch ein.

Dem Vorschlag von Thorsten Klar, unangenehme Debatten zur eigenen sexuellen Orientierung nach einem Outing einfach durch die Berufsgruppenbezeichnung respektive durch die Berufsfeldzugehörigkeit zu umgehen, lässt sich durchaus ein Sicherheitsinteresse unterstellen. Thorsten Klar rekurriert im Vorfeld des beruflichen Eintritts in die AIDS-Hilfe auf sein Wissen, dass dort schwule Männer arbeiten würden. Dem Motto folgend ›gemeinsam sind wir stark‹, wirkt der strategisch konstruierte Nexus zwischen Schwul-Sein und AIDS-Hilfe als Legitimation der eigenen sexuellen Orientierung in den seriös-anerkannten Bereich einer professionellen Institution hinein. Der Identitätsmarker ›Schwulsein‹ wird für den professionellen AIDS-Hilfe-Bereich positiv überschrieben. AIDS-Hilfe ist demzufolge nicht ausschließlich ›Anlaufstelle‹ und ›Schutzort‹, sondern gleichsam »*eine Form von Lebensqualität*« (Thorsten Klar).

Die Anbindung des als notwendig erachteten Prozesses der Identitätsfindung und –kalibrierung an die Repräsentation als professioneller Sozialarbeiter ist im Anschluss an das Selbstverständnis Thorsten Klars schließlich kaum anders denkbar. Coming-Out-Erfahrungen und Bekenntnisse homosexueller Lebensweisen sind nach wie vor nicht zwangsläufig mit verständnisvollen Reaktionen und Zugeständnissen gleichberechtigter Anerkennung verbunden. Im Kontext von AIDS-Hilfe rücken diese ›privaten Erfahrungen‹ auf eine offiziellere Ebene; sie können sogar einen weiteren ›Baustein des Coming-Out‹, wie Thorsten Klar berichtet, ausmachen und auf diese Weise berufliche Identität mit sexueller Identität konvergieren. Thorsten Klar verquickt beide Orientierungsstrategien als Entlastungsmoment und umgeht die sonst möglicherweise als lästig empfundenen Klärungs- und Offenlegungsrituale zur Signalisierung einer differenten Persönlichkeit. Er konnte diesen Schritt deshalb einigermaßen selbstbewusst gehen, weil die Wahl der Berufsbranche Sozialwesen im Allgemeinen und die Entscheidung für AIDS-Hilfe als Fürsorge- und Selbsthilfeorganisation im Speziellen von der Gewissheit getragen wurde, sich für »ein unterstützendes, lesben- und schwulenfreundliches Klima« (Knoll/Edinger/Reisbeck 1997: 30) entschieden zu haben. Die reflektierte Entscheidung für eine akzeptierte Berufsidentität unter sicheren Vorzeichen gelingt Thorsten Klar in diesem Zusammenhang unter Zuhilfenahme einer Institution, die identitätsregulierend wirkt: AIDS-Hilfe, soviel kann hier bereits als Zwischenergebnis festgehalten werden, ist insofern identitätssensibel, als dass sie auf bestimmte Formen der Subjektwerdung eingeht; sie ist weiterhin identitätsschützend, indem sie einigermaßen gesicherten Raum für ansonsten gefährdete, weil in der gesellschaftlichen Deutungslogik als abweichend – oder zumindest als anders-normale etikettierte – Individuen bietet; und schließlich ist sie auch identitätsstrukturierend und disziplinierend, weil sie qua professionellem Selbsthilfeauftrag über das gesellschaftliche Mandat, erfolgreiche AIDS-Prävention betreiben zu müssen, in Macht- und Herrschaftskontexte eingebunden ist. Diesen Zusammenhang möchte ich an dieser Stelle nicht weiter vertiefen, ihn aber hier deponieren und im Rahmen der Gesamtreflexion später wieder aufgreifen.

»Als Organisation ist sie für mich ein wichtiger Teil der sozialen Grundversorgung der B-Stadt. Sie ist ausdifferenziert in ihren Angeboten und hält so für viele Bedürfnisse von an AIDS-erkrankten Menschen Unterstützungsangebote vor, die ansonsten kaum in anderen sozialen Organisationen zu finden sind. Sie hat daher auch eine Art Alleinstellungsmerkmal, auch wenn andere Anbieter zum Teil ähnliche Angebote vorhalten. Als Bewegung hat sie für mich ebenfalls einen großen Stellenwert, da die AIDS-Hilfe-Bewegung so parteilich und vorbehaltlos und zum Teil kompromisslos die Interessen von an AIDS-erkrankten Menschen artikuliert und vertritt. Dies war insofern besonders, da es sich bei AIDS um eine über Sexualität übertragbare todbringende Krankheit handelt, bei der Teile der Gesellschaft auch Internierungs- und Kennzeichnungs-Ideen propagiert haben. Das unbedingte Primat der Selbstverantwortung und Entscheidungsfreiheit des Einzelnen hat einen anderen Umgang und andere Möglichkeiten der Kommunikation über Sexualität hervorgebracht, die, so denke ich, einen Gewinn für die gesamte Gesellschaft darstellen. Aufklärungskampagnen durch Plakate und Fernsehspots, Schulbesuche, Literatur über AIDS und Sexualität waren zu Beginn ja absolutes Neuland. Ich denke auch, dass sie zur Emanzipation und Gleichstellung der schwulen Männer beigetragen hat, hätten wir ohne AIDS-Erkrankung und AIDS-Bewegung rechtliche Verbesserungen in Deutschland? Ich denke dabei besonders an das immer wieder formulierte Argument, dass ein schwuler Mann seinen AIDS-kranken Freund im Krankenhaus nicht besuchen durfte, wenn die Familie dies nicht wollte, gleichzeitig aber auch gegenteilige Wirkung hatte, da das Sexualverhalten von schwulen Männern inklusive der von Studien belegten Promiskuität thematisiert wurde und Teile der Gesellschaft dies nicht verstehen können und daraus Vorurteile ableiten. Einerseits ist die AIDS-Hilfe-Bewegung eine Art Familie für mich, wobei dies nicht unbedingt das Gefühl gegenüber den einzelnen MitarbeiterInnen ist, aber da ist ein Grundgefühl da, was sich nach Familie anfühlt. Dabei ist sie kein Ersatz für Familie, aber es gibt mitunter eben dieses familiäre Gefühl. Dies führt auch zu Verantwortungsbewusstsein und Motivation gegenüber meinem Arbeitgeber« (Thorsten Klar 100-125).

Thorsten Klar nimmt in diesem Abschnitt Bezug auf die bewegungspolitischen Aspekte der AIDS-Hilfe, stellt diesen erweiterten Begründungsrahmen später aber immer wieder in ein Verhältnis zu seiner individuellen, privaten Position und zwar aus beruflich-fachlicher wie auch persönlicher Sicht. In seiner Erzählung tauchen unterschiedliche Charakteristika und Definitionskategorien auf. Zunächst wird AIDS-Hilfe als hochspezialisierte Experteninstitution vorgestellt, die auch regionale Besonderheiten berücksichtigen kann. Als »Teil der Grundversorgung der Stadt« übernimmt sie stark ausdifferenzierte Versorgungsmaßnahmen, die sich in der sozialen Fürsorgepraxis als einzigartig präsentieren. Thorsten Klar attestiert der Einrichtung »eine Art Alleinstellungsmerkmal«. Wenn sich die Betreuungs-Maßnahmen auch mit denen anderer »Anbieter« vergleichen lassen, so werden die Spezialitäten der AIDS-Hilfe als besonderer Ort professioneller Hilfe in den Vordergrund gerückt. Diese Spezialisierungseigenschaft wird im Verständnis von Thorsten Klar an ihren Entstehungskontext angekoppelt. AIDS-Hilfe war, so liest sich sein Bericht, zunächst soziale Bewegung. Schwule Männer organisieren sich und entwickeln ein Projekt, das sowohl professionell-fürsorglich arbeiten kann, wie auch die politische Agenda zur »Gleichstellung der schwulen Männer« als Kampf um Emanzipation nicht aus den Augen verliert. Im Gegenzug vermittelt der Rekurs auf Anerkennung und Beteiligung, dass die eigentliche Kraftquelle, die zum Aufbau institutioneller Strukturen erforderlich ist, im Zusammengehörigkeitsempfinden zu suchen ist.

Die Kategorie ›Gefühl‹, welche Klar mit dem Entwurf eines verbindenden Familienbegriffs im Sinne eines Ideals einführt, korrespondiert mit der bewegungspolitischen Entstehungsgeschichte der AIDS-Hilfen. Der Ruf nach Solidarität und das Besinnen auf die je eigene (fast) familiäre, aber in jedem Fall kollektive Identität, entsteht aus dem Zwang heraus, klare und wirksame Handlungsstrategien zum gesellschaftlichen Problemfall AIDS zu entwickeln.

Die politische Konstruktion sogenannter Risikoidentitäten erschüttert die schwule Subkultur zu einer Zeit, als sie sich selbst in einen Grabenkampf zwischen gesellschaftlicher Integration und radikaler Kritik an Normierungsdiskursen derselben verwickelt. Identitätskämpfe sind also bereits beim Auftauchen von AIDS in vollem Gange (vgl. Ritter 1992). Auch in dieser schwierigen Situation, in der das Problem AIDS einer gesellschaftlichen Gruppe zugeordnet wird, nämlich den Schwulen, kann sich keine einheitliche Front, weder gegen diskriminierende Schuldzuschreibung, noch für eine anerkannte, gemeinsame politische Sache, im gesundheitspolitischen Zwist bilden. Es gibt unterschiedliche Interessenslagen, wie ein Umgang mit der als höchst bedrohlich erlebten AIDS-Krise gefunden werden könnte. Anfang der 1980er Jahre entstand ein dichtes Beratungs- und Versorgungsnetz, das vor allem von schwulen Aktivisten aufgebaut wurde. Aber auch gesundheitspolitische Aktivisten aus dem liberalen Lager der FDP, die sich zuvor in der Hauptsache parteipolitisch engagierten (Haunss 2004: 206; Ritter 1992: 78) beteiligten sich maßgeblich am Gründungsprozess der AIDS-Hilfen und ihres Dachverbandes. Die aktive Kooperation mit dem Staat, der die »Gründungs-Schwulen« (Ritter 1992: 78) finanziell unterstützt und auch die methodische Ausarbeitung präventiver Schutzmaßnahmen in Form des Safer Sex den ›kompetenten Betroffenen‹ gerne übergibt, wird von vielen Bewegungsaktivisten kritisch hinterfragt. Dreh- und Angelpunkt dieser ›professionell-institutionellen Reaktion‹ auf AIDS blieb ein gemeinsames ›Betroffenheitsgefühl‹ ›der Schwulen‹, das von der Angst getragen war, »eine Schwulenidentität könnte endgültig in einer Aidsidentität aufgehen. Sie hat das Bedürfnis erheblich verschärft, AIDS endlich zu verdrängen« (ebd.: 83). Die schwule Subjektposition wird einerseits durch die AIDS-Krise und die weitreichende Reformierung ›abweichender Sexualität‹ in ›gefährliche Sexualität‹ grundlegend beeinträchtigt. Zugleich entsteht aus diesem Eindruck, als ›schwule AIDS-Identität‹ ein weiteres Mal in den Bereich des ›konstitutiven Außen‹ verschoben zu sein, eine Sehnsucht nach Schutz, Sicherheit und Gemeinschaft, die Thorsten Klar im Gespräch als »Grundgefühl« skizziert, »was sich nach Familie anfühlt«. Auf dieser Grundlage schließlich wird die diskursiv produzierte Verantwortlichkeit für AIDS von ›den Schwulen‹ affirmativ übernommen. Dieses Schuldbekenntnis wiederum aktiviert ihre »Überzeugung, sich selber ändern zu müssen, (die) zumindest in den ersten Jahren eine ungewöhnlich hohe Mobilisierung zur Selbsthilfe hervorbrachte« (ebd.: 78). Für Thorsten Klar scheint es ausgemacht, dass er mit »Verantwortungsbewusstsein und Motivation gegenüber (s)einem Arbeitgeber« auftritt und, so möchte ich interpretativ hinzufügen, die AIDS-Hilfe-Idee als professionelles, ›ausdifferenziertes Angebot‹ nach Außen in diesem Sinne repräsentiert.

Solidarität und Familie sind, im Anschluss an Thorsten Klars Ausführungen, Begriffe, die in ein ›betroffenes Selbstverständnis‹ im Kontext von AIDS und AIDS-Hilfe passen. Diese Verbindung führt schließlich zu einer folgenreichen Übernahme der Verantwortung für eine ›sexuell übertragbare Krankheit‹. Vor diesem Hintergrund lässt sich die sozialwissenschaftlich bedeutsame Frage formulieren, welche Konvergenzen die Neu-Konstituierung fachlich zuständiger, weil betroffener Subjekte hervorbringen. Kritisch betrachtet lässt sich so etwas wie eine institutionelle Vereinsamung vermuten: obgleich sich AIDS-Hilfe tatsächlich als professionelle Institution im Kanon wohlfahrtsstaatlicher Sicherungssystematik behaupten kann, tut sie dies sehr versteckt und relativ unbemerkt. Dies mag an der Überidentifikation mit subkulturellen Gewohnheiten und Interessensbereichen liegen, die den größeren Bedeutungsrahmen, den AIDS andererseits nun einmal hat, gänzlich aus dem Auge verlieren. Diese Form unpolitischer Einordnung hat letztlich dazu geführt, »daß die Aids-Hilfen es versäumten, Aids ohne Scham als Problem von sozialer Armut und sozialer Verelendung in die Öffentlichkeit zu bringen« (ebd.: 81).

Anschlussfähig hieran ist jenes psychologische Muster einer ›Peerpower‹, das ›familiäre Wir-Gefühl‹, das Geborgenheit und Schutz konstituiert. Unter dem Stichwort Familie lässt sich vielleicht diese Suche nach gemeinsamer Schutzfunktion und kollektiver Identifikation fassen. Die Feststellung Thorsten Klars, doch »eine Art Familie« zu sein und so auch ein »Grundgefühl« (vermutlich einer schwulen Identität sowie) das Gefühl der hieraus resultierenden Sicherheit zu haben, berührt die Koordinaten bürgerlicher Vorstellungen ›guter und richtiger Lebensweisen‹ wie sie in den entsprechenden Programmen Familie, Einsatzbereitschaft (Produktivität) und Verantwortung zum Tragen kommen. Das Motto jener Deutungspraxis mag das ungebrochene Verlangen nach Zugehörigkeit und kontrollierter identitärer Orientierung sein. Zu einer Gruppe dazuzugehören bedeutet gleichsam, Bedeutungen zu teilen, sich zu verstehen. Die Konstruktion einer schwulen AIDS-Hilfe-Bewegung, in diesem Fall ließe sich auch von schwuler AIDS-Hilfe-Familie sprechen, formuliert einen Ort, der verschiedenste Funktionen aneinander bindet, eben weil diese Funktionen weder beliebig vorhanden (einfach da), noch beliebig konstruiert, sondern in Verhältnisse eingebunden sind. Im Kreuzungspunkt dieser Funktionen lassen sich folgende Ebenen zusammenfassen und für die weitere Interpretation festhalten: AIDS-Hilfe verbindet und steht im Zusammenhang mit den Bildern:

- Schutzraum,
- professionelle Dienstleistungsorganisation (Prävention, Beratung, Betreuung) und schließlich mit der
- diskursiven Formation ›bestimmter Identitäten‹.

Besonders am letzten Unterpunkt, der *Bestimmung von Identität* als fundierender Kategorie, setzt die Kritik an Vereindeutigungspraktiken und ontologischen Verhüllungen an. Dabei wird versucht, Ambivalenzen der Identitätsarbeit herauszustellen. Claudia Franziska Bruner (2005) hat jüngst in ihrer Dissertation daraufhin gewiesen, wie sich am Beispiel der Disability Studies (auch der Cultural Studies, Gender Studies) zeigen lässt, dass es die Kategorien Behinderung (oder Geschlecht, oder Kultur etc.) so, »also ›pur‹, quasi in einem vor-sozialen Rohzustand« (ebd.: 21) nicht gibt. Zwischen Integrations- und Differenzparadigma wird nach dem Gemeinsamen Ausschau gehalten, damit eine Verbindung zur Normalität hergestellt werden kann. Dieser Zusammenhang gelte für Behinderte und Frauen – ich möchte hinzufügen auch für ›Wir-Schwule‹ – gleichermaßen. »Und noch etwas haben ›wir‹ Behinderte mit ›den‹ Frauen gemeinsam: die Entdeckung, dass es mit diesem ›Wir‹ gar nicht so weit her ist. So wie das vorgeblich kollektive Interesse von Frauen der Frauenbewegung zwischen den Fingern zerrann, so müssen ›wir‹ einsehen, dass auch die Kategorie ›Behinderung‹ keine Einheit oder Solidarität stiftet« (ebd.), zumindest nicht per se. AIDS-Hilfe als Produktionsstätte bestimmter Identität steht also auch im Kreuzungspunkt mehrerer diskursiv proklamierter Erwartungen. Schwul/Nicht-Schwul, krank/gesund, Profi/Laie, Betroffen/Nicht-Betroffen usw. fassen als Schlagwortkette zusammen, wie aufgefächert das Feld Soziale Arbeit und AIDS auch gesehen werden kann.

## »Ich versuche mit diesem Virus auf eine Art und Weise zu leben«

Elisabeth Wahl, 39 Jahre alt, ist Diplom-Sozialpädagogin und arbeitet seit 1998 in einer regionalen, mittelgroßen AIDS-Hilfe. Sie hat im Rahmen ihrer vorherigen Beschäftigung in einer Psychiatrie eine familientherapeutische Zusatzqualifikation erworben und konnte auf diesem Gebiet bereits Berufserfahrung, vor allem mit Kindern und Familien sammeln. Die Atmosphäre damals in der psychiatrischen Klinik beschreibt Wahl als unerträglich, besonders aufgrund der hierarchischen Organisation der Fachklinik. In dieser Zeit ist sie selbst krank geworden. Elisabeth Wahl leidet an einer chronischen Hepatitis C[18]. Es folgt eine Zeit der Arbeitslosigkeit, die sie zum Nachdenken und zur weiteren Orientierung nutzt. Für eine neue berufliche Erfahrung, die sie weiterbringt, zeigt sie sich sehr offen. Das Thema ›Sterben‹ und ›Sterbebegleitung‹[19] interessiert sie besonders aufgrund ihrer eigenen Krankheit.

»Dann bin ich selber krank geworden und habe dann erstmal eine Zeit gebraucht, um das alles zu verarbeiten, war arbeitslos und habe dann nach einer Stelle geguckt und da war halt, da waren so diverse Sachen. Also ich war zu dieser Zeit ziemlich offen und habe gedacht, ich gucke jetzt mal nach etwas ganz Neuem für mich. Und was mich so angesprochen hat an dieser Ausschreibung von der Aids-Hilfe war eigentlich das Thema Sterbebegleitung, weil ich mich über meine eigene Erkrankung, also ich habe eine chronische Hepatitis C, auch mit diesem Thema Sterben auseinandergesetzt habe, was bedeutet das eigentlich, so, ja. Das war damals noch relativ schwammig, aber ich habe schon gemerkt, das geht so in die Richtung. Und das war mit der Anlass, warum ich mich hier beworben habe« (Elisabeth Wahl 20-30).

Diese ganz persönliche Auseinandersetzung mit der eigenen Endlichkeit, mit Themen wie Lebens- und Sterbebegleitung, ›Krisenbegleitung‹[20], überhaupt Begleitung von Menschen sowie ein fachliches Interesse an beraten-

18 Da sich die Gesprächspartnerin bereits zu Beginn des Interviews selbst auf die gleiche (krankheitsbezogene) Ebene mit ihren KlientInnen stellt, wird sie, wie am Ende dieser Typologie in einer Mehrfeldertafel skizziert wird, in den Typus ›direkter Betroffenheit‹ aufgenommen, da sie emotional beteiligt von ihren eigenen Krisen berichtet und diese in Verbindung mit beruflichen/professionellen Einschätzungen bringt.

19 Elisabeth Wahl thematisiert beide Begriffe mehrmals und an unterschiedlichen Stellen im Interview.

20 Elisabeth Wahl 56.

der Tätigkeit begründen den Entschluss, sich bei AIDS-Hilfe zu bewerben. Auch in anderen Passagen taucht regelmäßig das Muster der Sterbebegleitung wieder auf. Sie erwähnt beispielsweise den Fall einer verstorbenen Klientin, die sie im Sterbeprozess begleitet habe. Insgesamt, so erzählt sie fast verwundert und erstaunt, seien diese Klienten, die in ihrer Einrichtung gestorben sind, bei ihr gestorben, so als wolle sie implizit mitteilen, dass die sterbenden Klienten möglicherweise sehr gezielt eigens ihre empathische, weil erfahrene Betreuungsdienstleistung gesucht haben könnten. Wahl beurteilt beide Sterbebegleitungen als ausgesprochen wichtig und gut verlaufen. Im Anschluss an eine Debatte um Perspektiv- und Ziellosigkeit der Klienten, auf die noch zurückzukommen sein wird, erläutert Wahl den Zusammenhang zwischen eigener und patienten- oder klientenbezogener Krankheitsverarbeitung, der ihr selbst große Probleme zu bereiten scheint.

»[…] vielleicht hat das was mit meiner eigenen Auseinandersetzung mit meiner Erkrankung zu tun. Also ich gehe den Weg, einfach damit das so klar ist, es gibt für mich 2 Wege, mit einer Hep. also mit einer Hepatitis umzugehen, mit so einer chronischen, ewig langen. Der eine Weg ist, ich führe Krieg gegen meinen Körper, und der hat vielleicht Erfolg, vielleicht auch nicht, das ist diese Interferon-Geschichte, ich weiß nicht, ob Du davon schon mal was gehört hast. Der zweite Weg ist der, ich versuche mit diesem Virus auf eine Art und Weise zu leben, dass der meinen Körper oder meine Leber nicht zerstört. Durch Mistelspritzen, durch halt andere Möglichkeiten, die es gibt. Den habe ich gewählt. Das ist ein Weg, wo ich mir relativ sicher bin, dass ich von diesem Virus nicht frei sein werde, aber dass ich damit leben kann, wohl wissend, und das hat natürlich noch mal eine andere Perspektive, weil ich weiß, wenn alles gar nicht mehr geht und so was, kann ich immer noch mal auf dieses Interferon zurückgreifen und das ist bei HIV nicht so, bei AIDS, ja« (Elisabeth Wahl 592-604).

In Wahls Deutungskonzept gibt es zwei Wege der Krankheitsverarbeitung und -bewältigung: ›Kampf‹ oder ›Akzeptanz‹. Der offensive Interpretationsmodus Wahls lässt ihre ›Krankengeschichte‹ als strategisch-rationales Bewältigungsprofil erscheinen. Es wird deutlich, dass sie aus Erfahrung spricht und vermutlich einen ›guten Überblick‹ verschiedenster Wege im Umgang mit Krankheit kennen gelernt hat. Aus diesen Möglichkeiten extrahiert sie zwei Hauptmodelle. Die Formel »Krieg gegen meinen Körper«[21] erinnert dabei an eine Kritik am biomedizinischen Verständnis einer Körpermaschine. »Hier geht es also um den Körper in seiner Materialität. Er ist Objekt medizinischer naturwissenschaftlich gearteter Betrachtung und Behandlung, man *hat* ihn als etwas, das ganz der Sphäre des Sächlichen zugehört, dessen man sich bedient, der einem auch in die Quere kommt, uns in seiner Differenz zur subjektiven Selbstwahrnehmung auch fremd sein

21 Elisabeth Wahl: 595.

kann« (Fischer 2003: 11; Hervorh. i. O.). Der alternative Weg, akzeptierend mit dem Krankheitsverursacher, dem Virus, »auf eine Art und Weise zu leben«[22], ermöglicht Wahl eine Form der reflektierten Bewältigung durch Abwägung unterschiedlicher Therapiestrategien. Interferon nennt Elisabeth Wahl im Zusammenhang mit ihrer Skizze des ersten Weges, »Krieg gegen meinen Körper«, Mistelspritzen symbolisieren den ›zweiten Weg‹. Ihre geschilderte Erkenntnis, niemals ganz frei von diesem Virus sein zu werden, offenbart sich als Versuch, der Wahrheit ins Auge zu sehen und therapeutische Möglichkeiten eher von der ›machbaren‹ Seite aus anzugehen. Sie kann gleichsam als rational konzipierte Strategie gelesen werden. Wahls Entscheidung für den ›zweiten Weg‹ unterstreicht nochmals ihre Überlegung, die Krankheit und ihre Behandlungschancen ernst zu nehmen, andererseits aber auch Wege zu suchen, die der potenziellen Destabilisierung persönlicher Handlungs- und Lebensorganisation entgegenstehen, und vielmehr Orientierungspunkte für einen dynamisierten Bewältigungsmodus ins Auge zu fassen.

Das individuell begründete Krankheitskonzept ist geprägt von der Bereitschaft, der Erkrankung einen Sinn zu verleihen, keinesfalls aber in Bewältigungsmechanismen wie Abwehrbemühungen, Verleugnung, Projektion oder Isolation zu verfallen. Vor diesem Hintergrund erscheint eine Auseinandersetzungsbereitschaft mit Krankheit der einzig gangbare Weg, mit dieser Form des Schicksals als Lebenskrise umzugehen. Auseinandersetzung stellt sich als Königsweg par excellence dar. Reden, Nachdenken und Reflektieren bilden zentrale Kompetenzen, die im Umgang mit Krankheit unerlässlich seien. Andere Formen der Bewältigung schließen sich gemäß diesem Verhaltenskodex gleichsam aus.

Die von Wahl in den Vordergrund gerückte ›aktive Reflektionsbereitschaft und -kompetenz‹ verbleibt hinsichtlich ihrer späteren Beschreibung zur Lebenssituation der von ihr betreuten Klienten auf der Ebene von Selbstbetroffenheit. Der blinde Fleck wird an der Stelle vorbereitet, wo Wahl ihre eigenen Erfahrungen mit Krankheit und mit entsprechenden ›Wegen‹ diese zu bewältigen, zum Maßstab eines ›guten, richtigen Umgangs‹ mit Krankheit verobjektiviert. So ist dann auch ihre Beschreibung der Problematik mit DrogenkonsumentInnen zu verstehen, die sie in ihrem Beratungs- und Betreuungsalltag meidet. In den Berichten über die »Beziehungslosigkeit«[23] und Beziehungsunfähigkeit dieser Klienten wird klar, dass sich persönliche Strategien der Krankheitsverarbeitung kontinuierlich als Bewertungsfolie unter die professionelle Grammatik legen. Ein weiteres Argumentationsmuster schließt sich an und wird durch folgende Gesprächspassage eingeführt:

22 Elisabeth Wahl: 598.
23 Elisabeth Wahl: 572.

»Die sind eigentlich wie Kinder. Wie ganz kleine Kinder. Nur, dass es da keine Eltern gibt, die gibt es auch, das ist dann die Gesellschaft. Die suchen sich immer jemanden, der verantwortlich ist für die Scheiße, in der sie drinstecken, das ist ja ganz klar, ne. Aber da nervt es mich viel mehr. Ja, weil sie eben keine Kinder mehr sind« (Elisabeth Wahl 539-543).

Das von Wahl konstatierte Unvermögen, Verantwortung für das eigene Leben zu übernehmen und selbstinitiativ Problemlösungsstrategien zu entwickeln, lehnt sie kategorisch ab und erklärt, dass sie diese Klienten wie ›elternlose Kinder‹ erlebe, die in der Gesellschaft einen Elternersatz suchen, aber ohne jede Motivation, defensiv und lethargisch eine fremdbestimmte Problemlösungsstrategie anstreben. Sie wiederholt, dass sie mit dieser Einstellung heftige Probleme habe und daher versuche, dieser Klientengruppe aus dem Weg zu gehen. An anderer Stelle betont sie, lieber Menschen zu begegnen, die auch wirklich ein Interesse an Veränderung haben. In der psychosozialen Beratung sowie in den Spezialberatungen zum HIV-Test, sei dieser Kontakt eher möglich. Wahls Appell an eine grundlegende Reflexionsbereitschaft entwickelt den Effekt eines Bumerangs. Sie entkoppelt ihre persönliche Bewältigungsstrategie von der professionellen Kompetenz, die Situation von Klienten in Kontexte eingebunden zu verstehen. Anschließend konzipiert sie ihren Umgang mit Krankheit als Masterplan, den sie beständig mit der diagnostizierten Ressourcenarmut der Klienten in Verbindung bringt.

»Es ist ein Gefühl von als wäre da gar keine Persönlichkeit mehr. Ich fühle die Persönlichkeit gar nicht. Also ich habe den Eindruck, als wäre die aufgelöst, als wäre die ertrunken in Drogen, oder ich weiß es nicht, ich kann es nicht so richtig fassen. Nur merke ich, dass ich das wirklich ganz schwierig finde, für mich, damit umzugehen. Und das finde ich bei allen anderen Psychiatrischen teilweise ein Problem, oder Suchtprobleme jetzt im Sinne von, zum Beispiel einer Magersuchtsgeschichte usw. Da ist es noch mal anders. Erlebe ich anders. Auch wenn nur ganz wenig da ist, aber es ist überhaupt, ein Funken ist da. Und da kann ich mich drauf beziehen. Und das ist mir wichtig. Also das merke ich so, das ist mir wichtig. [...] wo ich den Eindruck habe, da ist überhaupt keine Beziehung möglich, nötig oder was auch immer, sondern da geht es nur um versorgen im Sinne von ›mach mal‹, ›ich kriege ja nichts geregelt‹, ›mach mal alles, mach mal alles für mich‹. Muss ich sagen, werde ich mittlerweile teilweise fast aggressiv. Das kann ich nicht mehr ab. Ich kann es echt nicht mehr ab. Überhaupt nicht mehr. Und das ist schwierig« (Elisabeth Wahl 491-506).

Die Ursache für derartig misslungene Interaktionen, sieht Wahl in der grundsätzlichen Beziehungsunfähigkeit von »Menschen, die so voll auf

Droge sind«[24]. Fast verzweifelt über die als fehlende Ressource ausgemachte Kommunikationsstörung ›Beziehungslosigkeit‹, weiß sie keine andere Möglichkeit, als der gesamten Gruppe der DrogengebraucherInnen die Existenz von Persönlichkeit in Gänze abzusprechen. Sie fühle keine Persönlichkeit mehr.

Die von Wahl beschriebene Verantwortungslosigkeit ihrer Klienten eskaliert schließlich in dem Versuch, ganze Klientengruppierungen als Un-Personen zu de-klassifizieren. Es ist zu vermuten, dass an dieser Stelle eine biographisch sorgsam präparierte »Eigentheorie« (Hanses 2005: 68) mit einer Bewältigungsform kollidiert, die ziellos und ohne Hinsicht auf einen Hoffungshorizont, keine konstruktiven Verbesserungspläne umsetzen kann. Wahl entwickelt aufgrund eigener Erfahrungen das Muster eines stetigen Nachdenkens und Reflektierens über Krankheit. Diese Praxis integriert die Themen Sterben und Tod in die eigene Lebenspositionierung.

»Und es ist für mich aber auch eine Chance, den Tod wieder in mein Leben mit einzubeziehen. Das ist zwar nichts Angenehmes und nettes und schönes und es ist auch nicht fun und Party, aber eigentlich, finde ich, kann es auch eine Chance sein« (Elisabeth Wahl 612-615).

In dem Augenblick jedoch, wo sie als professionelle Betreuerin gefragt ist und anderen, fremden Handlungsmodellen gegenübersteht, verlässt sie ihre Maxime, ›stets reflektiert zu sein‹, und gerät mehr und mehr in das Fahrwasser einer Verdinglichungstaktik, die je individuelle Situationen Anderer übersieht und übergeht. Ihr Geschick, ›Krankheit als Chance‹ zu konstruieren, überschattet jegliche Lebenslagenvariationen sowie deren ökonomische, kulturelle und gesellschaftspolitische Hintergründe. Damit manövriert sich die Expertin in eine Lage, die sie befangen macht und aus der sie sich höchstwahrscheinlich ohne professionell-supervisorische Unterstützung nicht wird befreien können. Direkte Betroffenheit überschattet an dieser Stelle die notwendige Fähigkeit, den Konstruktionscharakter individueller Deutungsformen mitzudenken und gegebenenfalls auch dekonstruieren zu können. Die Klientensituationen – jene Perspektive also, die Verhältnisse und nicht Personen im Visier hat, – werden in diesem Fall ausgespart, dafür sind individualpädagogische Bezugspunkte relevant.

»[…] ich habe den Eindruck, hier im betreuten Wohnen sind vor allem Klienten, die überhaupt nicht klar kommen mit ihrem Leben«; »und ich habe bei vielen auch den Eindruck, dass es ihnen auch viel zu viel ist zu gucken, was eigentlich mit ihnen los ist, also sie sind damit völlig überfordert« (Elisabeth Wahl 171-172 und 182-183).

24 Elisabeth Wahl: 473.

Das diagnostizierte Unvermögen ›problematischer Klienten‹ selbstreflexiv zu sein, wird mit fehlenden Eigenschaften rückgebunden, die aber unerlässlich zu sein scheinen, das Leben in der Gesellschaft zu organisieren und zu bestehen. Im Lichte dieses konstatierten Kompetenzvakuums erscheinen die Klientendefizite als Eigenschaft, die entsprechendes Problemverhalten fast zwangsläufig nach sich zieht. Der klinisch-normative Ansatz ähnelt dem Selbstverständnis Elisabeth Wahls insofern, als im Kontext dieser ›professionellen Strategie‹ die Rettung des Menschen aus seinen ›schädigenden Lebenszusammenhängen heraus im Vordergrund steht. Die Grundregel lautet gemäß dieser Vorgehensweise: »Konzentrieren Sie sich auf das Problemverhalten [..] und versuchen Sie, im Wege der Einzelfallhilfe eine für Ihren Klienten respektive Klientin angemessene Intervention anzustreben« (vgl. Kunstreich/Lindenberg 2005: 353)[25]. Es fehle diesen Menschen an jeglicher Bereitschaft zur Selbstauseinandersetzung mit schädigenden Lebenszusammenhängen. Stattdessen täuschten Klienten, »eher die Junk-Leute«[26] ein Beziehungsinteresse vor, um sich möglicherweise so materielle Vorteile zu erschleichen:

»Also ich meine, es ist ja oft genug so, dass Klienten hierher kommen, und dass ich den Eindruck habe, die machen, also es gibt welche, das sind eher die Junk-Leute, wo ich manchmal den Eindruck habe, die machen so, als würden sie sich auf eine Beziehung einlassen, weil sie vielleicht das Gefühl haben, der Berater braucht das, damit sie an bestimmte Erleichterungen rankommen, also so kommt mir das vor« (Elisabeth Wahl 451-456).

Der von Elisabeth Wahl diagnostizierte Klienten-Unwille und die ihm zugrunde liegende Heimtücke erinnern an das Label der ›gescheiterten Person‹, die aufgrund von Schwäche den gesellschaftlichen Rahmenbedingungen nicht genügen könne (vgl. Cremer-Schäfer/Steinert 1998: 57). Als Argumentationsfolie, warum diese Menschen so und nicht anders sind, spüren Helga Cremer-Schäfer und Heinz Steinert ein spezifisches Degradierungsvokabular der Institution ›Fürsorge‹ auf.

Diese Menschen, die ohne Ressourcen und ohne ein Können, im Fall von Elisabeth Wahl sogar ohne ein Personsein konzipiert werden, »sind schwach, weil unwirtschaftlich, arbeitsscheu, zuchtlos, haltlos, hemmungslos, verwahrlost, gemeinschaftsfremd, minderwertig; das macht die Person besserungsbedürftig, erziehungsbedürftig, verwahrungsbedürftig. Das Paradigma dieser Argumentation hat sich bis heute erhalten« (Cremer-Schäfer/

---

25 Kritisch dazu vgl. Kunstreich/Lindenberg (2005: 353ff.). Sie unterteilen die vier professionellen Deutungs- und Handlungsmuster ›Klinisch-normativer Ansatz‹, ›Reflexiv-klinischer Ansatz‹, ›Reflexiv-institutioneller Ansatz‹ und ›Sozialräumlich-partizipativer Ansatz‹ (vgl. ebd.).

26 Elisabeth Wahl: 453.

Steinert 1998: 58)[27]. Die Sehnsucht nach authentischen Beziehungsformen verkürzt sich im Falle einer krankheitsbezogenen Befangenheit auf einen therapeutisch-diagnostisch-bewertenden Kodex. Dieser unterschlägt die Konstitution sowie den Konstruktionscharakter ›unbrauchbarer‹, ›uninteressierter‹ und letztlich nicht mehr managebarer Subjekte. Besonders paradox tritt die therapeutisch-normative Deutungslogik der Interviewpartnerin zutage, weil sie sich selbst als Sozialarbeiterin einem therapeutischen Paradigma unterstellt, das ja eigentlich authentische Begegnung sucht:

»Ich habe jahrelang eine therapeutische Ausbildung gemacht, ich habe jahrelang Therapien gemacht, von daher denke ich, dass ich da auch relativ erfahren bin, so im Sinne von Übertragung und wo ändert sich was in der Qualität oder wo ist gerade was am kippen. Ich glaube, ich merke das sehr gut« (Elisabeth Wahl: 366-369).

Die ›therapiezentrierte Identifikationsprogrammatik‹ verschleiert die Dynamik einer machtvollen Verbindung individueller, sozialer und gesellschaftlicher Kontexte. Vielleicht werden am Fall Wahl ähnliche Dynamiken wirksam, wie sie Ulrike Nagel (1997) in ihrer empirischen Rekonstruktion ›Engagierter Rollendistanz‹ freilegen konnte. Ihre beiden Interviewpartner arbeiten im Suchtbereich, was insofern hervorzuheben ist, als für beide Professionelle »die Möglichkeit des Nicht-Bestehens der Zerreißprobe einerseits sowie die Möglichkeit zur Auseinandersetzung mit den Verstrickungsgefahren des professionellen Handelns andererseits« (ebd.: 152) angenommen wird. Die Balance zwischen Engagement und Distanz ist besonders in diesem Arbeitsfeld immer wieder notwendigerweise herzustellen und gleichsam beständig zu halten, so argumentiert Nagel. Diese Verstrickungen der Professionellen mit den Erfahrungshorizonten der Adressaten Sozialer Arbeit müssen vor dem Hintergrund gemeinsamer Bezüge im Gesamtkomplex Gesellschaft gesehen werden. Um einer Verdinglichung sowohl der Klienten- wie auch der Expertenseite entgegenzusteuern, empfiehlt Timm Kunstreich (2001) die Zusammenschau sämtlicher Beziehungskonstellationen und ihre ideologischen Verortungen. Die Wirksamkeit einer Interdependenz zwischen Profis und Adressaten Sozialer Arbeit gerät schnell ins Abseits, wenn die Konstitutionskräfte diskursiver Formationen im Geflecht der Beziehungen verkannt und ignoriert werden. »Tatsächlich jedoch geht es in den von Sozialer Arbeit gestifteten Relationen um die

27 Besonders brisant lesen sich diese Ausführungen, wenn in der aktuellen politischen Debatte von »Parasiten« und »Abzocke« die Rede ist. Eine entsprechende polemisierende Feststellung trifft das Bundesministerium für Wirtschaft und Arbeit (2005): »Vorrang für die Anständigen - Gegen Missbrauch, ›Abzocke‹ und Selbstbedienung im Sozialstaat. Ein Report vom Arbeitsmarkt im Sommer 2005«. August 2005. Elektronische Ressource des Bundesministeriums für Wirtschaft und Arbeit: http://www.bmwa.bund.de.

Verfestigung oder Veränderung von sozialen Platzierungen, die von den Adressat_innen dieser Intervention entweder als gerecht erlebt werden (was seltener passiert) oder als sozial ungerecht (was häufiger der Fall sein dürfte)« (ebd.: 125).

Elisabeth Wahl verfängt sich in ihrem persönlich gestrickten Ziel, ihre Krankheitserfahrungen auch professionell zu nutzen, so dass möglicherweise ihre KlientInnen genauso handeln könnten wie sie, beispielsweise wie ein ›Lernen am Modell‹. Ihre beständige Bezugnahme auf das selbst gelebte Leid und die hieraus entstandenen Bewältigungsstrategien – eben einen sinnhaften Weg der Auseinandersetzung zu suchen – rücken ihre Deutungen erstaunlich nah an das Diktum des hilflosen Helfers, so wie es Wolfgang Schmidbauer (1995) beschrieben hat.

Das therapeutische Methodendesign lässt zwar an der einen oder anderen Stelle eine gewisse Handlungsroutine vermuten, die auch fachlich-beraterische Grundregeln einhalten mag, trotzdem verbleibt Wahls Deutungsansatz im Muster der Selbstbetroffenheit, welches sie nicht zugunsten einer behutsam differenzierten Sichtweise verlassen kann. Im Gegenteil versucht sie das Problem ›klinisch-normativ‹ anzugehen und Verhaltensverstöße sowie ein ›Problemverhalten‹ zu diagnostizieren, das es zu behandeln gelte. Mit dem Versuch, drogensüchtigen Klienten – den »Junk-Leuten« – zu unterstellen, Beziehung(en) nur dann mitzugestalten, wenn »sie an bestimmte Erleichterungen rankommen«[28] können, werden gesellschaftliche Rahmenbedingungen und Kontexte, aus denen heraus erst so etwas wie Drogensucht entstehen kann, vollends ausgeblendet.

»[...] also es gibt so eine Bandbreite von, finde ich, wirklich großen Schwierigkeiten, wo ich den Eindruck habe, es geht überhaupt nicht dadrum die Krankheit zu bewältigen, sondern es geht dadrum bei vielen so Dinge zu bewältigen wie, wie stelle ich einen Antrag beim Sozialamt [...]« (Elisabeth Wahl 178-182).

Die Problemskizzierung entwickelt sich eindimensional auf der Ebene einer materialistischen Einschätzung. Klienten – so könnte diese Gedankenfigur referiert werden -, sind entweder krank und haben deshalb auch »wirklich große Schwierigkeiten«[29], oder sie sind es eben nicht. Im ersten Fall gehört es zwingend dazu, dass die Bereitschaft zur überlegten Bewältigung der Schädigung in den Forderungskatalog des ›hilfesuchenden Junk‹ eingebunden wird, und zwar durch diesen selbst. Andernfalls verrutscht eine Unterstützungsnachfrage in Richtung ›Mitnahmementalität‹ oder Trittbrettfahrer-Syndrom. Problematisch ist Wahls Selbstbetroffenheit insofern, als dass sie stringent jegliche Überlegungen zur kontextualen Entstehungsgeschichte sozialer Schieflagen ausspart. Es scheint, als sei es kaum anders zu denken,

28 Elisabeth Wahl: 455.
29 Elisabeth Wahl: 179.

zwei Lager zu konzipieren: Auf der einen Seite stehen kranke Menschen, die sich mit ihrem Leiden beschäftigen wollen und daher als ›die Bereitwilligen‹ gelten können. Elisabeth Wahl ›erfindet‹ in ihrer Erzählung für sich die Figur des ›guten Klienten‹. Auf der anderen Seite stehen die ›so sehr kranken Menschen‹, denen eigentlich gar nicht mehr zu helfen ist, weil sie nicht über ihr Schicksal produktiv nachdenken wollen oder können. Diese fasst Wahl als entpersönlichte Individuen unter die Kategorie der Überflüssigkeit; man kann fast nichts mehr machen.

Eine Definition von ›Betroffenheit‹ scheint ganz unterschiedlichen, biographischen Hintergründen zu entstammen und entsprechend heterogene Handlungsorientierungen nach sich zu ziehen. Die Entscheidungen der Sozialarbeiter/innen, sich sowohl privat und ehrenamtlich wie auch beruflich als Pädagog/innen in der AIDS-Hilfe zu engagieren, präsentiert sich als Haltung, der kein beliebiger, gleichgültiger oder gar zufälliger Entschluss zugrunde liegt. Im Gegenteil korrespondiert der berufliche Einstieg fast zwangsläufig mit weiteren biographischen Entwicklungen und Verläufen, beispielsweise mit dem Wissen, selbst Mitglied einer ›Risikogruppe‹ zu sein. Gerade diese ›Risikogruppe‹, die ohnehin, aufgrund nonkonformer sexueller Orientierungen und/oder ›auffälliger Identität‹, gesellschaftliche Diskriminierungs- und Stigmatisierungserfahrungen in Kauf nehmen muss, sieht sich mit dem epidemischen Verlauf von AIDS einer erneuten Anschuldigungs- und Diskreditierungswelle ausgesetzt. So erzählen es zumindest die Interviewtexte. Aus dem Gefühl, stark bedroht zu sein, erwächst der Wunsch nach kollektiver Partizipation, Unterstützung, Schutz und gemeinschaftlicher Verbundenheit in einer Gruppe von Menschen, die ein ähnliches respektive gleiches Schicksal erleiden. Insofern kann der persönliche Hintergrund in Form ›eigener Betroffenheit‹ reformuliert, zu einer umfassenden zielgerichteten Motivation führen, die thematischen Felder gesellschaftliche Benachteiligung und Bedrohung sowie Empowerment, Selbsthilfe und Peer-group-Orientierung in das persönliche Lebenskonzept zu integrieren. Der Bedeutungsgehalt »Schwuler unter Schwulen«[30] zu sein, entspricht einer Form, Wechselbeziehungen zwischen beruflicher Motivation und dem Entstehen einer Institution samt ihrer ›inneren Idee und Logik‹ zu sehen. AIDS-Hilfe ist in dieser Lesart mehr als Beratungsstelle oder Problemlösungsorganisation.

Der Kontrastfall innerhalb der Datenmatrix verdeutlicht nun einen gegenteiligen Verlauf, den ich unter dem Vorzeichen eines zufälligen Eintritts in die Organisation AIDS-Hilfe als Typ ›Nicht-Betroffenheit‹ bezeichnen möchte. Fast beiläufig und eher unter der Prämisse, die eigne berufliche Karriere voranzutreiben und möglichst abwechslungsreich zu modellieren, signalisiert dieser Typ weniger Anzeichen eines ›betroffen‹ ge-

30 Sebastian Droschke 2: 12-3: 23.

färbten Berufstarts. Diese ›Nicht-Betroffenheit‹ steht für eine Haltung, die AIDS-Hilfe als gewöhnliche, wenngleich auch professionelle Institution ansieht. Mein Versuch einer forschungsstrategischen Kontrastierung versteht sich als analytische Praxis, damit innerhalb der Datenmatrix Schwerpunkte gelegt werden können. Diese Unterscheidung soll allerdings nicht dazu führen, ›scharfe Grenzen‹ einzuschreiben, die ihrerseits Verwobenheiten übersehen. Am Beispiel von fünf Episoden werde ich die Entstehungskontexte einer ›Nicht-Betroffenheit‹ detailliert rekonstruieren.

## ›Nicht-Betroffenheit‹: Zufällig AIDS-Hilfe

Ausgehend von der soeben analysierten ›direkten Betroffenheit‹ lässt sich empirisch gleichermaßen ein entgegengesetzter Typus freilegen. Damit kann ich einigermaßen abgesichert von einer Kontrastkategorie ausgehen, die sich im qualitativen Stichprobenplan als maximal diametrale Merkmalsausprägung wieder findet. Wenn das gesamte Datenmaterial einigermaßen charakteristisch und übersichtlich im Theoretical Sampling dargestellt werden soll, ist es sinnvoll und hilfreich, von vergleichbaren thematisch-inhaltlichen Strukturen auszugehen, ohne die letztlich kein Verstehen der Zusammenhänge im Fall und zwischen den Fällen möglich wäre. Grundlage der vorliegenden Typenbildung ist eine analytische Gruppenbildung durch den Vergleich möglichst ähnlicher Fälle (Minimierung) sowie den Vergleich möglichst unterschiedlicher Fälle (Maximierung).

Es ist nun nicht ganz ohne Brisanz, wenn von ›Betroffenheiten‹ als der entscheidenden Leitkategorie gesprochen wird, denn andere auffällige Phänomene wären als Ordnungsschemata möglicherweise ebenso geeignet. Daher ist die ›Erfindung von Betroffenheiten‹ ein Vorschlag, der vielleicht angezweifelt werden mag, der aber empirisch hervorgebracht und aus den Experteninterviews gewissermaßen destilliert wurde. Die Bezeichnung ›Betroffen/Betroffenheit‹ entspricht vor diesem Hintergrund keiner beliebigen Systematisierung, sondern vielmehr einem sorgsam entwickelten Analysefokus, der die enorm breite Streuung im Aussagenkorpus sämtlicher Gespräche mit Sozialarbeiterinnen in AIDS-Hilfen gut zu sortieren vermag.

### »Ich habe früher nie etwas mit AIDS zu tun gehabt«

Gudrun Zank, geboren 1967, ist Diplom-Sozialarbeiterin mit Zusatzausbildung in systemischer Beratung. Seit 2000 ist sie Mitarbeiterin einer AIDS-Hilfe im Projekt ›Betreutes Wohnen‹. Sie übernimmt zu regelmäßigen Terminen auch allgemeine Beratungsgespräche, um gemeinsam mit dem Geschäftsführer den Informationsbedarf der Region abzudecken.

Weiterhin ist Zank verantwortlich für die fachliche Begleitung der ehrenamtlichen BegleiterInnen der Einrichtung.

»Ich bin jetzt seit gut fast 2 ½ Jahren, seit Mai 2000 hier in der AIDS-Hilfe, in der AIDS-Hilfe C-Stadt klar (leichtes Stöhnen). Meine Beweggründe waren, also es war gar nicht AIDS-Hilfe spezifisch, dass ich gesagt habe, ich will unbedingt in der AIDS-Hilfe arbeiten. Ich habe früher nie etwas mit AIDS zu tun gehabt. Ich hatte über 5 Jahre an einem Arbeitsplatz gearbeitet in C-Stadt, auch Betreutes Wohnen gemacht, da war es für mich einfach an der Zeit auch. Ich habe dann meine Ausbildung angefangen, eine Zusatzausbildung, von daher ist einfach Veränderung angesagt und ich möchte nicht ewig hier hocken, das war nach dem Anerkennungsjahr, ich bewerbe mich jetzt einfach mal. Ich wohne im Umkreis von D-Stadt und nach C-Stadt sind es dann doch immer knapp 40 Kilometer zu fahren, einfache Fahrt, also nur zum Arbeitsplatz hin. Von dort aus habe ich dann Betreutes Wohnen gemacht allerdings im Psychisch-Kranken-Bereich, das ist etwas, was ich kann. Ich habe die Stellenausschreibung gesehen, und ich habe mich halt beworben, und ich wurde genommen. Also es war so einfach. Es war, C-Stadt lag für mich näher, das war ein adäquater Arbeitsplatz für mich. Es war a) etwas, was ich konnte, b) kein kirchlicher Träger. C-Stadt ist unheimlich schwierig, also bei einem nicht-kirchlichen Träger unterzukommen. Habe ich auch keine Chance mehr, ich bin aus der Kirche ausgetreten, schon vor einigen Jahre. Und da war es passend und es hat mir auch gut gefallen hier. Und ich dachte, hier könnte ich gut arbeiten. Es war einfach nur der Wunsch nach Veränderung, aber nicht der Wunsch zu sagen: »ich will unbedingt in der AIDS-Hilfe arbeiten« (Gudrun Zank 31-51).

Die Situation des beruflichen Eintritts in die AIDS-Hilfe (Berufseinmündung) beschreibt Gudrun Zank als eher zufälliges Ereignis. Nach umfangreichen und intensiven beruflichen Erfahrungen im Bereich Betreutes Wohnen mit psychisch erkrankten Menschen, die sie direkt im Anschluss an ihr Studium und das Anerkennungsjahr machen konnte, stellt sich nach fünfjähriger Berufserfahrung deutlich die Frage nach Weiterentwicklung aber auch nach Abwechslung. Zank bringt es mit der Beschreibung »von daher ist einfach Veränderung angesagt«[31] auf den Punkt. Als zentrale Motivation zum Wechsel in ein anderes Berufsfeld ist dieser Wunsch nach Veränderung anzusehen, der sich mit einer vorberuflichen Unwissenheit über die als spezifisch unterstellten AIDS-Hilfe-Zusammenhänge verbindet. Zanks Vor-Erfahrungen im Bereich der psychosozialen Versorgung psychisch kranker Menschen erwähnt sie als ausgewiesene Qualifikation für einen professionellen, methodisch versierten Umgang mit dem fachlichen Konzept ›Betreutes Wohnen‹. Die selbst zugestandene Kompetenz in diesem Bereich quittiert sie mit der Aussage »[…] das ist etwas, was ich kann;

31 Gudrun Zank: 37-38.

[…] Es war a) etwas was ich konnte«[32]. Zank ist sich ihrer berufsfeldspezifischen Wissensressource in vollem Umfang bewusst. Dieser Befund spiegelt sich auch an anderer Stelle in ihrem Bericht über die Zusatzausbildung in systemischer Beratung wieder, die sie als »sehr hilfreiches Handwerkszeug«[33] bewertet. Insgesamt dauert diese Phase der Weiterbildung zwei Jahre und kostet sie circa fünftausend Euro. Eine Investition, die sich ihres Erachtens, in jeder Hinsicht gelohnt hat: »Also das Systemische ist etwas, was mir liegt«[34]. Zank argumentiert zunächst, sich aus einer Situation der Stagnation und des beruflichen Stillstandes befreit haben zu können. Ihren Wunsch nach Abwechselung und beruflicher Alternative bringt sie folgendermaßen zum Ausdruck: »Ich brauche Veränderung, was auch immer es jetzt ist«[35]. Dem letzten Teil ihrer Aussage schwingt eine fast beklemmende Panik mit, den Status Quo im Arbeitsalltag in jedem Fall zu modifizieren: »ich dachte, dass was passieren muss«[36]. Die Entscheidung, jene Veränderung über eine Weiterbildungsmaßnahme, die in den beraterisch-therapeutischen Bereich hinein spezialisiert, in Gang zu setzen, zahlt sich nicht nur deshalb aus, weil sie persönlich sehr viel davon profitiert[37], sondern auch, weil sie einen Zugang zu neuem Wissen erhalten hat, das sie jetzt in AIDS-Hilfe ganz praktisch, als »Handwerkszeug«[38] einsetzen kann. Hierzu zählt sie auch die Fähigkeit, »Abstand zu kriegen von der Arbeit«[39], um die oftmals komplizierten, emotionalen Beteiligungen im psychosozialen Kontext besser zu bewältigen. Auf diese Weise optimistisch aufgeladen nutzt Zank diese Zeit der produktiven fachlichen Entwicklung als Gelegenheit zur Bewerbung, um gleichsam zu erfahren, dass offensichtlich ihr »Marktwert unheimlich erhöht«[40] wurde. Sie kommt (wieder) gut an, auf dem Parkett Arbeitsmarkt.

AIDS-Hilfe ist, so könnte die Logik Zanks umschrieben werden, ein Berufsfeld Sozialer Arbeit wie jedes andere auch. Entscheidend ist einerseits, dass die Experten entsprechendes, feldspezifisches Handwerkszeug nachweisen können, dass aber darüber hinaus auch die institutionelle Infrastruktur als Entscheidungskriterium für ein Engagement berücksichtigt wird. Die Tatsache, dass Zank bereits seit längerer Zeit ihre Kirchenzugehörigkeit aufgekündigt hat, repräsentiert ein nicht zu unterschätzendes Kriterium, sich bei der AIDS-Hilfe als nicht-kirchlichem Träger zu bewerben.

32 Gudrun Zank: 42-43.
33 Gudrun Zank: 315.
34 Gudrun Zank: 333-334.
35 Gudrun Zank: 336.
36 Gudrun Zank: 298.
37 Dies macht sie deutlich, wenn sie berichtet: »Ich habe auch persönlich davon unheimlich profitiert« Gudrun Zank: 300-301.
38 Gudrun Zank: 300; 315; 381.
39 Gudrun Zank: 316.
40 Gudrun Zank: 311.

Das ›Prinzip einer organisationsstrukturellen (Ein-)Passung‹ kennzeichnet ein wesentliches Moment, das vorberufsbiographische Merkmale[41], die vom Arbeitgeber gewünscht oder gar als Bedingungen vorausgesetzt werden, harmonisieren kann. Berufsstrukturelle, arbeitsmarktpolitische Zwänge lassen sich somit nicht ausschließlich über rein formale Qualifikations- und Bildungsnachweise ausgleichen. Eine ›bestimmte Tendenz‹ ist offenbar mitentscheidend dafür, ob ein Bündnis zwischen beschäftigender Institution und Fachkraft zustande kommt. Zanks Hintergrundbeschreibung steht nun im engen Zusammenhang mit ihrem Hinweis, AIDS-Hilfe sei als Institution, die sie beschäftigt, ihrerseits völlig unspezifisch ausgewählt worden. Wie ein Zufall stellt sich ihre Erläuterung in ein Verhältnis, das darauf Wert legt, dass sie vorberuflich keine[!] Verbindungen zur AIDS-Hilfe gehabt habe.

»Ja, ja. Das war schlicht und ergreifend alles. Also keine ideologischen Geschichten, gar nichts. Ich habe auch vorher nie irgendwas mit AIDS zu tun gehabt. Also ich habe bewusst niemanden gekannt, der HIV-positiv war« (Gudrun Zank 55-57).

Das beständige Betonen einer fehlenden Nähe zur AIDS-Hilfe führt schließlich sogar zu der bemerkenswerten Steigerung, die persönliche Distanzierung von der Institution AIDS-Hilfe, als bewusste Strategie ins Spiel zu bringen. Nicht ganz deutlich wird, ob sich diese Passage wirklich als Ausdruck einer impliziten Taktik und Überzeugung lesen lässt, die dann sehr ausdrücklich hervorheben würde, keine Beziehungen zur AIDS-(Hilfe)-Ideologie zu haben, oder ob der Term »ich habe bewusst niemanden gekannt, der HIV-positiv war« lediglich klären soll, dass sie vor ihrer Beschäftigung bei AIDS-Hilfe schlicht und ergreifend keine Menschen gekannt hat, die von einer HIV-Infektion oder AIDS-Krankheit ›betroffen‹ waren, also weder im Freundeskreis noch in vergleichbaren sozialen Welten. Trotzdem lässt sich jenseits der Sicherheit, ob Zank diese Einstellung als bereits lange schon vorbereitetes Dogma ›ideologiefrei zu sein‹ inszeniert, oder ob es sich schlicht um ein grundlegendes Abgrenzungsinteresse handelt, festhalten, dass die emotionale Unbefangenheit und Entfernung von AIDS-Hilfe an diesem Punkt zu weiteren analytischen Überlegungen einlädt.

Es fällt auf, dass Gudrun Zank ein spezifisches Interesse, oder eine biographisch begründbare Motivation für ein feldspezifisches Engagement von instrumentellem Wissen auf der Basis von Können und Handeln abkoppeln kann. Sie unterscheidet den Bereich des Privaten, der noch im voraus-

41 Als vorberufsbiographische Merkmale lassen sich neben der Kirchenmitgliedschaft beispielsweise auch eindeutig politische, gewerkschaftliche oder auch wissenschaftstheoretische, also ›ideologische Orientierungen‹ nennen

gegangenen Typus die »mentale Antriebsstruktur« (Schmeiser 1997) für ein AIDS-Hilfe-Engagement bildete, von einem ›ideologiefreien‹ Beweggrund, in der AIDS-Hilfe zu arbeiten. Privatheit, also jene vorberuflichen biographischen Dispositionen, die Karrieren kanalisieren – wie dies am Beispiel ›direkter Betroffenheit‹ gezeigt werden konnte – trennt sich im Fall von Gudrun Zank von einem Motivationsmuster, das sich auf die Sachebene konzentriert. Für Gudrun Zank stellt ihr erworbenes ›Mehrwissen‹ im Bereich systemischer und familientherapeutischer Qualifikation ein konkretes Handlungswissen dar, wie in bestimmten Situationen mit ›schwierigen Adressaten‹ umzugehen ist. Wissen und Können werden als Anwendungskompetenz, zum Beispiel die Kompetenz zur (Fach-)Beratung, ausbuchstabiert. Zugleich ist dieses Wissen auch auf die eigene Person – die Selbstreflexion im supervisorischen Sinne – anwendbar. Das Verständnis von kommunikationstheoretischen Gesetzmäßigkeiten, die das soziale System ins Zentrum möglicher Konfliktlinien stellen, ermöglichen es Zank, dem professionellen Beziehungsgeflecht mit Abstand und Distanz zu begegnen. Ein Distanzierungsvermögen bewahrt so gesehen vor zuviel Nähe, die möglicherweise jegliche alternative Sicht auf die Interaktion verstellte.

Dieses sozialarbeiterische Profil erinnert deutlich an die von Werner Thole und Ernst-Uwe Küster-Schapfl (1997) für die offene Jugendarbeit entwickelte Idee der ›sozialpädagogischen Profis‹. Mit Rekurs auf das Bourdieusche Habituskonzept legen sie dar, wie PädagogInnen unterschiedlichste Formen finden, um ihre Kenntnisse, die sie im Hochschulstudium erworben haben, im Berufsalltag erfolgreich einzusetzen. Den Autoren geht es um die professionelle Transformationsleistung der Expertinnen, ihr Wissen in ein Können, theoretisches Abstrahieren in praktisches Handeln, disziplinäres Know-how in professionelles Ausführen zu übertragen (vgl. Thole/Küster-Schapfl 1997; Thole/Cloos 2000a: 550). Die Betonung einer gewissen Fremdheit und distanzierten Haltung – als Haltung zum Berufsfeld AIDS Hilfe – könnte durchaus auch mit einer Vorahnung zusammenhängen, dass sich die »ideologischen Geschichten« nicht mit einer geforderten professionellen Neutralität vereinbaren lassen. Mit ihrem Versuch, die berufliche Position definitiv im Bereich außerhalb von persönlichen Erfahrungen und Interessen zu verorten, unterstreicht Zank ihr expertokratisches Selbstverständnis, Diagnoseinstrumente, die helfen, den Anderen besser zu verstehen[42], in den Vordergrund der Praxis zu stellen. Ein systematisierendes Ein-Ordnen von Adressatenschwierigkeiten bedeutet in dieser Lesart zugleich auch, dass der eigene Standpunkt in der professionellen Hilfebeziehung stets mitzudenken ist. Die Bezugnahme auf sich selbst gehört hier gewissermaßen zwangsläufig zu einer sozialarbeiterischen AIDS-Hilfe-Expertise.

42 Gudrun Zank äußerst sich hierzu wie folgt: »ich verstehe besser« (406); »von einer ganz anderen Warte Fragen stellen« (389).

## »Ich brauchte einfach einen neuen Job«

Wie Gudrun Zank, kommt auch Claudia Mann, Diplom-Sozialarbeiterin und seit 1998 in der AIDS-Hilfe beschäftigt, aus einem benachbarten Berufsfeld der Sozialen Arbeit. In ihrem Fall ist es nicht die sozialpädagogische Langzeitbetreuung psychisch erkrankter Menschen, sondern der stationäre Drogenbereich.

»Ich arbeite seit August 1998 in der AIDS-Hilfe und ich habe davor in der stationären Drogentherapie gearbeitet so ungefähr 5 oder 6 Jahre lang und habe da gekündigt und habe eine lange Segelreise unternommen und brauchte einfach einen neuen Job (lachen). So bin ich in den Bereich gekommen. Der war dann aber schon, dadurch, dass ich im Drogenbereich einschlägige Erfahrung habe und meine Diplomarbeit über HIV und AIDS im Strafvollzug geschrieben habe, war das quasi, habe ich mich dann auf die Ausschreibung beworben« (Claudia Mann 13-19).

Die berufliche Einmündungsphase von Claudia Mann ist dem ›typischen Verlauf‹, so wie ich ihn bei Gudrun Zank freilegen konnte, sehr ähnlich. Die Motivationsstrukturen beider Expertinnen gleichen sich sehr, insofern auch Claudia Mann in ihrer Erzählung den Eindruck vermittelt, als sei sie rein zufällig, weil sie gerade auf Jobsuche war, auf das Berufsfeld der AIDS-Arbeit gestoßen. Nach einer längeren Unterbrechung der Berufstätigkeit als Sozialarbeiterin durch eine Segelreise, steht Manns Motivation, auf eine Stellenanzeige der AIDS-Hilfe zu reagieren, ganz im Zeichen finanzieller Absicherung. Ich »brauchte einfach einen neuen Job« und »so bin ich in den Bereich gekommen«, schildert sie pragmatisch ihren Entschluss, sich in der AIDS-Hilfe zu bewerben.

Die Figur einer rein zufälligen Berufseinmündung schließt sich an die Ausführungen Zanks an. Die Sondierungsphase vor einer konkreten Bewerbung in einen sozialarbeiterischen (Fach-)Bereich hinein, schildert Claudia Mann verhältnismäßig nüchtern und ohne spezifische Interessenslagen oder eine Vorliebe für das eine oder andere Tätigkeitsprofil. Der Motivationskern Manns kann als utilitaristische Zielorientierung aufgefasst werden, die sich weniger damit aufhält, zu überlegen, warum und wie in der Praxis Sozialer Arbeit gehandelt wird, sondern die das ›Prinzip Lohnarbeit‹, die eine gewisse finanzielle Absicherung garantiert, als oberste Maxime in den Entscheidungsprozess stellt. Ein fachliches Interesse, – und hier variiert das Argumentationsschema Manns –, das sich mit den spezifischen Inhalten und Anforderungen der Praxis befassen würde, reduziert sich auf ihre einschlägigen Vorerfahrungen durch die Beschäftigung in der Drogentherapie sowie eine Abschlussarbeit an der Fachhochschule zum Thema HIV und AIDS im Strafvollzug.

Anders als Zank, die zumindest ein Weiterbildungsinteresse für sich nutzen kann, um mit Hilfe des Handwerkszeugs systemtheoretischer Überlegungen das Feld AIDS-Hilfe zu hinterfragen, verbleibt Mann im Rahmen einer gewissen Beliebigkeit. Sie ist nicht auf der Suche nach beruflicher Selbstverwirklichung oder einer Entfaltung besonderer beruflicher Interessen. Im Gegenteil entsteht der Eindruck, dass es auch jede andere Einrichtung hätte sein können auf deren Annonce Claudia Mann nach ihrer Segelreise, im Fall einer entsprechenden Passung von institutionellem Anforderungsdesign und beruflicher, akademischer Vita, geantwortet hätte. AIDS-Hilfe wird als ›Job wie jeder andere‹ konstruiert und gedeutet. Drogentherapie, HIV und AIDS und Strafvollzug dokumentieren das Spektrum beruflicher Expertise, die genutzt werden kann, um einem sozialen Absicherungsbedürfnis zu entsprechen. AIDS-Hilfe entspricht einem Job zum Geldverdienen und zum Anknüpfen an berufliche Erfahrungen, die in benachbarten Berufsfeldern gesammelt werden konnte. Zentrale Motivation für Claudia Mann in AIDS-Hilfe zu arbeiten ist die Vermeidung finanzieller und sozialer Unsicherheit.

Im Unterschied zu dem von Friedhelm Ackermann und Dietmar Seeck (1999) beschriebenen Typus der »Absicherungsbedürftigen« (ebd.: 126), findet sich bei Claudia Mann zwar die eindeutige Strategie, die private Haushaltskasse zu füllen und ihr Leben über Soziale Arbeit in AIDS-Hilfe zu refinanzieren – sich also abzusichern –, es fehlt indes die Verbindung mit einem eingeschränkten Selbstwertgefühl und der Angst vor Arbeitslosigkeit sowie gesellschaftlicher Abwertung, die als wachsender »Neid gegenüber den ›kleinen Karrieren‹ anderer« in dieser Studie beschrieben wird (vgl. ebd.). Weder ›ideologische Geschichten‹, vor denen sich Gudrun Zank schützen wollte, noch andere persönliche Verstrickungen sind Merkmale für diesen Typ sozialarbeiterischer Selbsteinschätzung in der AIDS-Hilfe. Die Verhinderung von Prekarität zeichnet sich als zentrale Motivation für eine AIDS-Hilfe-Beschäftigung ab.

## »Und da hat mich eine Frau angesprochen«

Susanne Wolke, Diplom-Sozialpädagogin, studierte in einer bundesdeutschen Großstadt Sozialwesen und findet den Kontakt zur AIDS-Hilfe erstmalig 1989 über ein verpflichtendes, studienbegleitendes Praktikum, welches ihr von einer Professorin der Hochschule vermittelt wird. Erst im Anschluss an das Interview wird im Nachgespräch deutlich, dass es sich bei der Frau, die sie während des Studium auf ein semesterbegleitendes Praktikum angesprochen hat, um eine Professorin des Fachbereichs handelte, bei der Susanne Wolke mehrere Veranstaltungen besucht hatte. Hieraus entstand ein Vertrauensverhältnis sowie eine Situation studienbegleitender Betreuung, von der Wolke sehr positiv und nachhaltig beeindruckt berichtet.

Die professorale Unterstützung bleibt auch noch nach Beendigung des Studiums erhalten. So ist die hochschulsozialisatorische Komponente vergleichsweise stärker ausschlaggebend, als dies bei Claudia Mann, die sich ebenfalls bereits im Studium mit drogenspezifischen Themen und deren Relevanz für die AIDS-Hilfe befasst, zum Tragen kommt.

»1989 habe ich studiert und wir mussten so semesterbegleitende Praktika machen, und da hat mich eine Frau angesprochen, ob ich nicht Interesse hätte, im Frauenknast damals eine Gruppe mitzuleiten. Und die Gruppe würde über die AIDS-Hilfe in E-Stadt angeboten. Und das war sozusagen mein erster Kontakt mit der AIDS-Hilfe, wo ich dann als ehrenamtliche Mitarbeiterin und gleichzeitig als Studentin da angefangen habe, eine Gruppe zu leiten. So einmal in der Woche. So ein Angebot zu machen. In erster Linie für drogengebrauchende Frauen. Und, ja, das habe ich dann 1 ½ Jahre gemacht, dann war mein Studium fertig irgendwann. Dann habe ich es weitergemacht, habe da auch noch andere Gruppen so im Knast angeboten, und dann habe ich sozusagen darüber, also auch über meine damalige Diplomarbeit, also da hatte ich so über frauenspezifische, therapeutische Einrichtungen hier in E-Stadt geschrieben, also drogentherapeutische Einrichtungen, hatte ich sozusagen den Kontext Drogenarbeit und Arbeit im HIV-Bereich. Ja, und dann meine erste Stelle, die war dann in so einem Szene-Laden für Junkies. [...] Da habe ich ungefähr 1 ½ Jahre gearbeitet. Und da hatte ich dann die Gruppenarbeit aufgehört. Ja, und dann, nach den 1 ½ Jahren war ich längere Zeit arbeitslos, bin dann für 1 Jahr nach Amerika gegangen [...] kam dann wieder zurück und dann irgendwann wurde hier eine Stelle frei bei der AIDS-Hilfe. Also eine richtig feste ¾-Stelle« (Susanne Wolke 66-91).

Das vermittelte Praktikum leistet Susanne Wolke als ein Gruppenangebot für straffällige Frauen im Frauenknast. Es ist anzunehmen, dass die sozialarbeiterische Tätigkeit in der Strafvollzugsanstalt von der AIDS-Hilfe in Kooperation mit den dort beschäftigen KollegInnen organisiert wird. Üblicherweise wird das Experten-Wissen der AIDS-Hilfen als Spezialwissen von den Justizvollzugsanstalten abgerufen. Es existieren zwar Versuche, die Themen Strafvollzug, Drogenkonsum und AIDS auch direkt im Strafvollzug in Form eines Grundlagenwissens durch Trainings und Handbuchmaterialien sicherzustellen, doch hat sich ab Mitte der 1980er Jahre ein Engagement der AIDS-Hilfen im Justizvollzug sukzessiv aufbauen können[43].

43 Das Europäische Netzwerk zur Drogen- und AIDS-Hilfe im Strafvollzug (ENDHASP) versucht durch politische Netzwerkarbeit, aber durch eigene Studien (zum Beispiel Befragungen) eine flächendeckende Beratungsmöglichkeit in den Gefängnisanstalten umzusetzen (vgl. Ambrosini 2001: 106ff.). Beispielhaft sei hier das von Heino Stöver und Franz Trautmann (2001) herausgegebene Handbuch erwähnt: »Risikominimierung im Strafvollzug. Arbeitsmaterialien zur HIV-Prävention für Praktiker/innen«, das in Zusammenarbeit mit der Deutschen AIDS-Hilfe e.V. entstanden ist. Unter dem Motto »Gesundheitsförderung im

»Mit dem Auftreten der AIDS-Krise Mitte der 80er Jahre haben sich Gesundheitsämter aber vor allem AIDS-Hilfen verstärkt im Vollzug engagiert. Zielgruppen dieser Aufklärungsarbeit sind sowohl die Gefangenen als auch die Bediensteten. Im Vordergrund stehen die Problematisierung der ineinander verschränkten Problembereiche ›Drogenkonsum‹, ›Infektionskrankheiten‹ und ›Strafvollzug‹. Dabei geht es bei den Gefangenen nicht nur um die Vermittlung infektionsrelevanten Wissens, Entwicklung eines Risikobewusstseins und Hilfestellungen zur Risikobewältigung unter Haftbedingungen, sondern auch um Erfahrungsaustausch, Verarbeitung von Ängsten bezüglich des anstaltlichen Umgangs mit einer HIV oder zunehmend auch Hepatitisinfektion, sowie spezifische Hilfestellungen zur Verbesserung der materiellen Situation innerhalb der Haft, Kontakte nach draußen, Teilnahme an Betroffenen- und Selbsthilfegruppen« (Stöver 2000: 142).

Das pädagogisch vorbereitete Gruppenangebot im Frauenknast ist Wolkes erster Kontakt mit der AIDS-Hilfe. Die Entscheidung, im Kontext von AIDS-Hilfe das erforderliche Praktikum im Rahmen des Sozialpädagogikstudiums zu absolvieren, trifft sie recht zufällig. Es hätte auch eine andere Einrichtung, die Gruppenangebote organisiert, sein können. Die zufällige Berufseinmündung in die AIDS-Hilfe findet sich in diesem Zusammenhang, neben den Erzählungen von Gudrun Zank und Claudia Mann, bereits zum dritten Mal. Das Praktikum scheint eine gewisse Neugier und Motivation bei Susanne Wolke evoziert zu haben. Nach dem Praktikum hält sie den Kontakt zur AIDS-Hilfe über eine ehrenamtliche Mitarbeit parallel zum Studium aufrecht. Sie erhält sogar Gelegenheit, selbständig ein eigenes Gruppentreffen zum Thema »Drogengebrauchende Frauen« aufzubauen und in regelmäßigen Abständen anzubieten. Parallel spezialisiert sie sich auch theoretisch für das Gebiet Drogenarbeit und Arbeit im HIV-Bereich. Sie schreibt hierzu ihre Diplomarbeit und interessiert sich auch nach einem Jahr Pause in Amerika immer noch für diesen Bereich: Sie kann schließlich »eine richtig feste ¾-Stelle«[44] besetzen.

Der Entscheidungshintergrund für eine Beschäftigung in der AIDS-Hilfe, ist bei Susanne Wolke – ähnlich wie der von Thole/Küster-Schapfl (1997) beschriebene Fall von Kerstin Hagen – als ›zufallsbedingt‹ interpretierbar[45]. Vergleichbar mit einer »institutionell präjudizierte(n) Statuspassa-

Strafvollzug - Healthy Prisons« soll dieses Handbuch für Bedienstete im Strafvollzug die Funktion einer Fortbildungsveranstaltung wahrnehmen, die erste Grundlagen zu den Aspekten ›Drogen und ihre Wirkung‹, ›Sexualität und Möglichkeiten des Schutzes‹, ›Hygienemaßnahmen‹, etc. aufbereitet. Die Überschriften in dem Handbuch lauten beispielsweise »Drogengebrauch im Gefängnis: Substanzen, Gebrauchsmuster, Häufigkeit und Formen des Konsums«, »Sex, Kondome und Safer Sex in Haft«, »Risikominimierende Maßahmen in Gefängnissen - wie und warum?«.

44 Susanne Wolke: 91.

45 Thole/Küster-Schapfl (1997: 42ff.) subsumieren ›den Fall Kerstin Hagen‹

ge der gelenkten Zufälligkeit« (ebd.: 43), die sich aus dieser Studie explizieren lässt, dominiert der zufällige Charakter als Entscheidungskriterium für Susanne Wolke. Ihre Schwerpunktlegung, die Arbeit im Frauenknast über ein Praktikum kennen zu lernen, ergab sich eher zufällig und durch informelle Beratungen und Unterstützungen der Hochschullehrerin. Die zufällige Begegnung verläuft allem Anschein nach ohne ›persönlich betroffene Motivation‹ und offenbart sich insofern als fast beliebiger Entschluss. Die Empfehlungen und Anregungen einer wissenschaftlich und institutionell etablierten, also anerkannten Statusinhaberin sind aber erforderlich, um der Beliebigkeit der beruflichen Orientierung innerhalb der sozialarbeiterischen Praxis eine bestimmte Richtung zu weisen.

Aus einer Situation des Nicht-Wissens entwickelt sich über eine institutionelle Begleitung eine Perspektive, die das theoretisch-abstrakte Potenzial im Studium für konkrete Fragestellungen im Berufsfeld Sozialer Arbeit fruchtbar und anschlussfähig macht. Die Verbindung Fachwissen und Praxiserfahrung hat ihren Ausgangspunkt letztlich im Angebot der Professorin, ein einschlägiges Praktikum im AIDS-Bereich zu absolvieren. Möglicherweise wäre ein anderes Berufsfeld, auf das Susanne Wolke entweder von einer anderen Lehrkraft, in einem anderen Seminar angesprochen worden wäre, oder das sie sich selbst erschlossen hätte, genauso interessant und inspirierend gewesen, um sich dauerhaft oder zumindest langfristig zu engagieren. Der Entwurf einer beeinflussten und so gesehen auch ›geleiteten‹ Einmündung in den AIDS-Hilfe-Bereich muss nicht heißen, dass sich Susanne Wolke mit den fachlichen Anforderungen und dem Erscheinungsprofil der Institution nicht auseinandersetzen kann oder will. Im Gegenteil beschreibt sie:

unter die Überschrift »Wege der ›gelenkten Zufälligkeit‹ in die Soziale Arbeit«. An zwei berufsbiographischen Positionen beschreibt Kerstin Hagen den dirigierenden Einfluß von Bildungsinstitutionen mit staatlichem Auftrag. »So beginnt Kerstin Hagen ihren Interviewpart beispielsweise mit dem Hinweis auf ihre Schulbiographie, die sie als Jugendliche zunächst auf der ›Realschule‹ durchlaufen hat. Über das in der neunten Klasse abzuleistende berufsvorbereitende Praktikum, gerät sie erstmals mit verberuflichter Sozialer Arbeit in Berührung. […] Ihren zweiten beruflichen Orientierungsprozeß am Ende ihrer Gymnasialzeit, der in der Aufnahme eines Diplom-Pädagogikstudiums mündete, beschreibt sie wie den ersten als offen und nur grob zielgerichtet« (ebd.: 43). Dennoch misst sie der Hochschulausbildung eine disponierende, qua Hochschulsozialisation prägende Funktion bei. Die berufliche Entwicklung in das Feld Soziale Arbeit hinein, ist demnach offen und zufallsbedingt, was die persönlichen Vorstellungen von einer ›Karriere als Sozialarbeiterin‹ anbelangt. Die weit gefasste Orientierung wird aber durch bestehende Strukturen der Bildungseinrichtungen, die gewöhnlich zu durchlaufen sind (also Schule, Fachschule, Fachhochschule oder Universität), nachhaltig beeinflusst.

»Und alles weitere, da denke ich, da sind wir mittlerweile einfach 'ne hochprofessionelle Einrichtung geworden, so! Also es ist nicht mehr irgendwie so 'nen Selbsthilfeverein, was es mal zu Anfang war, sondern es ist einfach 'ne hochprofessionelle Beratungsstelle, so kann man das nennen« (Susanne Wolke 507-510).

Als »hochprofessionelle Einrichtung« sieht Susanne Wolke AIDS-Hilfe im Profibereich angekommen. Sie stellt die professionelle Beratungskompetenz der Einrichtung gegen ihre historisch begründete Funktion »Selbsthilfeverein«, »irgendwie so 'nen Selbsthilfeverein«, gewesen zu sein. Wolkes Faible für das methodische Handlungskonzept Beratung als die[!] Vorgehensweise schlechthin, mit der sich AIDS-Hilfe eben auch ausweisen könne, zieht sich durch das gesamte Gespräch. Wolkes Selbsteinschätzung als Beratungsexpertin möchte ich, zumindest für das hier diskutierte Deutungsmuster ›geleiteter Berufseinmündung ohne Rekurs auf vorberufliche Erfahrungsbereiche‹, nicht weiter verfolgen. Nur soviel: Ob als offenes Beratungskonzept in der »allgemeinen Beratung«[46], als Ehrenamtsberatung[47] oder hoch spezialisierte Schuldnerberatung[48], erklärt Susanne Wolke Beratung als zentrale kommunikative Fachkompetenz der Sozialarbeiter/innen in fast allen Projekten der AIDS-Hilfen. Zur Bezugnahme auf vorberufliche wie auch vorakademische Wissensbereiche, die später als Erfahrungshorizont für eine Kompetenzerweiterung und Qualifizierung im Berufsfeld herangezogen werden können, greift Wolke im Vergleich zum Typ ›direkter Betroffenheit‹ vergleichsweise selten. Nun ist eine Nicht-Thematisierung noch kein hinlängliches Kriterium, um hiervon auf ein gänzliches Fehlen eines vorberuflichen Erfahrungswissens zu schließen. Dieser Befund ließe sich zumindest aus dem Gespräch und den hier analysierten Textpassagen nicht ableiten. Grundsätzlich aber, so hält Werner Thole (2005b) fest, seien alltagspraktische Erfahrungen und Wissensressourcen mit späterhin professionellen Profilen aufeinander bezogen.

»Die verfügbaren fachlichen Wissens- und sozialen Erfahrungsressourcen sind in den Deutungen der Handelnden vorrangig in lebensweltlichen, biographisch angehäuften und alltagspraktischen Kompetenzen gelagert. Der langjährige Kneipenjob, die Praxis im Sportverein, die vor dem Studium ausgeübte ehrenamtliche Tätigkeit, Erlebnisse in Praktika, Studienerfahrungen außerhalb der fachlichen Veranstaltungen, Gespräche mit Freunden und Bekannten, Kenntnis des Lebensmilieus heutiger AdressatInnen, die vor dem Studium aufgrund des eigenen Lebensweges erworben wurden, und die Kommunikation mit KollegInnen bilden die Palette, so hält die Studie fest, die als wesentliche Quellen der fachlichen Expertise im Beruf ausgewiesen werden« (Thole/Pothmann 2005: 30).

46 Susanne Wolke: 141.
47 Vgl. Susanne Wolke: 397-403.
48 Vgl. Susanne Wolke: 298-314.

Susanne Wolke pointiert das hochprofessionelle Design ihres Arbeitgebers AIDS-Hilfe und bringt damit gleichzeitig auch ihr eigenes Selbstverständnis als Expertin auf Abstand zur ›Ideologie eines Selbsthilfevereins‹. Das Nicht-Thematisieren persönlicher Verwobenheiten mit der AIDS-Hilfe-Bewegung könnte zumindest ein Hinweis darauf sein, dass Wolke sich selbst mehr als leistungsstarke professionelle AIDS-Hilfe-Expertin darstellen möchte, um das Image einer ›selbsthilfebedürftigen Betroffenen‹ zu vermeiden.

## »Das Thema hat mich nicht losgelassen«

Katrin Steppe ist Diplom-Pädagogin und arbeitet seit 1 ½ Jahren bei der AIDS-Hilfe im Betreuten Wohnen. Sie hat ihre Diplomarbeit zum Thema »Frauen und Kinder mit HIV und AIDS« geschrieben und erfuhr über diese theoretische Auseinandersetzung eine erste Annäherung an die Thematik AIDS und Betreuung AIDS-Kranker.

»Ich habe angefangen vor 1 ½ Jahren, und ich habe vorher mit straffälligen Jugendlichen gearbeitet auch Betreutes Wohnen, halt in einer ganz anderen Form, weil die deutlich jünger waren. Und habe meine Diplomarbeit zum Thema Frauen und Kinder mit HIV und AIDS geschrieben. Und hatte da die erste Berührung mit AIDS, oder zumindest die erste konkrete Berührung. Und das Thema hat mich nicht losgelassen, es gibt eine Faszination dazu, und ich kann bis heute nicht wirklich sagen, was das ist. Ich habe Vermutungen, aber es ist irgendwie nicht klar. Und dann wurde die Stelle hier frei, auf der ich jetzt bin, und ich habe mich beworben, und es ging relativ flott, dass ich auch genommen wurde. Und das Thema hat bis heute weder die Faszination verloren, sondern eher ist es so, dass ich die Arbeit in der Aids-Hilfe als was Besonderes erlebe. Ich finde die Kommunikation ist eine andere hier in der Einrichtung, als in anderen Einrichtungen, die ich kenne. Kommt sicher daher, dass zumindest hier viele Kollegen auch eine lange gemeinsame Geschichte haben. Und dass natürlich auch die Atmosphäre prägt« (Katrin Steppe 12-25).

Katrin Steppe erwähnt, dass dieses Thema für sie eine gewisse »Faszination« ausübe. Entsprechend erlebe sie die Arbeit in AIDS-Hilfe als etwas Besonderes. Als Erklärung gibt sie an, dass die institutionelle Kommunikation, also die Atmosphäre im Arbeitsteam unter Kollegen etwas Besonderes sei, was sie auf die »lange gemeinsame Geschichte« der KollegInnen zurückführt. Die retrospektive berufsbiographische Erzählung Katrin Steppes erinnert deutlich an die vorgängig beschriebenen Episoden einer Berufseinmündung, die sich durch Betroffenheit im Sinne einer je spezifischen Form des Involviert-Seins auszeichnet. Wieder ist es ein Wechsel des Berufsfeldes, dem bereits einschlägige Praxiserfahrungen im Betreuten Wohnen für straffällige Jugendliche vorausgehen. In dem Augenblick, als Katrin Steppe über einen Kollegen ›per Zufall‹ von der freien Stelle in der AIDS-Hilfe erfährt, werden auch ihre Eindrücke zum Thema ›HIV, AIDS und Soziale Arbeit‹, die sie im Zusammenhang mit der Anfertigung ihrer Diplomarbeit sammeln konnte, reaktiviert. Der Kontakt zur AIDS-Hilfe im Zuge der wissenschaftlichen Bearbeitung wurde offenbar als einschneidendes und prägendes Erlebnis im Gedächtnis der Sozialarbeiterin abgespeichert.

Die Kommunikation in der AIDS-Hilfe wird als die zentrale Kategorie ausbuchstabiert, die sodann das Besondere als Faszination begründet. Steppes Sprachduktus vermittelt in der Beschreibung des Themas AIDS und Soziale Arbeit fast so etwas wie eine ›magische Anziehungskraft‹, die sich aus dem besonderen kommunikativen Miteinander der KollegInnen speist. Jene Gruppe von Kollegen, die »eine lange gemeinsame Geschichte haben« entspricht wohl dem bereits entdeckten Typ ›direkte Betroffenheit‹. Selbst nicht betroffen und ohne Vorerfahrungen hinsichtlich einer Verstrickung mit der Subkultur im Freundeskreis, so wie ich es beispielsweise später beim Typ ›indirekte Betroffenheit‹ beschreiben werde, sind es doch genau die Erfahrungen der Kollegen, die eine Faszination auf Steppe ausüben. Der ›quasimagische Anziehungspunkt‹, der dem Arbeitsfeld AIDS-Hilfe innewohnt hat seine Kraft in keiner Weise eingebüßt. Im Gegenteil wirkt er – zwanzig Jahre nach Gründung der ersten AIDS-Hilfen in der Bundesrepublik Deutschland – auf das Selbstverständnis und die Einstellung der Experten in AIDS-Hilfe maßgeblich ein. Das Besondere und Faszinierende an der AIDS-Hilfe respektive an ihrer Arbeit unterstreicht Steppe auch in einem Telefonat, das ich einige Monate später nochmals mit ihr führte, um offene Fragen zu klären:

»Es gibt nach wie vor eine große Faszination für das Thema HIV mit allem, was an Spannendem und Interessantem und vor allem immer wieder Neuem dranhängt. Dieses Interesse lässt bei mir einfach nicht nach, und es stellt sich mir immer wieder die Frage, welcher Anteil in mir hierfür ›sorgt‹« (Katrin Steppe: o.A.).

Auf die Frage, ob sie die Besonderheiten in der AIDS-Hilfe-Arbeit nochmals umschreiben könne, erzählt Steppe, dass sich vor allem in ihrem Bekanntenkreis die Reaktionen hinsichtlich ihrer Tätigkeit als Sozialarbeiterin in der AIDS-Hilfe verändert hätten. AIDS sei dann plötzlich wieder ein ›großes Thema‹[49]. Ihre institutionelle Einbindung ist vor diesem Hintergrund ausschlaggebend, denn die Leute stellen »Fragen, die sie nie gewagt

49 Katrin Steppe berichtet in diesem Zusammenhang: »Auf einmal sickert dieses Thema in meinem Bekanntenkreis so durch. Und auf Feten, wo auch immer, werde ich dann angesprochen, was die Leute sich nie zu fragen gewagt haben oder so. Auf einmal werde ich dann gefragt, ›wie ist denn das‹ so. Das ist was, was es wahrscheinlich bei einer Drogenberatung nicht gibt, wenn man da arbeitet. Ich glaube, das ist was Besonderes« (Katrin Steppe 8: 15-20).

haben, so zu stellen«, aber »auf einmal ist es ein Thema«[50], weil sie eben in der AIDS-Hilfe arbeite. Die Spezialität, die Katrin Steppe zu beschreiben weiß, korrespondiert unmittelbar mit dem Erfahrungshintergrund der ›Gründungsschwulen‹, die sich mit dem Auftreten der Immunschwächekrankheit AIDS als kollektive Akteursgruppe mit identitätsstiftender Zielorientierung repräsentieren. Die Strahlkraft der AIDS-Hilfen baut sich seither allmählich über die politischen Auseinandersetzungen im Kontext der ›AIDS-Krise‹ sowie eines entstehenden AIDS-Aktionismus' auf. Vor dem Hintergrund ›neuer sozialer Bewegungen‹, deren Entwicklung von der Bewegungsforschung rekonstruiert und beschrieben wird[51], formuliert Katrin Steppe so etwas wie Interesse, Sympathie und Solidarität mit den Ideen und Vorstellungen jener Gruppe von Kollegen, die sich als betroffene Aktivisten politisch überzeugt für die Anerkennung homosexueller Lebensweisen und die Zurückweisung entwertender Stigmatisierungen einsetzen.

»Wer selbst jemals an einer sozialen Bewegung teilgenommen hat, die mehr als nur ein paar Hundert Menschen umfasst und die über einen längeren Zeitraum existiert hat, wird sicherlich ein gewisses Gefühl der Solidarität und Gemeinsamkeit unter den AktivistInnen bemerkt haben, auch wenn diese sich nie zuvor begegnet waren. Er oder sie wird wahrscheinlich auch eine spezifische (Sub-)Kultur wahrgenommen haben, die eng mit der jeweiligen sozialen Bewegung verbunden und von ihr geformt worden ist und in der die Politik und das Alltagsleben der AktivistInnen stattfindet. Genau um diesen ›Kitt‹ zwischen den handelnden Individuen geht es bei der Analyse des Prozesses kollektiver Identität« (Haunss 2002: 14f.).

Das Nicht-Sagbare, das in ihren Äußerungen immer wieder zum Vorschein kommt, entspricht dem benannten Kitt, der auch als verbindende, politische Überzeugung verstanden werden kann, für die es sich lohnt, einzutreten. Die Tatsache, dass diese Einstellungen im Sinne einer Bewegung geteilt werden können, ohne dass sich die einzelnen Akteure jemals gesehen haben, akzentuiert die Rationalität eines Sinnfindungsbedürfnisses, oder anders ausgedrückt, eines Wunsches, sich zu identifizieren und eine bestimmte Position einnehmen zu können.

---

50 Katrin Steppe 8: 14-22.

51 Einen guten Überblick über die aktuelle Forschungslandschaft liefert Sebastian Haunss (2004). Das Konzept ›Kollektive Identität‹ sowie deren unterschiedliche Verständnisse zeigt Haunss bereits 2002 auf. Seine Darstellung basiert auf den Perspektiven, die Manuel Castells (2000) »Materials for an Exploratory Theory of the Network Society« und Alberto Melucci (1999) »Soziale Bewegungen in komplexen Gesellschaften« einnehmen. Eine europäische Perspektive skizzieren Ansgar Klein/Hans-Josef Legrand/Thomas Leif (1999) in »Neue soziale Bewegungen. Impulse, Bilanzen und Perspektiven«. Eine kurze Zusammenfassung liefert auch Schütte (2005b).

Die politisch-kämpferische Stimme, die sich in die Aussagen Katrin Steppes legt, koppelt sich an die Geschichte von Queer Politics in der Bundesrepublik Deutschland, die im historischen Entstehungs- und Entwicklungsprozess nicht unmittelbar mit den queeren Identitätskritiken in den USA gleichgesetzt werden darf. Die bundesdeutsche Kategorie Queer Politics greift auf eine Epoche des AIDS-Aktivismus zurück, die sich politisch-emanzipativ gegen Diskriminierung aufgrund der AIDS-Krankheit richtet, und hierbei queer eher als Synonym für ein lesbisch-schwules Selbstverständnis nutzt (vgl. Perko 2005: 122). Im Unterschied zum US-amerikanischen Konstitutionsprozess, in welchem sich Queer Politics und Queer Theory gleichursprünglich entwickeln, steht Queer in der BRD als Bezeichnung für eine lesbisch-schwule Zusammenarbeit im Kampf gegen die Epidemie AIDS und ihre gesellschaftlichen Auswirkungen auf die so genannten ›Rand- und Risikogruppen‹. Es ist dadurch vielleicht möglich geworden, »einige verkrustete Strukturen sowohl in der Schwulen- als auch in der Lesbenbewegung aufzuweichen. Doch gleichzeitig formiert sich eine auf Integration ausgerichtete lesbisch-schwule Bürgerbewegung« (Genschel et al. 2001b: 187f.), die einem normativen Ideal von Identität folgt. ›Bestimmte Lebensweisen‹ skizzieren den Sinnhorizont für das Anrufen und Annehmen soziokulturell eindeutiger, nämlich schwuler, lesbischer oder HIV-positiver Subjektivität.

Wichtig für den vorliegenden Zusammenhang ist die implizite Bezugnahme Katrin Steppes auf Politikansätze, die damit beschäftigt sind für Identitäten zu votieren, die ihre sexuelle Orientierung finden, formulieren und gesellschaftlich anerkennen lassen müssen. Die Initiative ›ACT-UP‹ kann hier als Beispiel genannt werden. Auch andere Gruppierungen, wie beispielsweise ›Queer Nation‹[52], skandalisieren die Gewalt und Diskriminierung gegenüber schwulen und lesbischen Lebensweisen. Steppes Politikverständnis rekurriert auf die identitäre Logik eines handlungsleitenden ›Wir‹, wenn sie plädiert:

»Also z. B. fände ich es total super, wenn ›Positive‹ sich mehr zusammenschließen würden und sich outen und Politik machen würden damit. Weil ich glaube, dass sich das Klima wahrscheinlich nur ändert, wenn die Leute auch nach außen gehen. Und wenn es jeder für sich behält, dann wächst auch kein Klima, in dem man sagen kann, dass man ›Positiv‹ ist. Und das ist eine Form von, also ich finde, es gibt ein politisches Bewusstsein hier. Es ist immer noch dieses, sicher nicht mehr so stark wie früher, aber wir arbeiten dafür. Also ein Teil passiert hier, aber es könnte noch sehr viel mehr sein« (Katrin Steppe 8: 34-9: 1).

52 Auf den politischen Impetus der Gruppen ACT-UP und Queer Nation bin ich bereits im Kapitel ›Schwulenbewegung‹ genauer eingegangen.

Die Vorstellung von politischer Überzeugung und stabiler Gemeinschaftlichkeit begleitet Katrin Steppes berufliches Selbstverständnis. Sie greift die Situation, in der sich Adressatinnen der AIDS-Hilfe befinden, auf und empfiehlt eine Reaktivierung des ›Going Public‹, damit sich ein Klima gesellschaftlicher Akzeptanz und Anerkennung stabilisieren kann. Ein Teil dieser ›Emanzipationsarbeit‹ könne, so interpretiere ich diesen Diskursstrang, von ›nicht-direkt betroffenen‹ Sympathisanten übernommen werden, die sich, in ihrem Fall als professionelle Experten, über ihr berufliches Engagement im queeren Feld an ein Wissen über Diffamierung und gesellschaftliche Herabsetzung anschließen können. Obgleich sich Katrin Steppe ›nicht direkt betroffen‹ inszeniert, weil sie entsprechende Erfahrungen nicht gemacht hat, kann sie sich dennoch zumindest politisch überzeugt in das Verfahren ›Kampf gegen Unterdrückung‹ relativ problemlos und überzeugend einbeziehen. Damit symbolisiert sie die ideelle Klammer zwischen ›direkt betroffenen‹ und eigentlich ›nicht betroffenen‹ SozialarbeiterInnen in der AIDS-Hilfe auf der Suche nach Faszination, Besonderheit und exklusiver Identität.

## »Das war nicht unbedingt auf eigenen Wunsch«

Andreas König ist Diplom-Pädagoge und arbeitet seit Oktober 1997 bei der AIDS-Hilfe in F-Stadt, einer Metropole. Er lebt gemeinsam mit seiner Partnerin seit zwanzig Jahren in F-Stadt und hat nach wie vor viele langjährige Freunde aus der Schwulenbewegung. Er beginnt seine Erzählung mit einer längeren Skizze der beruflichen Einmündungsphase in die AIDS-Hilfe. Andreas König ist zunächst als Redakteur der AIDS-Hilfe internen (Fach-) Zeitschrift beschäftigt. Diese Tätigkeit erfordert seiner Beschreibung nach ein doppeltes Qualifikationsniveau, das sich durch pädagogische Fähigkeiten und eine Kenntnis von Abläufen von technischen und inhaltlichen Notwendigkeiten, um eine Zeitung zu erstellen, auszeichnet. Das pädagogische Können bezieht sich auf die professionelle Begleitung und Anleitung ehrenamtlicher MitarbeiterInnen, die sich um die Herausgabe der Einrichtungszeitschrift kümmern, und für deren Begleitung König zuständig ist. Es ist also ein Kompetenz-Mix gefragt, der pädagogische und organisatorisch-inhaltliche Qualitäten vereint. Zuvor war König als wissenschaftlicher Mitarbeiter über Werkverträge und »ABM-Geschichten«[53] an der Universität angestellt. Seine Entscheidung, diese alten Arbeitszusammenhänge zugunsten einer Beschäftigung bei der AIDS-Hilfe zu verlassen, fällt ihm leicht, denn er hat sich im Vorfeld gut über die Einrichtung und ›was so berichtet wird‹ informiert. Zudem erzählt König, durch seine Tätigkeit als Redakteur, einen guten Überblick über sämtliche Arbeitsbereiche der Einrichtung ge-

53 Andreas König 83.

habt zu haben. Der Wechsel von der Universität zur Redaktion in die AIDS-Hilfe und von dort in das Projekt ›Betreutes Wohnen‹, war demzufolge jedes Mal gut vorbereitet, informiert und wohl überlegt.

»Das war nicht unbedingt auf eignen Wunsch, sondern das hat einen finanziellen Hintergrund gehabt, dass, ja, die AIDS-Hilfe weniger Geld zur Verfügung hatte und sich überlegte, wo können wir Einsparungen vornehmen, und das war dann unter anderem in der Öffentlichkeitsarbeit der Fall gewesen. Meine Stelle war eine volle Stelle gewesen, also die Zeitschrift war mit einer 100 Prozent-Stelle verbunden, und da ist damals zunächst, also es gab zwischendurch die Überlegung die Zeitung ganz sein zu lassen, also ganz einzustellen, davon ist man dann aber abgekommen und hat dann aber gesagt: aus Kostengründen können wir die Zeitschrift in diesem Umfang nicht mehr weiterführen und auch nicht mehr eine ganze Personalstelle darauf verwenden, sondern nur noch eine halbe. Und eine halbe wäre, also für mich, zu wenig gewesen und dann war damals gerade der Zeitpunkt, dass es auch eine Stellenausschreibung aus dem Betreuten Wohnen gab, im Hause, und ich hatte einen einigermaßen Überblick über die einzelnen Bereiche gehabt, die die AIDS-Hilfe abdeckt. Also über die Zeitschriftentätigkeit hat man dort und dort hingesehen, man kriegte schon mit, was abläuft, und da habe ich mich halt auf die Stelle beworben und bin so ins Betreute Wohnen gekommen«; Interviewer: »Also waren es eigentlich zunächst ökonomische Beweggründe oder beziehungsweise Zwänge, die dich ins Betreute Wohnen gebracht haben?«; Andreas König: »Ja. Also wenn es mit der Zeit finanziell weitergelaufen wäre, hätte ich die Zeitung auch weitergemacht. Ich weiß nicht, ob bis heute, aber zum damaligen Zeitpunkt hätte ich das schon weitergemacht. Es waren schon so diese finanziellen Zwänge« (Andreas König 94-116).

Bemerkenswert ist, dass Andreas König deutlich macht, dass die Idee eines AIDS-Hilfe internen Wechsels der Tätigkeitsbereiche nicht von ihm persönlich initiiert oder gewünscht war. Stattdessen erkennt er ökonomische Rationalisierungszwänge als verantwortlich für diese Veränderung. Königs Rekonstruktion der beruflichen Einstiegs- und Veränderungsphase in der AIDS-Hilfe verläuft bedacht und rational abgewogen. Den institutionell erwünschten respektive geforderten Qualifikationsmix zwischen pädagogischer und journalistischer Expertise schätzt König und sieht exakt hier seine Stärken im professionellen Handlungsprofil. Einerseits mit Leuten umgehen und zusammenarbeiten, die ehrenamtlich gemeinsam mit ihm die Zeitung gestalten, und andererseits das gesamte Prozedere der Veröffentlichung einer NGO-Zeitung hauptverantwortlich zu betreuen, entspricht für ihn einer abwechslungsreichen und kreativen Beschäftigung, die er zu würdigen weiß. Die Zwänge einer innerbetrieblichen Stellenmodifikation beschreibt Andreas König im Sinne einer Gelegenheit, seine Kompetenzen, die er als Sozialwissenschaftler mit Forschungserfahrung sowie als ehemaliger Redakteur sammeln konnte, mit dem Anforderungskatalog im Folgeprojekt

›Betreutes Wohnen‹ geschickt und findig zu arrangieren. Denn auch hier sei ein ständiger Wechsel zwischen Praxiswissen und theoretischem Abstraktionsvermögen gefordert[54]. Königs Entscheidung, in der AIDS-Hilfe zu arbeiten, lässt sich im Vergleich zu den ›direkt betroffenen‹ Experten als kalkuliertes, taxiertes Arrangement beruflicher Kompetenzmerkmale mit einem institutionellen Leistungskatalog bezeichnen. Die strukturellen Rahmenbedingungen des Arbeitsplatzes werden besonders berücksichtigt, um mit Hilfe dieser Einschätzung die eigene Qualifikation daraufhin abzustimmen.

Andreas König betont sein primäres Interesse daran, eigentlich die Aufgaben eines verantwortlichen Redakteurs der AIDS-Hilfe-Zeitschrift weiterhin wahrnehmen zu können. Als ehemaliger wissenschaftlicher Mitarbeiter an der Universität ist in diesem Zusammenhang zu vermuten, dass die theoretische und textbezogene Auseinandersetzung mit Inhalten im Vordergrund seines Interessensbereichs stehen. In Ergänzung zur ›organisationsstrukturellen Passung‹ bei Gudrun Zank ließe sich die berufliche Einmündungsphase am Beispiel Andreas Königs mit ›Beruf ohne Berufung‹ überschreiben.

Den Anforderungen, die von der AIDS-Hilfe an König gestellt werden, begegnet er mit einer technizistischen Einschätzung seiner beruflichen Situation. Ohne selbst von HIV oder AIDS betroffen zu sein, und ohne im Kontext von AIDS-Hilfe einen Sozialisationsprozess in Form des Coming-Out leisten zu müssen, ›reduziert‹ sich die Beziehung zwischen Andreas König und der AIDS-Hilfe auf ein Angestelltenverhältnis wie ›jedes andere auch‹. Sein »spezifisches Arbeitskraftmuster« (Bollinger 2005: 17) strukturiert er entlang einer Gegenüberstellung von Erwartungen und Fähigkeiten. Es lässt sich ein gewisses Distanzierungsvermögen konstatieren, das die Handlungsorientierung Königs begleitet. AIDS-Hilfe fungiert in dieser Perspektive als Ort institutionalisierter Tätigkeit, die den Lebensunterhalt sichern soll. Im Vergleich wie auch im Unterschied zur magnetischen Anziehungskraft, die die AIDS-Hilfen auf den ›Typ direkte Betroffenheit‹ ausüben, scheint Andreas König mit der AIDS-Hilfe, als ideologisch, charismatisch aufgeladene Institution verstanden, weitaus weniger ›persönlich verbunden‹ zu sein. AIDS-Arbeit korrespondiert hier stärker mit der Kategorie ›Beruf‹ als mit dem ›inneren Ruf‹ nach Bewältigung des individuellen Schicksals, also einer ›Berufung‹.

54 An dieser Stelle argumentiert Andreas König folgendermaßen: »[...] um das mal von der Differenz zu der Arbeit von davor aufzuzeigen, das ist eine deutlich andere Arbeit« (121-122); »[...] wenn ich so autobiographisch gucke, haben sich bei mir eigentlich immer so Arbeiten abgewechselt, die teilweise eher theorielastig waren und abgelöst wurden durch Tätigkeiten, die praxisbetonter waren, also das ist so eine ganz lange Kette« (124-127).

König überblickt seinen Kanon wertschaffender, spezialisierter Fähigkeiten und kann ihn in den Kontext eines Mechanismus von Angebot und Nachfrage stellen. Eine berufliche Krise, die entsteht, wenn ›betriebsbedingt‹ das Arbeitsverhältnis vom Arbeitgeber einseitig stark reduziert werden muss, interpretiert er als ›realistische Gegebenheit‹, die es zu bewältigen und letztlich zu integrieren gelte. In seinem speziellen Fall bietet ihm AIDS-Hilfe eine Alternative an, die seinen Stellenumfang nur leicht vermindert. König kann daher nüchtern kalkulierend im Sinne einer Strategie ›Beruf ohne Berufung‹ reagieren.

Der Sinngehalt von Arbeit hat sich, im Vergleich zu der Kraftlinie einer Verwobenheit von vorberuflicher mit beruflicher Biographie, verschoben. Waren es im Typus der direkten Betroffenheit noch die vorberuflichen Erfahrungen, sozialisationsspezifisch ›gewordene‹ Einstellungen und Überzeugungen, die den Eintritt in die AIDS-Hilfe lancierten, so differenziert sich diese Perspektive nun in ein berufliches Selbstverständnis, das Biographie und Beruf weitaus diskontinuierlicher fasst. Das Prinzip einer ›organisationsstrukturellen Passung‹ wird durch die Erzählung Königs zwar nicht aufgehoben, stattdessen aber um den Aspekt der Versachlichung und eines gewissen Pragmatismus ergänzt. Zwischen Beruf und Berufung spannt sich ein Gravitationsfeld auf, das die Relationen zwischen Arbeitnehmer-Subjekt und Arbeitgeber-Institution produktiv mitgestaltet. Die Anziehungskraft der AIDS-Hilfen, ihre magnetische Wirkung, verhält sich nicht statisch. ›Direkt betroffene‹ Experten werden tendenziell eher angezogen, als ›nicht-betroffene‹ Individuen, die eine Strategie der Abgrenzung und pragmatischen Nutzung anzuwenden wissen. Die zentrale Ressource Königs, sein Arbeitsverhältnis zur AIDS-Hilfe effektiv zu organisieren und strategisch ›seinen Weg‹ durch den Dschungel arbeitsmarktpolitischer Unwägbarkeiten zu gehen, dokumentiert beispielhaft und kontrastiv eine Variante des Arrangements von ›persönlichem Hintergrund‹ und ›pragmatischer Kalkulation‹.

## ›Indirekte Betroffenheit‹: Mit Abstand doch mittendrin

Zwischen ›direkter Betroffenheit‹ und ›Nicht-Betroffenheit‹ platziert sich eine Form des Beteiligtseins die sich weder einem eindeutigen Problem- oder Randgruppenphänomen zuordnen lässt, noch unmissverständliche Distanzierungsvorkehrung trifft. Im Spagat zwischen zwei Polen pendelt sich ›indirekte Betroffenheit‹ in eine Situation ein, die sich über ihre privaten, ehrenamtlichen und beruflichen Erfahrungen im AIDS-Hilfe-Bereich hinaus engagieren möchte.

## »Ich wollte unbedingt zur AIDS-Hilfe«

Bettina Paulsen ist Diplom-Pädagogin und arbeitet seit 1990 in einer großen AIDS-Hilfe. Zuvor hat sie eine Ausbildung zur Arzthelferin abgeschlossen. Sie schildert ihren Bezug zur AIDS-Hilfe aus einer persönlich beteiligten Position heraus. Folgende Interviewpassage soll in den Typ ›indirekte Betroffenheit‹ einführen.

»Ich wollte unbedingt zur AIDS-Hilfe. Das war mir ein Anliegen nach dem Studium. Und es hatte einfach den Hintergrund, dass einige Freunde und Bekannte von mir an AIDS verstorben sind, wobei das immer alles sehr im Geheimen passiert ist, also man hat es nicht geoutet eigentlich. Man hat nur nach großen Nachfragen erfahren, und hat es zum Teil vermutet, es könnte vielleicht AIDS sein, es war noch ein ganz großes Tabuthema. Und auf diese Art habe ich halt auch einige Freunde verloren. Und es hat mich sehr beschäftigt, und da ich ja mal Arzthelferin war, hatte ich mir ursprünglich nach dem Studium einfach vorgestellt, ich gehe in so eine Art AIDS-Pflege. Habe mir dann aber eigentlich keine Gedanken gemacht, dass das als Diplom-Pädagogin einfach nicht geht, und dass da meine Qualifikation als Arzthelferin dazu auch nicht ausreicht, die mittlerweile auch schon einige Jahre alt war und habe dann eigentlich einfach durch meine unheimliche Beharrlichkeit, ich habe der AIDS-Hilfe, die damals noch ein 9 oder 10 Mann-Betrieb war, regelrecht die Tür eingelaufen, dass denen im Grunde gar nichts anderes übrig blieb, als einen Platz für mich zu finden, und da habe ich dann im Kriseninterventionszentrum angefangen« (Bettina Paulsen 1: 31-2: 12).

Bettina Paulsen beginnt ihre Ausführungen mit der Feststellung, dass sie damals unbedingt zur AIDS-Hilfe wollte. Es sei ihr ein Anliegen nach dem Studium gewesen, sich auch beruflich mit der Thematik HIV und AIDS zu beschäftigen. Diesen zentralen Wunsch begründet sie mit einem persönlichen Hintergrund, denn einige Freunde und Bekannte von ihr seien bereits an AIDS verstorben. Sodann erklärt Paulsen, dass ›das‹ immer alles sehr im Geheimen passiert sei, und dass man ›es‹ eigentlich nicht geoutet habe. ›Es‹ und ›das‹ steht wohl für die vorher genannte Krankheit AIDS. Das Outen könnte sich aber auch auf das Geheimnis um AIDS und Schwulsein gleichermaßen beziehen. Sie gibt dieser Erfahrung den Titel ›ein ganz großes Tabuthema‹, welches sie sehr beschäftige.

Bettina Paulsens Berufseinmündung 1990 als Sozialarbeiterin mit dem akademischen Grad einer Diplom-Pädagogin in ein Kriseninterventionsprojekt der AIDS-Hilfe verläuft nicht willkürlich, sondern ist von eigenen Erlebnissen im Zusammenhang mit guten Freunden, die von der Krankheit AIDS ›direkt betroffen‹ waren, geprägt. Anders als der Typ ›direkte Betroffenheit‹ ordnet sich Bettina Paulsen in unserem Gespräch selbst keiner ›Rand- oder Minderheitengruppe‹ zu. Sie sei nicht HIV-positiv und fühle sich einer hetersexuellen Lebensweise zugehörig. Die Erfahrungen, die sie in einer Zeit macht, wo HIV ohne wirklich effektive, medizinische Behandlungsmöglichkeiten zu der schwer und tödlich verlaufenden AIDS-Erkrankung führt, bewirken, dass sie sich regelmäßig mit dieser Thematik auseinandersetzt. Die Situation schwuler, infizierter Freunde lässt den Wunsch nach Unterstützung, nach assistierter Bewältigung, oder ganz einfach nach Hilfe bei Bettina Paulsen entstehen. ›Indirekt betroffen‹ ist Paulsen, weil sie das Schicksal anderer als ihr persönliches Anliegen ausbuchstabiert, welches sie sehr beschäftigt.

Diese ›Art von Betroffenheit‹ fungiert in der Folge als motivationaler Katalysator zur Bewältigung der erfahrenen Probleme. Bettina Paulsen zeigt sich beeindruckt, besorgt und ausgesprochen involviert. Als Reaktion kommt schließlich nur noch das Konzept der Nächstenliebe, der Fürsorge, des Helfens in Frage, das sie »unheimlich beharrlich« verfolgt. Als ›professionelle Begleiterin‹ kommt für sie kein anderes Betätigungsfeld in Frage als AIDS-Hilfe. Sie rennt dem ›Männer-Betrieb‹ regelrecht die Türen ein und ist mit dieser Vorgehensweise sehr erfolgreich. Paulsen ist nicht direkt von Diskriminierungsattacken oder Stigmatisierungsprozeduren im gesellschaftlichen Diskurs ›betroffen‹. Sie affirmiert indes die »bio-psycho-sozial(e)« (Kleve 2001: 16) Schieflage der anderen und formuliert davon ausgehend ein berufliches Ideal des ›Helfen wollens‹. In AIDS-Hilfe-Kontexten den Menschen zu helfen, die ein ähnliches Schicksal erleiden, wie die eigenen Freunde, führt Bettina Paulsen zu der Entscheidung, in AIDS-Hilfe professionell Hilfe zu leisten. Paulsen verschränkt auf diese Weise das Bild einer Berufsarbeit, die sich unmittelbar an das Prinzip der Nächstenliebe ankoppelt (vgl. Kleve 2000: 102ff.), und bringt damit eine bedeutsame Paradoxie Sozialer Arbeit in Erinnerung.

Soziale Arbeit hat stets mit Menschen und deren Krisen und Problemen zu tun. »Soziale Arbeit als Arbeit an der ›Mensch-Mensch-Schnittstelle‹« (Kruse 2004: 169) ist aus professioneller Perspektive aufgefordert, ausreichend Distanz als Expertin zu gewährleisten und zugleich hinlänglich empathisch aufzutreten, damit eine vertrauensvolle Beziehung zum Klienten gelingen kann. Das ›richtige Maß‹ zwischen professionellem Abstand und mitmenschlicher Nähe zu finden und in der jeweiligen Situation zur Anwendung zu bringen, bedeutet für den sozialpädagogischen Berufsalltag eine unlösbare, geradezu dilemmatische Anforderung. Bettina Paulsen ist vorberuflich geprägt durch ihre Erfahrungen im Zusammenhang mit der Erleidenskurve ›direkt betroffener‹, schwuler Freunde. Ihre Erfahrungen formen und beeinflussen ihre Einstellung, Haltung und die Art und Weise, Situationen zu verstehen. ›Erfahrungen machen‹ bedeutet demnach nicht bloß das Aufschichten beruflicher Routinen, die allmählich dafür sorgen, dass Situationen besser eingeschätzt werden können; »Erfahrung verändert die fachliche Qualität des Arbeitshandelns, was jedoch schwer verbalisierbar ist« (ebd.: 177).

Im Folgenden interessiert mich, ob das Profil einer ›indirekten Betroffenheit‹ im Umgang mit den Adressat/innen der AIDS-Hilfen als unterstützender Effekt durch ExpertInnen rekonstruiert wird, oder ob ›indirekte Betroffenheit‹ durch ihre Verstrickungen als Handlungsschwierigkeit gedeutet wird, die im Grunde jede Interaktion mit Ratsuchenden verkompliziert und insofern aus professioneller Perspektive zwangsläufig in eine Sackgasse führt.

»Genau darin kommt die Ambivalenz von Berufsarbeit und Nächstenliebe noch einmal deutlich zum Vorschein: SozialarbeiterInnen können/sollen/müssen beruflich, zum großen Teil formal organisiert, innerhalb rechtlicher Regeln mit bürokratischen Vorgaben und verwaltungstechnischen Anforderungen helfen, *und* sie sollten zugleich immer auch wissen, dass sie trotz ihrer modernen Berufsarbeit, trotz der damit einhergehenden vermeintlichen Sicherheit in der zwischenmenschlichen Interaktion, nur sehr technologiedefizitär helfen können« (Kleve 2000: 106; Hervorh. i. O.).

Wie nah sich Sozialarbeiterinnen und ihre Adressaten im Bereich AIDS-Hilfe-Arbeit kommen können, beschreibt Paulsen recht anschaulich in der folgenden Passage:

»Wenn du jemanden über 10 Jahre betreust, wie lange bin ich denn jetzt hier in dem Bereich, 10 Jahre, und es gibt ja tatsächlich so Leute, die ich so fast von Anfang an betreue, ja, sagen wir mal 8 Jahre oder so, da ist natürlich die Bindung sehr viel enger geworden und dann mag ich an das Thema Tod, das merke ich an mir, ich mag da einfach gar nicht so auch dran denken, weil ich denke, mein Gott, das kann ich mir irgendwie gar nicht vorstellen, wie der oder die stirbt, ja. Weil man jemanden sehr gut kennt, und man kennt auch oder man weiß auch wie gerne jemand gelebt hat oder woran er hing. Und gerade wenn da eine gute Beziehung zu einem oder eine enge Beziehung aufgebaut wurde, dann ist das auch ganz wichtig, dass man selbst dann da ist, wenn es dann zu Ende geht, um diesen Prozess zu begleiten. Dass ich dann mich manchmal schon erwische, dass ich denke, mein Gott, hoffentlich geht es da mal ganz schnell, dass er einen Unfall baut oder irgendwas, ja, für mich auch, weil mir das schon dann auch nahe geht. Also der Tod ist zwar immer da, aber eigentlich doch nicht da, weil man sich nicht mehr mit ihm befassen mag« (Bettina Paulsen 13: 31 – 14: 11).

Der Bericht von Bettina Paulsen skizziert die intensive und enge Beziehung, die sich über Jahre im Arbeitsbündnis zwischen Sozialarbeiterin und AIDS-Hilfe-Nutzer entwickeln kann. Im Vergleich zu einer Zeit, wo es kaum möglich war, den zu betreuenden Menschen überhaupt kennen zu lernen, entsteht nunmehr die Situation, dass Begegnungen und ›Hilfebeziehungen‹ vergleichsweise lange andauern. Wenn sich nun die Betreuungskontexte von einer zeitlich stark begrenzten ›Sterbebegleitung‹ zu einer sozialarbeiterischen Langzeitunterstützung entwickeln, so ist die Expertin in besonderem Maße darauf angewiesen, dass der gemeinschaftliche Bezugsrahmen zwischen beiden Akteuren einigermaßen vertrauensvoll gestaltet werden kann[55]. Soll ›den Leuten‹ ein Raum geboten werden, wo sie den immer noch grassierenden Stigmatisierungen und Schuldzuschreibungen entgehen können und Verständnis für ihre prekäre Lage erwarten dürfen, so ist es fast unausweichlich, dass zwischenmenschliche Problematiken wie Vertrauen, Sympathie-Antipathie oder Interesse-Desinteresse an Bedeutung zunehmen. Dies wiederum erfordert von der Sozialarbeiterin ein gewisses Geschick, die verschiedenen Beziehungsfacetten ausbalancieren zu können. Paulsens Reaktion nun signalisiert eine starke Beteiligung am Schicksal ihrer KlientInnen. Die »Bindungen«, die »sehr viel enger geworden« sind, geben ihr Anlass, sich das Beziehungsende durch den potenziellen Tod einer Klientin erst gar nicht vorzustellen, an dieser Stelle also ein gefordertes Mindestmaß an Selbstreflexion zu ignorieren. »Eine gute Beziehung« entspricht in Paulsens Augen »einer engen Beziehung« deren Entwicklung und Verlauf ihr durchaus »nahe geht«. ›Indirekte Betroffenheit‹ erhält hier, etwas zugespitzt formuliert, eine komplizierte Akzentuierung durch den Aufbau und die Pflege ›enger Beziehungen‹ zum Klienten.

Das Dilemma in dem sich die Expertin Paulsen befindet, ist gekennzeichnet durch die formale Anforderung an ›professionelle Soziale Arbeit‹, trotz Offenheit ein Mindestmaß an »reflexive(r) Distanz« (Thiersch 2004a:10) zu praktizieren. Sodann entstehen aber Situationen – und das erst macht das Dilemma so ausweglos – die sich allmählich über die Zeit als Freundschaften aus guten, engen Beziehungen heraus entwickeln können. ›Indirekt betroffen‹ steht Paulsen in der Gefahr, den Abstand zwischen Experte und Klient, der notwendig ist, um das Arbeitsbündnis mit den Adressaten reflexiv zu halten, gleichsam zu verwischen. Ähnlich wie für ihre KollegInnen der ›direkten Betroffenheit‹ stellt sich das sozialarbeiterische Arbeitsbündnis im Fall von Bettina Paulsen als ambivalenter Grenzbereich zwischen ›befangener Nächstenliebe‹ und dem Modus eines ›geduldigen Nachdenkens‹ (vgl. Steinert 1998b: 77) und Reflektierens dar. »Eine berufliche Identität zu haben, definieren zu können, was die eigene Kompetenzdomäne ist, gilt als Ausweis von Professionalität. [...] Vor allem in den sozialen Berufen geht es dabei auch um die Aneignung professioneller Distanz auf der Basis reflektierter Empathie« (Hoppe 2000: 30).

---

55 Bettina Paulsen beschreibt diese Situation folgendermaßen: »Ich sage jetzt mal so, diese maximale Verweildauer im betreuten Wohnen, das war ein halbes Jahr, wenn es hoch kam mal 9 Monate. Ein Jahr war eigentlich sehr ungewöhnlich. Und man hat die Leute einfach sehr kurze Zeiten betreut, begleitet kann man gar nicht sagen, weil das einfach alles immer so furchtbar schnell ging« (Bettina Paulsen 4: 24-28).

Möglicherweise ist dieser aporetische Umstand kaum vermeidbar, sind doch die kollegialen Gemeinschaften in AIDS-Hilfen auf kollektive Identitätskategorien, die sich wechselseitig auf sich selbst beziehen, angelegt.

Obgleich Bettina Paulsen biographisch in keine beziehungsstiftende Gemeinschaft verstrickt ist, die sich auf die kollektive Bearbeitung psychosozialer Schieflagen auf der Basis ›geteilter Erfahrungen‹ berufen, so werden dennoch Aspekte der Anteilnahme gegenüber ›Betroffenen‹ im Sinne einer ›indirekten Betroffenheit‹, die »nahe geht« aufgerufen. Das Nähe-Distanz-Dilemma, das ich hier als typisches Merkmal der ›indirekten Betroffenheit‹ zugeordnet habe, lässt sich in Variation auch in den benachbarten Typen entdecken. Wenn Arbeitsbündnisse sehr lange Zeit bestehen, führt dieser Umstand beispielsweise an sich bereits zu den von mir angedeuteten Konflikten. Dennoch: Im gesamten Datensample wird die fürsorglich-freundschaftliche Nähe[56] zu den Adressaten besonders von Bettina Paulsen hervorgehoben. M.E. ist dieser Befund deshalb so bemerkenswert, weil Paulsen, als selbst ›nicht-direkt betroffene‹ Expertin, explizit das Arbeitsfeld AIDS-Hilfe für ein berufliches Engagement auswählt.

## »Ich hatte vorher keine Erfahrung mit AIDS-Kranken gehabt«

Felix Nord, Diplom-Sozialarbeiter und 49 Jahre alt, ist seit 1992 hauptamtlich im Projekt Betreutes Wohnen einer großstädtischen AIDS-Hilfe beschäftigt. So wie ich es bereits in anderen Gesprächen zeigen konnte, wechselt Nord das Berufsfeld vom psychiatrischen in den AIDS-Hilfe-Bereich. Dieser Berufsfeldwechsel ist besonders beim Typus ›Nicht-Betroffenheit‹ zu beobachten. Hier wird im Unterschied zum Typus ›direkte Betroffenheit‹, der sich bereits vorberuflich im Feld der AIDS-Hilfen aufhält und Erfahrungen sammelt, häufiger von einem Praxisbereich in den nächsten gewechselt, aus Gründen, die tendenziell eher auf die Karriere respektive auf die berufliche Laufbahn bezogen sind. Felix Nord beginnt seine Erzählung mit einer zeitdiagnostischen Einordnung seiner Mitarbeit in AIDS-Hilfe.

»Angefangen habe ich, ich habe gerade noch mal geguckt, im August 1992. Erstmal drei Monate mit einer halben Stelle, weil ich noch eine andere Stelle in

56 Martin Dannecker fasst dieses Phänomen unter den Begriff der »Hausfrauisierung«. In einem Interview mit der Redaktion ›etuxx e.V.‹ im August 2005 diskutiert Dannecker das zunehmende Engagement heterosexueller Frauen im Bereich ehrenamtlicher Betreuung in den AIDS-Hilfen und entwickelt hierüber das Konstrukt einer ›Hausfrauisierung‹, die ich in einem nicht-pejorativen Sinne verstehe. In diesem Kontext problematisiert er, dass sich der Rückzug der Schwulenbewegung aus den Bereichen professioneller AIDS-Präventionsarbeit, für die Erreichbarkeit schwuler Adressaten in den AIDS-Hilfen negativ auswirken könnte (vgl. www.etuxx.com: etuxx e.V., c/o Tuntenhaus, Kastanienallee 86, 10435 Berlin).

der Psychiatrie hatte, und die mich nicht weggelassen haben und die ganzen Kündigungszeiten eingehalten werden mussten. Ich hatte 8 Jahre in der Psychiatrie gearbeitet und habe dann irgendwann gesagt: ›So! 8 Jahre, 7, 8 Jahre reicht‹. Ich kannte den X aus anderen Zusammenhängen, ich glaube über den Y. Und der hat gesagt: ›Wir suchen einen Sozialarbeiter im Betreuten Wohnen der AIDS-Hilfe, hast Du kein Interesse daran‹. Und ich habe dann gesagt: ›Ja, gut okay: schwuler Mann und: ›AIDS-Hilfe sucht Mitarbeiter‹; dann kann ich mein Wissen auch den Klienten zur Verfügung stellen, die dann im Betreuten Wohnen nachfragen. Und habe dann gewechselt. Die Stelle war ganz offiziell ausgeschrieben. Da lief auch ein ganz normales Bewerbungsverfahren, also nicht so irgendwie ›ja komm' vorbei, da iss 'ne Stelle und die kriegst du‹, sondern es war ein ganz normales Bewerbungsverfahren mit Vorstand und Geschäftsführung und Betriebsrat. Ja, und die Stelle habe ich dann gekriegt und habe dann bei X im Betreuten Wohnen angefangen« (Felix Nord: 14-28); »Ich hatte vorher keine Erfahrung mit AIDS-Kranken gehabt. Wusste auch nicht, wie die damals aussahen, welche Probleme die haben, was auf mich zukommt, das war mir damals völlig unklar. Und ich wurde dadurch, dass vor 10 Jahren das Krankheitsbild natürlich ganz anders war wie jetzt, ziemlich ins kalte Wasser geschmissen, weil ich gleich letztendlich Klienten hatte, die kurz vorm Tod standen. Ja, und es war ziemlich schlimm am Anfang. Einfach zu sehen, dass du gar nichts machen kannst, außer vielleicht noch den bürokratischen Kram in Ordnung bringen. Und die Leute nicht kennen lernen, nicht wissen wer eigentlich stirbt, wer das eigentlich ist« (Felix Nord: 29-37).

Felix Nord kann an eine relativ lange Zeit der Praxiserfahrung anknüpfen. Der Übergang von Psychiatrie zur AIDS-Hilfe ist aus zwei Perspektiven begründbar. Zunächst schildert Felix Nord eine Situation der übermäßigen Gewöhnung, vielleicht auch einer eingefahrenen Routinisierung, denn er konstatiert überzeugt, dass acht Jahre praktische Sozialarbeit in der Psychiatrie ausreichten, und ein Berufsfeldwechsel deshalb gewissermaßen berufsbiographisch notwendigerweise anstehe. Die Begründung der ›übermäßigen Gewöhnung‹ im Bereich der Psychiatrie für einen Wechsel zur AIDS-Hilfe ist auf den ersten Blick nicht hinreichend überzeugend, weil die zeitliche Periode »7, 8 Jahre« in der Psychiatrie, zum Zeitpunkt des Gesprächs, einer Beschäftigungszeit von weit über zehn Jahren in der AIDS-Hilfe gegenüber steht. Mir drängt sich hier der Gedanke auf, dass AIDS-Hilfe im Gegensatz zur Psychiatrie für Felix Nord eben keine ›Situationen übermäßiger Gewöhnung‹ darstellt.

Etwas zufälliger und weitaus absichtsloser schildert er die parallel verlaufende Entwicklungslinie in das Feld AIDS-Hilfe hinein. In zwei Sätzen erwähnt er einen Bekannten, Kumpel oder Freund, den er aus »anderen Zusammenhängen« bereits kannte, und der ihn zum bevorstehenden Berufsfeldwechsel angesprochen habe. Wie dieses Gespräch und das darin enthaltene konkrete Stellenangebot im Detail abgelaufen ist, bleibt ohne weitere Beschreibungen. Nord macht, besonders im Vorgespräch zum Interview, immer wieder darauf aufmerksam, dass er ›eigentlich‹ immer strikt zwischen ›Berufswelt‹ und ›privater Welt‹ getrennt habe. Es sei ihm stets wichtig gewesen, zwischen diesen Bereichen zu differenzieren. Der Umstand indes, dass ihn ein Kumpel auf die freie Stelle in der AIDS-Hilfe angesprochen habe, sei einem »puren Zufall«[57] geschuldet.

Der folgende Argumentationsstrang wirkt daher wie ein Bruch. Denn als entscheidendes Kriterium für eine anschließende Umsetzung des Arbeitsfeldwechsels hebt Felix Nord anschließend seine Identität als schwuler Mann hervor, die ihm in Überschneidung mit dem Bereich AIDS-Hilfe als durchaus qualifizierende Eigenschaft anmutet. Nord vergewissert sich seiner damaligen Reaktion auf die konkrete Anfrage des Freundes, indem er den Dialog paraphrasiert: »Und ich habe dann gesagt: ›Ja, gut okay: schwuler Mann und: ›AIDS-Hilfe sucht Mitarbeiter‹«. Wenn die AIDS-Hilfe Mitarbeiter/innen sucht, so erscheint es für ihn nur folgerichtig und plausibel zu sein, dass er sich als »schwuler Mann« dort bewirbt respektive professionell tätig werden möchte.

Für das Bewerbungsverfahren in den AIDS-Hilfen allgemein[58], wie auch im Fall von Felix Nord, scheint es also nicht einerlei zu sein, ob sich ein Sozialarbeiter schwul, nicht-schwul oder hetero definiert. Die in der Anzeige der AIDS-Hilfe (s. Fußnote) hervorgehobene Aufforderung, dass die Bewerbung von HIV-positiven Personen und/oder schwulen Männern »ausdrücklich begrüßt« werde, veranschaulicht den schwul-identitären Bezugsrahmen, in dem sich die AIDS-Hilfe selbst verortet und auf diese Weise gleichsam identitätspolitisch agiert. Schwulsein taucht beide Male als

57 Felix Nord o.A..

58 Um die aktive Suche der AIDS-Hilfen nach ›bestimmten, schwulen Identitäten‹ zu veranschaulichen, soll eine Stellanzeige aus einer Tageszeitung herangezogen werden: »Die AIDS-Hilfe [Name Stadt] sucht zum [Sommer 2004] für ihre Beratungs- und Fachstelle eine/n Sozialarbeiter/Sozialarbeiterin, Sozialpädagogen/Sozialpädagogin, (25 Stunden), Schwerpunkt u.a.: Aufbau einer Online-Beratung. Das Beratungszentrum ist für die psychosoziale Beratung von Menschen mit HIV und AIDS, die Beratung von Freunden und Angehörigen, die Durchführung von Gruppen- und Vortragsangeboten sowie für Informations- und Aufklärungsgespräche zuständig. Hierfür wünschen wir uns eine verantwortungsvolle und kooperative Persönlichkeit. Wir erwarten: Ein abgeschlossenes Studium der Sozialarbeit/-pädagogik, Dipl. Pädagogik, Erfahrung in persönlicher Beratung mit begleitender Zusatzqualifikation, Erfahrung in Online-Beratung und Internet-Kompetenz, Eigenverantwortliches und selbständiges Arbeiten, Offenes und verbindliches Auftreten, Teamfähigkeit, Akzeptanz und Offenheit gegenüber den Hauptbetroffenengruppen von Menschen mit HIV und AIDS. Wir bieten: Arbeiten im Team, Fortbildung und Supervision, Bezahlung nach BAT IVb. Eine Bewerbung von HIV-positiven Personen und/oder schwulen Männern wird ausdrücklich begrüßt. Erfahrungen in der Arbeit im Bereich HIV und AIDS sind wünschenswert. Schriftliche Bewerbungsunterlagen erbitten wir bis zum Sommer 2004 an: AIDS-Hilfe in G-Stadt, Geschäftsführung, [Adresse]«.

gewünschtes, vielleicht sogar gefordertes Merkmal seitens der AIDS-Hilfe in Funktion des Arbeitgebers auf. Felix Nords Erzählung vermittelt den Eindruck, als fungiere die Offenlegung spezifischer Wesensmerkmale als Schlüssel und Türöffner in das Berufsfeld AIDS-Hilfe hinein. Das Verhältnis zwischen sexueller Orientierung als Persönlichkeit konstituierende Formel und dem institutionellen Leitbild einer ›schwulen Organisation‹ erinnert an die Verwobenheiten, die ich im Typus der ›direkten Betroffenheit‹ dargestellt habe. Offenbar entspricht Felix Nord ›vom Typ her‹ dem erforderlichen Profil Sozialer Arbeit in der AIDS-Hilfe. Die Gleichung Schwul=AIDS=Schwul wird affirmativ in das Selbstkonzept der Institution einerseits wie auch des Arbeitnehmer-Individuums andererseits integriert.

Im Anschluss an Nords Erläuterung des Nexus ›schwuler Mann in der AIDS-Hilfe‹ wird er abrupt gewahr, dass die skizzierte Nähe zwischen sexueller Identität und der AIDS-Hilfe als seinem zukünftigen Arbeitgeber, womöglich missverstanden und kritisiert werden könnte. Daraufhin betont er und legt Wert darauf, dass die »Stelle ganz offiziell ausgeschrieben« war und keinerlei ›Vetternwirtschaft‹ das Anstellungsverfahren beeinflusst habe. Im Gegenteil sei ihm die (Berufs-)Welt AIDS-Hilfe völlig fremd gewesen. Er habe vorher keine Ahnung und keinerlei »Erfahrung« mit Menschen, die an einer HIV-Infektion und AIDS-Krankheit leiden, gehabt. Die zunächst hervorgehobene Eigenschaftskompetenz »Schwulsein« verblasst zusehends zugunsten einer Selbstdarstellung als Berufsnovize, der sich mühsam – »ins kalte Wasser geschmissen« – mit den spezifischen Symptomatiken und sozialen Folgen von AIDS auseinandersetzen muss. Mit »ganz normale Sozialarbeit«[59] setzt Nord den Akzent auf die Deutungshoheit, die ihm als Sozialarbeiterexperten zugestanden wird. Betreutes Wohnen entspricht seiner Ansicht nach im Wesentlichen einer Begleitung der Klienten, die Perspektiven aufzeigen kann.

»Ich sehe mich immer als Begleiter, Korrektiv, der schon sagt: ›es passiert das, wenn du dich so verhältst‹« (Felix Nord 264-265).

Im Verlauf des Interviews konzentriert sich der thematische ›rote Faden‹ auf die Beschreibung und Erläuterung alltäglicher Arbeitsweisen. Felix Nord achtet darauf, dass die Erwähnung möglicher Verstrickungen oder gar eigener ›Betroffenheiten‹ vermieden wird. Stattdessen stehen methodische Überlegungen und kurze Fallbeschreibungen als Skizzen im Vordergrund. Beispielsweise beschreibt er seine Funktion als Sozialarbeiter in AIDS-Hilfe als notwendig asymmetrischen Beziehungskontext, da sich die KlientInnen in einem schlechten körperlichen Zustand befänden[60]. Fast am

59 Felix Nord: 361.

60 Felix Nord hebt in diesem Zusammenhang sein Stellvertreterhandeln als Sozialarbeiter heraus. In erster Linie rekurriert er damit auf die Notwendigkeit,

Ende des Gesprächs wird die Kategorie des Schwulseins wieder aufgenommen. Nachdem Felix Nord nun eigentlich versucht hatte, die Verbindung zwischen sexueller Orientierung und sozialarbeiterischer Kompetenz aus einer Betroffenenperspektive herauszuhalten, entfaltet sich im Anschluss aber exakt jene Kategorie der ›Betroffenenkompetenz‹ als signifikanter Unterschied, den AIDS-Hilfe im Vergleich zu anderen Arbeitsfeldern auszumachen scheint.

»Was Besonderes ist vielleicht, in Bezug jetzt auf Arbeitnehmer in der AIDS-Hilfe zu arbeiten, als schwuler Mann bei der AIDS-Hilfe zu arbeiten, das ist noch mal was anderes. So in meiner Generation, da gab es schon Schwierigkeiten: Arbeitsplatz und Schwulsein und so weiter. Die Männer, ja gut, in der Psychiatrie, da hätte ich das auch machen können, ja gut, aber ansonsten, wo kannst Du das so offen machen? Und was ich denke, was auch eine Rolle spielt, aber ich, das hat nichts mit der AIDS-Hilfe zu tun, du kannst dich vielleicht ein bisschen besser als schwuler Sozialarbeiter in die Problematik eines schwulen Kranken hineinversetzen. Aber das hat ja jetzt vielleicht doch mehr mit Schwulsein und dem Klientel zu tun und nicht so sehr mit AIDS oder AIDS-Hilfe. [...] Und ganz nebenbei gesagt, noch ist unser Hauptklientel schwule Männer. Ich weiß nicht, wie wir arbeiten würden, hätten wir hier nur Heteros, oder wie ich arbeiten würde. Nee, also ich denke, dass man die Krankheit nicht austauschen kann, Krebskranke gegen AIDS-Kranke, das würde so für unsere Arbeitsweise nicht gehen. Es ist ein Unterschied, ob ich Krebs-Kranke oder AIDS-Kranke betreue. Nee, also es ist schon nicht austauschbar. Egal, ob Hetero oder sonst wie. Ich betreue jetzt keinen Krebs-Kranken, aber das ist, glaube ich, einfach so« (Felix Nord: 366-382).

»AIDS-Hilfen verstehen sich als Selbsthilfeorganisationen. Aber ebensowenig wie AIDS eine Krankheit ist wie andere auch, sind die AIDS-Hilfen Selbsthilfeorganisationen wie andere. In ihnen haben sich von Beginn an Menschen, zumeist homosexuelle Männer, versammelt, die zu AIDS deshalb kein distanziertes Verhältnis haben konnten, weil sie mit HI-Virus infiziert oder an AIDS erkrankt waren. [...] Wer sich in AIDS-Hilfen begibt, bewegt sich innerhalb eines Kosmos, in dem alles über die unerträgliche Nähe zu Krankheit und Tod bestimmt wird. AIDS-Hilfen sind soziale Gebilde, in deren Zentrum sich Feindliches und Zerstörerisches eingenistet hat« (Dannecker 1997d: 61). Die Selbsteinschätzung Felix Nords, dass er sich »vielleicht ein bisschen besser als schwuler Sozialarbeiter in die Pro-

bürokratische Sachverhalte für Klienten übernehmen zu müssen, weil diese hierzu krankheitsbedingt nicht mehr in der Lage seien. Nord spricht von einer sozialadministrativen Verwaltung der Klienten. »Ja, letztendlich verwaltest du sie. Verwalten, stärken, dass sie durchhalten. Es ist nicht mehr ein Leben, wie Du oder ich es haben. Wir arbeiten, wir haben Perspektiven, wir haben Ziele, wir haben Wünsche, die wir auch vielleicht erfüllen können. Aber bei vielen Klienten sind die Wünsche nicht erfüllbar, weil sie das Geld nicht haben, die körperliche Konstitution nicht haben« (Felix Nord 319-324).

blematik eines schwulen Kranken hineinversetzen« könne, konterkariert den anfänglichen Versuch Nords, Soziale Arbeit in AIDS-Hilfe neutral zu halten. Auch wenn er selbst nicht mit dem HI-Virus infiziert ist, so bleibt die ›Verwandtschaft‹ zur Klientel als ›schwules Subjekt‹ bestehen. Diese Vereigenschaftung eines identitären Partikels konstruiert AIDS-Hilfe-Arbeit als besondere Tätigkeit, die – wie AIDS eben nicht Krebs entspricht – spezifische Verstehensleistungen erfordert. »Der Entschluss der Bedrohten, gemeinsam gegen das Bedrohende zu kämpfen, kennzeichnet das Ausgangsstadium aller AIDS-Hilfen, ein Stadium, das sich in abgeschwächter Weise bei jedem einzelnen einer bereits bestehenden AIDS-Organisation beitretenden Mitglied noch einmal wiederholt« (ebd.: 62). Folgt man Danneckers Einschätzung, so scheint die AIDS-Gefahr und die daran anschließende Abwehrreaktion von Individuen gleichsam im Organisationskörper AIDS-Hilfe als »AIDS-Hilfe-Komplex« (ebd.: 61) dauerhaft eingeschrieben.

Ich habe die Erzählungen Felix Nords unter den Typus ›indirekte Betroffenheit‹ gefasst, weil im Unterschied zur ›direkten Betroffenheit‹ der Zusammenhang von Subkultur, AIDS-Hilfe und eigener Biographie weitaus diskontinuierlicher vorgetragen wird. Nords berufliches Selbstverständnis lässt sich gewissermaßen zwischen ›direkter Betroffenheit‹, weil er sich selbst als ›schwulen Mann‹ identifiziert, und ›Nicht-Betroffenheit‹, weil er andererseits versucht, ausreichend Abstand zwischen seiner beruflichen und privaten Biographie herzustellen, verorten.

Für das folgende Resümee und die Reflexion der Betroffenentypologie werde ich weniger die psychoanalytische Erklärungsfigur einer problematisch-aggressiven Objektbeziehung weiterführen, sondern die Konstitutionsbedingungen, die notwendig sind, um sich identitär als schwul, krank oder zumindest mit diesen Positionen in Zusammenhang stehend zu definieren.

# Sexualität, Identität und Professionalität

Im vorangegangnen Kapitel habe ich über die Explikation und Interpretation der empirischen Daten eine signifikante Verwobenheit beruflicher Selbstdefinition, der in den AIDS-Hilfe befragten Sozialarbeiterinnen mit gemachten Erfahrungen im Zusammenhang mit der Entdeckung einer ›anderen sexuellen Orientierung‹, Coming-Out sowie einer AIDS-Krise, systematisch vorgestellt. Besonders auffällig erschien mir dabei die Bezugnahme, insbesondere der Sozialarbeiter/innen des Typus ›direkte Betroffenheit‹, auf eine zu findende und zu klärende ›sexuelle Identität‹. Zugleich ist dieser identitäre Konstitutionsprozess mit dem Anspruch der Institution AIDS-Hilfe verbunden, als Expertin für soziale Beratung, Begleitung und ›strukturelle Prävention aufzutreten. Von ihnen wird erwartet, dass sie eine professionelle Identität mit den Anforderungen der sozialarbeiterischen Disziplin nach wissenschaftlicher Fundierung und dem Interesse der AIDS-Hilfen arrangieren. Wenn Sozialarbeit ›betroffen‹ ist, dann lässt sich der Anspruch nach transparenter Unterscheidung zwischen der einen Identität und der anderen nicht so einfach einlösen. Sexualität, Identität und Professionalität sind vor dem Hintergrund einer ›Typologie der Betroffenheit‹ Sozialer Arbeit in den AIDS-Hilfen eng miteinander verwoben. Diese komplizierten Verschachtelungen identitätsbildender Diskurse werfen Fragen auf. Wie kommt es zu dieser Notwendigkeit, Identitäten entwickeln und annehmen zu müssen? Welche Kräfte werden hier wirksam? Welche Effekte zieht die Rede von ›betroffenen Experten‹ für die sozialarbeiterische Praxis nach sich? Ließe sich schließlich gar von ›involvierter Professionalität‹ sprechen? Im Folgenden werde ich diese Fragen vermittels Reflexion der Typologie ›Betroffenheit‹ sowie einer theoretischen Kontextualisierung analytisch präzisieren. Hierzu finden sich im Datenmaterial weitere typische Phänomenbereiche, die ich daran anschließend erläutern werde

## Reflexionen zur Typologie der ›Betroffenheit‹

Die drei ›Betroffenheitstypen‹, die ich zusammenfassend noch einmal in einer Mehrfeldertafel aufführen möchte, ordnen das empirische Datensample. Die Frage nach dem beruflichen Einmündungsprozess der Sozialarbeiter/innen, ihre Einschätzung der Klientensituation sowie ihr Umgang mit den Problemen der ihnen Anbefohlenen war hier der Gegenstand, den ich aus verschiedenen Perspektiven betrachtet habe. Die Gesamtheit der einzelnen perspektivischen Bilder fügen sich im Prozess des Analysierens, Interpretierens und Theoretisierens zu einer ›neuen Sichtweise‹ zusammen. Dieser neue Bedeutungsrahmen ist nicht »die daraus abstrahierte ›wirkliche‹ Beschaffenheit des abgebildeten Gegenstands« (Steinert 1998b: 67), sondern eine spezifische Weise, den Untersuchungsfokus zu wählen, zu führen und entsprechende Schlüsse zu ziehen. Insofern folgt die ›Typologie der Betroffenheit‹ zwar einer erkenntnistheoretischen Erneuerung, sie unterliegt dabei aber stets meiner eigenen Dramaturgie als Dateninterpret.

Abbildung 1: ›Betroffenheit‹ Sozialer Arbeit in den AIDS-Hilfen

| | | | |
|---|---|---|---|
| **›Direkte Betroffenheit‹ (A und B)** | A | Schwulsein<br>Sexuellsein<br>Coming-Out | Alexander Wahrendorf,<br>Sebastian Droschke,<br>Thorsten Klar |
| | B | Schwul-Sein<br>Sexuellsein<br>Coming Out<br>HIV-positiv, AIDS-krank | Clemens Wagner,<br>Elisabeth Wahl |
| **›Indirekte Betroffenheit‹** | | Infizierte und/oder erkrankte Freunde<br>Kenntnis von Subkultur und Szene | Bettina Paulsen,<br>Felix Nord |
| **›Nicht-Betroffenheit‹** | | Zufälliger Eintritt in die AIDS-Hilfe<br>Wunsch nach berufsfeldbezogener Abwechslung<br>Keine ›ideologische Vorprägung‹ | Gudrun Zank,<br>Andreas König,<br>Susanne Wolke,<br>Claudia Mann,<br>Katrin Steppe |

Was heißt es aber nun, ›betroffen‹ zu sein? Wie bin ich zu dieser ›Bezeichnung‹ gekommen? Entspricht ›Betroffenheit‹ einer psychologischen Diagnose, oder soll gezeigt werden, dass ›Betroffenen‹ etwas zugestoßen ist, dass sie ein Schicksalsschlag getroffen hat, dass sie ein Problem haben, oder dass sie in eine Krise geraten sind, die es fortan auf die eine oder andere Weise zu bewältigen gilt? Wenn umgangssprachlich von ›Betroffenheit‹ die Rede ist, dann bezieht sich diese Sprachgewohnheit zunächst auf einen individuellen, persönlichen Kontext. Die ›eigene Betroffenheit‹ ist daran anschließend auf ein bestimmtes Ereignis oder eine bestimmte Situation zurückzuführen, die in einer Weise beeindruckt, dass deren Auswirkungen

Kategorisierungen des Getroffenseins ermöglichen. In aller Regel sind soziale Akteure in problematische Situationen[1] eingebunden und in diese nicht selten unmittelbar involviert. Das Schicksalhafte tritt in den Vordergrund und führt zwangsläufig zu einer emotionalen Beteiligung, die entsprechend ›persönlich‹ zu verarbeiten und zu bewältigen ist. Plötzlich haben die Zielpersonen etwas mit dem Sachverhalt zu tun und stehen nicht mehr nur außen vor. Sie sind ›Getroffene‹. Diese Ebene verstehe ich als individuums- oder personbezogene Perspektive.

Das Moment einer ›Individualisierung von Betroffenheit‹ führt aber zugleich eine weitere Ebene mit sich, die im Anschluss an die Frage, wie Subjekte ›betroffen‹ werden, auf ein Verfahren der Trennung und Unterscheidung rekurriert. So gesehen trennt die Beschreibung der ›Betroffenheit‹ Individuen, die als Außenstehende – scheinbar ohne selbst jemals in vergleichbare Situationen zu kommen – von den ›direkt Betroffenen‹. ›Betroffenheit‹ trennt und differenziert jeweils zwischen der individuellen Erfahrung der Beeinträchtigung, der Reaktion ›der zuschauenden Anderen‹, die sich zu der eingetreten Situation auf die eine oder andere Weise verhalten können, es aber nicht zwingend müssen, und einer Situation, in der so etwas wie ›Betroffenheit‹ überhaupt erst entstehen kann. Diese Ebene verstehe ich als situationsbezogene Perspektive.

Als Situation sozialer Ausschließung gedacht, bezieht sich die Typologie der ›Betroffenheit‹ auf unterschiedliche Zustände, die im Grunde alle mit einem Herausfallen aus den legitimierten Normalitätsrastern in Verbindung stehen. Die Ebene der sozialen und strukturellen Ausschließung verschiebt den analytischen Blickwinkel von der Person, über die Struktur letztlich auf die Situation (vgl. Cremer-Schäfer 2004). »Wenn sozialen Akteuren Partizipation an gesellschaftlich erzeugten Ressourcen verweigert wird, die aber notwendig sind, um sich in der vorherrschenden Lebens- und Arbeitsweise zu reproduzieren, bezeichnen wir dies als ›Soziale Ausschließung‹« (ebd.: 174). Dieser Focus rekurriert in erster Linie auf die Hinter-

1 Problematische Situationen verstehe ich als Schwierigkeiten oder Konflikte im Alltag, die sich allmählich aufschichten. Weiterhin sind auch krisenhafte Vorfälle denkbar, wie Verkehrsunfälle, Todesfälle oder chronische Erkrankungen. Der Begriff der Krise hat (sowohl psychologisch wie auch soziologisch) eine lange Tradition (vgl. vor allem Ulich 1987) und kann von mir hier theoretisch nicht weiter erläutert werden. Von einem analytischen Standpunkt aus unterscheide ich jedoch zwei Argumentationsrichtungen. Wenn sich Individuen in einer Krise befinden, steht entweder die Person als Objekt, »aber als Objekt von Prüfung, von Kontrolle, von interner Separation und symbolischer Ausschließung« (Cremer-Schäfer 2005b, S. 152) im Vordergrund, oder es geht um eine Perspektive, die das Vorenthalten sozialer und materieller Ressourcen in den Vordergrund rückt. Letztere ist als sozialwissenschaftliches Modell von »Kritik in Zeiten sozialer Ausschließung« (Cremer-Schäfer 2005a) m.E. am besten geeignet, auf die strukturellen Hintergründe ›problematischer Situationen‹ aufmerksam zu machen.

gründe, wie Institutionen und entsprechend positionierte Verantwortungsträger Zugang zu Arbeit, materiellen Gütern und politischen Entscheidungen ermöglichen, verweigern und nach bestimmten Kriterien regulieren. Der Mechanismus sozialer Ausschließung funktioniert »durch Abgrenzen, Vorenthalten, Vernachlässigen, Verweigern, Ignorieren, Herausdrängen, Disqualifizieren, Klassifizieren, Segregieren, Isolieren, Ghettoisieren, Kolonialisieren, Ausbeuten – was immer die Techniken sein mögen« (Cremer-Schäfer 2002a: 126). Auf diese Weise werden »Situationen und Sektoren sozialer Ausschließung (hergestellt), die dann u.a. mit den sozialen Figuren des ›Armen‹ und der ›Kriminellen‹ bevölkert werden« (ebd.). Die Geschichten, von denen die Interviewpartnerinnen zu berichten wussten, stellen sich sowohl in einen Kontext der Selbst- und Subjektwerdung sowie der Situationsperspektive.

Die Umgangsweisen mit der Krankheit AIDS, die ich im ersten Kapitel detailliert beschrieben habe, sind vielfältig, sie variieren und zeichnen ein sich veränderndes ›Bild von AIDS‹. Die Effekte einer spezifischen medialen Berichterstattung über den Mythos AIDS, die Medikalisierung und Therapeutisierung der Krankheit AIDS sowie eine Sexuierung von AIDS im Sinne eines spezifischen Sexuellseins und einer Herstellung ›guter und schlechter‹, ›safer und unsafer Sexpraktiken‹ produzieren Verhältnisse ›sozialer Ungleichheit‹, die wiederum den Ausgangspunkt erbitterter Kämpfe um Partizipation und Anerkennung ›betroffener Subjekte‹ nach sich ziehen.

Helga Cremer-Schäfer (2005b: 151f.) weist darauf hin, dass es analytisch Sinn mache soziale Ausschließungen graduell zu denken und nicht als binäre Kategorie zwischen ›Ausgeschlossenen‹ und ›Integrierten‹. »Zwischen Diskriminierungs- und Ausschließungsprozessen finden wir einen graduellen Unterschied, d.h. Unterschiede und Übergangszonen. Integration und Ausschließung bilden keine Gegensätze, sondern eine ›widersprüchliche Einheit‹« (ebd.). Für den Herstellungsprozess von Normativität kann ich diesem Vorschlag folgen, denn empirisch lässt sich die Produktivität einer ›binären Erfüllungsnorm‹ durchaus konstatieren. Insbesondere am Beispiel des Typus ›direkter Betroffenheit‹ zeigte sich die Wirkmächtigkeit einer imperativen Norm, die den Sozialarbeitern die Klärung ihrer sexuellen Identität in Zeiten eines ›wuchernden AIDS-Diskurses‹ unhintergehbar abverlangt. Wenn diese präskriptive Normativität selbst analytisch zur Debatte stünde, wenn sie also nicht beständig als Ursprung für soziale Ordnungsschemata herangezogen würde, so ließe sich tatsächlich von ›Übergangszonen‹ ausgehen, die nicht mehr auf binäre Kodierungspraxen angewiesen wären. Wohl bemerkt bin ich der Auffassung, dass sich diese Logik für den Bereich einer dem Handeln postexistenten Normalität etwas anders darstellt. In den AIDS-Hilfen sind Sozialarbeiterinnen tagtäglich damit beschäftigt, sowohl ihre privaten Vorstellungen und Deutungen, wie auch die Lebensweisen der Adressaten von AIDS-Hilfe unter den Vorzeichen von ›Normalität‹ abzugleichen. Hier fungiert ›Normalität‹ als ›Orientierungs-Norm‹. Ausschließungen funktionieren dann als Grenzziehungen zwischen ›guten und unwilligen Klienten‹, oder zwischen Integration und Abweichung. In beiden Fällen wird der Bedarf von Ressourcen deutlich, »um die Situation zu bewältigen und eine Spirale mehrfacher Ausschlussformen zu verhindern« (ebd.). Ausschließungsprozesse, das Wissen um die ›eigene Identität‹ sowie Erfahrungen des Andersseins akzentuieren die Erfahrungen, von denen Sozialarbeiterinnen in den AIDS-Hilfen berichten. Zwischen den vorberuflichen Erfahrungen der befragten Sozialarbeiter/innen in den AIDS-Hilfen und dem späteren, resultierenden, ehrenamtlichen, in jedem Fall schließlich hauptberuflichen Engagement in einer professionellen Institution, besteht ein signifikanter Zusammenhang. Die Aspekte ›Schwulsein‹ und ›AIDS-Krankheit‹ konnte ich in der Typologie ›Betroffenheit‹ als zentrale Motivatoren ausmachen, die wie selbstverständlich in den Beruf des AIDS-Arbeiters führen.

Es verstetigt sich der Eindruck, dass ›AIDS-Hilfe‹ ganz bestimmte Voraussetzungen erfüllt, die für viele Experten ausschlaggebend ist, um diesen Job und keinen anderen zu ergreifen. Beispielsweise wird regelmäßig von der Offenheit der Einrichtung[2] sowie dem Entstehungskontext aus einer Selbsthilfe von schwulen Menschen heraus etc. berichtet, um zu dokumentieren, dass AIDS-Arbeit eben eine ganz besondere Tätigkeit im Berufsfeld Soziale Arbeit und Gesundheit darstelle. Das Bild eines Involviertseins verdichtet sich. Aus diesen unterschiedlichen Verstrickungen, Verästelungen und Bezügen zur Formulierung einer ›bestimmten Identität‹, habe ich bereits die Metapher eines ›Magnetismus‹ herangezogen, um zu verdeutlichen, wie die Zugkraft der AIDS-Hilfen auch als Machtphänomen gelesen werden kann. Diese Ebene verstehe ich als machttheoretische Perspektive.

## Macht, Wissen und Sexualität

Wenn ich zunächst drei strukturelle, ordnungslogische Ebenen voneinander unterschieden habe, so werde ich im Folgenden diese Separierung analytisch nicht weiterführen, sondern den Fokus komplexer fassen. AIDS, Sexualität, Identität und das Wissen um diese ›Phänomene‹ wird einerseits durch Institutionen und Disziplinen beständig erzeugt, aktualisiert, vermehrt und erneuert, so dass sich andererseits von einem Zwang zur Wissensher-

2 Thorsten Klar legt großen Wert darauf, dass er in der alltäglichen Praxis Entscheidungen ohne sofortige Rückkoppelung zur Institution AIDS-Hilfe treffen kann: »Mir gefällt die Freiheit, meine Arbeit selbständig einteilen zu können und zu entscheiden, wann ich wie etwas mache oder lasse. Diese große Freiheit bei der AIDS-Hilfe, die besonders zu Beginn auch schwierige Situationen mit sich bringen kann, genieße ich heute sehr. Das selbständig arbeiten lassen empfinde ich als eine Qualität, die AIDS-Hilfe-Arbeit ausmacht« (Thorsten Klar: 53-56).

stellung, vom »Willen zum Wissen« (Foucault 1983) sprechen lässt. ›AIDS-Bilder‹ transportieren spezifische Bedeutungen. Ein AIDS-Diskurs signalisiert, dass es sich beim Reden über AIDS nicht einfach nur um zufällige Statements oder ›isolierte, abgetrennte Argumentationen‹ handelt, sondern dass sich eine gewisse Regelmäßigkeit und Periodizität rekonstruieren lässt. ›Bilder von AIDS‹ vermitteln Sinngehalte, verändern aber auch Inhalte. AIDS ist anders geworden. Längst vermischen sich alte AIDS-Bilder mit dem ›neuen‹, ›anderen AIDS‹. Welcher Mechanismus, welche Regel oder welche Macht steckt dahinter? Und gibt es überhaupt ein ›Dahinter‹? Wo wäre dann das ›Davor‹? Das analytische Modell des AIDS-Diskurses stellt sich für mich als hilfreiches Instrument dar, um die komplexe Logik zwischen Macht, Wissen, Sexualität und AIDS entsprechend komplex zu befragen, in gewisser Weise auch zu verkomplizieren.

Diskurs verstehe ich als eine Art und Weise des Beschreibens vermittels Signifikanten, die zum Ausdrücken von Sinnhaftigkeit zur Verfügung stehen. Gleichzeitig werden Bedeutungen hergestellt und ein spezifischer Sinn, eine signifikante Bedeutung konstruiert. Das Sich-Mitteilen basiert auf der gemeinsamen Verwendung von Sprachpartikeln, von Wörtern, deren Bedeutungen wiederum kollektiv ›vereinbart‹, verwendet und gelegentlich modifiziert wird. Der Diskurs führt einen ›bestimmten Sinn‹ mit sich, der für eine Gesellschaft Bedeutungen archiviert und diese über die Zeit, also historisch-spezifisch, fortsetzt und tradiert. Als Magazin von Äußerungen und Aussagen, die genutzt und eingesetzt werden können, um eine Situation auszudrücken oder zu erklären, ist der Diskurs über seine Ordnungsfunktion hinaus als produktiver Prozess begreifbar, der den Nexus von Signifikant und Signifikat in ein spezifisches Verhältnis setzt. Bedeutungen werden demzufolge nicht nur gebraucht, sondern diskursiv hergestellt, bestätigt sowie modifiziert. Michel Foucault interessierte sich nun besonders für die Beziehungen, Strategien und Technologien der Diskurse, wie sie ein Wissen hervorbringen, das eine bestimmte Gültigkeit hat.

Wer etwas weiß, wie man es weiß und wie dieses Wissen eingesetzt wird, hängt nicht nur mit der Möglichkeit eines Rückgriffs auf Wissensformationen, mit der »Archäologie des Wissens« (Foucault 1981) zusammen, sondern zugleich mit Machtpraktiken, die sich am Herstellungsverfahren von Wissensressourcen aktiv beteiligen. Mit dieser Sichtweise führt Michel Foucault die genealogische Methode ein, die den Diskurs nicht mehr nur als geordnetes Wissensreservoire auffasst, sondern als »Praktiken [..], die systematisch die Gegenstände bilden, von denen sie sprechen« (ebd.: 74). Foucaults analytischer Blick richtet sich auf die Konstitution scheinbar evidenter Wissensbereiche, denen die Kraft zugesprochen wird, als Wahrheiten gelten zu dürfen. Die Produktion von Wahrheit steht in einem Verhältnis von Macht, Wissenskomplexen und spezifischen Diskursformationen. Ob etwas als wahr gelten kann, bedingt demnach einerseits die Bezugnahme auf eine gewisse »Ordnung des Diskurses« (Foucault 2003), gleichzeitig aber auch die Entwicklung von Machtverhältnissen, die Foucault relational denkt.

Seine Repressionshypothese überwindend, geht Foucault nun von einem Machtverständnis aus, das Kräfteverhältnisse produktiv am Werke sieht. Macht sei keine Wesenheit, keine Einheit und auch kein Substrat, sondern ein komplexes Netz von Bezügen und Verwobenheiten. Macht spanne sich als Matrix auf und verunmögliche auf diese Weise ein Außerhalb der Macht.

»Unter Macht, scheint mir, ist zunächst zu verstehen: die Vielfältigkeit von Kräfteverhältnissen, die ein Gebiet bevölkern und organisieren; das Spiel, das in unaufhörlichen Kämpfen und Auseinandersetzungen diese Kraftverhältnisse verwandelt, verstärkt, verkehrt, die Stützen, die diese Kraftverhältnisse aneinander finden, indem sie sich zu Systemen verketten – oder die Verschiebungen und Widersprüche, die sie gegeneinander isolieren; und schließlich die Strategien, in denen sie zur Wirkung gelangen und deren große Linien und institutionelle Kristallisierungen sich in den Staatsapparaten, in der Gesetzgebung und in den gesellschaftlichen Hegemonien verkörpern« (Foucault 1983: 93).

Gilt Michel Foucault weithin als Philosoph, der die Macht untersucht und ihre Genealogie als Ursprünglichkeit aufsprengen möchte, interessiert ihn später die Frage, wie sexuelle Verhaltensweisen zum Gegenstand des Wissens wurden, und wie sich entsprechende Diskurspraktiken an Machtpraktiken gewissermaßen anschließen, wie also Verfahren der Subjektwerdung mit Formen der Wissensproduktion zusammenhängen. Er konstatiert: »Nicht die Macht, sondern das Subjekt ist deshalb das allgemeine Thema meiner Forschung« (Foucault 1987a: 243).

Zwischen Individuum und Gesellschaft, so führt Foucault weiter aus, würden Machttechnologien einmal das Individuum als Atom des Sozialen ins Visier nehmen, um ein anderes Mal den Vergesellschaftungsprozess des Individuums als Subjektentstehung zu erforschen. Zwischen den Machtachsen der »Anatomo-Politik« (Foucault 1999a: 185), die sich um den sozialen Körper kümmert und ihn diszipliniert, und der »Bio-Politik« (ebd.), die eine Regulierung der Bevölkerung favorisiert, werde eine Kraft wirksam, die das ›Leben der Menschen‹ in den Mittelpunkt rückt. Eine auf das Leben bezogene Regulationsmacht erforscht die Bevölkerung hinsichtlich ihrer Reproduktionsfähigkeit und ihres Lebenswillens. Von Interesse ist die ›Gattung Mensch‹, die Weisen, wie man das Leben führt, wie viel Menschen wann und wo geboren werden und sterben, kurz: das Leben schlechthin.

»In diesem Moment sehen wir Probleme wie das der Siedlung, der Lebensbedingungen in einer Stadt, der öffentlichen Hygiene, der Veränderung des Verhältnisses zwischen Geburten- und Sterberate auftauchen. In diesem Moment ist die Frage aufgetaucht, wie wir die Leute dazu bringen können, mehr Kinder zu machen, oder wie wir jedenfalls den Bevölkerungsfluß regulieren können, auch wie wir die Wachstumsrate einer Bevölkerung und die Wanderungsbewegungen zu regulieren vermögen. Und seither sind eine ganze Reihe von Beobachtungstechniken, unter ihnen natürlich die Statistik, aber auch alle großen Verwaltungs-, Wirtschafts- und politischen Organismen mit dieser Bevölkerungsregulierung beschäftigt« (ebd.).

Disziplinierung und Regulierung charakterisieren Pole, die sich als Technologien in ihrem Interesse, zu beeinflussen und zu formen durchaus unterscheiden, die sich hierin aber nicht durch Grenzziehungen voneinander absetzen, sondern sich vielmehr gegenseitig ermöglichen. Ihre Entwicklungslinien führen in der »Bio-Macht« (Foucault 1983: 135) zusammen und lassen sich unter dem Gesichtspunkt der Produktivität, einmal disziplinierend, ein anderes Mal totalisierend, nicht mehr voneinander trennen. »Ich glaube, das wichtigste Kennzeichen unserer politischen Rationalität ist, daß die Integration des Individuums in eine Gemeinschaft oder in eine Totalität aus der stetigen Korrelation zwischen einer wachsenden Individualisierung und der Stärkung eben dieser Totalität resultiert« (Foucault 1999b: 214).

Der unbändige »Wille zum Wissen«, den Foucault (1983) in einer radikalen Sexuierung der Lebensweisen der Subjekte eingelöst sieht, basiert auf einem explosiven Zwang, über den Sex zu reden, ihn zu wissen, zu beherrschen und auf diese Weise zu regulieren. Im Anschluss an die Analyse der Verwaltung des Lebens durch die Bio-Macht im 18. Jahrhundert, entdeckt Foucault, wie gesellschaftliche Machtverhältnisse im 19. Jahrhundert wirksam werden, die spezifische Sexualitäten diskursiv herstellen. Dabei sei ein Machtmodell wirksam, dass sich nicht allein aus der Repression von Individuen oder ihrer disziplinären Formung erklären lasse.

Sexualität avanciere zur zentralen Kategorie in der Frage, ab wann ein anerkannter Subjektstatus erreicht werde und das sexuelle Subjekt zur ›Spezies‹ transformiere. Foucault verwendet an dieser Stelle den Begriff des Dispositivs.

»Was ich unter diesem Titel festzumachen versuche ist erstens ein entschieden heterogenes Ensemble, das Diskurse, Institutionen, architekturale Einrichtungen, reglementierende Entscheidungen, Gesetze, administrative Maßnahmen, wissenschaftliche Aussagen, philosophische, moralische oder philanthropische Lehrsätze, kurz : Gesagtes ebenso wie Ungesagtes umfasst. Soweit die Elemente des Dispositivs. Das Dispositiv selbst ist das Netz, das zwischen diesen Elementen geknüpft werden kann« (Foucault 1978a: 120).

Die Frage nach dem ›*wer bin ich*‹ aktiviert im Kontext eines wirksamen Sexualitätsdispositivs die Sehnsucht nach eindeutiger Klärung der Frage nach dem Selbst. Ob nun die Spezies Frau, Mann, Homosexueller, Lesbe oder andere Existenzen auf den Plan gerufen werden, ist diese Klärungsnotwendigkeit jedenfalls unausweichlich. Subjekte müssen sich an Kategorien anschließen. Zwischen Anatomo-Politik und Bio-Politik funktioniere das Sexualitätsdispositiv gleichsam als Scharnier. Ein gewisser »Begriffsbedarf« (Foucault 1987a: 244) schürt die Spezifizierung einer Lust, einer sexuellen Lebensweise und schließlich einer Seinskonzeption, die ich als Identität bezeichnen möchte. »Diese Form von Macht wird im unmittelbaren Alltagsleben spürbar, welches das Individuum in Kategorien einteilt, ihm seine Individualität aufprägt, es an seine Identität fesselt, ihm ein Gesetz der Wahrheit auferlegt, das es anerkennen muß und das andere in ihm anerkennen müssen. Es ist eine Machtform, die aus Individuen Subjekte macht« (ebd.: 246). Die Wirkmächtigkeit der Herstellungspraktiken spezifischer Identitäten steht im Kontext eines sexuellen Paradigmas, das nur bestimmte Formen der Prägung und Existenzweise vorsieht.

Steht für Michel Foucault das Sexualitätsdispositiv als produktiver Anreizmechanismus, der die Fabrikation *sexueller Subjekte* geradezu unhintergehbar anstachelt, so stellt sich diese theoretische Perspektive der Genealogie moderner Sexualität für Judith Butler (1991) als Anknüpfungspunkt dar, um die Kohärenz der Trias zwischen Sex, Gender und Desire analytisch zu hinterfragen, und hiervon ausgehend, eine produktive, heteronormative Matrix anzunehmen, die als Norm die Grundlage jeglicher Subjektwerdung bilde. Die Einteilung der Menschheit in zwei Klassen, die XX-Menschen, die Frauen genannt werden, und die XY-Menschen, die den Titel Mann tragen, gilt in sehr unterschiedlichen Kulturen und auch trotz großer geographischer Entfernungen als Selbstverständlichkeit, gleichsam als ›naturgegeben‹. Die Trennung wird von den biologischen Voraussetzungen her als einzig möglicher Weg erachtet, der letztlich durch den Fortpflanzungsakt, der die menschliche Reproduktion sichert, erklärt wird. Fortpflanzung und Arterhaltung gelten als die ontischen Denk- und Leitfiguren, über deren Eigenlogik sich ein Dichotomieverständnis in den kulturellen Körper einschreiben kann. Butler geht davon aus, dass auch ein anatomisches Merkmal (Sex) immer an soziale Konstruktionen und insofern auch an soziale Lebenswelten und Sozialisationsprozesse geknüpft sei. Somit entpuppe sich Sex schon immer auch als Gender (vgl. Maihofer 1995). Dieses Verfahren entspreche einer produktiven Hervorbringung, die Geschlecht im Voraus konzipiere und Identitäten als in eine Norm eingestellte Wesenseigenschaften vorab festlege. Subjekte werden geformt und gleichsam Arenen rechtmäßiger Existenzweisen vorbereitet. Gesellschaft sei im vorherrschenden Diskurs ausschließlich als heterosexuelle Matrix vorstellbar, und darin bestehe ein Zwang. Individuen müssen sich auf diese Norm beziehen, um intelligibel zu sein. Intelligibilität entspricht einem Modus anerkannter, ›gesellschaftlich sinnvoller‹, sozial nachvollziehbar und verstehbarer Identität.

»Die Vorstellung, daß es eine ›Wahrheit‹ des Sexus geben könne, wie Foucault ironisch behauptet, wird gerade durch die Regulierungsverfahren erzeugt, die durch die Matrix kohärenter Normen der Geschlechtsidentität hindurch kohärente Identitäten hervorbringen. Die heterosexuelle Fixierung des Begehrens erfordert und instituiert die Produktion von diskreten, asymmetrischen Gegensätzen zwischen ›weiblich‹ und ›männlich‹, die als expressive Attribute des biologischen ›Männchen‹ (*male*) und ›Weibchen‹ (*female*) verstanden werden« (Butler 1991: 38; Hervorh. i. O.).

Ein Subjektsein wird ohne Bezugnahme auf eine Heteronormativität verunmöglicht. So wie ich es bereits in der Beschreibung und Interpretation der ›Betroffenheitstypologie‹ zeigen konnte, vor allem über die Skizzen des Typs ›direkter Betroffenheit‹, stellen sich die Experten in einen Zusammenhang, der auf die Bestimmung der eigenen ›Identität als Selbstverständlichkeit‹ bezogen ist. Das Besondere und Auffällige dieser Identitätssuche entsteht in der Verstrickung verschiedener Anforderungen, Subjekt zu sein. Zum einen haben es Expert_innen mit der Identitätskategorie des Schwulseins zu tun: Im Verfahren des Coming-Out gilt es, sich einer bestimmten sexuellen Orientierung unterzuordnen. Mögliche Variationen beschränken sich auf eine heterosexuelle oder homosexuelle Existenz. Die Konstruktion ›schwuler Identität‹ basiert insofern auf dem binären Kode, dass es entweder nur Männer oder nur Frauen geben könne und demzufolge auch nur ein Begehren zwischen den ungleichen Geschlechtern. Der Coming-Out-Prozess als Selbstfindungszwang verstanden, geht also bereits von einer geschlechtlich geteilten Sexualität aus. Die Trennung Sex und Gender ist für die Herstellung schwuler Identität konstitutiv. Schwule sind demnach nur Männer, Lesben folgerichtig nur Frauen; ›schwule Mädchen‹ hingegen entsprechen bereits einem subversiven Akt des Widerständigen.

Eine weitere Anforderung, Subjekt zu sein, entsteht für die Expertinnen in AIDS-Hilfe, wenn sie nicht nur als schwule Subjekte auftreten müssen, sondern zugleich als Experte mit Diplom aufgefordert sind, ihren ›Habitus‹ als AIDS-Hilfe-Sozialarbeiter mit den Vorstellungen und Erwartungen der Institution AIDS-Hilfe abzugleichen. Das Arrangement dieser beiden Identitätsstabilisierungen, folgt dem doppelten Sinn, der dem Subjektbegriff innewohnt. »Das Wort Subjekt hat einen zweifachen Sinn: vermittels Kontrolle und Abhängigkeit jemandem unterworfen sein und durch Bewußtsein und Selbsterkenntnis seiner eigenen Identität verhaftet sein. Beide Bedeutungen unterstellen eine Form von Macht, die einen unterwirft und zu jemandes Subjekt macht« (Foucault 1987a: 246f.).

Ein weiteres Phänomen erschließt sich mit Blick auf die von mir aufgespürte Anziehungskraft der AIDS-Hilfen auf ›direkt betroffene Sozialarbeiterinnen‹. Wie wenn sie einem ›Gravitationsfeld‹ ausgesetzt wären, erscheint es, als würden einige Experten von der AIDS-Hilfe-Institution ›magnetisch‹ angezogen. Ihre Affinität zu genau diesem Berufsfeld Sozialer

Arbeit verstehe ich als ein disziplinierendes sowie regulatives Moment. Im Erleben einer AIDS-Panik, die Schwulsein als Risiko und Problem beschwört, retten sich ›Menschengruppen‹ in Nischenräume, die implizit Sicherheit versprechen. Mit der Überschrift ›Wenn Sozialarbeit betroffen ist‹ habe ich, nicht ganz ohne Ironie, auf ein Berufsfeld Sozialer Arbeit hingewiesen, das von Männern für Männer ›erfunden‹ wurde: Sozialarbeit in AIDS-Hilfen. Diese lassen sich als einen sexuierten Raum verstehen, als sexuierte Institution, die disziplinierend-kontrollierend ›betroffene Experten‹ unterwirft, um sie zugleich einem Bewusstwerdungszwang auszusetzen. Sozialarbeiterinnen in den AIDS-Hilfen kommen nicht umhin, eine spezifische Form der Subjektivität zu entwickeln. Im Vergleich der unterschiedlichen ›Typen der Betroffenheit‹ wirkt der ›Magnetismus‹ nicht für jede Expertin gleich. Die Sogkraft der AIDS-Hilfen, die sie auf ›direkt betroffene Sozialarbeiter‹ ausüben, entspricht nicht zwangsläufig dem professionellen Verhältnis, das ›nicht-betroffene Experten‹ zur Institution AIDS-Hilfe entwickeln. Und dennoch gilt ›für alle‹ der doppelte Sinn des Subjektbegriffs: diszipliniertes versus gemachtes Subjekt. Es lässt sich schließlich von Variationen heterogener ›Einstellungsmuster‹ der Sozialarbeiter in den AIDS-Hilfen ausgehen, die sich diskurstheoretisch analysieren und interpretieren lassen.

## Identität im Zeichen von ›Schwulsein‹, AIDS und AIDS-Hilfe

AIDS sorgte in der Vergangenheit für heftige Aufregung. Medienberichte über eine diffuse aber tödliche Immunschwächekrankheit überschlagen sich. Immer mehr Todesfälle fordern die medizinische Disziplin, geeignete Therapiekonzepte anzubieten. Jedoch stellt sich die Epidemie recht bald als hochkomplexe und kaum zu lösende Schwierigkeit dar. AIDS gehorcht der Logik einer Aporie. Ärzte und Virologen sind ratlos. Während dessen entwickelt sich eine allgemeine Verunsicherung und Panik. In dieser Phase des Ausnahmezustands wird AIDS als ›Schwulenpest‹, so beispielsweise der Spiegel 1988[3], konstruiert und die bereits 1983[4] einsetzende Debatte über die sogenannte ›Seuche der Homosexuellen‹ weiter getragen. Ausgehend von der auffällig hohen Anzahl homosexueller Männer, die sich mit dem Virus infizierten und sehr rasch an den Folgen eines zerstörten Immunsystems starben[5], wird die Debatte um Herkunft und Verbreitungsgewohnheiten des HI-

3 Vgl.: »AIDS als ›Schwulenpest‹«, Der Spiegel, Hamburg: »AIDS: Hürde zu den Heteros übersprungen«, Seite 120, 22.2.1988.

4 Vgl.: »AIDS als ›Homosexuellenseuche‹«, Der Spiegel, Hamburg: »Tödliche Seuche AIDS. Die rätselhafte Krankheit«, Seite 144, 06.06.1983.

5 Bis heute gelten sogenannte »Männer, die Sex mit Männern haben« als hauptursächliche ›Betroffenengruppe‹, die einem erhöhten Infektionsrisiko ausgesetzt sind (geschätzt durch das Robert Koch-Institut (2006): »HIV/AIDS in Deutschland – Eckdaten, Epidemiologische Kurzinformation des Robert

Virus dem subkulturell noch einigermaßen fremden Sozialraum homosexueller Männer zugeordnet, was gleichsam impliziert, dass es ›die Anderen‹ nicht betrifft. Volkmar Sigusch hat mehrfach darauf hingewiesen, dass die »naturwissenschaftlich imprägnierten Experten« (ders. 2005, S. 157) allzu leicht vergessen, dass AIDS nicht ausschließlich ein Problem des Verhaltens und der quantitativ messbaren Infektionsraten sei, sondern dass immer auch das Phänomen einer Vergesellschaftung von AIDS mitberücksichtigt werden müsse. »Mystikfikation, Verdrehung, Dramatisierung, Ideologisierung, Ausgrenzung und Verstofflichung« (ebd.: 158) gelten allesamt als Mechanismen ebendieses Vergesellschaftungsprozesses.

AIDS stellt sich in einen unmittelbaren Zusammenhang mit Individuen, denen seit langem ein abweichendes Sexualverhalten nachgesagt wird. Zur gleichen Zeit gelingt eine Verbindung mit der gesundheitspolitisch hilflosen Feststellung, dass AIDS nicht heilbar ist. Sämtliche sozialstaatlichen sowie ordnungsstrategischen Versuche, AIDS ›in den Griff‹ zu bekommen, werden durch eine stets wiederholte Todesrhetorik begleitet. AIDS ist damit sowohl als schwul als auch todbringend konstruiert. Das Konzept einer umfassenden Präventionsaktion, die politisch gefordert, staatlich subventioniert und in erster Linie medizinisch begleitet wird, präpariert die Vorzeichen unter denen AIDS-Hilfe als Selbsthilfeorganisation letztlich entstehen kann. Das Präventionsprogramm ›Safer Sex‹ gilt in der Folge als wirksamste Waffe im Kampf gegen AIDS und symbolisiert das Leitmotiv für Handlungskonzepte aus den Bereichen Pflege, Beratung und Betreuung, die sich auch mit dem Begriff Care Work zusammenfassen lassen.

Für den Bereich Sozialarbeit in AIDS-Hilfen erscheint das naturalisierende Konzept einer Mütterlichkeitspädagogik – so wie sie von Christoph Sachße (2003) exemplifiziert wurde – zunächst irritierend, denn die Fürsorge AIDS-kranker und HIV-positiver Menschen ist zunächst von Männern

---

Koch-Instituts, Stand: Ende 2006, www.rki.de). Die Verteilung der Menschen, die Ende 2006 mit HIV/AIDS leben (~56.000) setzt sich folgendermaßen zusmmen: Männer: ~47.000, Frauen: ~8.500, Kinder: ~400. Darunter Menschen, die mit AIDS leben: ~8.700. Verteilung nach Infektionsrisiko: Männer, die Sex mit Männern haben: ~34.000, Personen, die sich über heterosexuelle Kontakte infiziert haben: ~6.500, Personen aus sog. Hochprävalenzregionen: ~7.500 (Personen, die aus sog. Hochprävalenzregionen stammen, haben sich überwiegend in ihren Herkunftsländern und dort über heterosexuelle Kontakte mit HIV infiziert. Die Abschätzung der Größe dieser Personengruppe und ihre Aufteilung auf die Bundesländer ist mit der höchsten Unsicherheit behaftet, da zu wenig Angaben darüber verfügbar sind, wie hoch der Anteil der Personen aus dieser Gruppe ist, die nach ihrer HIV-Diagnose dauerhaft in Deutschland bleiben), i.v. Drogengebraucher: ~6.500, Hämophile und Bluttransfusionsempfänger: ~550 (Infektion erfolgte über kontaminierte Blutkonserven und Gerinnungsfaktorenkonzentrate überwiegend in der Zeit vor 1986), Mutter-Kind-Transmission: ~400 (Kinder, die vor, während oder nach ihrer Geburt die HIV-Infektion über ihre Mutter erworben haben).

definiert worden – zumindest bis Mitte der 1990er Jahre: ›Männer pflegen Männer‹, so könnte das Care-Projekt zusammenfassend formuliert werden. AIDS-Hilfe als Männerberuf im Frauenberuf suggeriert indes eine ›geschlechtliche Verschiebung‹ des eigentlich weiblichen Care Work in Richtung männliche Fürsorge. Eine Klassifikation der AIDS-Hilfe-Fürsorge als ›feminisierte Emotionsarbeit‹ bleibt aber weitgehend erhalten. Sexuellsein und Berufsidentität gehen bei dem Versuch, AIDS zu behandeln, ein spezifisches Verhältnis ein. Eine binäre Geschlechtskodierung – so meine These – wird dabei nicht aufgehoben. Der als schwul konzeptualisierte Community-Gedanke, sich selbst aber auch den positiven Freunden und Bekannten zur Seite zu stehen und eine gemeinsame Stimme zu erheben, führt das Sondierungsinteresse im Kampf um Anerkennung zu einem frühzeitigen Kontakt mit den exekutiv-mächtigen Regierungsbehörden. Die Nähe zu staatlichen Institutionen beeinflusst die Methodenentwicklung einer AIDS-Arbeit von Beginn an.

Rita Süssmuth, damals Bundesgesundheitsministerin, ist die politische Schlüsselfigur für das organisatorische Etablierungsvermögen des Selbsthilfevereins AIDS-Hilfe. Notwendig wird eine finanzielle Konsolidierung der geplanten Projektidee. Eine Anschubfinanzierung im Jahr 1985 ermöglicht der Deutschen AIDS-Hilfe, primärpräventive Dienstleistungskonzepte umzusetzen. Süssmuth ist motiviert, den Betroffenen zur Seite zu stehen und für Unterstützung zu werben, doch benutzt sie in ihrer Argumentation »AIDS bekommt man nicht, AIDS holt man sich« (Süssmuth 1987: 10) jene exkludierende Schuldmetapher, die eine öffentlich wirksame Diskussion um spezifische Infektionsverantwortlichkeiten in Gang zu setzen weiß. Die Schuldfrage wird unmittelbar an die marginalisierten Risikogruppen geknüpft: Schwule, Drogenabhängige, Prostituierte. Demnach ist das konzeptuelle Gerüst einer AIDS-Arbeit von Anfang an eingefärbt von staatlichen Disziplinierungsinteressen und ›innerverbandlichen Regulierungen‹. Die Präventionsidee gehorcht dabei einer besonderen Anerkennungsprogrammatik. Schwule wollen dazugehören und nehmen dankbar die Anfrage entgegen, selbst für Ordnung in ihren eigenen Reihen, in den sonderbaren Räumen sexueller Devianz zu sorgen. Immerhin gelten sie als Experten ›spezifischer sexueller Vorlieben‹ jenseits eines ›normalen Sexualverhaltens‹.

Es wird deutlich, dass die Entstehung professioneller Care-Strategien im Kontext von AIDS-Arbeit nicht ohne eine Reflexion ihrer Verwobenheit mit den strukturierenden Vorgaben wohlfahrtsstaatlicher Unterstützungsmodelle auskommen kann. Die Folie eines normalen, intelligiblen Lebens, das dem jeweils gängigen Diskurs entspricht, determiniert auf diese Weise das von ›Betroffenen‹ selbst geführte Präventions- und Betreuungsprogramm Sozialer Arbeit in den AIDS-Hilfen. Die Notwendigkeit, eine Identität zu entwickeln, gilt gleichsam für den Auftritt als ›sexuelles Selbst‹, als

›eindeutiges Geschlecht sowie als professionelle Sozialarbeiterin. Sexualität, Identität und Professionalität stehen gewissermaßen in Konjunktion. Professionelle Akteure sind angehalten, sich beständig auf ›eine Identität‹ zu beziehen, die dem Anspruch nach Eindeutigkeit, Wahrhaftigkeit und Orientierung genügt. Will Soziale Arbeit als professionelle Institution anerkannt sein, so ist auch für sie ein entsprechender Rückbezug auf Identität zwangsläufig. Und dennoch ist die offenbar unhintergehbare Bezugnahme der Sozialen Arbeit auf eine spezifische Berufsidentität nicht ganz unproblematisch, bemerkt auch Andreas Keck (2006). Der Sozialpädagoge diagnostiziert gar eine »Identitätsstörung« (ebd.: 30) der Disziplin. Wie ließe sich das dilemmatische Verhältnis zwischen Ambivalenz und Standardisierung der Sozialen Arbeit jenseits einer problemzentrierten Rhetork diskutieren?

## Soziale Arbeit und Professionalitäten

Professionalitäten Sozialer Arbeit sind grundsätzlich als vielfältige Handlungspraxen vorstellbar. Der Plural ›Professionalitäten‹ weist darauf hin, dass sich schwerlich nur von der einen Professionalität reden lässt. Ganz unterschiedliche Vorstellungen, Überzeugungen, aber auch Ansprüche und Definitionszwänge greifen auf das ›professionelle Projekt Soziale Arbeit‹ zurück. Die unterschiedlichen Perspektiven auf Soziale Arbeit führen zwangsläufig zu sehr heterogenen und diversen Antworten auf die Frage, was den nun denn ›genuinen Kern‹ sozialarbeiterischer Professionalität und Kompetenz ausmacht. »Die begriffliche Verwirrung in der Diskussion um Professionalität und Professionalisierung ist beträchtlich.

Wer will sich noch auskennen zwischen Pro-, Über-, Ent-, De-, Durch- und Re-Professionalisierung, zwischen Prä-, Para-, Semi-, Halb-, Pseudo-, Schein- und Exprofessionellen« (Terhart 1990: 152). Je nachdem in welchen Kreisen die Klärung einer scheinbar ungeklärten Profession versucht wird, stellen sich weitere Dilemmata auf, beispielsweise, wenn PraktikerInnen, die mit ihren Erfahrungen und dem häufig ausgeprägten Vorwissen über die ›kulturellen Spezifika‹ ihrer Klientel möglicherweise selbst in beträchtlichem Ausmaß involviert sind und so für sich in Anspruch nehmen könnten, als ›wirkliche Partner der Klienten‹ sehr nah an deren Bedürftigkeitsformen zu stehen, also wirklich zu wissen, wie es geht.

Burkhard Müller beschreibt Professionalität Sozialer Arbeit als professionelles Handeln, das sich vom laienhaften Alltagshandeln darin unterscheide, dass Sozialarbeiter/innen fähig seien, Nähe und Distanz zu ihren Adressaten und deren Problemen auf kunstvolle Weise zu verschränken und miteinander zu verbinden[6]. Grundsätzlich sind Fähigkeiten zur Selbst-

6 Diese professionstheoretischen Überlegungen hat Burkhard Müller in einem

reflexion, der Umgang mit ›Ungewissheiten‹, die den sozialarbeiterischen Arbeitsalltag prägen sowie die Orientierung an der Lebenswelt der KlientInnen unabdingbare Voraussetzung für ein professionelles Arrangement. Soziale Arbeit, so Müller (2005), muss

- »sich auf die Alltagsprobleme von Klienten einlassen und kann diese aus der eigenen Arbeit nicht einfach ausklammern,
- (sie muss) sich dazu bekennen, dass sie vom Wollen der Klientinnen und Klienten abhängig ist, sie nicht einfach behandeln kann, sondern mit ihnen verhandeln muss und
- sie muss akzeptieren, dass sie in ihrem Erfolg von anderen Instanzen (z. B. Schule, Arbeitsmarkt, ökonomische Lage, etc.) abhängig ist, die für die Lebenschancen von Klienten größere Bedeutung haben als soziale Arbeit selbst« (ebd.: 742[7]).

In professionstheoretischen Untersuchungen ist häufig die Rede davon, dass es erforderlich sei, Soziale Arbeit unter der Prämisse einer Profession genauer unter die Lupe zu nehmen (vgl. Thole/Küster-Schapfl 1997; Nagel 1997; Tiefel 2004). Dies sei deshalb so bedeutsam, weil sich die komplexen gesellschaftlichen Verhältnisse und die daraus resultierenden Probleme im Sozialen derart vervielfältigten, dass sowohl eine klare Zuständigkeit wie auch eine abgesicherte Kompetenz erreicht werden müsse, um Abweichungen aus der Professionsnorm effektiv und kontrolliert gewährleisten zu können. Ein Rekurs auf professionell geschlossene Wissenressourcen wird hingegen auch kritisch unter die Lupe genommen und stattdessen ein »diskursives Wissen« (Dewe/Otto 2005b: 179) zur Debatte gestellt. Soziale Arbeit sei mehr denn je auf einen »Perspektivwechsel weg von der Hypostasierung der behördlichen Organisation, hin zu einer innovativen disziplinären Identität« (ebd.: 181) angewiesen. Wie sich das Blatt auch dreht, Identität erscheint in jeder dieser Hinsichten unerlässlich zu sein, ob nun als eindeutiges Wissen über klare Zuständigkeiten oder eben über eine disziplinäre Identität Sozialer Arbeit. Fast überall dort, wo Sozialarbeiter/innen aufeinander treffen, im Dienste der Wissenschaft oder als Vertreter/innen der Praxis, kommt es irgendwann unweigerlich zu einer Art Zwang zur Identitätsfindung. Es scheint, als habe die Sehnsucht nach einer klar benennbaren Identität selbst etwas mit dem Identitätsprofil der Sozialen Arbeit zu tun. Werner Thole (2005b: 53 ff., 1996: 152 ff.) hält bei dem Versuch, Soziale

---

Vortrag zum Thema »Nähe und Distanz aus Sicht der Heimarbeit« am 31.01.2005 am Institut für Sozialpädagogik und Erwachsenenbildung der Johann Wolfgang Goethe-Universität Frankfurt am Main detailliert vorgestellt. Ein veröffentlichtes Vortragsskript hierzu existiert meines Wissens leider nicht.

7 An anderer Stelle hat Burkhard Müller diesen Bedingungskomplex als »Sozialpädagogisches Können« herausgestellt (vgl. Müller 2006).

Arbeit als Disziplin zu verorten, vier unterschiedliche Diskursorte fest. Die Wissenschaft Sozialer Arbeit werde verhandelt

- als spezielle Disziplin der Erziehungswissenschaften,
- als eigenständige Sozialarbeitswissenschaft,
- als genuine Wissenschaft am Sozialen (Sozialwissenschaftlich orientierte ›universitäre Sozialpädagogik‹), die versucht, Soziale Arbeit »mit ›außerdisziplinärem‹ Wissen disziplinär zu refundieren« (Thole 2005b: 36)
- sowie als »›Modell‹ zwischen den disziplinären Welten« (ebd.).

Im Kontext professioneller Identitätssuche und Identitätsentwicklung sieht Thole eine »Sozialpädagogik auf Trebe« (ebd.: 37), wenn sie auf eine ›disziplinäre Heimat‹ verzichte und stattdessen in einem beliebigen Verständnis von Professionalität ›irgendwie‹ und ›mal so mal so‹ Verortungsnotwendigkeiten wissentlich übersehe. Einzig den »Schminkkoffer der Moderne« (ebd.: 36) in der Hand, verfolge diese vierte Diskursrichtung eine Strategie, die den Gegenstand Sozialer Arbeit identitätslos beschreiben wolle.

Identitätskonstruktion ist eine unhintergehbare Herstellungsleistung. Diese Notwendigkeit, eine Identität darzustellen, lässt sich nicht einfach abschütteln; und schon gar nicht der Zwang, eine erkennbare Identität, die sich von anderen zu unterscheiden weiß, herzustellen. Vertreter_innen der professionellen Sozialen Arbeit kommen demzufolge nicht umhin, ihren ›Auftritt‹ als besondere, genuine und unverwechselbare Theoretikerin und Praktikerin an vorgegebene Kriterien anzulehnen. Jenseits der Feststellung, dass Sozialer Arbeit ein Problem mit Identität zugeschrieben wird, weil sie entweder nicht bereit ist, eine ›eindeutige Identität‹ anzunehmen und zu pflegen, oder aber weil sie eine Nicht-Identität[8] favorisiert, ist es aus meiner Sicht vorteilhafter, diese Legitimationsproblematik an sich zu hinterfragen und ihr diskursives Produktionspotenzial empirisch zu analysieren.

Bevor ich diesen Vorschlag am Beispiel ›involvierter Professionalitäten‹ Sozialer Arbeit in den AIDS-Hilfen ausarbeite, möchte ich den Vorschlag von Michael Wimmer, das ›wissen müssen‹ um ein ›nicht wissen können‹ analytisch zu erweitern, einflechten. Wimmer (1996) plädiert dafür, die antinomischen Strukturen sozialpädagogischer Handlungspraxen in

8 Die Behauptung, dass eine Nicht-Identität der Sozialpädagogik als ihre Identität fungiere und dies aus professionstheoretischer Erwägung ein professionelles Manko darstelle, führt Thole (2005b) in folgendem Zitat weiter aus: »Die Identität der Sozialpädagogik scheint bis zum heutigen Tag ihre Nicht-Identität zu sein: Sie hat keinen eindeutigen, klar zu benennenden Ort in der Praxis, kein einheitliches Profil der Ausbildung, keine selbstverständliche, von allen ihren VertreterInnen geteilte disziplinäre Heimat, keine stabilen theoretischen, wissenschaftlichen und professionellen Grundannahmen. Im Kern scheint nicht einmal hinreichend geklärt, welcher Art die Theorie zu sein hat, die die Sozialpädagogik braucht« (ebd.: 28).

den je individuellen Beziehungen zwischen Professionellen und Klienten als einen ›Wert an sich‹ zu fassen. Wenn das zentrale Moment jeder pädagogischen Beziehung und auch jeder pädagogischen Kommunikation ihre unbestimmbare Konstitution ist, so folge hieraus, dass immer etwas bleibe, was nicht erfassbar, nicht zu eruieren, was nicht zu wissen sei. Denn »was gewollt wird, (kann) nur vom Anderen selbst hervorgebracht werden« (Wimmer 1996: 425f.).

In einer pädagogischen Beziehung laufen kommunikative Prozesse ab, die sich von außen, also wissenschaftlich-abstrakt, nicht so ohne weiteres fassen lassen. Die paradoxe Situation entsteht an der Stelle, wo Pädagog/innen aufgefordert sind, das Verhalten, Handeln und Denken ihrer Klienten auf der Ebene des Wissens zu modifizieren, in der Hoffnung, dass sich so präventive (im besten Fall) und behandlungsbezogene (im zweitbesten Fall) Erfolge einstellen. Jene unentdeckbare, ja geheime Leerstelle in der Begegnung mit dem ›Anderen‹, müssen letztlich unentdeckt bleiben, weil ›ich und du‹ keine Einheit, sondern grundsätzlich zum Dialog fähige Akteure repräsentieren, in deren ›Zwischen‹ sich nicht ohne weiteres forschend eindringen lässt.

Wimmer veranschaulicht die Interdependenz zwischen einem Wissen, das sich ›objektiv‹ aneignen ließe und einer situationsspezifischen Sphäre des Wissens, die eigentlich ein Nicht-Wissen ausmacht. Daher kann er auch vorschlagen, dass »das Nicht-Wissen als Zentrum des Pädagogischen und die Fähigkeit, die Kluft zwischen dem irreduziblen Nicht-Wissen (Situation, Singularität) und (pädagogischem) Wissen handelnd zu überwinden als Kern pädagogischer Professionalität« (ebd.) gelten könne. Er schlägt weiterhin vor, die Relevanz dieses Nicht-Wissen-Könnens umfangreich zu reflektieren. Denn nur so könne der Glaube an eine ausnahmslos technisch-instrumentelle Wissensvermittlung wie auch -aneignung fortbestehen.

Forschende Sozialpädagogen, genauso wie ihre Kollegen in den Praxisfeldern, sind in der pädagogischen Kommunikation stets auf ein funktionierendes Wissen, das sich als Bildungsmöglichkeit auf andere übertragen lässt, angewiesen. Sie stehen zudem in der Pflicht, ihre spezialisierten Wissensressourcen passgenau auf die Bedürfnisse ihrer Klientel anzuwenden. Das, was gewusst werden muss, lässt sich in einem technisch-instrumentellen Sinne aber nur als eindeutiges, abstraktes und identifizierbares Wissen verhandeln. Solange diese Kluft zwischen Anwendungswissen und einem noch zu klärenden Restwissen aufrechterhalten wird, »das heißt solange es als ein aufzuhebender Mangel, als ein Noch-Nicht-Wissen betrachtet wird, anstatt als ein irreduzibles Nicht-Wissen-Können, solange wird die Illusion der technischen Beherrschbarkeit pädagogischer Situationen« (ebd.: 426) stabilisiert.

Der Vorschlag Wimmers, mit den Paradoxien des Pädagogischen anders, nämlich weniger affirmativ, sondern eher reflexiv, umzugehen, schließt an die Überzeugung an, dass sich eine Handlungsstruktur pädagogischer Professionalität jenseits eines Zwanges zur Eindeutigkeit ableiten lässt. Pädagogische Professionalität von einem instrumentellen Wissensimperativ zu lösen, offenbart sich als Herausforderung für die neuerdings wieder häufiger geführte Debatte über den Zusammenhang von Erziehungswissenschaft und Wissensgesellschaft[9]. Poststrukturalismus und Dekonstruktion sind in diesem Zusammenhang schillernde Begriffe, die sich allerdings dazu eignen, die Sehnsucht und das vitale »Bedürfnis nach Eindeutigkeit, Sicherheit, Kontrolle und Steuerungsmöglichkeit« (ebd.: 429) aufzugreifen, um so einen Gegenentwurf in den Diskurs um professionelle Pädagogik und pädagogische Professionalität einzuschleusen. ›Gegebene Strukturen‹ könnten demaskiert werden, wenn paradoxale gesellschaftliche Zusammenhänge als Gelegenheit genutzt würden, mit dem ›Unbestimmten‹ und dem ›Unbestimmbaren‹ zusammen zu arbeiten.

Jene analytische Perspektive im Kontext professionstheoretischer Überlegungen möchte Identitäts- und Machtkonstruktionen kritisch gegenübertreten sowie versuchen, Wissensevidenzen aufzubrechen und einem reflektierten wissenschaftlichen Diskurs zugänglich zu machen. Den Kontext einer Professionalität, die sich als involvierte Expertenkompetenz gewissermaßen ›zwischen den Stühlen‹ beobachten und beschreiben lässt, werde ich im Folgenden empirisch präzisieren.

## Involvierte Professionalitäten: Que(e)r fällt ein

›Betroffenheiten‹ Sozialer Arbeit in den AIDS-Hilfen zeichnen sich durch ein Involviertsein der Sozialarbeiter/innen in disziplinierende Identitätsarbeit, in regulierende Selbstvergewisserung durch ›Identitätsklärung‹ sowie durch ein spezifisches Arrangement eigener Erfahrungen mit den Problemen der ihnen anbefohlenen Klienten aus. Die Bezugnahme auf einen klar zu definierenden Subjektstatus erscheint hierbei unhintergehbar. Soziale Arbeit wird ohne professionelle Identität kaum auskommen.

Die identitätsstiftenden Prozesse und Rahmenbedingungen sind für eine analytisch forschende Suchbewegung von großem Interesse. Selbstnormalisierungsverläufe und Zuschreibungsverfahren Sozialer Arbeit sollen sichtbar gemacht werden. Es kommt also weniger darauf an, dass Identitäten gebildet und gelebt werden, sondern vielmehr darauf, dass gefragt wer-

9 Die Arbeit von Hans Günther Homfeldt und Jörgen Schulze-Krüdener (2000) »Wissen und Nichtwissen. Herausforderungen für Soziale Arbeit in der Wissensgesellschaft« ist ein solches Beispiel, das den Bezugspunkt zur Wissensgesellschaft herausstreichen möchte.

den muss, wie sie zustande kommen und welche Plätze sie im Professionalisierungsdiskurs besetzen wollen und können. Wie müsste sich eine solche Suchbewegung ausrichten? Ausgehend von den machttheoretischen Verstrickungen ›betroffener Experten‹, präsentiert sich sozialarbeiterische Professionalität grundsätzlich involviert. Eine ›involvierte Selbstpositionierung‹ wiederum steht in Zusammenhang mit der Produktivität von Diskursen. Sie ist stets reziprok, in Machtverhältnisse eingebunden, zu denken. »Wir leben nicht in einer Leere, innerhalb derer man Individuen und Dinge einfach situieren kann. Wir leben nicht innerhalb einer Leere, die nachträglich mit bunten Farben eingefärbt wird. Wir leben innerhalb einer Gemengelage von Beziehungen, die Plazierungen definieren, die nicht aufeinander zurück zu führen und nicht miteinander zu vereinen sind« (Foucault 1992: 38). Analytisch interessiert mich exakt diese Gemengelage, die Verschachtelungen und scheinbaren Selbstverständlichkeiten, mit denen es involvierte professionelle Sozialarbeiter/innen zu tun haben.

Judith Butlers Kritik am ›autonomen, selbstbezüglichen Subjekt‹ habe ich bereits im Kapitel »direkte Betroffenheit: Warum ausgerechnet AIDS-Hilfe« sowie auf machttheoretischer Ebene als Reflexionshintergrund genutzt. Analytisch lässt sich diese identitätskritische Haltung als queere Denkrichtung umschreiben. »Butler plädiert für die pragmatische Nutzung von Identitätskategorien, will diese aber gleichzeitig destabilisieren. Dabei kann die Destabilisierung eine politische Arena darstellen, in der Gruppen und Individuen über die konkrete Füllung normativer Identitätsbegriffe streiten. Besonders wichtig ist in dieser Argumentation der Hinweis, dass (politische) Handlungsfähigkeit dort entsteht, wo Diskurse (re-)produziert werden« (Villa 2003: 102f.).

Queer fungiert an dieser Stelle als analytische Suchbewegung und Forschungsmodus. Fragend Queer bedenkend[10] stehen Identitätskonstruktionen und Identitätspolitiken zur Debatte. Queer-inspiriert ist diese Suchbewegung durch das empirische Material deshalb, weil der hermeneutische Fokus reflexiv-kritisch vermeintliche Evidenzen professioneller Identitätsentwicklung und Identitätspolitiken analytisch dekonstruiert. Vor diesem Hintergrund geht eine queere Analyse von den folgenden Vorüberlegungen aus:

---

10 Gudrun Perko (2003) hat unter dem gleichnamigen Titel »Fragend queer be/denken« die verschiedenen qualitativen Ebenen eines queeren Projekts herausgearbeitet. Ihr ging es vor allem auch darum zu zeigen, dass Queer Theory und Queer Politics historisch im Kontext sozialer Bewegungen entstanden sind, dass sie aber nicht auf die eine Ursprungsbegrifflichkeit zurückzuführen sind. »Wird gegenwärtig versucht, den Begriff *queer* (in der positiven Eigenverwendung) zu übersetzen und zu bestimmen, so ist man von Seiten einiger Queer-TheoretikerInnen mit der Warnung konfrontiert, Sinn und Bedeutungen der *queeren* Denkrichtung gerade dann miss zu verstehen, wenn man ihn eindeutig bestimmen würde« (ebd.: 29; Hervorh. i. O.).

- Sexualitäten und Geschlechtsidentitäten basieren auf einer Dichotomie sowie einem Prozess fortwährender Dichotomisierung. Frau und Mann erscheinen als essentielle Ursprungsformen menschlicher Subjektivität. Die Annahme einer vorkulturellen, naturhaft-genetischen Architektur menschlicher Existenz wird grundsätzlich in Frage gestellt. Zentrale Hypothese ist die Wirkmächtigkeit ›performativer Akte‹, die sprachlich-diskursiv an der Zementierung ›identitärer Selbste‹ beteiligt sind.
- Jenseits geschlechtlicher und sexueller Identitätskonstruktionen wirken Diskurse für sämtliche Formen der Subjektkonstitution, also auch für berufliche, professionelle Selbstverständnisse (Identitäten). Queer ist daran interessiert, die Beteiligung von Erziehungswissenschaftler/innen und praktisch tätigen Sozialpädagog/innen an der Produktion von normativen Strukturen zu beleuchten. »Die selbstkritische Reflexion eigener Grundannahmen ist gefragt: Wo reproduzieren wir z. B. unhinterfragt gesellschaftliche Normalitäten und Selbstverständlichkeiten? Wo tragen wir kulturelle Grundannahmen wie Natürlichkeit, Eindeutigkeit und Unveränderbarkeit von Geschlecht und Sexualität unkritisch mit?« (Hartmann 1998: 37).
- Identitäten sind unhintergehbare Voraussetzung, um intelligibel am Leben teilnehmen zu können. Dies gilt entsprechend auch für die Hervorbringung professioneller Identitäten. Diese sind eingebunden innerhalb einer diskursiven Matrix. Ein Außerhalb ist unmöglich, will man gehört, verstanden und anerkannt werden. Es gibt also doch zwei Bereiche: ein Drinnen und ein Draußen. Identitäten entstehen an der Schnittstelle dieser Trennungslinie, indem sie ihre ganze Kraft dafür aufwenden, als stabile, erkennbare, unterscheidbare und vor allem eindeutige ›Persönlichkeiten‹ aufzutreten. »Diese Matrix mit Ausschlusscharakter, durch die Subjekte gebildet werden, verlangt somit gleichzeitig, einen Bereich verworfener Wesen hervorzubringen, die noch nicht ›Subjekte‹ sind, sondern das konstitutive Außen zum Bereich des Subjekts abgeben. Das Verworfene [*the abject*] bezeichnet hier genau jene ›nicht lebbaren‹ und ›unbewohnbaren‹ Zonen des sozialen Lebens, die dennoch dicht bevölkert sind von denjenigen, die nicht den Status des Subjekts genießen, deren Leben im Zeichen des ›Nicht-Lebbaren‹ jedoch benötigt wird, um den Bereich des Subjekts einzugrenzen« (Butler 1997: 23, Hervorh. i. O.).

Wenn ich involvierte Professionalitäten Sozialer Arbeit in den AIDS-Hilfen analytisch, queer bedenkend hinterfrage, so werde ich im Anschluss an die Dateninterpretation Professionalitäten strategisch queer denken. Den folgenden Ablauf und die systematische Freilegung implizierter Bedeutungszuschreibungen und Bedeutungsproduktionen möchte ich anhand vier unterschiedlicher ›Typisierungen‹ aufzeigen.

## Missverstandene »Normalisierung«

Auf einer Ebene kommunikativer Sensibilität kann eine Fähigkeit Sozialer Arbeit in AIDS-Hilfen beobachtet werden, die sich nicht einfach mit Argumenten und Meinungen zufrieden gibt, nur weil sie sich ständig wiederholen und, teils gerechtfertigt, teils taktisch funktionalisiert, in den Allgemeindiskurs übergehen. Insbesondere bei den Interviewpartnern Alexander Wahrendorf und Sebastian Droschke taucht ein ›reflexives Innehalten‹ auf, wenn in Bezug auf AIDS und ihre (gesellschaftlichen) Bilder von ›Normalität‹ und ›Normalisierungen‹ die Rede ist. Aber auch Elisabeth Wahl, wie Wahrendorf und Droschke ebenfalls Vertreterin des Typus ›direkte Betroffenheit‹, argumentiert in eine ähnliche Richtung, welche die psychosozialen Problematiken der Klienten der AIDS-Hilfen berücksichtigt und zu erklären versucht. Schließlich weiß Thorsten Klar von der Notwendigkeit einer Compliance (›Therapietreue‹) zu berichten, ohne die es nur in den seltensten Fällen möglich ist, das Immunsystem effektiv zu festigen. Aus ihren Berichten und Beschreibungen lässt sich ein kritisch-reflexives Potenzial deutlich herauslesen. Um zu einem Verständnis zu kommen, das Normalisierungstendenzen im Zusammenhang mit den Folgen einer HIV-Infektion oder AIDS-Erkrankung nicht eindimensional und daher verkürzt interpretiert, ist ein überlegtes Einschätzen dieser Normalisierungssituation unerlässlich.

### ›Gasp‹ in Zeiten verhaltener Diskriminierung

Jenes ›Unbehagen‹ kann auch als ›gesellschaftsanalytischer (oder auch gesellschaftskritischer) Spürsinn‹ zusammengefasst werden[11]. Ein kritisches Nachdenken über die Entwicklung von AIDS kann nicht bedeuten, dass angenommen wird, (soziale) Problemlagen und schwierige Verhältnisse seien durch moderne und postmoderne Fortschrittlichkeit nun völlig verschwunden. Vielmehr veranschaulicht ein Nachdenken über Normalisierungen, die möglicherweise missverstanden werden, deren Tragweite, wenn wenig oder gar nicht in Augenschein genommen wird, dass ein Leben mit AIDS signifikant unterschiedlich aussehen kann. Die Rede über das normal gewordene AIDS löst insbesondere bei den beiden Sozialarbeitern eine ›produktive Irritation‹, eben ein ›Unbehagen‹ aus.

11 Die Kategorie gesellschaftsanalytischer, oder auch gesellschaftskritischer Spürsinn (Gasp), wird als eine zentrale Vorgehensweise in der Praxis Sozialer Arbeit in der AIDS-Hilfe festgehalten und später für eine ›queere Dimension‹ innerhalb der Disziplin aufbereitet.

Denn obgleich der Seuche AIDS durch medizintechnologische Errungenschaften und präventive Interventionen ›handhabbarer, weil grundsätzlich behandelbar‹, begegnet werden kann, erleben sie nach wie vor Szenen der Diskriminierung und der sozialen Ausschließung.

Zunächst berichten die beiden Sozialarbeiter Droschke und Wahrendorf von den aktuellen Diskriminierungserfahrungen ihrer AdressatInnen. Implizit werden Normalisierungseffekte thematisiert und von den Experten als fragwürdige und missverständliche Definitionen der aktuellen sozialen Lage hervorgehoben. Ihre Analyse könnte als ›strategisches Konzept des Missverstehens‹ erläutert werden, indem sie Normalisierungen im Berufsalltag der AIDS-Hilfen reflektieren.

»Und ich würde mal sagen, wenn es so etwas gibt, dann kommt mir das so vor, als hätten die, möglicherweise sogar durch diese Situation das zu erfahren, dass sie diese Infektion haben, so eine Art ja, demoralisierendes Trauma nenne ich das mal. Als würde sozusagen dieses Ding, jetzt gehöre ich dazu, jetzt habe ich sozusagen noch mal diesen Zusatzabstieg, also jetzt bin ich nicht mehr irgendwie in der Existenz zweiter Klasse, also aufgrund von Schwulsein oder illegalem Drogenkonsum, sondern jetzt habe ich selbst dort noch mal so eine Art internen Abstieg noch mal zusätzlich, bin also ein Außenseiter unter den Außenseitern, dass diese Keule den Leuten noch mal etwas verpasst, das sie gegenüber anderen vielleicht noch etwas bedürftiger macht oder noch unfähiger, ihre Sachen selbst auf die Reihe zu kriegen« (Sebastian Droschke: 7:26-8:2).

Den Zeitpunkt, wenn Klienten von einer HIV-Infektion erfahren, beschreibt Sebastian Droschke als Situation eines ›demoralisierenden Traumas‹. Mit diesem Titel führt er in das Gebiet der psychologischen Verarbeitungsprozesse von Menschen in Krisensituationen ein und thematisiert weniger die pathologischen Symptome einer Immunschädigung, sondern ihre Folgen im psychologischen und psychotherapeutischen Sinne. Die Konfrontation mit einer existenziellen Bedrohung, die Erfahrung von körperlicher Beeinträchtigung oder die Erwartung derselben, wird als erhebliche Krise formuliert, die aller Wahrscheinlichkeit nach auch psychische Narben hinterlässt. Das Leid der ›infizierten Betroffenen‹ wird mit der Diagnose ›Trauma‹ in den Bereich der psychischen Störungen verschoben. HIV und AIDS ist nicht irgendeine Problematik, Schwierigkeit oder Erkrankung, sondern eine Situation, die einschneidend und entscheidend ›demoralisierend‹ wirkt. AIDS ist ein ›Ereignis‹, das einerseits das individuelle Körpergeschehen beeinflusst (klinische Symptomatik, medikamentöse Behandlung, Nebenwirkungsmanagement etc.) und zugleich den Bereich der sittlichen Normen, Werte, man könnte auch sagen der sozialen Tugenden tangiert. Damit hebt Droschke die Beschädigung und den Verlust von Leistungsfähigkeit durch die »Keule AIDS« auf eine gesellschaftlich bedeutsame Ebene, die das zwischenmenschliche Miteinander ›moralisch feststellt‹ und auf diese Weise gleichsam bewertet. ›AIDS zu haben‹ ist als unmoralische Eigenschaft konstruiert. Die Kenntnis über einen ›AIDS-Vorfall‹ – wenn die »AIDS-Keule« (Droschke) gewissermaßen zuschlägt – veranlasst eine Vorgehensweise, die das ›betroffene Subjekt‹ demoralisiert und – so würde Judith Butler wahrscheinlich argumentieren – einformt und subjektiviert. Dies ist weniger als eine Verursachung zu verstehen, sondern eher als Subjektivation. »Subjektivation ist buchstäblich die Erschaffung eines Subjekts, das Reglementierungsprinzip, nach dem ein Subjekt ausformuliert oder hervorgebracht wird« (Butler 2001: 81).

Die Kultur- und Gesellschaftsabhängigkeit eines moralischen Imperativs ebnet den Weg in einen »Zusatzabstieg«, wie ihn Droschke als »Existenz zweiter Klasse, also aufgrund von Schwulsein oder illegalem Drogenkonsum« definiert. Als Außenseiter unter den Außenseitern sieht Droschke seine Klienten über eine Art internen Abstieg am Ende des gesellschaftlich Akzeptierten und Tolerierten, am Ende der Normalität angekommen. Derartig demoralisierte Subjekte sind den Machtstrukturen, die an den Rand der normalen Gesellschaft drängen, unterworfen.

»Also für mich persönlich, muss ich da auch wieder dazusagen, war natürlich AIDS damals noch, zum einen galt es so die direkte Zuschreibung so ein Stück aufzulösen, also ich denke, es gab so seit Bekanntwerden Mitte der 80iger Jahre AIDS und bis dann eben als ich hier anfing Ende der 80iger Jahre, diese direkte Zuordnung Schwul = AIDS und natürlich dann auch so eine Zuschreibung mit Tod und Sterben« (Alexander Wahrendorf 3: 22-33).

Auch Alexander Wahrendorf thematisiert Diskriminierung und Stigmatisierung in seiner Erzählung über das Leben der Adressaten sozialer Dienstleistung der AIDS-Hilfe. Um das Anders-Sein zu veranschaulichen, verwendet er den Begriff der ›direkten Zuschreibung‹ und macht seine Einschätzung damit anschlussfähig zum Stigmabegriff so wie ihn Erving Goffman (1975) in »Stigma. Über Techniken der Bewältigung beschädigter Identität« ausgearbeitet hat.

## Stigmatisierungen

Als Stigmatisierung wird ein Zuschreibungsverfahren bezeichnet, das den Bezeichneten eindeutig bewertend charakterisiert und im zweiten Schritt degradiert respektive ›diskreditiert‹. Um einzelne Menschen oder Gruppen von Individuen zu ordnen und qualitativ einzustufen, ist ein Prozess der Vereigenschaftung erforderlich. So können spezifische Merkmale erkannt, identifiziert und schließlich mit einem Wert, gut oder schlecht, versehen werden. Stigmatisierungen sind eng mit der Praxis von Diskreditierung oder Diskriminierung verbunden. Sie schaffen die Voraussetzungen, um Diskreditierte vermittels »direkte(r) Zuordnung Schwul = AIDS und natürlich dann auch so eine Zuschreibung mit Tod und Sterben« in einen Bereich des sozial Randständigen zu verschieben. Hintergrund dieser Vorgehensweise ist eine vorausgesetzte Normalität als Konstruktion. In zwei Lager aufgeteilt, werden in diesen separierten, sozialen Räumen bestimmte Kompetenzen und individuelle Darstellungsweisen an ›rechtmäßige Identitäten‹ geknüpft. Normal zu sein ist demnach ausgesprochen voraussetzungsvoll. Um als ›normal‹ zu gelten, sind ›normale Eigenschaften‹ erforderlich, die positiv definiert sind. Eigenschaftsträger akzeptierter Identitäten fallen nicht auf und geben auch keinen Anlass für entwertende Be-Zeichnungen. Träger/innen von ›als auffällig konzeptualisierten Merkmalen‹ hingegen sind dem Verfahren der ›Aus-Zeichnung‹ und zugleich dem Prozess der Diskreditierung ausgesetzt. Direkte Zuschreibungen gelingen also nur, wenn ein ordnender Normalitätsbegriff als Referenzrahmen angenommen werden kann.

## AIDS wird zu einer ›normalen Krankheit‹ gemacht

»Ich denke, das gilt auch nach wie vor für einen großen Klientelstamm in der Bundesrepublik. Und, da [...] kann ich nach wie vor sagen, dass die Ausgrenzungstendenzen oder auch Diskriminierungserfahrungen sicherlich vielleicht nicht mehr ganz so heftig sind, wie das vielleicht noch vor 10 Jahren der Fall war, aber dass sie durchaus immer noch existent sind. Das erleben wir einfach in unserer Arbeit zum Beispiel im gesamten medizinischen Versorgungsbereich, wenn wir auch hier vor Ort Kontakt haben, in der Versorgung und da angewiesen sind, weil es jetzt eine spezifische stationäre Behandlung in [Name Stadt] notwendig ist, dass immer noch teilweise sehr obskure, ja wie soll ich sagen, Sicherheitsstufen eingebaut werden, die natürlich einfach vollkommen überzogen sind: also, was weiß ich, dass die Leute auf den Stationen ihre eigenen Badezimmer bekommen, wo Kennzeichnungen stattfinden, dass dieser Patient HIV- oder AIDS-Patient ist und so weiter« (Alexander Wahrendorf 12: 12-25).

Ausgrenzung und Diskriminierung sieht Wahrendorf längst nicht abgeschafft, so wie es vielleicht einige Autoren für die Schwulenbewegung bereits formulieren: »Die anfängliche Ahnung, dass die Schwulen nicht etwa massenhaft ihre Leiden verdrängen, sondern dass vielmehr ihre Lage grotesk falsch beschrieben wird, erhärtete sich bei der Recherche überdeutlich. Dem *homo homosexualis* geht es in Deutschland besser als je zuvor, und die Bundesrepublik gehört heute zu den schwulenfreundlichsten Staaten der Welt« (Hinzpeter 1997: 10; Hervorh. i. O.). Diese trivialisierende Argumentation Hinzpeters kann empirisch für den Bereich sozialarbeiterischer Praxis in AIDS-Hilfe nicht aufrechterhalten werden. Das hier diskutierte Deutungsmuster, das eine querliegende, reflexive Einschätzung fortbestehender, diskriminierender Einstellungen vorstellt, möchte ja gerade auf die bagatellisierenden Diskurse in Bezug auf AIDS hinweisen. Wenn Sebastian Droschke von einem ›demoralisierenden Trauma‹ zu berichten weiß, dann ist dieser Befund sicherlich kein Grund zum Aufatmen[12]. Im Gegenteil sieht Wahrendorf – auch wenn es in seiner Erzählung nicht nur um den homo homosexualis, sondern um dessen Verbindung mit einer ansteckenden Krankheit geht – Tendenzen der Anormalisierung von Lebensweisen als »durchaus immer noch existent«.

Am Beispiel des medizinischen Versorgungsbereichs veranschaulicht Wahrendorf Reaktionen auf AIDS-kranke Menschen, die eigentlich der Vergangenheit anzugehören scheinen. Im Falle einer stationären Behandlung, so sind seine Erfahrungen, komme es gelegentlich vor, dass immer noch mit »obskure(n) Sicherheitsstufen« gearbeitet werde, die den AIDS-Patienten als ›besonderen Patienten‹ ausweisen; beispielsweise würden separierte Räume geschaffen oder gar Kennzeichnungen der Patientenräume verwendet. Ohne diese Skizze institutioneller Diskriminierung in Frage stellen zu wollen[13], oder als empirische Wahrheit affirmativ zu übernehmen und gleichsam zu verallgemeinern, ist bemerkenswert, dass Wahrendorf vor dem Befund eines Ankommens der Schwulen und AIDS-Kranken in der Welt der Normalität warnen möchte, zumindest aber den Aspekt einer Mehrdimensionalität von Normalisierungsprozessen in Bezug auf AIDS beachtet. Er hinterfragt die beschriebene Situation, reflektiert und ›lässt sich nicht dumm machen‹ (vgl. Steinert 1998b).

Ging es Droschke und Wahrendorf maßgeblich um die Prozesse diskriminierender Zuschreibung, so berichtet Elisabeth Wahl von den Schwierigkeiten eines Klienten, der sich ihr gegenüber zum Thema Familie und Homosexualität sowie Krankheit offenbart.

»Oder es geht zum Beispiel auch darum bei einem, der lebt zwar mit der Familie zusammen, aber weigert sich über dieses Thema mit der Familie zu reden und braucht jemanden, mit dem er regelmäßig reden kann und da ist halt das Thema HIV und AIDS halt auch ein wichtiges und natürlich auch, klar, das Thema Schwulsein, was damit zusammenhängt, für ihn ganz eng, aber der möchte sich halt nicht outen seiner Familie gegenüber, lebt aber mit denen zusammen und das ist auch immer ein ganz intensives Thema. Aber der kann nicht in das Betreute Wohnen rein, weil er ja nun mit seiner Schwester und seinem Schwager, also ganz eng familiär zusammenwohnt im Hause, wo er nur ein Zimmerchen hat, und dann geht das nicht. Also solche Geschichten sind das.

12 Neben den hier aufgeführten empirischen Befunden, die sich einigermaßen kritisch zum ›Normalisierungsdiskurs‹ stellen, erläutert Weiss (2003) Diskriminierung von Homosexualität historisch durch die christliche Kirche, das Strafrecht sowie die Medizin (vgl. zur Perversions-Theorie der Sexualwissenschaft auch Lautmann (2003: 71ff.).

13 Vgl. das Kapitel ›Die Erfindung einer Krankheit: AIDS als Geschichte‹: hier habe ich bereits dargestellt, wie überzogen und skandalisierend mit der damals ›neuen Seuche AIDS‹ umgegangen wurde.

Und da habe ich den Eindruck, die sind schon richtig hier, gerade ausgerechnet hier in der AIDS-Hilfe ganz speziell« (Elisabeth Wahl 255-265).

Elisabeth Wahl schildert ihre Erfahrungen mit einem Klienten aus der psychosozialen Beratungsarbeit. An dieser Stelle ist darauf hinzuweisen, dass in vielen AIDS-Hilfe-Projekten Beratung und Betreuung institutionell unterschiedlich organisiert werden. Obgleich sie methodisch (hinsichtlich ihrer sozialkommunikativen Komponente) keine wesentlichen Differenzierungen vornehmen, sind die AIDS-Hilfen indes angehalten, ihre sozialpädagogischen Interventionen mit den sozialrechtlichen und behördlichen Vorschriften abzugleichen und fernerhin den Blick auf die je spezifische Lebenswelt der Adressat_innen nicht aus den Augen zu verlieren. Mit anderen Worten sind die Fachkräfte aufgefordert, die Dimensionen pädagogischer Kasuistik in ein ›adäquates Passungsverhältnis‹ zu bringen. »Im direkten Anschluss an Richmond etwa propagiert man eine kasuistisch zu verwirklichende ethnographische Perspektive, um mit den dilemmatischen Konfliktsituationen zwischen der je besonderen Normativität sozialpädagogischer Adressaten und den Interessen der Gemeinschaft im Sozialwesen erkundend umgehen zu können« (Hörster 2003: 334).

Elisabeth Wahl macht mit einer kleinen Fallbeschreibung auf die psychosoziale Problematik eines schwulen Mannes aufmerksam, der mit seiner Schwester und deren Ehemann in einer Familiengemeinschaft zusammenlebt. Seine sexuelle Orientierung, wie auch das Thema HIV/AIDS, hält er geheim; er »möchte sich halt nicht outen«. Konkrete Gründe für sein verpasstes Outing werden nicht genannt und spielen auch für den hier freigelegten Bedeutungsstrang kaum eine Rolle. Entscheidend ist die offenbar notwendige, gelebte Geheimhaltung der ›wahren sexuellen Orientierung‹. Die Verschiebung bedeutsamer Anteile der eigenen Persönlichkeit in den Bereich klandestiner Räume, geschieht unter erheblichem Zwang. Obwohl auf eine familiäre Gemeinschaft zurückgegriffen werden kann, müssen bestimmte Identitätspartikel beharrlich tabuisiert werden. Diskriminierung und Zwang zur Normkonformität sind keine Kontexte, die ausschließlich im gesellschaftlichen Makrosystem ablaufen und nur hier hegemonialen Machtstrukturen folgen. Auch in kleinen familiären Gemeinwesen entstehen Notwendigkeiten, ein ›Begehren außerhalb der Intelligibilität‹ zu tabuisieren. Jener schwule Mann, von dem Wahl berichtet, wird gute Gründe dafür haben, Tür an Tür mit seiner Schwester und Schwager wohnend, seine ›wirkliche Identität‹ zu verheimlichen.

Das Interviewtranskript macht auf ein grundsätzliches Dilemma aufmerksam, nämlich dass sich Individuen aufgrund angenommener – also antizipierter und erwarteter – Sanktionen hinsichtlich ihrer sexuellen Orientierung respektive sexuellen Identität einer augenfällig ›prädisponierenden Ordnungslogik‹ beugen und ihren Auftritt gemäß den gültigen Regeln der

Heteronormativität ausrichten. ›Prädisponierende Ordnungslogiken‹ fungieren als diskursiv hervorgebrachte Zwangsordnungen, die von der Majorität angenommen, gelebt und weiter getragen werden. Identität offenbart sich ein weiteres Mal als stabiles Konzept »kultureller Intelligibilität« (Butler 1991: 38). Diskriminierung benachteiligt in diesem Beispiel nicht offen, so wie es über die sprachliche Gewalt (vgl. Butler 1998; Hetzel/Hetzel 2007) offensichtlicher funktionieren kann. Der Eindruck, fremder und anders zu sein, als alle anderen in der unmittelbar direkten Umgebung, ist im kleinen privat-familiären Milieu ebenso wirksam, wie auf der Makroebene, die sich eher auf den gesamtgesellschaftlichen Zusammenhang bezieht. Das trennende Moment zwischen Normalität und Anormalität sichert seine Wirksamkeit bis in die kleinsten zwischenmenschlichen Nischen und Winkel hinein[14].

Elisabeth Wahl weist ein nachdrückliches Interesse des Klienten aus, sich regelmäßig über seine prekäre Situation austauschen zu wollen. Sie betont die Bedeutung der sozialpädagogischen Institution Betreutes Wohnen für eine professionelle Regulation dieses Bedürfnisses. Der konstatierte psychische Druck des Klienten – hier von Elisabeth Wahl als erheblicher Redebedarf diagnostiziert – kann in professionellen Beratungsgesprächen kanalisiert werden.

Stigmatisierungs- und Diskriminierungserfahrungen spielen im gesamten Datenkorpus eine herausragende Rolle und werden von den ExpertInnen als Phänomen wahrgenommen. Obgleich Wahl im Rahmen der Typologie ›direkte Betroffenheit‹ Adressaten der AIDS-Hilfe noch als ›elternlose Kinder‹ verdinglichte, so lässt sich an dieser Stelle, aus dem Blickwinkel ›involvierter Professionalität‹ ein selbstreferenzielles Nachdenken und überlegtes Sprechen hinsichtlich der Voraussetzungen eines gesellschaftlichen Umgangs mit AIDS und Homosexualität innerhalb dieser Kategorie feststellen. Im Vergleich vermitteln Sebastian Droschke und Alexander Wahrendorf bereits einen ausgeprägten ›gesellschaftsanalytischen und gesellschaftskritischen Spürsinn (Gasp)‹, der sich bei Elisabeth Wahl zumindest als ›sensitives Beobachten‹ ausschließender prädisponierender Ordnungslogiken wieder findet.

Jene reflexiven Bemühungen der SozialarbeiterInnen muten – in einem abstrahierten Sinne - geradezu als Appell an, den Normalisierungsdiskurs nicht als gegebene Gesellschaftsstruktur leichtfertig und vorschnell zu adaptieren. Normalisierungen bagatellisieren und profanisieren Diskriminierungserfahrungen AIDS-kranker Menschen, von denen Sozialarbeiter/innen berichten, wenn diese Erfahrungen im Sinne von Normintegrationsbemühungen hypostasiert werden. Normalisierung würde so gesehen in ihrer wirkmächtigen, diskursverschränkten Komplexität missverstanden. Eine ›missverstan-

14 Das dichotome Konstrukt Normalität/Anormalität soll im Sinne von Diskriminierung als Trennung (lat. discriminare = trennen) verstanden werden.

dene Normalisierung‹ dokumentiert Anzeichen für eine professionelle Qualität Sozialer Arbeit, die immerhin den konstruktiven Horizont sozialer Problemlagen und Normativitäten überdenkt und ihre beständig ausschließende und verdinglichende Kraft ventiliert.

Die Problematisierung einer zunehmend als ›normal konstruierten Krankheit‹ ist auch deshalb von Bedeutung, weil eine Medikalisierung der AIDS-Krise ihren Prozesscharakter, ihre Ambivalenzen und Widersprüche verschleiert. Mit dem Zuwachs an Therapiemöglichkeiten verändert sich das AIDS-Bild eindimensional. Diese Veränderung wird als eine Erfolgsgeschichte, fast in der gesamten naturwissenschaftlichen Forschung, erzählt. Der Sterbeprozess verlässt seine zentrale Position auf der Ebene von professionellen Behandlungs- und Interventionsmöglichkeiten. Das Thema Sterben und Tod ist nicht mehr unmittelbar an sozialarbeiterische Überlegungen, wie den Adressaten von AIDS-Hilfe zu begegnen sei, geknüpft. Diese Feststellung trifft auch Alexander Wahrendorf, wenn er einerseits beschreibt, im Fall von AIDS habe sich »rein faktisch gesehen«[15] wirklich etwas verändert.

»Ich denke, was ich für mich in meiner langjährigen Erfahrung und Arbeit mit diesem Thema mit Menschen mit HIV und AIDS und so weiter, also sich ganz klar einfach verändert hat, ist, dass sage ich mal, sich einfach die Lebensperspektive von diesen Menschen verändert hat. Das heißt, bis Mitte der 90er Jahre war, mit den Klienten, mit denen wir hier zu tun haben, natürlich stand der Tod und auch das Sterben immer im Vordergrund und das hat auch immer den, also ich sag mal so, den Großteil unserer Arbeit ausgemacht, das war das, was uns nachhaltig beschäftigt und auch bewegt hat. Und das hat sich eben seit 1996 ganz klar geändert« (Alexander Wahrendorf 6: 11-19).

Der ›Siegeszug der antiretroviralen Medikamente‹ wird von den Befragten zur Kenntnis genommen. »Die Lebensperspektiven der Menschen mit HIV und AIDS« so Wahrendorf, haben sich »ganz klar einfach verändert«. Früher habe der Tod und das Sterben im Vordergrund gestanden. Seit Mitte der 90er Jahre – und dabei nennt Wahrendorf die Zeit ab 1996, wo auf der Weltaidskonferenz in Vancouver die neuen Kombinationsbehandlungen vorgestellt wurden – habe sich die (Soziale) Arbeit »nachhaltig« verändert. Fraglich bleibt indes, ob dieser Weg in die Normalität wirklich das Ende eines Krisenkapitels einleitet und sozialwissenschaftliche Forschungen gewissermaßen zum »back to normal« (Bischofberger/Schaeffer 2001) zurückkehren können.

15 Alexander Wahrendorf 15: 22.

## Machteffekte der ›Normalisierung‹

Martin Dannecker (2005) argumentiert zusehends skeptisch, wenn ringsumher das alte AIDS in Gänze abgeschafft wird, oder andersherum, neue Bedrohungsszenarien revitalisiert werden. Dann nämlich wird das Machbarkeitsideal affirmativ festgehalten und die Komplexität der AIDS-Bilder und ihre Modifikationen zu Lasten eines informierten Umgangs mit der Krankheit übersehen. Mögliche Schattenseiten einer gelungenen AIDS-Therapie geraten ins Abseits und werden nicht berücksichtigt.

»Die Transformation von AIDS hat dazu geführt, dass im psychischen Haushalt der Menschen die Gesunderhaltung und nicht mehr wie vordem die Abwehr des Todes zum Gravitationszentrum der Prävention geworden ist. Diese Transformation ist vorerst unumkehrbar und an ihr haben sich die Präventionsbotschaften, die auf Nichtinfizierte oder vermeintlich Nichtinfizierte zielen, auszurichten. Das aber heißt, dass die auch mit einer ›erfolgreich‹ behandelten HIV-Infektion einhergehende Beeinträchtigung der Gesundheit von der Prävention sehr viel stärker thematisiert werden muss, als das bisher der Fall ist« (Dannecker 2005: 147).

Alte Ausschließungs- und Ausgrenzungsgewohnheiten werden im Praxisfeld Sozialer Arbeit in AIDS-Hilfe durchaus noch konstatiert. Ihre Beständigkeit wird von einem Normalisierungsdiskurs begleitet, der die Voraussetzungen für eine ›missverständliche Interpretation der Normalisierung von AIDS‹ – so auch das Deutungsmuster ›missverstandene Normalisierung‹ selbst – erst erschafft. Gemeint sind in diesem Zusammenhang die disziplinierenden Effekte der Normalisierung.

Es ist nicht ganz einfach, das Konzept der Normalität gegen die Normativität abzugrenzen. Michel Foucault beispielsweise plädiert dafür, analytisch nicht zwischen normal und anormal zu trennen, respektive eine solch binäre Perspektive im Vorhinein kritisch zu überdenken.

›Normalsein‹ untermauert die Logik von ›festen Identitäten‹ und suggeriert, dass es stets möglich ist, normal zu werden, wenn man es nicht bereits schon ist. Normalität ist auf die Teilhabe, den Besitz und den effektiven Einsatz von Ressourcen reduziert, die notwendig sind, damit Identitäten erfolgreich entwickelt werden können. Empirisch ist der Rückgriff auf Ressourcen selbstredend immer erforderlich, damit Individuen Situationen bewältigen, verändern und ›zu ihrem Besten‹ wenden können. Im Versuch, den Effekten von ›Normalsein‹ und Normativität nachzuspüren, ist demzufolge zwischen analytischer und empirischer Ebene zwingend zu unterscheiden. Foucault (1983) argumentiert analytisch und räumt ein, dass es zwar durchaus eine Macht gebe, die ihre repressive Kraft über juridische Verfahren und Rechtsinstitutionen organisiere, doch funktioniere Gesetz und Ordnung sowie Recht und Institutionen immer mehr als Norm. »Eine Normalisierungsgesellschaft ist der historische Effekt einer auf das Leben gerichteten Machttechnologie« (ebd.: 139). Das Konstrukt einer ›normalen AIDS-Krankheit‹ trivialisiert die Effekte eines Sexualitätsdispositivs und verdinglicht auf diese Weise die übersehenen Zwänge und Diskriminierungseffekte einer Wirklichkeit[16], die eben doch noch nicht in der Normalität angekommen ist. Gesellschaftlich wirksames Wissen wird kurzerhand wegretuschiert.

Ständig geraten die Versuche, sich normal zu verhalten, normal-logisch an ihre Grenzen, und sie müssen es auch, denn: Die Differenzierung zwischen normal/unnormal »bringt einen performativen Unterschied hervor« (Weisser 2005: 10). Innerhalb dieser Differenzierung »wird festgehalten, dass etwas nicht geht, von dem man erwartet, dass es geht. Warum und wieso das so ist, und was das genau bedeuten könnte, das muss erschlossen werden: Die Analytik macht Weisen der Diskursivierung des Unterschieds sichtbar« (ebd.). Die Logik einer flexiblen Normalisierung nimmt den Erfolg einer Entdramatisierung als Erfolgsgeschichte und ist kaum mehr bereit, die Folgen einer ›missverstandenen Normalisierung‹ aufzugreifen und zu verstehen, geschweige denn zu bearbeiten und hieraus neue Strategien im Umgang mit der Erkrankung AIDS zu entwickeln. Was ganz offensichtlich zurückbleibt, und für diesen Zusammenhang möchten die Sozialarbeiter im Kontext einer ›missverstandenen Normalisierung‹ sensibilisieren, sind veränderte und höchst diversifizierte Lebenssituationen in Verbindung mit AIDS. Diese bleiben zwar vom medialen Auge unberührt, stehen also nicht im Zentrum der Berichterstattung, gleichzeitig aber bleiben diskursive Effekte als Wirklichkeit konstruierende und durchaus spürbare Machtachsen bestehen. Sie beeinflussen das situativ auszuhandelnde Lebensprogramm erkrankter und/oder behinderter Menschen, beeinträchtigen ihre Ressourcen (medikamentös induziertes Nebenwirkungsmanagement) und agieren als Co-Autoren für die Pläne und Perspektiven der ›betroffenen Subjekte‹. Ehemals ›alte Leiden‹ bleiben in den Lebenssituation der von AIDS betroffenen Individuen teilweise erhalten, berichtet Wahrendorf. Es gibt eine Tendenz, die die aktuellen Entwicklungen im Sozialen – das nach wie vor von AIDS gekennzeichnet zu sein scheint – leicht übersehen kann.

»Außerdem ist die Situation natürlich gekennzeichnet von Medikamenten, Kombinationstherapie, die es eben seit 5, 6 Jahren in Deutschland gibt, das heißt regelmäßige, andauernde, ständige, Einnahme von Tabletten, was die Lebensqualität schon zum Teil verringert, zum einen durch Nebenwirkungen aber auch

16 Vgl. die Diskussion über den Umgang der Pharmaindustrie mit der Behandelbarkeit von AIDS. In ihrer Werbung entsteht leicht der Eindruck, dass durch die Einnahme von ein bis zwei ›Pillen‹, das ehemals große Leiden zu einer Nebensache in der Größenordnung einer Erkältung bagatellisiert werde. »Egal ob ›Glotze oder Glamour‹, auch mit HIV oder AIDS kannst du alles erleben« (Graf 2005). Mit dieser Aussage wirbt der Pharmakonzern Bristol-Meyer Squibb auf einer kompletten Seite in einem schwulen Stadtmagazin.

durch das ständige Dran-denken und durch diese Regelmäßigkeit also durch diese Tabletten wird ja auch der Tag so gegliedert oder man wird ständig daran erinnert« (Thorsten Klar 2: 11-17).

Für die Typisierung ›missverstandene Normalisierung‹ lässt sich so zusammenfassend herausarbeiten, dass die aktuellen Möglichkeiten mit der Krankheit AIDS umzugehen und sie nicht zwangsläufig in den Kontext von Tod stellen zu müssen, im Vergleich zum Beginn der Epidemie vor rund zwanzig Jahren, bemerkenswert fortgeschritten sind. Der Erfolg der Medizin wird anerkannt, aber auch mit kritischen Überlegungen begleitet. Thorsten Klar hebt hervor, dass Medikamente und Therapien den kranken Körper nicht zwangsläufig ›normal-gesund‹ rekonstruieren können. Die erforderliche regelmäßige Einnahme von spezifischen Pharmazeutika erinnert immer wieder an die Abhängigkeit von Substanzen. AIDS ist in den Kanon chronischer Krankheiten aufgenommen worden. Teilweise sichtbar, teilweise unsichtbar müssen AIDS-kranke Menschen, nicht selten durch Soziale Arbeit gestützt, ein Leben mit AIDS organisieren. Zwischen alten und neuen Bildern von AIDS, verschwindet ›das Problematische‹ nicht vollständig im normalen Umgehen mit und Behandeln von AIDS.

Zwischen dem Machbaren und dem Erleiden liegt eine gute Möglichkeit, einerseits ›innovativ‹ (vgl. Rosenbrock 2003) das neue und normale AIDS zu leben und andererseits seine Schattenseiten darüber hinaus nicht zu vergessen. »Nebenwirkungen« und »das ständige Dran-denken« revitalisieren beständig das Wissen um eine unheilbare Erkrankung. Dieses Gedächtnis lässt sich kaum ›wegnormalisieren‹.

»Und ich denke, da gilt es eben nach wie vor, ja, ein differenziertes Bild zu gestalten oder auch darzustellen, dass eben diese Normalisierung von AIDS eben nicht bedeutet, dass dieses Virus und diese Erkrankung, und somit dann eben auch die Lebenssituation von den einzelnen Menschen, vollkommen wiederhergestellt ist, wie zu dem Zeitpunkt vor der Infektion« (Alexander Wahrendorf 10: 15-20).

Im Modus ›Missverstandene Normalisierung‹ erkennen Sozialarbeiter in den AIDS-Hilfen die Notwendigkeit, den Verlauf einer Behandelbarkeit von AIDS kritisch zu begleiten und stets nach den Rahmenbedingungen zu fragen und auch danach, wie Menschen, die an AIDS erkrankt sind, mit dieser Situation umgehen. Für die Experten in AIDS-Hilfe bedeutet dies, dass sie »wirklich vollkommen differenzieren«[17] müssen.

Ein Denken in Schwarz/Weiß-Schemata führt möglicherweise zu einseitigen und darüber schließlich zu unterkomplexen Schlussfolgerungen. AIDS-Hilfen als Institutionen sozialer Dienstleistung verfolgen seit ihrer Gründung im Bereich Prävention und Gesundheitsförderung das Ziel, nicht aus-

17 Wahrendorf 11: 30.

nahmslos biologische und andere ›angeblich objektiven‹ Ursachen im Zusammenhang mit der Ausbreitung von AIDS zu sehen. Vielmehr erweitern sie ihren Fokus auf die Analyse kultureller wie auch politischer Diskurse. Der Gedanke an eine möglicherweise ›missverstandene Normalisierung‹ bewahrt den Experten vor einem allzu affirmativen Umgang mit AIDS als Katalysator innovativer Konzepte im Bereich Gesundheitsförderung und Public Health. Der hier empirisch ausbuchstabierte reflexive und gesellschaftsanalytische, wie auch -kritische Spürsinn‹, pointiert die Fähigkeit der Experten in AIDS-Hilfen, jenseits verdinglichender Schematisierungen zwischen normal und unnormal, gesund und krank, den ›Wandel von AIDS‹ in seinen komplexen Verschachtelungen einordnen zu können.

## »AIDS-Bonus«

Wenn sich das grundsätzliche Unbehagen der Sozialarbeiter/innen im Muster der ›missverstandenen Normalisierung‹ in erster Linie mit den Hintergründen eines Normalisierungsprozesses von AIDS beschäftigte, so sprechen die InterviewpartnerInnen im folgenden von den Bedürfnisstrukturen und institutionellen Zugangsvoraussetzungen der NutzerInnen von AIDS-Hilfen. Sebastian Droschke erklärt, wie sich das Nutzerprofil über die Zeit verändert hat. Gudrun Zank führt daran anschließend aus, wie sich plurale (Krankheits-)Diagnosen gewissermaßen zu einem Gesamtbild zusammenrechnen lassen und dadurch Dilemmata eskalieren können. Elisabeth Wahl spricht von den Privilegien, die AIDS-Hilfe-Klienten genießen. Claudia Mann und Susanne Wolke verlassen schließlich die Dimension der vereigenschafteten, personbezogenen Lebenskompetenz und rekurrieren sodann auf die strukturbezogenen Kausalitäten sozialer Notlagen. Zur besseren Verständlichkeit teile ich dieses Kapitel nochmals thematisch ein und systematisiere mit entsprechenden Zwischenüberschriften.

### Veränderungen des Nutzer_innenprofils

»Ja, das bezieht sich so ein bisschen auf die Frage, wer nutzt sozusagen die Angebote. Also, es gibt ja tatsächlich keinen wirklichen Überblick darüber, was sich tatsächlich abspielt. Es ist einfach die Frage, wer empfindet sich als bedürftig und während sich vor 10 Jahren vielleicht tatsächlich auch noch der an sich, ja der etablierte Mittelschichts-Schwule, aufgrund dieser HIV-Infektion, das dann für ihn so eine Rolle gespielt hat, damals, und daraus vielleicht der Zugang zur AIDS-Hilfe und die Inanspruchnahme von Hilfe dort zustande gekommen ist, was der gleiche Mensch, bei einer vergleichbaren Krankheit ohne Stigma wahrscheinlich nicht nötig gehabt hätte, weil er eben in der Lage ist, Krisen zu kompensieren, hat sich dort vielleicht tatsächlich eine Verschiebung ergeben, in Richtung eher Leute, die eine andere Art von Bedürftigkeit haben, eben eine wo AIDS selbst so nicht mehr im Vordergrund steht« (Droschke 18: 22-33).

Sebastian Droschke schildert zunächst die Notwendigkeit für »etablierte Mittelschichts-Schwule‹ vor rund 10 Jahren, aufgrund einer stigmatisierten HIV-Infektion das AIDS-Hilfe-Angebot in Anspruch nehmen zu wollen, es möglicherweise annehmen zu müssen. Dabei reagiert er auf seine eigene Fragestellung »wer nutzt sozusagen die Angebote«, die er als Gedankenstütze verwendet und führt so in den Diskurs des Adressaten- respektive Nutzerbezugs ein. Interessant ist die sprachliche Hervorhebung des Nutzens auch deshalb, weil sich aktuell eine Nutzer- oder Nutzungsforschung (Rathgeb 2005a: 153) zu Wort meldet, die von der Wirkungsforschung über die Adressatenforschung nun den Klienten, oder besser die Nutzerin, dezidiert als »aktives, soziale Dienstleistung sich aneignendes Subjekt« (Schaarschuch/Oelerich 2005: 17) in den Blick nimmt. Ziel dieser Rekonstruktion des Nutzens ist es, den »Gebrauchswert« (ebd.) Sozialer Arbeit aus Sicht derjenigen Menschen zu Tage zu bringen die jene Hilfemaßnahmen personenbezogener, sozialer Dienstleistungen in Anspruch nehmen. Dabei wird vor allem auch deutlich, welche Kräfte und Möglichkeiten zur Verfügung stehen müssen, um sozialpädagogische Angebote überhaupt nutzen zu können.

Obgleich es ausgesprochen schwierig zu sein scheint, einen Überblick über das Nutzerverhalten der AIDS-Hilfe-Angebote zu erhalten, weil die Aneignungsmodalitäten diffus und überkomplex verlaufen[18], knüpft Droschke seine weiteren Überlegungen an ein Bild der *Bedürftigkeit* an. Je nach dem, ob sich potentielle Klienten als »bedürftig« »empfinden«, erklärt sich eine geradezu notwendige Anfrage entsprechender (spezifischer) Unterstützungsmaßnahmen. ›Mittelschichts-Schwule‹ sind nach Auffassung Droschkes bedürftig, da sich die HIV-Infektion ganz eindeutig und überaus heftig an ein von der Gesellschaft auferlegtes Stigma anlehne. Vor diesem Hintergrund habe die Personengruppe der ›Mittelschichts-Schwulen‹ das Hilfeangebot der AIDS-Hilfen damals erklärbar »nötig gehabt«. Im Vergleich zur aktuellen Situation der Nutzer konstatiert Droschke eine deutliche ›Klientenverschiebung‹, die er auf eine veränderte Bedürfnislage zurückführt. AIDS als stigmatisierte Krankheit verlässt sukzessive die Bühne und wird durch »eine andere Art von Bedürftigkeit« abgelöst:

»Also die Bedürftigkeit entsteht dann erst durch, zum Beispiel materielle Not oder andere fehlende Lebenskompetenzen, meistens, denke ich in Zusammenhang mit Rauschmitteln. Ja, und während früher vielleicht HIV ein zentrales Zugangskriterium gewesen ist, ist es heute umgekehrt. Heute ist es sozusagen eher so was, das ist jetzt vielleicht leicht übertrieben, aber schon so eine zufällige Eintrittskarte« (Sebastian Droschke 18:33-19:4).

18 Droschke spricht davon, »keinen Überblick darüber« zu erhalten, »was sich tatsächlich abspielt«.

Im Vordergrund steht nicht mehr die Erleidenskurve AIDS, sondern andere Bedürftigkeiten wie »materielle Not«, die sich als Armut übersetzen ließe sowie »fehlende Lebenskompetenz« und »Rauschmittel«abhängigkeit. AIDS ist als Zugangskriterium soweit in Bedeutungslosigkeit abgefallen, so dass die Krankheit nur noch zufällig als Thema von ›sozialer Problematik‹ in Erscheinung tritt. AIDS rangiert mittlerweile als chronische Krankheit unter vielen Krankheiten. Dennoch fungiert sie als Eintrittskarte in ein Versorgungssystem, die man hat oder eben nicht hat und überdies auch zu nutzen weiß.

»Also die Leute haben gegenüber anderen, das kann man fast genauso sagen, die fast genau in der gleichen Situation sind, fast schon ein kleines Privileg, dass sie dadurch nämlich in eine intensivere Betreuung kommen, die sie sonst nicht hätten. Also wenn ich mir das so angucke, also wir haben ja dadurch, dass wir im Drogenbereich einen sehr, sehr starken Arbeitsschwerpunkt haben, da muss man manchmal fast sagen, die Leute haben die falsche Infektion. Da gibt es dann eben keine Stiftung, die sie in den Urlaub schickt, die bleiben einfach zu Hause. Klar, wir lassen die jetzt irgendwie nicht liegen, wir versuchen da schon einen Ausgleich zu schaffen, aber letztlich, die Intensität, in der wir zum Beispiel Leute aus dem betreuten Wohnen begleiten können, in ihrem gesamten Leben begleiten können, die ist nicht zu vergleichen mit dem was die anderen bekommen. Und das hat mit Lebenserwartung oder Gesundheitszustand oder materieller Not überhaupt nichts zu tun« (Sebastian Droschke 19:4-19:16).

Die Konstruktion der Krankheit »AIDS als Eintrittskarte« wurde als Zugangscode funktionalisiert. Eintrittskarte suggeriert eine Tauschaktion in ökonomischer Hinsicht, die zur Voraussetzung hat, dass der Einlass zu einer Veranstaltung im Vorfeld monetär abgegolten wurde. Eintrittskarten werden gekauft, verkauft, verschenkt oder sind ›über Beziehungen‹ zu bekommen. Bedürftigkeiten werden so gesehen in einen Vergleich gebracht, sie werden differenziert und anschließend bewertet respektive hierarchisiert. Es gibt finanzielle Bedürftigkeiten, Bedürftigkeiten bezogen auf die Lebenserwartung sowie den Gesundheitszustand. Klienten, »die fast genau in der gleichen Situation sind«, haben durch AIDS »fast schon ein kleines Privileg«, denn sie können mit einer »intensivere(n) Betreuung« rechnen, »die sie sonst nicht hätten«.

Sebastian Droschke bemerkt in seinen Äußerungen, dass er möglicherweise die Situation AIDS-kranker Menschen als privilegierte Nutzerinnen von AIDS-Hilfe »vielleicht leicht übertrieben« darstellt. Dennoch bleibt er bei einer Metapher, die das Wechselverhältnis von eingeschränkter Lebenskompetenz, Problemlage, Erkrankung und daran anschließender wohlfahrtsstaatlicher Intervention als Wettbewerb interpretiert. Ob und wie Menschen Zugang zu Hilfe und Dienstleistung bekommen, hängt offenbar ganz entscheidend davon ab, was man mitbringt und welchen Stellenwert die jeweilige Lebensinkompetenz belegt. Im Ranking diverser ›Bedürftigkeiten‹ erhält AIDS eine herausragende Position, die im Gerechtigkeitsverständnis Sebastian Droschkes heute nicht mehr nachvollziehbar zu sein scheint.

Gleichzeitig ist AIDS als Eintrittskarte in die Versorgungsstrukturen vermittels der Etikettierung »zufällig« eingebracht, je nachdem, ob ein Hilfeanwärter erkrankt ist oder nicht. Eine Bedürftigkeit, die – wie das Beispiel AIDS zeigt – gesellschaftlich sowie sozialstaatlich anerkannt ist, wird im Bereich der Organisation und vor allem der Finanzierung von Hilfsinterventionen unterschiedlich behandelt. Abhängig von der jeweiligen ›Einschränkung‹ stehen unterschiedliche Zuwendungen zur Verfügung, die nicht unbedingt immer ›gerecht‹ verteilt sind. Vor diesem Hintergrund könnte man von ›guten und schlechten Krankheiten‹ oder gar von guten und weniger guten Kranken sprechen, denn auch Droschke kommt zu der Feststellung, dass es nicht selten an der »falsche(n) Infektion« liege, wenn Klienten aus dem Drogenbereich nicht mit der gleichen Intensität betreut werden können, wie es bei Personen aus dem Projekt ›Betreutes Wohnen‹ möglich ist. Zur Verdeutlichung der Differnezierung unterschiedlicher ›Adressatengruppen‹ möchte ich an dieser Stelle kurz auf die Merkmale des Betreuten Wohnens in den AIDS-Hilfen eingehen.

Die Projektform des Betreuten Wohnens entspricht grundsätzlich einer sozialpädagogischen Interventionsform, die im Sinne des § 39 Bundessozialhilfegesetz (BSHG) behinderten Menschen oder von Behinderung bedrohten Personen Eingliederungshilfe gewährt. Für einige regionale AIDS-Hilfen bestand zum Zeitpunkt der Interviewerhebungen keine Möglichkeit, drogengebrauchende Klienten in diese Form der Betreuung zu integrieren. Als Grund wurde häufig eine nicht ganz transparente Verfahrensweise des überörtlichen Sozialhilfeträgers angegeben, der vorsah, die Angebotsstruktur den unterschiedlichen Klientengruppen zuzuordnen. Demnach bleibt das ›Betreute Wohnen‹ vornehmlich den Personen vorbehalten, »die ein vergleichsweise hohes Maß an Selbständigkeit besitzen« (Carstens/Daniel 2002). Soweit beobachtbar, werden in den meisten Projekten, die unter der Überschrift ›Betreutes Wohnen‹ firmieren, schwule Männer, die von Obdachlosigkeit und Armut bedroht sind sowie MirgrantInnen aufgenommen. Trotzdem bleiben die HIV-Infektion und/oder die AIDS-Erkrankung als Aufnahmekriterium bestehen. Sie sind durch den Sozialhilfeträger (als Kostenträger) vorgegeben. In Frankfurt am Main beispielsweise gelten die folgenden Bedingungen: Stadium B2 gemäß der CDC-Klassifikation[19] (vgl.

19 Die HIV-Infektion wird für gewöhnlich von der Medizin in einzelne Stadien eingeteilt. Die heute gebräuchlichste Klassifikation ist das Schema der amerikanischen Gesundheitsbehörde CDC (Centers for Disease Control and Prevention, Atlanta, USA, http://www.cdc.gov). Durch eine Kombination von

Hoffmann/Kamps/Rockstroh (2005), Helferzellen unter 350 CD4-Zellen µ/l[20], Bedarf nach regelmäßiger psychosozialer Betreuung, alleine wohnend (hiermit wird versucht, eine Doppelversorgung durch Ehepartner, Lebenspartner o.ä. Personen zu vermeiden), fester Wohnsitz im unmittelbaren Einzugsgebiet der Einrichtung, die das Betreute Wohnen für AIDS-kranke Menschen anbietet.

Vor dem Hintergrund einer ausdifferenzierten Bedürftigkeit und einer signifikanten Veränderungen des Nutzer_innenprofils, beobachtet Sebastian Droschkeeine Tendenz ungerechter Passung von Bedarf und sozialer Dienstleistung. Zwar gelten HIV-Infektion und AIDS-Erkrankung weiterhin als grundsätzliche Zugangskriterien. Die Intensität zwischen den Betreuungsformen in der AIDS-Hilfe – Droschke unterscheidet hier den Drogenbereich vom Betreuten Wohnen – variert indes so gravierend, dass er den Leuten, die im Betreuten Wohnen versorgt werden, »fast schon ein kleines Privileg« attestiert, »dass sie dadurch nämlich in eine intensivere Betreuung kommen«. Die einen (Nutzerinnen des Betreuten Wohnens) bekommen mehr als die anderen (NutzerInnen sozialpädagogischer Angebote in den Fachbereichen ›Drogenhilfe‹ der AIDS-Hilfen), obgleich die anderen in ähnlicher Weise Unterstützung in materieller wie auch psychosozialer Hinsicht benötigen, so Droschkes Lesart. Wenn dieses Missverhältnis nun fachlich nicht zu begründen ist – denn mit Lebenserwartung, Gesundheitszustand oder materieller Not habe diese Differenz ja nichts zu tun – so stellt sich en passant die Frage, welche Regeln, Richtlinien oder Interessen stattdessen den ›AIDS-Bonus‹[21] hervorrufen und diesen über die Zeit stabilisieren können.

Nachdem Sebastian Droschke das Bild der Bedürftigkeiten entfaltet hat und eine gewisse Klientenverschiebung diagnostizieren konnte, präpariert er jene Vorzeichen, die es schließlich erlauben von einem AIDS-Bonus sprechen zu können. Unterschiedliche ›soziale Lebenslagen‹ stehen sich gegenüber und sind keineswegs gleichberechtigte ›Notsituationen‹. Es macht ganz augenscheinlich einen Unterschied, in welcher schwierigen Lebenssituation sich Menschen befinden, um relativ einfach Zugang zu mate-

---

Laborwerten und klinischer Symptomatik sind insgesamt 9 Stadien beschrieben (von A1 bis C3).

20 Der Laborparameter CD4-Zellen µ/l (CD4-Zellen pro Mikroliter) bezieht sich auf die T4-Helferzellen, die sogenannten Lymphozyten.

21 Felix Nord, der im Rahmen der ersten qualitativen Kategorisierung dem Typus ›indirekte Betroffenheit zugeordnet wurde, benutzt dezidiert den Begriff des »AIDS-Bonus'«: »[…] ja, diesen AIDS-Bonus, den gibt es eigentlich auch nicht mehr. Das ist eine nach außen, was sich ja auch bemerkbar macht so vom Thema, vom Welt-AIDS-Tag, eigentlich nur, in Anführungszeichen, eine normale Infektionskrankheit geworden, nach außen. Wie es dann im Einzelfall ausschaut, das ist dann noch mal was ganz anderes« (Felix Nord: 188-192).

riellen und immateriellen Gütern zu erhalten, oder unter Umständen gänzlich aus der Versorgungsarchitektur heraus zu fallen. »Dabei besteht die hier zusammengefasste materiale Dimension sowohl aus Bereichen, die als unmittelbar stofflicher Nutzen verstanden werden können, als auch aus Bereichen, die eher immateriell, nicht-stofflicher Natur sind« (Oelerich/ Schaarschuch 2005: 84).

## Plurale ›Bedürftigkeit‹ oder: ›Ganzheitlichkeit‹ des Mangels

Bedürftigkeit wird als Fehlen von Kompetenzen (Lebensinkompetenz; »fehlende Lebenskompetenz«[22] konstruiert und in mehreren Schichten gedacht. Ein bemerkenswerter Ressourcenmangel entspricht der Grundvoraussetzung, um an organisierter Hilfe partizipieren zu können. In aller Regel sind ›Probleme‹ nicht auf eine singuläre Schwachstelle im privaten Arrangement der Adressaten zurückzuführen. Bedürftigkeiten entstehen in diesem Deutungsprozess vielmehr durch ›Mehrfach-Unfähigkeiten‹ von Klienten, die sich nicht ausschließlich durch eine isolierte Symptomatik auszeichnen, sondern denen fast ubiquitäre Unfähigkeiten und Mangelerscheinungen ›nachgewiesen‹ werden.

»Und diese unterschiedliche Klientel, das ist mir dann auch deutlich geworden. Also mit Sucht und psychischer Erkrankung, diese Doppelproblematik hatte ich oft. Ja, hier in der AIDS-Hilfe, das Betreute Wohnen, die Klientel ist zu 90%, sind das Drogengebraucher. Dazu kommt ja in der Regel noch eine psychische Geschichte irgendwie, und da oben drauf ist dann noch mal so als Tüpfelchen auf dem i noch mal HIV. Also das hat dann noch mal eine ganz andere Qualität, ganz sicherlich. Und das ist eine Klientel, die ich als durchaus auch als schwieriger empfunden habe. Also jetzt nicht unbedingt wegen der Erkrankung, ich weiß nicht, wie ich das erklären soll, ja, mit dem Umgang, mit dem Umgang damit. Da weiß ich nicht, wo fängt es an, also ich würde mal sagen HIV oder infiziert zu sein, ist nicht unbedingt erst mal so ein Problem, wo ich nicht mit umgehen kann, also ich habe vielmehr eine Schwierigkeit, mit Drogengebrauchern umzugehen. Also ich weiß, ich kann mit psychischen Erkrankungen oder mit psychisch Kranken kann ich gut. Also dann habe ich das auch manchmal so ein bisschen vermisst. Also das hatte ich auch vorher schon mal, so eine Doppeldiagnose, aber das war nicht die Regel, sondern eher die Ausnahme in der Betreuung« (Gudrun Zank 79-96).

Es ist nicht möglich, das sozialarbeiterische Verständnis von ›mehrfach bedürftigen Adressaten Sozialer Arbeit in AIDS-Hilfe‹, einem speziellen Untertypus zuzuordnen. Die hier interpretierte Typisierung ›AIDS-Bonus‹ verläuft quer zum gesamten Datenmaterial und zeigt sich entsprechend auch

22 Sebastian Droschke 18: 34.

im Bereich ›nicht-betroffener‹ Sozialarbeit. Gudrun Zank referiert ihre Einschätzung der Situationen, mit denen sich AdressatInnen der AIDS-Hilfen auseinandersetzen müssen und konstatiert in diesem Zusammenhang ›Doppelproblematiken‹. Sie beschreibt die Heterogenität der Schieflagen und kommt zu dem Ergebnis, dass erstens nur noch von pluralen Lebenskomplikationen auszugehen sei und weiterhin HIV/AIDS in diesem Zusammenhang (nur) »noch mal so als Tüpfelchen auf dem i« in Erscheinung tritt. Abgesehen von ihrer eigenen Unsicherheit im Umgang mit DrogengebraucherInnen betont Zank, dass sich eine HIV-Infektion in der Betreuung (mittlerweile) »nicht unbedingt erst mal so (als) ein Problem« darstellt. Werden alle ›Mangelerscheinungen‹ in einer Zusammenschau betrachtet, so präsentiert sich für Zank durchaus eine Figur der »ganz andere(n) Qualität«. Doch am Ende sind »Doppeldiagnose(n)« das entscheidende Kriterium für Zank, AIDS in erster Linie vor dem Hintergrund ›polymorpher Leistungseinschränkung‹ zu verstehen. Die Armen, »die mit (den) als maßgeblich erachteten Anforderungen bzw. Zumutungen nicht Schritt halten können« (Otto/Ziegler 2005: 115) eröffnen mit den ›Abweichlern‹, die nicht wollen, gemeinsam eine Kategorie der moralischen Bewertung, die als »Ungerechtigkeit, Unterdrückung und Entwürdigung« zu lesen ist und sich methodisch-analytisch vom sozialen Ausschluss als struktureller Dimension unterscheidet. Ein Problem zu haben, verweist einmal mehr auf die Lücken im Kompetenzprofil der Akteure. Doppelproblematiken verschiedenster Couleur signalisieren dann zunächst eine additive Reihung von Problemen, die man ›hat‹.

Schließlich verbindet sich das Phänomen einer Klientenverschiebung im Sinne einer komplexen und vielschichtigen Bedürftigkeitsstruktur mit einer hierarchisch aufgeschichteten Rangliste ›mehr oder weniger angesehener komplizierter Krankheiten‹. Gudrun Zank konnte in der Vergangenheit einige praktische Erfahrungen mit unterschiedlichsten Klientengruppen machen. »Mit psychischen Erkrankungen« respektive »mit psychisch Kranken« kann sie gut. Sie fühlt sich diesem Arbeitsfeld besonders heimisch verbunden. In Erinnerung an diesen vertrauten Kontext tauchen überdies sentimentale Gefühle des Vermissens auf. Im Vergleich unterschiedlicher Personengruppen und ihrer zugeordneten Problemsituationen kam es bereits in ihrem früheren Praxisfeld häufiger zu der Feststellung von sogenannten »Doppeldiagnosen«. Der entscheidende Plot enthüllt sich, wenn Gudrun Zank den Kompetenzmangel ihrer Klienten summiert und HIV/AIDS »so als Tüpfelchen auf dem i« das Fass nun endgültig zum Überlaufen bringt. AIDS wird so gesehen als Spezialität unter vielen anderen ›Handicaps‹ konstruiert, die eine ›gestörte Situation‹ insgesamt nochmals verschlimmern kann und hierüber eine ganz eigene Qualität symbolisiert. Einerseits suggeriert AIDS inmitten der Komposition vielfältiger Krankheiten einen gewissen Bedeutungsverlust. Die Konstruktionspartitur behält sich eine gewisse

Ambiguität vor, indem AIDS sowohl besonders, wie auch unbedeutend, in Szene gesetzt wird. Andererseits kann sich durch AIDS der Prozess einer sozialen wie gesundheitlichen Verschlechterung, ausgehend von einer ohnehin schon prekären Lebenssituation, in Richtung Verschlechterung beschleunigen. Doppelproblematiken wirken wie ein ›Turbolader‹ kontinuierlicher Verschlechterung der sozialen Lage wie auch der sozialen Position. Möglicherweise finden sich beim Vorliegen heterogener Beeinträchtigungen, so wie hier mit ihnen ausdifferenzierend verfahren wird, Bezüge zu anschließenden Routinen wohlfahrtsstaatlicher Regulierung.

Der Gedanke zielt darauf hin, dass mit expliziten oder impliziten Vorgehensweisen, Krankheiten, Behinderungen, soziale Schieflagen (gezielt oder implizit) eindeutig kategorisiert werden, um im Anschluss spezielle Verfahren sozialer Hilfen als Bonusleistungen zur Debatte zu stellen. Die Anwendung eines Bonussystems kann entweder als notwendige Maßnahme angesehen werden, weil beispielsweise angenommen wird, ein Krankheitsbild weise einen besonderen Schweregrad auf, oder es führt zu der Einschätzung, dass eine Sonderbehandlung fachlich nicht (mehr) begründbar ist, weil sich der Sonderstatus normalisiert habe.

## Merkmal AIDS/HIV als Privileg

Zwischen ›besonders‹ und ›normal‹, so argumentiert auch Elisabeth Wahl im folgenden Interviewausschnitt, sind AIDS-Hilfen als Organisationen zu verorten, die inzwischen mit anderen Anbietern und Trägern konkurrieren (müssen), dass häufig die Konturierung einer notwendig spezifischen AIDS-Arbeit kaum mehr aufrecht zu erhalten sei. Vergleichbar habe sich ihrer Ansicht nach, die Angebotsstruktur der Träger entwickelt. Ähnlich wie es Sebastian Droschke am Beispiel des veränderten Nutzerprofils der AIDS-Hilfen veranschaulicht hat, bestätigt Wahl den Eindruck, dass es schon längst nicht mehr um freundliche und nette »Mittelschichts-Schwule« gehe.

Noch vor gut zehn Jahren, so argumentierte auch Sebastian Droschke zu Beginn der Beschreibung der hier vorliegenden Typisierung, war der Bedarf schwuler Adressaten, AIDS-Hilfe-Angebote aufzusuchen noch in viel größerem Maße vorhanden als heute. Interessant ist an dieser Stelle, dass eine ›Typenunterscheidung der Schwulen‹ vorgenommen wird. »Mittelschichts-Schwule« sind von anderen Schwulen in anderen Schichten zu unterscheiden. M.E. möchte der Rekurs auf die Mittelschicht, so wie es Elisabeth Wahl und Sebastian Droschke gemacht haben, die soziale Position im Sinne einer Teilhabemöglichkeit akzentuieren. Schwule sind damit nicht per se der Nutzergruppe von AIDS-Hilfe entwichen, weil sie als Mittelschicht nicht auf niedrigschwellige Streetwork o.ä. angewiesen sind. Sie platzieren sich vielmehr auf sämtlichen Ebenen gesellschaftlicher Schichtung, also auch in der sogenannten Unterschicht.

Dieser Befund präsentiert abermals die Wirkmächtigkeit von Armut als Querschnittsdilemma. Dieser Gruppe der ›netten Mittelschichts-Schwulen‹ nun wird eine ökonomische Absicherung zugesprochen, die dazu führt, dass ein wohlfahrtsstaatliches Angebot nicht mehr zwingend in Anspruch genommen werden muss.

»Also, so diese freundlichen netten Mittelschichts-Schwulen, oder wie auch immer man es nennen will, haben wir so gut wie überhaupt keinen, sondern das sind fast alles Leute, die, ich sage es mal platt, genauso gut woanders in einer Beratungsstelle landen können oder im betreuten Wohnen landen könnten, entweder aufgrund weil sie psychisch dermaßen Probleme haben, dass sie auch hier in der Sozialpsychiatrie betreut werden könnten, oder mit Drogen, oder Essstörungen, also es gibt so eine Bandbreite von finde ich wirklich großen Schwierigkeiten, wo ich den Eindruck habe, es geht überhaupt nicht da drum, die Krankheit zu bewältigen, sondern es geht da drum bei vielen, so Dinge zu bewältigen, wie ›wie stelle ich einen Antrag beim Sozialamt‹« (Elisabeth Wahl: 173-182).

Die AIDS-Hilfen sind im Standardformat psychosozialer und sozialadministrativer Dienstleistung angekommen. Sie werden auf diese Weise zu ›vergleichbaren Institutionen‹, die wie andere Organisationen auch, ein im Praxisfeld übliches Hilfsangebot bereitstellen. Man könnte diese Entwicklung als ›Verlust des gewissen Etwas‹ interpretieren. Psychische Probleme, Gebrauch von Drogen sowie Essstörungen gehören zu den üblichen Themenbereichen vieler Beratungsstellen. Die Bedürfnisstruktur der NutzerInnen von AIDS-Hilfen hat sich derart vereinheitlicht, dass ein spezifischer Beratungsbedarf kaum mehr auszumachen ist. Mit der zitierten Frage »Wie stelle ich einen Antrag beim Sozialamt« veranschaulicht Wahl indes die wachsende Bedeutung einer Beratung, die sehr gezielt auf Ansprüche gegenüber Leistungsträgern der sozialen Sicherungssysteme eingehen und hier entsprechend erfolgreich intervenieren kann. Die psychosoziale Bedürfnislage verschiebt sich auffällig in Richtung ›harter Fakten‹, so dass es immer weniger darum gehe, den ›Psycho-Anteil‹, innerhalb der psychosozialen Semantik (in Beratungsgesprächen beispielsweise) zu bearbeiten und so zu einer professionell sozialpädagogisch unterstützten Bewältigung der ›inneren Ungereimtheiten zu kommen.

Kompliziert wird die vorliegende Typisierung an der Stelle, wo Experten den jeweiligen Ressourcenmanagel der Ratsuchenden (also Krankheit, Armut und Süchte beispielsweise) in eine gesellschaftliche und sozialstaatliche Hierarchie sozialer Probleme eingerückt sehen.

»Ich habe den Eindruck, dass HIV-positive Menschen, dadurch, dass es so lange Zeit jetzt nicht mehr so unglaublich hoch gehängt wurde, also wenn ich das vergleiche mit anderen Erkrankungen, dadurch dass es eben auch so bedrohlich war und auch teilweise noch ist, viele Privilegien haben, die andere nicht haben. Also, ich habe dann schon den Eindruck, gerade zum Beispiel bei so DAS-Geschichten[23], das ist dann natürlich so eine Möglichkeit, noch mal an Geld zu kommen, oder die Möglichkeit zu haben, einen Urlaub zu machen, oder was auch immer, was andere nicht haben. Also meine Tendenz ist die, andere sollten die auch haben, und nicht, da soll das weggenommen werden. Ich finde es völlig berechtigt, aber es ist schon ein Privileg. Und es ist ein Privileg aufgrund der Tatsache, dass ich HIV da stehen habe, und nicht etwas anderes. Und das ist schon so bei manchen« (Elisabeth Wahl: 279-290).

Die Überlegungen, dass sich AIDS auf einer ›Skala der Gefährlichkeit‹ sukzessive in Richtung Nebensächlichkeit bewegt, schließt affirmativ an die Vorstellung eines ›AIDS-Bonus'‹ an. AIDS wird zusehends ›unwichtiger‹, verbleibt aber zugleich im Bereich der Sonderbehandlung. Das Moment der Gleichzeitigkeit eines neuen, normalen AIDS-Bildes, dessen Übergang in eine ›gewöhnliche Situation‹ aber noch nicht definitiv abgeschlossen ist, sondern irgendwie sonderbar bleibt, wiederholt sich an dieser Stelle. AIDS-kranke Menschen, so lautet die Diagnose im Deutungsmuster, nutzen den zusätzlichen Gewinn, der in der Metapher des ›AIDS-Bonus'‹ konnotativ ausgedrückt werden soll, im Vergleich zu anderen ›Betroffenen‹ anderer Krankheiten möglicherweise ungerechtfertigt. Es wirkt schon etwas zynisch, wenn AIDS-Hilfe-Experten den Wandel der Krankheit AIDS in das Feld wohlfahrtsstaatlicher Besserplatzierungen verabschieden. Die Polemik die im Begriff des ›privilegierten Nutzers eines AIDS-Bonus‹ latent angelegt ist, unterstellt, dass AdressatInnen von Betreuungsinterventionen der AIDS-Hilfen, unter Umständen ungerechtfertigt intensivere Beratungen und speziellere Dienstleistungen in Anspruch nehmen könnten.

Weiterhin enthält diese Metapher das Gedankenspiel ›fauler‹ und ›desinteressierter‹ Personen, die jeglichem Interesse und jedweder Motivation, das Leben wieder in den Griff zu bekommen, abschwören. Einerseits stellt sich die Versorgungsstruktur Sozialer Arbeit in AIDS-Hilfen als tendenzielle Überversorgung – ganz in der Lesart der Interviewten – dar. AIDS habe (noch) einen Stellwert, der im Vergleich zu benachbarten Krankheiten und Behinderungen den Zugang in geradezu komfortable und privilegierte Betreuungsverhältnisse verspricht. Andererseits kann kein adäquates Interesse an Krisen- oder Problembewältigung ausgemacht werden, so dass der ›AIDS-Bonus‹ in diesem Fall ungerechtfertigt vergeben würde. Es entsteht der

23 Unter »DAS-Geschichten« fasst Elisabeth Wahl die assistierte Beantragung von finanziellen Beihilfen bei der Deutschen AIDS-Stiftung (DAS) zusammen.

Eindruck, dass Wahl die Sonderbehandlung fachlich nicht zu rechtfertigen weiß, da sich in ihren Augen ein Betreuungsprivileg direkt an das Vorhandensein von HIV knüpft. An anderer Stelle fügt Wahl der prinzipiellen Möglichkeit, einen ›AIDS-Bonus‹ zu nutzen, auf Seiten der Klienten einen leichtfertigen, ja egoistischen Umgang mit monetären Extraleistungen hinzu, denn nicht selten ist es den Adressaten »zu viel zu gucken, was eigentlich mit ihnen los (ist), also sie sind damit völlig überfordert«[24]. Im Kontext der hier vorgenommenen Zitation geht es mir schwerpunktmäßig um die Interpretation einer Sichtweise der Expert_innen. Die Möglichkeit der Adressatinnen, über ihre ›Diagnose AIDS‹ und die institutionellen Hilfestrukturen der AIDS-Hilfen, Zugang zu materielle Ressourcen vermittels »DAS-Geschichten« zu bekommen, wird als Sonderstatus, Sondervergütung und AIDS-Bonus ausbuchstabiert. Elisabeth Wahls Argumentation folgend, gehe es eben nicht um die gezielte Verarbeitung der Krankheitsfolgen. Ressourcen bleiben dann in diesem Bild sogar vollkommen ›ungenutzt‹ und versickern als bloße Subvention ohne pädagogische Rahmung.

Insgesamt verfestigt sich ein Selbstverständnis Sozialer Arbeit, das sich berufen fühlt, im Entscheidungsprozess der Umverteilung personenbezogener sozialer Dienstleistung, berechtigte gegen unberechtigte Zuwendungen zu thematisieren.

## Jenseits der Personalisierung von Problemlagen

Den ›Abschied von AIDS‹ so wie es Martin Dannecker in seiner jüngsten Veröffentlichung formuliert (vgl. Dannecker 2006), postulieren auch Claudia Mann und Susanne Wolke. Im Unterschied zur vorausgegangenen Sichtweise einer Problemaufschichtung und einer anhaltenden AIDS-zentrierten Sonderbehandlung, geht es hier weniger um den privilegierten Status AIDS-kranker Menschen. Jenseits der Vorstellung, AIDS könne von ›Bedürftigen‹ als Bonus instrumentalisiert und missbraucht werden, modifiziert Susanne Wolke diese Denkfigur und rückt ab vom individualisierenden und moralisierenden Gestus schwieriger Probleme.

»Ja, und dadurch sozusagen, dass das so dieses Existenzielle ist, diese Grundsicherung, schieben viele sozusagen auch das Thema HIV dann ziemlich zurück. [...] Aber ansonsten hat sich das sehr verändert, ja, also früher war es eher so, dass die Frauen zum Beispiel gekommen sind und gesagt haben: ›Mann, ich würde so gerne in eine Gruppe gehen und ich würde mal gerne dieses Thema bearbei-

24 Elisabeth Wahl 182f.. Diese Textstelle habe ich bereits im Kapitel »Wenn Sozialarbeiter betroffen sind«, zitiert. In diesem Zusammenhang ging es um die Explikation der ›Vereigenschaftung‹ und Verobjektivierung von problematischen Situationen, in die Menschen zum Teil verwickelt sind, die daraufhin als ›Klientendefizite‹ festgehalten und verfestigt werden.

ten oder überhaupt auch so eine Beratungsreihe in Anspruch nehmen, einfach mal häufiger kommen und ich habe jetzt die und die Probleme‹ und so, oder zum Beispiel Partnerschaft, Sexualität, all das.

Und das ist aus meiner Sicht viel weniger geworden, dass das sozusagen die vordergründigen Themen sind, sondern dass es eher so um diese existenzielle Grundsicherung geht« (Susanne Wolke 272-287).

Eine Tendenz zum Bedeutungsverlust der Krankheit AIDS wird in fast jedem Interview diskutiert oder zumindest erwähnt. Ob im Betreuten Wohnen mit dem ›Schwerpunkt Frauen und AIDS‹ oder in der Begleitung drogengebrauchender Häftlinge einer Justizvollzugsanstalt, wo AIDS nicht mehr im Vordergrund steht, so wie es Claudia Mann berichtet, wird das heterogene Problemrepertoire der Adressaten in den Betreuungsprojekten von AIDS-Hilfen besonders in den Mittelpunkt der Beschreibungen gerückt. Claudia Mann macht auf diese Strukturebene aufmerksam:

»Da ist auch häufiger die HIV-Infektion nicht im Vordergrund, sondern eher ist es eben die Haftsituation, die Situation, wenn sie mal nicht in Haft sind, dass sie dann sofort wieder in die Drogenszene abrutschen« (Claudia Mann 28-31).

Mit ihrem Verweis auf die Situation drogenkonsumierender Strafgefangener differenziert Claudia Mann AIDS-Problematiken und fokussiert unterschiedliche Situationen, die auf das Bewältigungshandeln einwirken. Innerhalb punitiver Institutionen geraten Fragen, wenn es um (Sozial-)Beratung der AIDS-Hilfen im Strafvollzug geht, bezüglich HIV und AIDS aus dem Blickwinkel. Die prekären Verhältnisse, in denen sich Gefangene befinden, ihr Drogenkonsum oder misslungene Integrationsbemühungen, stellen sich der Sozialarbeiterin Claudia Mann als zentrale Themen im Kontakt mit den Klienten[25].

Susanne Wolke skizziert stellvertretend für andere Gesprächspassagen die existenzielle Grundsicherung ihrer Adressaten, die fast immer gänzlich weg gebrochen sei. Damit spricht sie eine Problemdimension an, die sich außerhalb persönlich verantwortbarer Eigenschaften oder Merkmalen lokalisiert und manifestiert. Armut ist als Strukturproblematik ins Feld geführt. Gewissermaßen quer zu den Einschränkungen durch AIDS werden Erklärungsversuche aufgezeigt, die sich nicht am subjektivierenden Modus orientieren, sondern tiefgreifendere strukturelle Veränderungen überprüfen wollen. Existenzielle Grundsicherung bespricht Wolke hier als Armutsphänomen, das ›objektiv‹ mehrfach festgestellt wurde. Im zweiten Armutsbericht heißt es beispielsweise: »Über 50% der bereits an AIDS Erkrankten

25 Vgl. zur gesundheitlichen und psychosozialen Lage drogenkonsumierender Gefangener Stöver 2000).

sind jünger als 40 Jahre und leben in der Regel in einer schwierigen sozioökonomischen Situation. Da sie aufgrund der Erkrankung jung erwerbsunfähig werden, konnten sie nicht über längere Sozialversicherungszeiten hinweg Beiträge leisten und sind somit in der Regel kaum finanziell abgesichert. Selbst wenn Rentenansprüche entstanden sind, sind diese so gering, dass ergänzende Sozialhilfe gezahlt werden muss. So bestritten 40,5% derjenigen, die sich 2003 an die Deutsche AIDS-Stiftung wandten, ihren Lebensunterhalt mit Sozialhilfe« (BMGS 2005: 179). Wolke rekurriert auf das Bedingungsgefüge zwischen Armut und chronischer Erkrankung:

»Also die Menschen, die, egal jetzt ob jetzt Frauen und Männer, sondern die Menschen, die jetzt herkommen zu uns, sind im Prinzip alle zum größten Teil in einer sozialen Misere. Also, die sind im Prinzip, ganz, ganz viele, die sind sehr verarmt und wo die Fragen, weshalb sie denn hierher kommen, in erster Linie um ihre soziale Grundsicherung gehen« (Wolke: 259-263).

Unabhängig von ihrem ›sozialen Geschlecht‹, beschreibt Susanne Wolke die Situation der Adressaten von AIDS-Hilfen als transversales ›Armutsphänomen‹. In ihren Beratungs- und Betreuungsgesprächen begegne sie häufig Menschen, die sehr arm seien. Es ginge daher häufig um Maßnahmen zur Grundsicherung im Kontext einer »sozialen Misere«. Wenn sich Menschen in einer ›sozialen Misere‹ befinden, so wird hiermit ein Zusammenhang betont, der eine Situation der Nicht-Teilhabe in seine Begründungsformel hinein nimmt. »Unter ›Armut‹ kann man das strukturierte und organisierte Vorenthalten der Teilhabe an gesellschaftlich erzeugten Ressourcen verstehen, die notwendig genutzt werden müssen, um sich in der geforderten oder als ›normal‹ unterstellten Lebensweise zu reproduzieren« (Cremer-Schäfer 2002a: 125). AIDS-kranke Menschen können aufgrund organisierter Infrastrukturen an bestimmten und notwendigen ›sozialen Gütern‹[26] nicht partizipieren. Jenseits körperlicher Beschwerden führt eine Einschränkung der Arbeitsproduktivität überdies zu Situationen, die eine Teilhabe durch Vorenthaltung spezifischer Ressourcen verunmöglichen oder zumindest stark beschränken. Im Ergebnis führen diese sozialen Ausschließungsprozesse zu Lebensweisen, die aus dem als normal Unterstellten herausfallen oder gar herausfallen müssen. Das Verfahren einer Personalisierung sozialer Problemlagen ist auf diese Weise sehr produktiv. Susanne Wolke erkennt die gesellschaftlichen Bedingungen und strukturbedingten Hintergründe in der ›sozialen Misere‹ ihrer AdressatInnen. Die Typisierung ›AIDS-Bonus‹ schließt an die zuvor ausgeführte ›missverstandene Normali-

26 Unter ›sozialen Gütern‹ wird hier sowohl der erfolgreiche wie nicht-erfolgreiche Zugriff auf materielle (also stoffliche) Produkte, Waren, Artikel sowie die Teilhabemöglichkeit an sozialer Gemeinschaftlichkeit und resultierenden Unterstützungspotenzialen verstanden.

sierung‹ an, weil sich hier ebenfalls ein Rekurs auf das Normalisierungsphänomen als programmatische Größe beobachten lässt. Das Normale steht als Ausgangspunkt für sämtliche Einstellungen und Argumentationen der Sozialarbeiter in den AIDS-Hilfen.
Sie beschreiben Situationen auf den Ebenen

- Veränderungen des Nutzer/innenprofils
- Plurale ›Bedürftigkeit‹ oder: ›Ganzheitlichkeit‹ des Mangels
- Merkmal AIDS/HIV als Privileg
- Jenseits der Personalisierung von Problemlagen.

AIDS-Normalität ist nicht die ›einfache Lösung‹ eines Problems. Die Vernormalisierung des ›alten AIDS-Bildes‹ transformiert ein diskursives Verstehen-wollen der AIDS-Problematik in die ›Räume des Normalen‹. AIDS wird in gewisser Weise von diesen ›verschluckt‹. Hier verliert AIDS seine komplexe Wirkmächtigkeit und wird unsichtbar. Eine ›erfolgreiche Normalisierung von AIDS‹ hebt medizinische Behandlungsmöglichkeiten und den innovativen Gehalt neuer gesundheitsförderlicher Modelle hervor. Sie warnt vor einer ernüchternden Sichtweise, AIDS stets mit Katastrophenstimmung in Verbindung zu bringen und plädiert für das Machbare. Dies erhöht gleichsam den Druck auf den ›Gebrauchswert Sozialer Arbeit‹ zum Anschluss an eine ›fortschrittliche Gesundheitspolitik‹.

Wenn Soziale Arbeit in den AIDS-Hilfen die Effekte von AIDS als zunehmend vielschichtige Struktur im Leben von ›betroffenen Menschen‹ reflektiert, so ist dies als Qualität anzuerkennen, Problemfelder im Kontext von AIDS, Armut und Sozialität mehrdimensional und komplex denken zu können. Die Einschätzung einiger Sozialarbeiter/innen, dass sich das Nutzer/innenprofil in den AIDS-Hilfen verändert habe, ist ein Beispiel für ›genaues Hinsehen und geduldiges Nachdenken‹ jenseits von Selbstverständlichkeiten und Routine.

Werden Personalisierungen von Problemlagen von den Sozialarbeiterinnen kritisch hinterfragt, so ist auch dieser Befund ein Hinweis darauf, dass AIDS nicht synonym mit einer ›betroffenen Person‹ gedeutet und insofern verdinglicht werden kann. Vielmehr zeichnet sich eine Sensibilität der Experten ab, die Herstellungsweisen und Herstellungskontexte von ›Problemen, die man hat oder bekommt‹ in das eigene Argumentationsrepertoire zu übernehmen. Der sozialarbeiterische Auftrag, oder besser die Funktion Sozialer Arbeit, rückt in Zeiten wachsender Armut und »sozialer Misere« zunehmend in Richtung »existenzielle Grundsicherung«. Soziale Arbeit wird gebraucht. »Sozialarbeiter/innen verfügen über bescheidene materielle Ressourcen und auch über symbolische; sie können Knappheiten verringern, gefährliche Situationen entschärfen, Lebenschancen beeinflussen und Kompensationen für Zumutungen anbieten, Sozialarbeit hat auch einen Gebrauchswert für die Adressaten« (Cremer-Schäfer 1990: 42).

Wenn in den Erzählungen der Sozialarbeiter die Rede von polymorphen Leistungseinschränkungen und pluralen ›Bedürftigkeiten‹ ist und das Merkmal AIDS/HIV als Privileg konstruiert wird, so kommt hier eine Sichtweise zum Zuge, die den situativen Kontext verlässt und ›persönliche Verantwortlichkeiten‹ akzentuiert. ›AIDS-Bonus‹ unterstreicht den Mangel von Fähigkeiten, Inkompetenzen und die Beschränkung körperlicher wie psychosozialer Selbstsorge. Mehrfach bedürftige Menschen sind außerstande, ›ihre Krisen‹ selbständig zu bewältigen. In vielerlei Hinsicht fehlen ihnen etliche Ressourcen, um aus sich heraus Lösungsmodelle zu entwerfen. Die Konstruktion einer »Mehrfachbetroffenheit durch Problemlagen« (BMGS 2005: 179) tangiert die Perspektive auf diskursive sowie nichtdiskursive Hintergründe einer ›Armutsfalle‹, also institutionelle, disziplinierende Praktiken körperlicher Kontrolle und Disziplinierung. Das Reflexionsvermögen der Sozialarbeiter/innen, das in ihren Berichten zum Missverständnis einer AIDS-Normalisierung sowie in der Perspektive auf ein verändertes Nutzer/innenprofil deutlich wurde, zerfließt in einem moralisch aufgeladenen Gerechtigkeitsdiskurs, der durch einen ›AIDS-Bonus‹ angedeutet wird. AIDS wird hier als Extragewinn, Sondervergütung oder gar staatliche Super-Prämie konstruiert, die nur einer kleinen Gruppe ›betroffener Menschen‹ zugänglich ist. Wenn Menschen die ›richtige Infektion‹ haben, so die Argumentation, dann kommen sie in den Genuss überdurchschnittlicher Dienstleistungen, die rein fachlich kaum mehr zu begründen sind.

Die »zufällige Eintrittskarte« vermittelt ein AIDS-Bild, das nunmehr auf das »Tüpfelchen auf dem i« eingeschrumpft zu sein scheint. Die Krankheit AIDS ist als eine mit anderen chronischen Krankheiten vergleichbare Bedürftigkeit konstruiert worden, behält aber ihren Sonderstatus, der den Zugang in intensive Betreuungsangebote ermöglicht. Interessanterweise betont die Rede über die ›Eintrittskarte‹ das Prinzip einer einseitigen Kontaktaufnahme. Nutzerinnen kommen zur AIDS-Hilfe, werden hereingelassen oder nicht, je nach Eintrittskarte. Die Rede über Eintrittskarten, gerechte oder ungerechte, sozialpädagogische Interventionen tendieren dazu, »Formationen des Diskurses« (Winkler 2005: 102) unberücksichtigt zu lassen. Dass es einen Verweisungszusammenhang zwischen sozialer Benachteiligung und Krankheit geben könnte, der es erforderlich macht, den aufsuchenden Ansatz Sozialer Arbeit zu favorisieren, wird über die Verteilung von Eintrittskarten in den ExpertInneninterviews tendenziell ignoriert.

Die Eintrittskartenmetapher ist deshalb so einbringlich für die Diskussion und Interpretation des ›AIDS-Bonus`‹ weil sie Zugangskriterien in eine moralische Richtung kanalisiert, wodurch Vorgänge zur Sprache kommen, »in welche(n) sich das Subjekt in sich darüber vergewissert, ob es noch dazu gehört« (ebd.: 108) oder nicht. Weiterhin müssen strukturelle Zugangsmodalitäten in Einrichtungen, die soziale Hilfe versprechen, offenbar noch mal grundsätzlich von den InterviewpartnerInnen erörtert werden, obgleich sich AIDS-Hilfe, zumindest in ihrem Leitbild, eindeutig einer aufsuchenden Sozialarbeit verschreibt (vgl. Gusy 1994). Wird eine ›Komm-oder-Geh-Strukturdebatte‹ in Gang gesetzt, so wird ebendiese Orientierung an niedrigschwelligen Angeboten zur Neuverhandlung ausgesetzt. Beziehungsasymmetrien können sich verschärfen, wenn der Weg des Klienten zur Beratungsstelle in Kauf genommen oder gar ›methodisch beabsichtigt‹ wird. Verschiedene Studien weisen überdies die Notwendigkeit aufsuchender Sozialarbeit auch für dieses Praxisfeld nach: »Dies bedeutet in erster Linie die Förderung aufsuchender, niedrigschwelliger und zielgruppenspezifischer Präventionsangebote für Bevölkerungsgruppen, deren Zugang zu den üblichen Vorsorgestrukturen erschwert ist« (Wright/Block 2005: 10).

Im Unterschied zur ›missverstandenen Normalisierung‹, die sich einigermaßen reflexiv mit der engen Verwiesenheit eines Normalisierungsdiskurses auf Machtstrukturen und Herrschaftsverhältnisse auseinandergesetzt hatte, treten nun Bewertungsschemata auf die Bühne, die den Chronifizierungsprozess der Krankheit AIDS moralisieren. Diese hegemonialen Übersetzungen sozialer Problemlagen in moralische Grundsatzfragen sind kritisch zu hinterfragen und eher über einen gesellschaftsanalytischen Spürsinn jenseits der Personalisierung von Problemlagen zu dekonstruieren. M.E. gerät der strategisch geordnete ›soziale-Probleme-haben-Diskurs‹ allzu leicht in die Nähe vereigenschaftender Identitätspolitiken, die sich durch gute, produktive Fähigkeiten oder durch deren Fehlen auszeichnen. Damit neigt die Metapher ›AIDS-Bonus‹ dazu, verdinglichende Identitätspolitiken zu übersehen und auf diese Weise Identitäten als gesellschaftlich präferierte Entitäten mitzuproduzieren.

## »so in einen Topf geworfen«

In der zuvor beschriebenen Typisierung wurde der Blickwinkel auf die Privilegien gerichtet, die Sozialarbeiter/innen im Umgang mit Klienten der AIDS-Hilfen konstatieren. Der zynisch anmutende ›AIDS-Bonus‹ konnte augenfällig die Geisteskraft der Todesrhetorik nicht überwinden und schließt an der Vorstellung Danneckers (2006) an, dass viele im AIDS-Bereich Tätige, dem alten AIDS-Bild doch einiges abgewinnen können. »Und nicht wenige wünschen sich ganz gegen ihre bewusste Absicht etwas von der alten schrecklichen Bedeutung von Aids zurück, weil diese Türen öffnete und auf paradoxe Weise Rang verliehen hat« (Dannecker 2006: 66). Hier knüpft ein Phänomen an, das im Umgang mit stigmatisierten Individuen die Effekte jener Herabsetzung auf sich selbst überschrieben sieht. Exemplarisch vermitteln die Berichte von Bettina Paulsen und Sebastian Droschke die Sprengkraft diskreditierender Praxen.

An mehreren Stellen wurde bereits auf die stigmatisierenden Effekte schwuler Lebensweisen und AIDS-Krankheit hingewiesen. So konnte dargelegt werden, wie Sozialarbeiter/innen ›direkte Zuschreibungen‹ und diskriminierende Anrufungen ihren Klienten gegenüber einschätzen und wie Stigmata vor dem Hintergrund einer sich normalisierenden AIDS-Krankheit erklärt werden. Im Anschluss daran, soll nochmals auf den Stigmabegriff Bezug genommen werden. Diesmal jedoch gilt es, Zuschreibungen als ›Betitelung‹ zu verstehen, die sich an sichtbare, körperliche Zeichen knüpft. Wenn ›Personeneigenschaften‹ angebunden werden an erniedrigende, beleidigende Bedeutungen, so geht es in erster Linie um ein Phänomen, das in den Sozialwissenschaften als ›Etikettierung‹ (vgl. Cremer-Schäfer 2003, 1975) oder auch als Labeling Approach (Keckeisen 1976; Keupp 1976; Sack/Lüderssen 1975) beschrieben wird. In einem zweiten Schritt geht es bereits um die Frage, wie sich jene diskreditierende Energie über die Zeit, ständig wiederholend, erhalten und stets wieder neu erschaffen kann. Es wäre dann nach der Genealogie von Konstruktivismen und ausdrücklich auch nach deren Effekten zu fragen. Im Unterschied zur Idee Goffmans, Diskreditierungen als Attribution eines *Master Status* (vgl. Peuckert 2006: 313ff.) zu entlarven, und so den konstruktivistischen Akt des interaktionalen Erschaffens von Eigenschaften, denen ein Titel zugeordnet werden kann, in den Vordergrund zu rücken, priorisieren diskursive Argumentationen im Anschluss an die poststrukturalistische Idee, Subjektivierungsweisen eher als »performativen Akt« (Butler 1991) zu lesen. »Das schließt nicht aus, dass in Ersterem nicht auch Normen und bei Letzterem nicht auch Interaktionsmechanismen und -strukturen eine Rolle spielen« (Maihofer 2004: 40). Der erkenntnistheoretische Fluchtpunkt indes ist ein anderer. Zwischen interaktionistischer und diskurstheoretischer Stoßrichtung können Mesalliancen gestiftet oder aber auch Diskrepanzen zementiert werden. Für den vorliegenden Versuch, die Strahlkraft von Stigmata, die sich übertragen kann, zu rekonstruieren, werden beide theoretischen Analysemodi beleuchtet ohne Konkurrenzen zu provozieren.

Es ist Erving Goffman zu verdanken, dass die Begriffe Stigma und Stigmatisierung in den sozialwissenschaftlichen Diskursen ausgesprochen umfangreich rezipiert wurden und auch nach wie vor diskutiert werden (vgl. Bruner 2005; Langer 2003; Maas 1999). Die Stigma-These Goffmans bietet hilfreiche Überlegungen für ein beobachtendes wie analytisches Verständnis gesellschaftlicher Reaktionen auf menschliche Verhaltensweisen, Personalitäten, Subjektivitäten, kurz: auf Identitäten. Um dem Verweisungszusammenhang zwischen physischem, psychischem und sozialem Merkmal eines Individuums und einer resultierend anerkennenden oder sanktionierenden Reaktion der Gesellschaft näher zu kommen, untersucht Goffman diskreditierende Reaktionen in interaktiven Prozessen zwischen Individuen. Stigmata sind im Sinne Goffmans als Einstellungen zu verstehen, die ganz spezifische, also abgegrenzte und definitive Personenmerkmale voraussetzen und erwarten. Dies gilt sowohl für die eigene wie auch die ›andere‹ Person, diejenigen Menschen also, mit denen Individuen kommunizieren und in soziale Interaktionen treten. »Die Gesellschaft schafft die Mittel zur Kategorisierung von Personen und den kompletten Satz von Attributen, die man für die Mitglieder jeder dieser Kategorien als gewöhnlich und natürlich empfindet. Die sozialen Einrichtungen etablieren die Personenkategorien, die man dort vermutlich antreffen wird« (Goffman 1975: 9).

## Stigmatisierung und Mitstigmatisierung

Die Expertin Bettina Paulsen beobachtet solche Einstellungen, man könnte auch sagen Vorurteile, folgendermaßen:

»Na ja, es war halt schon ein Schreckgespenst. Man hat damals Leute verloren. Und es sind einfach Leute, wenn sie sehr krank wurden, sind abgetaucht, haben sich in der Öffentlichkeit nicht mehr gezeigt. Und die, die sich in der Öffentlichkeit gezeigt haben, denen konnte man sozusagen ansehen, die waren, wie sagt man da, stigmatisiert, denen konntest du ansehen, oh; der hat vielleicht AIDS. Dieses eingefallene Gesicht, sehr viele im Rollstuhl. Also die waren schon sehr pflegebedürftig« (Bettina Paulsen 69-75).

Bettina Paulsen skizziert, so wie es auch andere Interviewpartnerinnen in ähnlicher Weise tun, die Effekte der Krankheit AIDS und gibt dieser Epoche, denn sie berichtet zunächst aus der Vergangenheit, den Titel »Schreckgespenst«. Zentrales Kennzeichen der ›Zeit im Schrecken‹ ist der Tod vieler Menschen, die an AIDS erkrankt sind und an den Folgen der Immunschwäche starben. Paulsen kann sehr eindrucksvoll beschreiben, dass die Merkmale der Andersartigkeit sichtbar waren. Die Krankheit, der ihr anbefohlenen Klienten, stand ihnen förmlich ins Gesicht geschrieben. Im »eingefallene(n) Gesicht«, in der zwingend notwendigen Nutzung des »Rollstuhls« sowie durch ihre allgemein erkennbare Pflegebedürftigkeit, sind AIDS-kranke Menschen ›Gezeichnete‹, für sämtliche Interaktionspartner sichtbare Träger auffälliger Eigenschaften. Auf den Rollstuhl angewiesen zu sein und ein ›gezeichnetes Gesicht‹ zu haben, entpuppt sich als individueller Wesenszug, den man sehen kann. Jene Visibilität ist zentrale Voraussetzung, um bestimmte Einstellungen (Stigma) als ›natürliche Kategorien‹ zu implementieren. Menschen werden in »Personenkategorien« (Goffman) geordnet und ermöglichen so erst ein Antizipieren bestimmter akzeptierter Charakter- und Körperattribute sowie Verhaltensmodi. Resultierend daraus folgt im Bericht von Paulsen die Reaktion der ›Betroffenen‹. Sie tauchen ab, »haben sich in der Öffentlichkeit nicht mehr gezeigt« und versuchen offenbar, durch Interaktionsvermeidung den Stigmatisierungsprozess und seine Auswirkungen auf die Identitätskonstitution zu unterbrechen.

Die Gespräche mit den ExpertInnen in AIDS-Hilfen haben gezeigt, dass sie mit dem Phänomen des Stigmas und der Stigmatisierung im beruflichen Alltag regelmäßig konfrontiert sind[27]. Weil NutzerInnen von AIDS-Hilfen als Träger sozial inakzeptabler und minderwertiger Eigenschaften ausgemacht werden, stehen sie im Fokus der Beobachtung sowie im Zentrum einer Be- und Verurteilung. Die Logik des Stigmas konnte durch die vorangegangene Interviewpassage empirisch vorgeführt werden. Stigmatisierungsprozesse[28] sind hier zwar nur angedeutet – über die erzählten Reaktionen des Rückzugs der AIDS-Kranken – liefern aber ein überzeugendes Verständnismodell, um Kategorisierungen und Zuschreibungspraxen (›Du bist!‹, ›Alle sind so!‹) in den Blick zu bekommen. Goffmans faszinierende empirische Beispiele greifen aber dann zu kurz, wenn das Verfahren vereigenschaftender Kennzeichnung eines Körpers und seiner Identität ausstrahlt und plötzlich Individuen ›betrifft‹, die sich selbst zunächst nicht dem Raum der Andersartigkeit zugerechnet haben, selbst nicht direkt bezeichnet wurden. Obwohl der Stigmatisierungstheorie »entsprechend [..] nicht nur die physisch abweichende Person gemieden (wird), sondern auch ihre nächsten Angehörigen und Freunde (›Man wird mit dem behinderten Kind einmal eingeladen und nie wieder‹)« (Cloerkes 1985: 427), ist die Frage berechtigt, ob sich durch eine analytische Fokuserweiterung des Phänomens der Transferierung stigmatisierender Handlungen über Individuen hinweg nicht zuverlässiger untersuchen lässt. Sind interaktional ausgehandelte und sprachlich hervorgerufene Marginalisierungsprozeduren dann noch rein auf der sozialen Beziehungsebene verhandelbar? Dem Einwand Bruners (2005) an dieser Stelle folgend[29], müsste die Wirkmächtigkeit stigmatisierender Semantiken vor allem im diskurstheoretischen Verständnis von Macht, Wissen und sprachlich-diskursiver Hervorbringung gesucht werden. Im Datenkorpus wird dieser Gedanke durch folgende Sequenz angestoßen und sukzessive aufgebaut:

27 Bettina Paulsen verwendet sogar in der hier besprochenen Interviewpassage den Begriff des Stigmas expresis verbis: »wie sagt man da, stigmatisiert« (Paulsen 72-73).

28 Stigma rekurriert auf die Einstellung der Individuen als Eigenschaftsträger. Stigmatisierung hingegen betont das hieraus entstehende Verhalten (nicht selten) gewalttätiger Diskreditierung und Herabsetzung (vgl. Cloerkes 2000).

29 Claudia Franziska Bruner attestiert der Stigma-These Goffmans eine hohe empirisch belegte Aussagekraft, wendet allerdings ein, dass seine Ausführungen »auf einer normativen dichotomen Identitätsvorstellung beruh(en). Stigmatisierungen haben demnach eine Beschädigung von Identität zur Folge, die es im Sinne des Selbsterhalts eines autonom handelnden Individuums zu bewältigen gilt« (ebd.: 56). Identiätskonstruktionen, die auf Körper- wie auch Charaktereigenschaften beruhen, würden vom Goffman-Konzept nicht mehr ausreichend hinterfragt, sondern übernommen.

»Und für mich persönlich war das damals schon so ein bisschen eigenartig, als Mitarbeiterin der AIDS-Hilfe, meine große Tochter war damals sechs Jahre alt und da wurde ich schon recht häufig angesprochen, ob das denn nicht verantwortungslos sei, hier zu arbeiten, meinem Kind gegenüber, ich könnte mich ja jederzeit infizieren und damit auch das Kind in eine gewisse Gefahr bringen. Man muss sagen, dass die Aufklärung in der Öffentlichkeit einfach noch nicht so war, wie sie heute ist. Viele wussten noch gar nicht, dass man sich zum Beispiel, wenn man aus dem gleichen Glas trinkt oder so, nicht infizieren kann, oder vom Hände schütteln oder so. Also der AIDS-Kranke war sehr viel ausgegrenzter oder überhaupt ausgegrenzt, dazu kam, dass schwul sein damals noch ein sehr großes Tabu war« (Bettina Paulsen 87-97).

Für Bettina Paulsen mutet die Konfrontation ihrer Klienten mit dem »Schreckgespenst« AIDS seltsam an. Die Situation der Stigmatisierungen erlebt auch sie ganz persönlich. In einer Situation, wo sie erlebt, dass Klienten stigmatisierenden Äußerungen ausgesetzt sind, vermittelt sie ihren Eindruck, dass der Bedeutungsgehalt von Interaktionsvermeidungen aufgrund der Krankheit AIDS auf ›eigenartige‹ Weise mit ihrer Person in Verbindung gebracht wird. Ausgrenzungen sieht Paulsen sowohl im Vermeiden von direkter Begegnung mit AIDS-Kranken, indem darauf geachtet wird, dass nicht aus dem gleichen Glas getrunken und auch ein Händeschütteln möglichst umgangen wird. Grundsätzlich stellt sie ein Tabu hinsichtlich schwuler Lebensweisen fest, das eine sprachliche Thematisierung des ›Schwulen und Kranken‹ zu umgehen sucht. Der Effekt des Diskursiven manifestiert sich in der Platzverweigerung, durch das Aussprechen ›Schwul‹ im öffentlichen Raum. Ein bestimmter Sinnzusammenhang bekommt eine Bedeutung durch Bezeichnungsverweigerung: über Schwule wird nicht geredet, und wenn doch, dann im Sinne von ›den Schwulen‹.

Bettina Paulsen überträgt hieran anschießend die Erfahrung ausgrenzender und diskriminierender Verhaltensweisen ihrer Klienten auf ihre persönliche Situation. Die gesellschaftliche Ermahnung in Bezug auf ihr mangelhaftes Bewusstsein als fürsorglich-schützende Mutter ›beeindrucken‹ sie sehr. Als direktiver Vorwurf formulierte Attacken, ohne Verantwortungsbewusstsein ihr Kind leichtsinnig in Gefahr zu bringen und dies alleine dadurch, dass sie sich in unmittelbarer Nähe der ›Schreckgespenster‹ aufhalte, seien kein Einzelfall. Regelmäßig, so Paulsen, werde sie auf diese Situation hin, Mitarbeiterin von AIDS-Hilfe und Mutter einer Tochter zu sein, angesprochen. In der darauf folgenden Passage beginnt bereits ein Erklärungsversuch für dieses »eigenartig(e)« Phänomen. In Ermangelung eines ausreichenden Informiertseins der Bevölkerung zu den Themen AIDS-Krankheit sowie schwule, sexuelle Orientierung können Tabus und unreflektierte Einstellungen entstehen. Ihr Zusammenhalt und ihre Verfestigung führen in der Folge zu gesellschaftlich legitimierter Ausgrenzung.

»Also man hat sich mit einer Randgruppe, einer gesellschaftlichen Randgruppe abgegeben, die negativ besetzt war. Einmal der Schwule war negativ besetzt und dann noch dazu AIDS-krank. Und es gab so in der breiten Öffentlichkeit, na ja, denen geschieht es ja auch ganz recht. Also schon so ein bisschen, wenn die sich da als den Hintern versilbern lassen, da geschieht es denen auch ganz recht, ja. Schon so ein breites Vorurteil. Und in dem Moment, wo man sich mit den Leuten abgegeben hat, also näher abgegeben hat, vor allem mit den Kranken, ist man eigentlich da so in einen Topf geworfen worden, ja zum Teil« (Paulsen 101-108).

Das Erklärungsmodell setzt sich fort, wenn Bettina Paulsen die Schwulen als von der Gesellschaft negativ besetzte »Randgruppe« ausmacht, die durch mindestens zwei Zeichen sichtbar und dadurch bestimmbar wird. Die Zeichen entsprechen hier dem AIDS-Haben und dem Schwul-Sein. Das Vorurteil in der Gesellschaft führe in Richtung selbstverschuldetes Verhalten. Wenn AIDS-kranke Schwule als Randgruppe »sich da als den Hintern versilbern lassen, da geschieht es denen auch ganz recht«, so formuliert Paulsen ihre Lesart gesellschaftlich stigmatisierender Zuschreibung. Im Unterschied zum Tabu reflektiert Paulsen nun sprachlich hervorgebrachte Bezeichnungen, die eine spezifische Botschaft transportieren. Wenn sich männliche Prostituierte den Hintern versilbern lassen[30], eine anschließende HIV-Infektion und AIDS-Erkrankung entsprechend selbst verschuldet und das daraus resultierende Leid ›nur gerecht‹ sei, dann ist das Machtpotential diskursiver Performativität (Villa 2001: 127) angesprochen. ›Hinternversilberer‹ ist eine Zitation, die nur dann, in diesem Fall diskriminierend, funktioniert, wenn auf bereits bestehende Aussageeinheiten zurückgegriffen werden kann. Es ist ein Pool von etablierten Signifikanten erforderlich, um das Signifikat als stabile und selbstevidente Logik zu manifestieren. Im Akt des Zitierens stößt die Anrufung ›Hinternversilberer‹ auf ein Verständnis der Bedeutung, die hinter der Syntax verborgen zu sein scheint. Die Verwendung jener semantischen Architektur trägt sich durch stetige Wiederholungen weiter. Das, was bezeichnet und angerufen wird, wird gleichsam von dieser Sprachhandlung inszeniert. Hierin liegt die Kraft performativer Materialität (vgl. Butler 1993b). ›Sich den Hintern versilbern lassen‹ erlaubt Schuldzuweisungen. Damit ist gleichsam ein Machtpotential angesprochen.

30 Mit der Logik des ›Hintern-versilbern-lassens‹ rekurriert Paulsen auf Projektarbeit in AIDS-Hilfe *vor* ihrer Tätigkeit im Betreuten Wohnen. Zu dieser Zeit arbeitet sie im benachbarten Fachbereich ›Kriseninterventionszentrum für Prostitution‹ der AIDS-Hilfe. Schwerpunkt dieser Tätigkeit war die aufsuchende Sozialarbeit im so genannten subkulturellen Milieu von Strichern. An anderer Stelle erläutert sie detailliert, wie sich der Arbeitsbogen im Kriseninterventionszentrum darstellt. Kondome und Gleitmittel verteilen, Faltblättchen ausgeben und vor allem über Safer-Sex-Praktiken informieren, machen im Wesentlichen die Inhalte dieser Präventionsarbeit aus (vgl. Bettina Paulsen 69-97).

Auf die Macht der Begrifflichkeiten, die Villa (2001) »epistemologische Macht« (ebd.: 129) nennt, kommt Paulsen im Anschluss daran zu sprechen und schlägt erneut den Bogen zu ihrer eigenen Position innerhalb des skizzierten Stigmatisierungsszenarios. Wenn sie als professionelle Sozialarbeiterin gemeinsam mit den Akteuren der Randgruppe für alle sichtbar auftritt, so kommt es im Einschätzungs- und Bewertungsprozess der Gesellschaft zu einem Phänomen ›leichtfertiger Verallgemeinerung‹. Wenn man »so in einen Topf geworfen« wird, dann verrückt die ehemals selbstverständliche und klare Grenze zwischen Experte und Klient und trennt nicht mehr in gewohnter Routine zwischen Diskreditierten und Normalen. Man könnte auch sagen, dass Paulsen diese Geschichte als Prozess der ›Mitstigmatisierung‹ erlebt.

Erving Goffman (1975) analysiert »drei kraß verschiedene Typen von Stigma« (ebd.: 12). Damit meint er zunächst den Bereich der »physischen Deformationen«, zweitens die »unnatürlichen Leidenschaften«, denen er beispielsweise auch die Homosexualität unterordnet sowie drittens die »phylogenetischen Stigmata von Rasse, Nation und Religion« (ebd.: 12f.). Paulsen selbst entspricht keinem dieser Stigmatypen und dennoch funktionieren die Stigmatisierungseffekte, ohne dass Paulsen aus stigmatheoretischer Sicht direkt Anlass zu einem Bezeichnungsverfahren geben würde. Sie beschreibt ihr Erleben, ohne Zutun selbst markiert zu werden. Die Nähe zur Randgruppe reicht offenbar aus, um die Mitstigmatisierung von Individuen in Gang zu setzen und sprachlich treffende Angriffe auf ihre Person überspringen zu lassen, so dass sie als Expertin schließlich mit ihren stigmatisierten Klienten gemeinsam ›in einem Topf‹ landet. Die Hintergründe und Funktionsweise einer Mitstigmatisierung lassen sich nur schwerlich, einzig mit Hilfe interaktionstheoretischer Überlegungen fassen. Das Konzept einer Bezeichnungspraxis innerhalb der Struktur sozialer Beziehungen soll des weiteren nicht völlig widerlegt werden, wohl aber reicht es nicht aus, um die Sprengkraft der Konstruktionen, die hinter den Einstellungen und resultierenden Markierungsverfahren stehen, plausibel zu erklären. Die Frage lautet, wie sich bestimmte Meinungen, Haltungen oder Verständnisse intelligibler Identität über die je auf Interaktanten bezogene Relation hinaus stabilisieren können.

»Demnach ginge es also nicht nur darum, zu rekonstruieren, wie auf eine körperliche Schädigung reagiert wird (von Seiten der Betroffenen ebenso wie von Seiten der Nichtbetroffenen), sondern wie sich überhaupt Betroffene von Nichtbetroffenen unterscheiden, aufgrund welcher Aussagen Ähnlichkeiten und Differenzen konstruiert werden und aufgrund welcher Mechanismen diese so hergestellten Konstellationen und Koalitionen ihrerseits wieder Verschiebungen erfahren. Die von Goffman bereits angesprochene gesellschaftliche, kulturelle und historische Variabilität und relative Willkür [..], die ein Merkmal stigmatisierungswert, ein anderes nicht stigmatisierungswert erscheinen lässt oder die jeden von uns potenziell diskreditierbar machen, wäre auf diese Weise in die Betrachtung mit einbezogen« (Bruner 2005:57f.).

Anknüpfend an Bruners Vorschlag, die Provokation einer diskurstheoretisch informierten Analyse aufzunehmen[31], versteht sich ein diskursives Verständnis als Öffnung und Erweiterung der reflexiven Perspektive, die hier eingenommen werden soll. Nicht nur die direkt markierten Stellen, das durch Krankheit gezeichnete Gesicht, der gebrechliche Körper, die Pflegebedürftigkeit und das Angewiesensein auf den Rollstuhl, sondern auch die Rede über die ›Hinternversilberer‹ stellen sich in eine diskursive Matrix.

Das Sprechen, Ansprechen und Zuschreiben, ja das Stigmatisieren basiert auf Sprechakten, die nicht einfach nur symbolisch Kommunikation ermöglichen[32], sondern gleichsam auf Äußerungen und Aussagen, die sich als Diskursformationen repräsentieren und als solche auch zu verstehen sind. Diskurse sind dem foucaultschen Verständnis nach eben keine geschlossenen Systeme (vgl. Hall 1994). Sie ermöglichen Positionierungen und präparieren ebenso ganze Traditionen, Routinen und Gewohnheiten, die den Dingen eine Bedeutung geben.

Nun forschungslogisch gewendet, platzieren sich Typisierungen wie ›Mitstigmatisierung‹ exakt in diesem Umfeld diskursiv hervorgebrachter Bedeutungsproduktion. Identitäten sind nicht irgendwie vorhanden, gar einer bestimmten Konstruktionsweise vorgelagert, sondern werden von einer diskursiven Matrix eingerahmt. Diskurse schreiben sich als Metatext durch Identitäten hindurch. Sie sind nicht zwingend statisch und für alle Zeit endgültig, können aber, je nach Verfestigungsgrad, sehr lange Meinungen und Einstellungen prägen und beeinflussen. ›Mitstigmatisierung‹ entspricht vor diesem Hintergrund einer Ahnung davon, dass es erstens so etwas wie Diskreditierung und Verachtung gibt, und dass sich zweitens diese Marginalisierungen über ein bloßes ›in der Gruppe sein‹ übertragen. Ihr ansteckendes Potenzial erinnert an die Infektiosität von Bakterien oder Viren. Ohne im Vorfeld, gewissermaßen a priori, sagen zu können, ob die Bedeutungszuschreibung nun ›falsch‹ oder ›richtig‹ ist oder war, so sind Diskurse

31 Bruner (2005) untersucht in ihrer Studie die Verhältnisse zwischen den biologischen, natürlichen und sozial konstruierten Aspekten von Behinderung.

32 So wie es etwa Niklas Luhmann (1993) erkenntnistheoretisch versucht, Kommunikation über ein Medium (Sprache oder Schrift) im System zu erklären. In grundsätzlich geschlossenen Systemen wird Information als Mitteilung innersystemisch zugeordnet. Der Zuordnungsvorgang entspricht schließlich dem Verstehen, sagt aber noch nichts darüber aus, ob kommunikative Aussagen richtig oder falsch sind (vgl. ebd.). Entscheidend für die vorliegende Denkfigur ist Luhmanns Annahme, dass Ontologie eine bestimmte Form des Beobachtens sei. Es ginge zuerst um die ›Einheit der Unterscheidung‹: wenn etwas gesagt werde, so gäbe es zwangsläufig etwas, was nicht gesagt werde. Beobachtung kann in der Konsequenz nur dann stattfinden, wenn Unterschiede gemacht werden, wenn differenziert und getrennt werden kann.

doch in der Lage, ›im Reden über etwas‹ durch dieses Reden zu materialisieren. »Die Sprechweise (der Diskurs) hat reale Auswirkungen in der Praxis: Die Beschreibung wird ›wahr‹ (ebd.: 152). Paulsens Erlebnisse von ›Mitstigmatisierung‹ sind also nicht irgendwelche Hirngespinste, genauso wenig wie die von ihr beobachteten AIDS-Kranken eine ›unwirkliche, oder unwahre Vorstellung‹ von sozialer Ausschließung haben.

Stigmatisierung und ›Mitstigmatisierung‹ erzeugen in gleicher Weise Wirklichkeiten und Materialitäten über Diskurse, die Gelegenheit hatten, sich über die Zeit, also historisch, über ein heftiges und signifikantes Wuchern zu entfalten und bestimmte Verständnisse zu etablieren, ja für einen Moment ›wahr‹ zu werden.

»Aber nach Foucault sind Aussagen über die soziale, politische oder moralische Welt selten einfach wahr oder falsch; und ›die Tatsachen‹ ermöglichen es uns nicht, definitiv über ihre Wahrheit oder Falschheit zu entscheiden, zum Teil weil ›Tatsachen‹ auf unterschiedliche Weisen konstruiert werden können. Diese Sprechweise selbst, die wir zur Beschreibung der sogenannten Tatsachen benutzen, greift in den Prozess ein, der endgültig über das, was wahr oder falsch ist, entscheiden soll« (ebd.: 151f.).

Sprechweisen und ihre Aussagesysteme hängen demzufolge auf ganz ähnliche Weise zusammen. Das Ziel, klären zu wollen, welche Äußerungen und Aussagenkomplexe gültiger und welche weniger gültig sind, führt im Anschluss an meine Interpretation der ›Mitstigmatisierung‹ in die Irre, denn in der Rivalität dichotomer Begrifflichkeiten liegt unwillkürlich ihre normative Überhöhung. »Foucaults Gebrauch von ›Diskurs‹ ist nun der Versuch, dieses scheinbar unlösbare Dilemma zu umgehen – entscheiden zu müssen, welche sozialen Diskurse wahr oder wissenschaftlich und welche falsch oder ideologisch sind. Die meisten Wissenschaftler akzeptieren inzwischen, dass unsere Werte in all unsere Beschreibungen des Sozialen eingehen und dass deshalb die meisten unserer Aussagen, wie sehr sie auch auf Tatsachen beruhen mögen, eine ideologische Dimension haben« (ebd.).

Um den Transport und die Weiterführung von Wertemustern geht es auch in der folgenden Betrachtungsweise auf die bereits Michael Winkler (2005) in seiner Unterscheidung von mindestens sieben diskursiven Formationen hingewiesen hat: »Die Ausgrenzung schreitet nicht nur nach innen voran, während sie außen zugleich verschwindet. Vielmehr wird sie dabei selbst noch zunehmend von den Subjekten praktiziert. Mit Bertolt Brecht gesprochen: *Die dümmsten Kälber wählen sich ihre Metzger selber*« (Winkler 2005: 102; Hervorh.d.V.). Soziale Markierungen unterliegen insofern einer ›ideologischen Dimension‹ als sie Ausgrenzungshandeln im Kollektiv weiterführen. Das Interesse an Ausgrenzung findet sich nicht ausschließlich zwischen Individuen und Gruppen, die rein äußerlich komplett ›evident‹ verschieden sind, sondern ganz erheblich auch innerhalb eines gemeinsamen Raumes. Ähnlich wie Bettina Paulsen konstatiert auch Sebastian Droschke ein »Stigmaerleben« der AIDS-kranken Menschen, das sich zwischen den beiden AIDS-Bildern ›altes AIDS-Bild Schwulenpest‹ und ›neues AIDS-Bild chronische Krankheit wie viele andere auch‹ erhalten konnte, denn die Ängste sind gleich geblieben:

»Die Ängste sind die gleichen. Das Stigmaerleben ist das gleiche, und wenn wir vorhin davon sprachen, spielt AIDS eine Rolle? Das ist es eben, so dieser zusätzliche Schatten, der da drauf kommt, dieses demoralisierende, das ist da, dieses Gefühl, auch so dieses verinnerlichte Gefühl von Schande, Strafe, Schuld, das sind immer noch die Themen, also wenn es denn auf AIDS kommt. Also das macht die eigene Qualität« (Sebastian Droschke 17:27-18:2).

Droschkes Befund eines »demoralisierenden Traumas«, das er als Beschreibung des Stigmaerlebens bereits an anderer Stelle einführte, wiederholt er nun mit der Metapher ›zusätzlicher Schatten‹. Die besondere Qualität des bleibenden Stigmas lokalisiert Droschke im »verinnerlichte(n) Gefühl von Schande, Strafe (und) Schuld«. Jene Schuld kann insofern zugeschrieben und auferlegt werden, weil sich an AIDS fast automatisch ein »amoralischer Lebensstil« koppelt, der bestimmte Werte durch sein entgrenzendes Verhalten in Frage stellt. Ein Leben, das sich gegen die normativ etablierte und anerkannte Moral auflehnt, wird entsprechend als ›gegen diese Moral‹ eingestellt (also amoralisch) erkannt (diagnostiziert) und in der Folge punitiv behandelt. Die strafende Reaktion in Form einer Stigmatisierung muss nicht zwingend offen und für alle erkennbar vollzogen werden. Im Gegenteil haben sich ›Routinen der subtilen Bestrafung‹ – also nicht direkt sichtbaren Reaktionen hierauf – als ›Prozesse der gefühlsmäßigen Verinnerlichung von Schande‹ durchgesetzt. Hetzel/Hetzel (2007) fragen in diesem Zusammenhang nach der ›latenten Gewaltbereitschaft und dem Gewaltpotential‹, welches durch sprachliche Bezeichnungsprozesse Stigmatisierung ermöglicht und formulieren hieran anschließend ihr Unbehagen in Bezug auf die Benennung ›Behinderter‹ als ›die Behinderten‹. »Was hier zur Debatte steht, ist die gleichermaßen subjektivierende wie marginalisierende Funktion des Begriffs; Menschen werden mittels der Anrede als ›Behinderte‹ pathologisiert und zugleich mit einem Normalisierungsgebot konfrontiert, das tendenziell unerfüllbar bleibt. Gewalt richtet sich in diesem Sinne nicht einfach nur gegen ›Behinderte‹, sondern geht bereits in deren Konstitution ein« (ebd.: 127).

## Neoidentitäten und Peerdiskriminierung

Das Phänomen einer ›Mitstigmatisierung‹ wird von Droschke um seine Erzählung von den Zuschreibungspraxen aus der »Gruppe der Schwulen insgesamt« gegen einzelne kleinere Unterfraktionen der Schwulen erweitert.

»Also was geblieben ist, über die gesamte Zeit, seit dem AIDS publik ist, ist geblieben die Verknüpfung dieser Krankheit mit einem amoralischen Lebensstil, mit einem amoralischen Verhalten, mit einem Werturteil über die davon Betroffenen, mit einem negativen Werturteil über die davon Betroffenen, verbunden eben mit diesem Scham, Schande, Strafe, Schuld und das ist geblieben. Nur dass man früher die Zuschreibung eben hatte, Schwule, Junkies und irrtümlich Prostituierte sind Kandidaten dafür. Heute ist es bei Schwulen ähnlich, wie es früher bei Heteros war: es gibt innerhalb der Schwulen eine Zuschreibung, gegenüber denen, die das tun, was moralisch zweifelhaft ist, nämlich an bestimmten Orten, in einem bestimmten Setting Sex zu haben, oder häufig wechselnde Partner zu haben. Also, wenn ich zum Beispiel in die schwule Jugendgruppe, die sich auch hier in diesem Raum hier trifft, gehe, [...] wenn ich dann frage, wer ist denn aus eurer Sicht, also von dieser Infektion, bedroht, dann sehen die AIDS als dramatisch an. Also für die ist es tödlich und leicht ansteckend. Und wenn ich dann irgendwie frage, wer hat es denn, dann kommt tatsächlich als Merkmal, die mit dem häufigen Partnerwechsel oder die aus dem Park oder in der Sauna oder auf dem Klo. Es hat sich also nichts geändert, an der moralischen Zuschreibung. Also, woran hat sich was geändert? Ganz einfach, man macht die Zuschreibung nicht mehr gegenüber der eigenen Gruppe, also der Gruppe der Schwulen insgesamt, weil, und das ist jetzt meine These, man heute sich nicht mehr vorstellen kann, dass Schwulsein, das ja so eine vermeintlich hohe Akzeptanz hat, mit einer moralischen Krankheit bedroht ist. Das ist das Ding« (Sebastian Droschke 20:1-20:27).

Die Pointe, die Droschke in seinem Bericht aufbaut, findet sich in seiner Beobachtung, dass sich Markierungspraktiken innerhalb ›der Gesamtgruppe der Schwulen‹ beobachten lassen, gewissermaßen eine ›Diskriminierung unter Diskriminierten‹. Damit deutet er ein Phänomen an, das sich als Peer-Diskriminierung umschreiben ließe. »Heute ist es bei Schwulen ähnlich, wie es früher bei Heteros war«, sie differenzieren und segregieren sich selbst in unterschiedliche Klassen und Typen, die sie sodann hierarchisieren und in eine Rangliste mit guten oder schlechten Be-Urteilungen einfügen. ›Gute Schwule‹ sind in der Normalität angekommen, so Droschkes Argumentation. ›Die‹ Schwulen gebe es nicht mehr, sondern nur noch Untergruppen, die eine gemeinsame, solidarische Identität verlassen und separierte Identitäten in spezifischen Etagen ausbilden. Wie kann solch ein Stigmatisierungs- und Bewertungsverfahren ›untereinander‹ im Peer-Raum erklärt werden? Welche Mechanismen sind hier wirksam? »Ist die Zugehörigkeit nur für jene fraglich, denen bereits ein Platz an der Peripherie, am

Rande der Gesellschaft, zugewiesen wurde? Sind die sprachlichen Gewalttäter nur jene, die selbst marginalisiert werden? Oder wäre ›gruppenbezogene Menschenfeindlichkeit‹ (Werner Heitmeyer) ein zentrales Signum der sogenannten Mitte der Gesellschaft?« (Hetzel/Hetzel 2007: 132). In dem Beispiel, das Sebastian Droschke im Fall der »schwulen Jugendclique« ausführt, kommt zudem ein Generationenunterschied ins Spiel, der das alte AIDS vom neuen AIDS einerseits auf Generationen bezogen trennt, die Metaphorisierung ›schmutziger, krankmachender Sexualität‹ aber offenbar beibehält. Junge Schwule, so Droschkes Hinweis, erlebten ihre sexuelle Orientierung in hohem Maße akzeptiert. Sie lebten nicht mehr im ›alten panischen AIDS-Bild‹, sondern entwürfen ihr eigenes, ihr neues AIDS-Bild, das AIDS als moralische Krankheit aus dem Alltäglichen herausnehmen möchte. Eine schwule Identitätssuche in der Jugendclique führt die Diskussion über AIDS als tödliche und ansteckende Krankheit und reproduziert auf diese Weise AIDS erneut als ›Schreckgespenst‹, obgleich sie doch eigentlich nichts mit dem alten schwulen AIDS zu tun haben möchte. Die Teilung des Schwulen in heterogene Subtypen mag auf den ersten Blick einer postmodernen Sicht auf plurale und komplexe Verhältnisse zuspielen, wird aber an der Stelle etwas komplizierter, wenn Individuen versuchen, am Mainstream der Mehrheitsgesellschaft anzuknüpfen und gleichsam den Status der Normalität (auch) für sich in Anspruch nehmen möchten.

Als Neoidentitäten versuchen die ›neuen Schwulen‹ am veränderten AIDS-Bild anzuknüpfen und ein ›normales Leben‹ – heute durch den medizintechnologischen Fortschritt ermöglicht – weitgehend ohne ›Schmuddelimage‹ zu führen.

»Neosexualität, Neoallianz oder Neogeschlecht – so nenne ich eine sich neu etablierende Sexual-, Intim- oder Geschlechtsform, die sich den alten Ängsten, Vorurteilen und Theorien entzieht. Die Vorsilbe neo habe ich mir natürlich genau überlegt. Sie ist so geeignet, weil sie sowohl an die kreative und neuartige wie an die rückwärtsgewandte und totstellende Seite eines Vorganges denken lässt: Neocortex und Neologismus gegen Neoplasma und Neokolonialismus. Denn tatsächlich eröffnet die neosexuelle Revolution, der die Neosexualitäten nach meiner Auffassung seit zwei bis drei Jahrzehnten entspringen, neue Freiräume und installiert zugleich neue Zwänge« (Sigusch 2005a: 7).

Wenn schwule Individuen wiederum ›andere Schwule‹ markieren, moralisch kategorisieren und ihnen häufige Partnerwechsel oder Sex im Park, Sauna oder Klappe vorwerfen, so könnte dieser Befund als Abwehrreaktion gegen eine Sexualität, die den bürgerlichen Normen entgegensteht, gelesen werden. Die Abwehr und Distanzierung vom ›AIDS-Schwulen‹ ist anschlussfähig an Siguschs Befund einer Ich-bezogenen, ja geradezu egoistischen Formulierung freier und unabhängiger Ausgestaltung sexueller

Orientierung, die ich vor diesem Hintergrund als Neoidentität beschreiben möchte[33].

Die von mir vorgenommene Typisierung ›Neoidentitäten‹ korrespondiert auffällig mit liberalen Wertvorstellungen, die insbesondere dann, wenn sie mit dem Affix neo versehen sind, die Produktivität der Subjekte favorisieren und sie dabei ihrem eigenen individuellen Geschick überlassen. Individuen haben in diesem auf Freiheit der Einzelnen bezogenen Wertemuster jede Möglichkeit, etwas aus sich zu machen. Neoidentitäten sind frei, selbstreferenziell, aber auch selbstverantwortlich für ihre Situation, die im marxschen Sinne noch eine ›soziale Frage‹ gewesen wäre.

Die Geschichtswissenschaftlerin und Filmemacherin Fatima El-Tayeb (2003) fragt hieran anschließend provokant nach den Hintergründen, warum die Frage, »inwieweit – mehrheitsdeutsche – Schwule und Lesben von der zunehmenden rassistischen Ausgrenzung profitieren, da sie nach dieser Grenzziehung qua Pass, Hautfarbe und Religion auf der richtigen Seite stehen, [...] kaum gestellt (wird)« (ebd.: 132). Zentraler Kritikpunkt El-Tayebs ist die fehlende widerständige, soziale Bewegung gegen Integrations- und Ausschließungspolitiken, in ihrem Beispiel ›weißer Machtverhältnisse‹. Ihr Anliegen ist ein mehrheitlich sichtbares Engagement, das nicht nur das Selbst als superindividuelle Verantwortung sondern eine gruppenbezogene Menschenfreundlichkeit mitmeint. Es ginge nicht darum, so El-Tayeb, bestimmte Gruppen, beispielsweise Schwule oder bestimmte Altersgruppen der Schwulen, zu diffamieren oder sie isoliert für rassistische Entwicklungen verantwortlich zu machen. Dreh- und Angelpunkt ist ihr Hinweis auf ein grundsätzliches Dilemma, wenn unter dem Deckmantel ›befreiender Identitätsbildung‹ Kämpfe um Anerkennung ausschließlich im begrenzten Raum weißer europäischer Ethnie und Zivilisation geführt würden.

Dilemmatisch offenbart sich gleichsam eine ›eigentliche‹ Kritik an Stigmatisierungs- und Diskriminierungsprozessen, die sich schließlich vor allem dadurch auszeichnet, dass sie die Wirkmächtigkeit ihrer Subjektivation verkennt. »Heute ist es bei Schwulen ähnlich, wie es früher bei Heteros war« berichtet Sebastian Droschke und berührt mit dieser Aussage ebendiesen einschließenden und ausschließenden Charakter auf eine einheitliche Gruppenzugehörigkeit rekurrierender Identitätspolitik. Wenn Schwule schwules Leben und/oder schwule Lebensweisen diskriminieren, so erinnert dies sehr an das Prinzip additiver Reihung legitimer Identitätsan-

33 Dazu Volkmar Sigusch (2005a): »Die jungen Leute oszillieren heute ziemlich souverän zwischen undramatischer Treue in Liebesbeziehungen und dramatisierten Events voller Thrills. Ihre Neosexualität, die zur allgemeinen werden wird, ist eher Wohllust als alte triebhafte Wollust. Sie ist selbstoptimiert und selbstdiszipliniert, könnte wegen ihres hohen Anteils an Egoismen auch Selfsex genannt werden« (ebd.: 8).

teile, im schlimmsten Fall verstanden als gewollte oder nicht gewollte, akzeptierte und weniger akzeptierte Charaktereigenschaften.

Die Bezugnahme auf geschlossene, separierte Identitäten, die sich voneinander abgrenzen, eigene Stile entwickeln und dem binären Kode zwischen Normalität und Anormalität folgen, verdinglicht sowohl die Situationsperspektive, in der Individuen überhaupt erst handeln können, als auch den Machtaspekt, der unweigerlich mit dem Herstellungsverfahren eindeutiger Identitäten verwoben ist. Menschengruppen entwickeln in dem Maße rassistisches Potential, wie sie sich auf ein identitäres Referenzmodell beziehen, das als kollektive Identität spezifische Eigenschaften, Stile, Verhaltensweisen und Traditionen als Ursprungskategorie festlegt. Um es nochmals mit den Worten Droschkes zu umschreiben[34], entpuppt sich die moralische Zuschreibungspraxis der einen Generation auf die andere, ältere Generation, als Verfahrensweise, die voneinander trennt, soziale Ungleichheitsformationen schürt, erneuert und stabilisiert. Identitätsarbeit produziert also, wenn sie beständig auf ein als vorgängig vorausgesetztes ›Wir‹ Bezug nimmt, stabile, eindeutige und ›wahre‹ Subjekte. Strategien additiver Identitätskonfiguration blenden das Regulativ einer normativen Machtmatrix aus.

Die Sehnsucht nach einer sicheren Identität und nach Möglichkeiten, sich selbst vermittels Rückbezug auf ein Kollektiv zu verorten, entspricht einer Perspektive und keiner Zuschreibung von Wesenseigenschaften. Identitätsarbeit wird von den ›Heteros‹ genauso wie von den ›Homos‹ geleistet. Wenn sich Neoidentitäten gerade dadurch auszeichnen, dass sie normative Machtkomplexe ignorieren, so kann in dieser Hinsicht das Phänomen, das Droschke im Sinne einer Heterogenisierung der Schwulen beschrieben hat, erst ›funktionieren‹. Normale, unsichtbare und gesellschaftlich scheinbar anerkannte Neoidentitäten distanzieren sich vom ›alten Bild perversen Schwulseins‹. »Häufige Partnerwechsel«, Sex im »Park oder in der Sauna oder auf dem Klo« würden beispielsweise von einer schwulen Jugendclique, die sich häufiger in den Räumlichkeiten der AIDS-Hilfe treffe, als Begründungshorizont für eine Bewertung und Sortierung guter und schlechter Sexualität herangezogen, erklärt Sebastian Droschke.

Eine neoidentitäre Praxis bezieht sich auf Routinen sozialer Ausschließung, insofern Gruppenzugehörigkeit als Orientierungsachse gepflegt wird, um schließlich von dieser ›Wertebasis‹ aus ›die anderen‹ älteren oder perversen Schwulen auf Distanz zu halten.

Diskreditierende, herabsetzende und bewertende ›Verurteilungen‹ können vor diesem Hintergrund im Peerkontext ablaufen. Peer-Diskriminierung

---

34 Gemeint ist hier die folgende Interviewstelle: »[…] es gibt innerhalb der Schwulen eine Zuschreibung, gegenüber denen, die das tun, was moralisch zweifelhaft ist, nämlich an bestimmten Orten, in einem bestimmten Setting Sex zu haben, oder häufig wechselnde Partner zu haben« (Sebastian Droschke 20: 8-20:11).

korrespondiert mit einer fast autistischen Haltung der Gay Community, sowohl der eigenen Identität wie auch der Identitätsvorstellung ›den anderen‹ gegenüber. »Sowohl im mainstream als auch im internen Diskurs erscheint die deutsche Mehrheitsgesellschaft als ausschließlicher Bezugspunkt, die homosexuelle Orientierung als primäre Differenz und ihre gesellschaftliche Anerkennung als einzige Voraussetzung zur Assimilation« (El-Tayeb 2003: 132). Im internen Diskurs scheint das Bedürfnis nach einer Konstruktion fester und stabiler Identität ungebrochen. Die Bezugnahme auf Individuen, die so sind, wie ›ich selbst‹ (Peer) funktioniert durch eine Orientierung an Gruppenstandards, die wiederum aus dem Wertekanon einer weiß-europäischen Mehrheitsgesellschaft entlehnt sind.

Der Versuch, die ›alten Stigmatisierungserfahrungen‹ in Zeiten identitätsstiftender ›Selbstbetroffenheit‹, zu überwinden, übersieht die komplexen Zusammenhänge, wenn ›neue schwule Identitäten‹ im geschlossenen Peer-Raum verhandelt und beschlossen werden. Wenn vermittels Untergruppen Identitäten in Konkurrenz zueinander treten und ›kulturell-richtige Vorstellungen‹ der Insider oder der Normalgesellschaft mit dem Ziel dazugehören zu wollen in das Subjektivierungsgefüge übernommen werden, erstarken Stigmatisierungen in abgetrennten Peergroups[35]. Peer-Diskriminierung wie auch Mitstigmatisierung sind beides Phänomene, die sich diskurstheoretisch über ein Verständnis produzierter gesellschaftlicher Situationen erklären lassen. Junge Schwule, alte Schwule, neue Schwule sind nicht immer schon ›als solche‹ da gewesen. Ihre Identität ist diskursiv hervorgebracht und orientiert sich stets am Leitbild heterosexueller Lebensweise. Eine Trennung zwischen ›Heterosexualität‹ und ›Homosexualität‹ als völlig unterschiedliche und separierte Lebensentwürfe trennt nicht bloß, sondern hierarchisiert zudem differente Identitätskonzeptionen. Heterosexualität ist als Norm zum Zwang geworden. Sie unterstellt die ›natürliche Grundordnung‹ menschlicher Existenz als Ursprung und jeder kulturellen Entwicklung vorgängig. An den Grenzen heteronormativer Verabredungen können Alternativen mittlerweile zwar mehr oder weniger anerkannt existieren, sie entste-

35 Der Begriff ›Peer‹, der in der Soziologie und Pädagogik soviel meint wie (spezifische) Sozialisationsprozesse unter Gleichaltrigen, findet vor allem in der Beschreibung typischer jugendlicher Verhaltensmuster Anwendung (vgl. Gudjons 2001). Seine Erklärungskraft für die Orientierung an sozial erworbenen Selbstverständnissen, steht für die vorgenommene Untersuchung und Erklärung stigmatisierender Zuschreibung innerhalb einer Gruppe im Vordergrund. Instruktiv ist der Artikel von Thomas Frohn (2004) »Generationenwechsel« der einen Generationenkonflikt innerhalb der Gay Community konstatiert. Für die jungen Schwulen sei die Selbstetikettierung ›schwul‹ eher eine Nebensache. Kategorisierungen im Sinne eines Schubladendenkens würden abgelehnt. Gleichzeitig verbinde sich der Wunsch nach Befreiung aus der negativ besetzten Randgruppendefinition mit bürgerlichen Normalitätsvorstellungen wie Monogamie und Treue. Peer steht insofern auch für die Erhaltung, aber auch Modifizierung wesentlicher identitätsbezogener Deutungsmuster.

hen aber ausschließlich auf der Folie einer eigentlich ›anderen Bestimmung‹. Heteronormativität ermöglicht erst Gefühle, Einstellung oder gar politisch motivierte Homophobie.

Wenn schwule Identität, aus emanzipatorischer Perspektive sicherlich berechtigt, für mehr Gleichheit und Anerkennung kämpft, so sind Peer-Diskriminierung und Mitstigmatisierungsprozesse ernstzunehmende Signale einer verkannten Befreiungspolitik. Am Horizont binärer Herkunftslogiken, favorisieren diese letztlich den Einschluss in die Grundordnung normaler, weißer und heterosexueller Verhältnisse. Dem Spannungsfeld dieser Grundsätzlichkeit entkommen auch ›neue Identitäten‹ nicht, wenn sie bestimmte Werte und Kulturideale in Konkurrenz zu differenten Lebensmodellen stellen. Neoidentitäten sind aus kritischer Perspektive aufgerufen, Identitätssuche diskurstheoretisch informiert, also selbstkritisch zu begleiten, um einer Kartellisierung wie auch Monopolisierung legitimer Subjektivität als Mastersubjekte reflexiv entgegentreten zu können.

## »Betroffenenkompetenz«: Betroffenheit als Kompetenz?

Welche Rolle spielt ›Betroffenheit‹ in Bezug auf die professionelle Strukturierung der ›Experte-Klient-Konstellation‹? Sind diese Beziehungen noch professionell? Was zeichnet Beziehungsarbeit aus? Mit der Interpretation einer Interviewpassage aus dem Gespräch mit Clemens Wagner, der zunächst eine sozialadministrative Seite Sozialer Arbeit von ihrer psychosozialen Mandatierung trennt, führe ich in diese Debatte ein. Susanne Wolke hebt vor diesem Hintergrund die strukturellen Voraussetzungen hervor, die eine Beziehung zu den Nutzer/innen Sozialer Arbeit beeinflussen. Die Analysen der Berichte von Thorsten Klar und Felix Nord komplettieren die Diskussion um ›lebensbegleitende Betreuungsverhältnisse‹, die sich im Unterschied zu einer Sterbebegleitung Anfang der 1990er Jahre absetzen. Gudrun Zank argumentiert als ›nicht-betroffene‹ Sozialarbeiterin, die sich zwar vom ideologischen Überbau der AIDS-Hilfen distanzieren möchte, den ›identitären Gehalt‹ der Institution indes zu übernehmen weiß und problemlos das »Organisatons-Skript« (Klatetzki 2003: 98) der AIDS-Hilfen in ihr Selbstverständnis integrieren kann. Schließlich münden diese Diskursfragmente in eine Reflexion von Kompetenzbereichen, die sich auf ›Betroffenheiten‹ beziehen. Sind ›Betroffenheit‹ und Professionalität ein Gegensatzpaar?

## Faktenwissen versus Beziehungsarbeit und Lebensbegleitung

Clemens Wagner greift diesen Aspekt über den Zusammenhang von Selbstbetroffenheit und Selbsthilfe auf. ›Betroffenheit‹ im Arbeitsalltag Sozialer Arbeit in AIDS-Hilfe wäre demnach mit Kriterien sozialpädagogischer Professionalität (vgl. Combe/Helsper 2002) zu konfrontieren. Wenn SozialarbeiterInnen in AIDS-Hilfen auf Tätigkeiten zu sprechen kommen, die ihrer Ansicht nach die Hauptelemente ihres alltäglichen Wirkens ausmachen, so geschieht dies nicht selten in Form einer Zweiteilung der Arbeit in »reine Sozialarbeit« und ›Beziehungsarbeit‹ respektive »Lebensbegleitung«. Zur Einführung lasse ich Clemens Wagner sprechen:

> »Also bei manchen Klienten mache ich reine Sozialarbeit, ja, also da kümmere ich mich darum, dass das Geld reinkommt, dass die Rechnungen bezahlt werden, dass die Post aufgemacht wird, ja diese Sache, dass Geld zum Essen da ist, dass, wenn die Pflege noch mit drin ist, und die Hauswirtschaft, dass die Geld haben, um Einkaufen gehen zu können, also dass einfach die ganzen Sachen da sind, diese Grundversorgung und damit ist das dann erledigt, ja weil die dann auch nicht unbedingt mehr wollen, möchten von mir, das ist in Ordnung und bei anderen Klienten habe ich mit den Finanzen überhaupt nichts zu tun, und da geht es dann halt mehr um Gespräche, um die Situation als Kranker, wie gehe ich damit und mit meinem Leben um, als Kranker, die Verluste in meinem Leben, die Ängste in meinem Leben, was kann ich machen, wie kann ich meinen Alltag strukturieren, solche Sachen« (Clemens Wagner 211-222).

Bei einer begrenzten Gruppe der Klienten, die Clemens Wagner betreut, fallen Aufgaben an, die unter die Kategorie »reine Sozialarbeit« subsumiert werden. Zusammenfassend erhält dieser Bereich sozialer Dienstleistung die Überschrift Assistenz bei der »Grundversorgung«. Hierunter fallen Hilfen beim privaten, hauswirtschaftlichen Management bezogen auf das Einkommen (hier vor allem als wohlfahrtsstaatliche Zuwendung verstanden), Rechnungen begleichen, Postverkehr, Einkäufe erledigen (Nahrungsmittel) sowie die Koordination weiterer externer Unterstützungsdienste (ambulante Krankenpflege und ambulante hauswirtschaftliche Versorgung). Der sozialadministrative Unterstützungsbereich, der die »reine Sozialarbeit« ausmacht, erstreckt sich auf ein hochkomplexes und stets wachsendes ›Faktenwissen‹ der Experten. Jenes Wissen über rechtliche, streng formalisierte Sachzusammenhänge ist durch kontinuierlichen Umgang mit aktuellen behördlichen Vorschriften und Verfügungen anzueignen. Mit der Hervorhebung eines expertokratischen Faktenwissens wird eine Fachlichkeit betont, die sich anwendungsbezogen auf die Vermittlung neuster Rechtsverordnungen konzentriert. Es handelt sich um eine technokratische Kompetenz, die durch das Erlernen administrativer Vorgaben und ihre Übersetzung auf die Nutzer-Situation der Klienten, komplexe Fakten zusammentragen kann, um sie schließlich differenziert einem auf die Situation der AdressatInnen bezogenen Lösungsprozess zuzuführen. Auch in benachbarten Handlungsfeldern findet sich jene Konzentration auf den lösungsorientierten Ansatz als Beratungskompetenz wieder. In der Schuldnerberatung beispielsweise ist der gut ausgebildete »Entschuldungsexperte« (Müller 2002: 86, dort in der Fn. 8) deshalb so gefragt, weil sich die Entschuldungskompetenz im je spezifischen Praxisfeld durch die Soziale Arbeit und ihr faktenorientiertes Wissen rational und optimal einsetzen lässt (vgl. Ebli 2003). Wie sich später zeigen wird, ist diese technokratische Wissenskomponente zwar nur eine Seite der Medaille, sie gewinnt aber aufgrund zunehmend komplexer bürokratischer Verordnungen an Bedeutung. Der Bedarf an ›faktenzentrierter reiner Sozialarbeit‹ kann soweit führen, dass innerinstitutionell Spezialisierungen sozialarbeiterischer Wissensressourcen vorgenommen werden. In einigen AIDS-Hilfen werden hierfür sogar Unterkompetenzbereiche personell aufgeteilt und in eigene Arbeitsbereiche fraktioniert.

»Zum Beispiel haben wir zwei Sozialberater, die sich wirklich spezialisiert haben auf diese ganze Beratung zur Sozialhilfe, Arbeitslosenhilfe, Schwerbehinderung, Rente und so weiter, ja. Also weil, das ist alles mittlerweile so komplex geworden, ne, und deshalb denke ich, dass es AIDS-Hilfe geben sollte. Weil wir unwahrscheinlich viel Wissen haben und viel Wissen weitergeben können, an diejenigen, die da Fragen zu haben. Und ich meine, das geht soweit, dass uns irgendwelche Ärzte aus irgendwelchen Praxen anrufen, also von daher« (Susanne Wolke 422-428).

Die AIDS-Hilfe erscheint vor diesem Hintergrund als behördlich-bürokratische Spezialeinrichtung, die sich gezielt auf neuralgische Knackpunkte im sozialstaatlichen System vorbereitet hat. Dementsprechend kann sie von wohlfahrtsstaatlichen Behörden beauftragt werden, spezielle Beratungsbedarfe zu managen. Das Wissen der Experten beschränkt sich innerhalb dieses Arbeitsbogens auf eine Spezialistenfunktion, die sie sich in einem klar begrenzten Rahmen als Problemlösungsstrategien angeeignet haben, so dass selbst Experten aus den ›klassischen Professionen‹ um Rat nachfragen. »Die gesellschaftlichen Sonderwissensbestände differenzieren sich immer weiter aus und müssen oft in langwierigen ›sekundären‹ Sozialisationsprozessen erworben werden, aus denen jener Typus eines Wissenden hervorgeht, den man als ›Spezialisten‹ bezeichnen kann« (vgl. Pfadenhauer 2002: 115). Wissensvermittlung und Spezialberatungen werden zu einem besonderen Gut, das utilitaristisch eingesetzt, stets konstruktiv »Veränderung von Wahrnehmungen, Gedanken, Gefühlen, Verhaltensmustern, Lebensplänen« (Bamberger 2004: 740) minimalinvasiv vornehmen möchte.

»Reine Sozialarbeit« erklärt aber noch nicht den vollständigen Arbeitsbereich der Expertinnen und Experten in AIDS-Hilfe. Es fehlt die andere Seite der Medaille sozialarbeiterischer Kompetenz in AIDS-Hilfen. Neben dem faktenbezogenen Überblick, kommt eine weitere, herausragende Fähigkeit der AIDS-Hilfe-Experten zum Vorschein: das informelle, oder besser implizite Wissen. Ohne eine von außen vorstrukturierte Formierung eines Wissens, das auf den juristisch, bürokratischen Wandel sozialrechtlicher Umwälzungsprozesse reagiert und sich auf diese Weise ausdifferenziert (zum Beispiel Gesetze, Vorschriften, bürokratische Regelwerke), gilt die Fähigkeit, mit Menschen umgehen zu können und ihnen ein ›guter (Lebens-)Begleiter zu sein, als weitere Form professioneller Sozialarbeit in AIDS-Hilfen: »da geht es dann halt mehr um Gespräche«[36].

Thorsten Klar verwendet in diesem Zusammenhang die Bezeichnung »Lebensbegleitung«. Für ihn sind es in erster Linie »drängende Fragen« die sich sowohl auf den Bereich sozialer Sicherung sowie auf den gesamten Freizeitbereich beziehen.

»Zunächst also denke ich bei meiner Arbeit häufig, das ist eine Lebensbegleitung. Lebensbegleitung in dem Sinne, dass die Klienten natürlich zunächst mal so ganz aktuelle und scheinbar sehr drängende Fragen haben, die spielen da eine Rolle, also wie zum Beispiel: wie bringe ich meine nächste Woche rum, freizeitmäßig oder wie schaffe ich es, mit dem Geld auszukommen, oder wie schaffe ich es, meinen Vermieter zu irgendwas zu bringen, was die Wohnung angeht« (Thorsten Klar 5: 1-6)

An diesem Textbeispiel wird m.E. deutlich, dass es nicht mehr nur um vereinzelte, abgrenzbare Fragen im Leben der Klienten geht, die sich in einer fokussierten Beratungsintervention klären ließen. Lebensbegleitung pointiert einen offenbar erforderlichen Interaktionsprozess, der nicht auf fraktionierte Sachfragen reduziert werden kann. Als professionelles Handlungsprofil stellt sich Lebensbegleitung in ein Spannungsverhältnis zum alten AIDS-Bild, das einen sozialarbeiterischen Handlungsauftrag in einem zeitlich sehr begrenzten Umfang konzipierte. Im alten AIDS-Bild ergab sich schlicht und ergreifend keine Möglichkeit und demzufolge auch kaum eine Notwendigkeit, Beziehungsstrukturen in größerem Umfang zu bearbeiten, weil das ›schnelle Sterben‹ der Adressaten den eingeschränkten Zeitrahmen vorbestimmte. Wenn sich kein Zeitfenster für eine Problembehandlung öffnet, weil Klienten nur für wenige Monate das Unterstützungsprogramm der AIDS-Hilfe (Betreutes Wohnen) in Anspruch nehmen können, so ist die Beziehung zwischen Klient und Sozialarbeit auf ein rasches Organisieren sozialrechtlicher Belange reduziert. »Es handelte sich immer um Menschen, die an einer opportunistischen Infektion erkrankt waren, wie PcP (Lungenentzündung) und Toxoplasmose (Infektion, die bei HIV-Infektionen häufig

36 Clemens Wagner 219.

zu Entzündung von Gehirn oder Auge führen), und von heute auf morgen aus ihrem Arbeitsleben und sozialen Umfeld herausgerissen wurden. Diese Menschen wurden innerhalb kürzester Zeit schwerstpflegebedürftig. Unsere Aufgabe bestand darin, eine ganze Palette sozialrechtlicher Belange zu klären, wie z.B. Ansprüche auf Krankengeld und Erwerbsunfähigkeitsrente, ergänzende oder volle HLU (Hilfe zum Lebensunterhalt = Sozialhilfe) oder das Beantragen von Mehrbedarfszuschlägen beim Sozialamt und Schwerbehindertenausweisen. Häufig ein Wettlauf mit der Zeit. Der Tod war damals allgegenwärtig. Die Sterbebegleitung machte einen anderen großen Teil unserer Arbeit aus« (Carneiro 2002: 6).

Von einer professionellen Sterbebegleitung entwickelt sich AIDS-Hilfe-Arbeit zu einem psychosozialen Hilfeprofil, das den Alltag seiner Adressaten sowie die Bewältigung alltäglicher Schwierigkeiten in das Handlungsrepertoire aufnimmt. ›Von der Sterbebegleitung zur Lebensbegleitung‹ kann als Wunsch sowie als Bedarf der NutzerInnen sozialarbeiterischer AIDS-Hilfe abgeleitet werden, nicht ausschließlich auf ein fragmentiertes Hilfsangebot zum Auffüllen von Wissenslücken zurückgreifen zu müssen. Gefragt ist vielmehr ein Beziehungsangebot der professionellen Helferin, die sich mit der individuellen und zugleich hochkomplexen ›Alltagskategorie‹ ihrer Nutzerinnen auseinandersetzen kann. Soziale Arbeit entwickelt sich von einer sozialadministrativen Funktion eines ›Spezial-Beraters‹ für bestimmte biographische Sektoren des Klienten, zu einem Lebensbegleiter, der die ›Kunst der Alltagsbewältigung‹ als relationales Moment in das professionelle Setting integrieren kann. Hinzukommt, dass eine sozialarbeiterische Betreuung, bedingt durch die AIDS-Erkrankung, perspektivisch nur in seltenen Fällen beendet, oder in andere, offenere Betreuungsverhältnisse überwiesen werden kann. Die Kündigung der Hilfeleistung, nun als Lebensbegleitung verstanden, wird durch den konstant labilen (körperlichen) Allgemeinzustand der Klienten stark erschwert. Bei Felix Nord ist dieses Charakteristikum sozialpädagogischer Betreuung in AIDS-Hilfe wie folgt zu beobachten.

»[...] die Klienten, die ich habe, und ich habe sie arg lange schon, die bleiben hier. Die Betreuung wird, wenn sie nicht ausscheiden, weil wir sagen okay, du brauchst jetzt keine Betreuung mehr in dem Sinne vom betreuten Wohnen, sondern nimm Beratung oder so was, dann endet die Betreuung durch den Tod. Das ist was, was sich eigentlich nicht verändert hat. Nur der Tod eben tritt nicht so schnell ein wie damals« (Felix Nord 207-212).

Nach Einschätzung Nords verbleiben Klienten in aller Regel ihr Leben lang in den intensiven sozialpädagogischen Betreuungszusammenhängen. Eher selten komme es zu einer fachlich begründbaren Einstellung der Betreuung, wenn beispielsweise aus Sicht des Sozialarbeiterteams keine Indikation für die Dienstleistung mehr vorliegt und die Adressaten in weniger umfangreiche Versorgungsstrukturen entlassen werden können.

»Also ich habe ja Klienten, die habe ich seit 7, 8 Jahren in der Betreuung. Und da muss ich immer aufpassen, dass ich es nicht als normale Betreuung sehe, wie jetzt Klienten in anderen Bereichen, was weiß ich, auch in der Psychiatrie oder bei geistig Behinderten, bei schwer Erziehbaren, die werden irgendwann entlassen, aus dem Heim oder aus der Klinik und leben dann weiter. Also meine Betreuung endet dadurch, dass Klienten sterben. Und das ist eine Sache, die sich im Grunde nicht verändert hat« (Felix Nord 212-218).

Gemeinhin verbleiben Klienten auf einem gesundheitlichen Niveau, das eine Entlassung aus professionellen Unterstützungsnetzwerken ausschließt. Dieser Argumentationsstrang ist zumindest dem Bericht Felix Nords zu entnehmen. »Normale Betreuung« entspricht entlang dieser Deutungslogik einer festumrissenen, rehabilitativen Versorgungsstruktur, deren Endpunkt stets die Entlassung der Klienten aus einer professionellen Beratungs- oder Betreuungsbeziehung meint. Das Bild einer ›normalen Betreuungssituation‹ in Nords Erzählung ist nicht nur deshalb so kompliziert, weil es eine prototypische Betreuungssituation zeichnet, von der aus alle anderen denkbaren Formen der Betreuung normativ beurteilt werden. Schwierig ist ebenso die implizite Vermutung, dass Klient/innen in anderen Bereichen sozialpädagogischer Langzeitbetreuung, wie Psychiatrie oder Heim qua pädagogischer Konzeption nicht bis zu ihrem Tode in diesen Einrichtungen verbleiben würden. Die dauerhafte Lebensbegleitung ›ohne Ende‹ wird an dieser Stelle als typisches Strukturmerkmal der AIDS-Hilfen mitgeführt. Das unveränderte Bild eines AIDS-kranken Menschen, der zwar durch medikamentöse Therapieformen mit mehr Lebenszeit rechnen kann, dauerhaft aber ohne ›fremde Hilfe‹ nicht wird auskommen können, erklärt die je spezifische Situation im Betreuten Wohnen der AIDS-Hilfe. Die langfristige Verbindung AIDS-Sozialarbeit an ihre Adressaten et vice versa kennzeichnet in diesem Sinne das originäre Strukturprinzip sozialer Betreuung in AIDS-Hilfe. Der Tod wird nach wie vor unmittelbar an die Krankheit AIDS angebunden.

›Beziehungsarbeit‹ und ›Lebensbegleitung‹ sind sozialpädagogische Modelle, die sich als zweites Standbein neben das Faktenwissen stellen und im Laufe der Zeit an Bedeutung gewonnen haben. »Reine Sozialarbeit« als sachbezogene Beratungskompetenz einerseits erweitert sich um die interaktionsdynamische Komponente einer Sozialarbeiterin, die in der Lage ist, über einen sehr langen Zeitraum, möglicherweise bis zum Lebensende des Klienten, eine tragfähige, professionelle Hilfebeziehung aufzubauen. Clemens Wagner beschreibt die Bedeutung eines gelingenden Kontaktes zu dem ›anderen‹. Ohne gezielt Klienten benennen zu müssen, berichtet er von der Relevanz eines empathischen Verstehens von Bedürfnissen und Sorgen

»Ja, erst mal ist mir auch wichtig, dass es dem durch den Kontakt mit mir besser geht, und dass er dadurch eine Verbesserung und Erleichterung in seinem Leben, in seinem Alltag erlebt und verspürt. Also ich gucke immer, was beim anderen ist und klar, wenn ich manchmal denke, oh, wir könnten mal dieses oder jenes, mache ich das aber auch nur sehr vorsichtig. Also ich bin sehr vorsichtig im Umgang. Also ich würde nie jemandem jetzt was überstülpen, und ich mache das, glaube ich, auch sehr aus dem Bauch raus. Aber ich wahre auch immer eine Distanz zu meinen Klienten. Ich glaube, da ist noch nie jemand auf die Idee gekommen, dass ich so was wie ein Freund sein könnte, oder dass das in diese Richtung gehen könnte. Also, ich gehe da schon immer als Sozialarbeiter der AIDS-Hilfe hin, das ist immer ganz klar und biete da drinnen meine Hilfe an. Also ich mache immer Angebote« (Clemens Wagner 236-247).

Der Kontakt zum Klienten, die Art der Kommunikation und Interaktion wird bei Clemens Wagner zum wesentlichen Begründungsfaktor für eine Konzeption Sozialer Arbeit, mit dem Titel: ›Beziehungsarbeit‹, die sich seitens der Adressaten als ›spürbar materieller Nutzen‹ präsentieren sollte. Es wird auf eine allgemeine Alltagskompetenz abgehoben, die persönliche Situation, das eigene Leben in den Griff zu bekommen. An der Grenze zwischen Alltagspraxen und Expertenstatus versucht Clemens Wagner, den Kontakt zum Klienten als zentrales, sozialpädagogisches Angebot zu konzipieren. Der Beziehungsaufbau und die anschließende Beziehungspflege zum Klienten setzen an den Thematiken an, die vom Gesprächspartner mitgebracht werden. Wenn Wagner zuallererst von dem ausgeht, was sein Gegenüber, seine Gesprächspartner beschäftigt, so zielt er besonders ausdrücklich auf einen non-direktiven Gestus ab. Diese emphatische Haltung erinnert an den beliebten gesprächstherapeutischen Ansatz nach Carl R. Rogers, der in vielen Ausbildungscurricula Sozialer Arbeit (insbesondere in der Fachhochschulausbildung) zu finden ist (vgl. Groddeck 2002; Engel/ Sickendiek 2004; Nestmann/Engel/Sickendiek 2004a, b).

## Beratung oder Therapie?

Der Versuch, »beim anderen« zu bleiben und stets zu vermeiden, ihm etwas überzustülpen, präsentiert eine personzentrierte Einstellung, die sich dem etablierten psychosozialen Beratungsansatz in der Sozialen Arbeit zuordnen lässt (vgl. Straumann 2004: 641; grundsätzlich auch Sickendiek/Engel/ Nestmann 1999). Mit seiner Bemerkung, in Bezug auf die Adressaten »aus dem Bauch heraus« zu handeln, verlässt Wagner kurzzeitig die, unter professionellen Gesichtspunkten vorausgesetzte, methodisch abgesicherte, nondirektive Handlungsorientierung, die stets zwischen den Anliegen des Klienten und den eigenen Positionen differenzieren kann. ›Aus dem Bauch heraus‹ zu handeln, vermittelt den Eindruck, Situationen durch den eigenen Erfahrungshintergrund ausschließlich affektiv einzuschätzen. Wagners ›direkte Betroffenheit‹ schimmert an dieser Stelle als entscheidender Kreuzpunkt zwischen professioneller und unprofessioneller Selbsteinschätzung hervor[37]. Was bedeutet es, wenn Sozialarbeiter/innen aus dem Bauch heraus argumentieren und darauf aufbauend Interventionsstrategien entwickeln? Ist der fachliche Rückgriff auf die Gefühlsebene eine sozialpädagogische Qualität, oder Grund genug, jene emotionalisierte Handlungsorientierung zu disqualifizieren? An dieser Stelle ist noch nichts darüber ausgesagt, ob ein Professionalisierungsdiskurs, der immer schon eine dichotome Einordnung in professionell/unprofessionell verlangt, möglicherweise zu kurz greift.

Als würde ihm diese Nähe zu seiner eigenen Person plötzlich bewusst, versucht Wagner hieran anschließend sein reflexiv-differenzierendes Geschick erneut unter Beweis zu stellen und rekurriert ›vorbildlich‹ auf die notwendige professionelle Distanz in der (beraterischen) Kommunikation zwischen Sozialarbeiter und Adressat. Seine Positionierung als Nicht-Freund, so könnte Wagners Erzählung interpretiert werden, mache ihn über jeden Zweifel erhaben, möglicherweise in einen jovialen Kontakt zu seinem Klienten abzurutschen. Daher betont Wagner seine Distanz zu den Klienten und beeilt sich, zu versichern: »da ist noch nie jemand auf die Idee gekommen«, Klienten wären seine Freunde. Keine Arbeitskollegin würde je auf den Gedanken kommen, ihm einen privat-freundschaftlichen oder gar intimen Kontakt zu seinen Klienten zu unterstellen. Die Unterscheidung zwischen Freund (Privatsphäre) und hilfesuchendem Adressat sozialer Dienstleistung in AIDS-Hilfe (professionelles Setting), weiß Clemens Wagner fast lehrbuchartig vorzuführen: »ich wahre auch immer eine Distanz«.

Mit diesen Aussagen Wagners lässt sich an die Diskussion um ›Beziehungsstruktur und Kommunikation‹ in der Sozialen Arbeit anschließen. Sie wird vornehmlich auf der Ebene psychologischer Zusammenhänge geführt und entspricht damit den Anfängen einer Beratungsforschung, die sich für den sozialpädagogischen Diskurs lange Zeit fast ausschließlich an therapeutischen Grundsätzen orientierte (vgl. Mrochen 1994: 74; Engel /Sickendiek 2004). Anzunehmen ist, dass der traditionsreiche Import therapeutischer Methoden in die Praxis Sozialer Arbeit, der gelegentlich auch als Psycho-Boom bezeichnet wird, erheblich dazu beigetragen hat, dass ein Problem nicht selten als psychische Dysfunktionalität verstanden und darauf aufbauend als konstitutiv für einen sozialarbeiterischen Ansatz angese-

37 In ähnlicher Weise binär ist der Qualitätsdiskurs aufgestellt. Stets wird zwischen gut und schlecht, bedürftig und nicht bedürftig unterschieden. Diese Entwicklung hängt unmittelbar mit einer veränderten Verwendungsweise des Qualitätsbegriffs an sich zusammen, denn in »der früheren Bedeutung wurde der Begriff Qualität ausschließlich analytisch-deskriptiv zur Beschreibung und zum Verstehen des Wesens oder der Natur einer Sache verwendet« (Köpp/Neumann 2003: 91). Unter evaluativen Gesichtspunkten wird eine Beurteilung guter/schlechter Qualität immer wichtiger und verfestigt so das äußerst unterkomplexe Einordnen in zwei Lager.

hen wird. »Das quantitativ umfangreiche Fortbildungsangebot an Techniken der psychotherapeutischen Gesprächsführung für Pädagoginnen ist offensichtlicher Ausdruck eines solchen defizitorientierten Verständnisses von Beratung als quasitherapeutischer Methode, gleichsam als ›kleiner Therapie‹ (Nestmann 1988)« (Dewe 1995: 124; vgl. Nestmann 1988: 101-113).

In der Definition einer Helfer-Klienten-Beziehung, ist sozialpädagogische Beratung zuallererst als Reaktion auf ein mangelhaftes Handlungsvermögen ihrer AdressatInnen konstruiert: »Die Sozialarbeiter/Sozialpädagogen haben es in der Regel mit Menschen zu tun, die in dramatische Probleme verstrickt sind, so sehr, dass sie ihre lebenspraktische Autonomie und Entscheidungskompetenz häufig nur noch durch professionelle Hilfe aufrechterhalten oder wiedergewinnen können« (Nittel 1994: 155). Klienten sind dann erst Klienten, wenn ihnen etwas fehlt. In aller Regel wird eine Krise vorausgesetzt, die derart überwältigend und traumatisierend wirke, dass der oder die ›Betroffene‹ keine Möglichkeit mehr habe, auf selbst verwaltete Bewältigungskompetenzen zurückzugreifen. ›Dramatische Probleme‹, die nur noch mit professioneller Hilfe lösbar sind, entstehen also immer dann, wenn sich die Misere im Klientenalltag überkomplex entwickelt, und parallel dazu ein adäquates Copingverhalten nicht mehr zur Verfügung steht. Desweiteren ist dieser Defizitperspektive häufig eine Tendenz zur hierarchisch ausgeformten Interaktionsasymmetrie beigegeben. Die Beziehung zwischen Berater/in und Klient_in ist durch ein Problem definiert, das von der Probleminhaberin mitgebracht wird und zugleich ist hier ein Gefälle der Problemlösungskompetenzen eingezogen. Zwischen dem Beratungsexperten, der kein Problem hat, und dem Klienten, der ein Problem hat, ist eine Schräglage darüber entstanden, dass nur einer von beiden ›weiß‹, wie das Problem zu lösen ist.

Grundsätzlich wird Beratung als spezifische Form helfender Interaktion und exklusives Konzept sozialarbeiterischer Intervention angesehen. Aktuelle sozialpädagogische Forschungen haben den Beratungsansatz längst als kommunikative Metakompetenz entschlüsselt und ständig weiterentwickelt. Beratung gilt gleichsam als eigenständige Arbeitsleistung, die im sozialpädagogischen Alltag kaum mehr wegzudenken ist. »Beratung ist hier der Oberbegriff für die Form der Interaktion zwischen HelferInnen und KlientInnen. Gleichzeitig zieht sich Beratung auch als ›Querschnittsmethode‹ durch nahezu alle anderen Hilfeformen wie Betreuung, Pflege, Einzelfallhilfe, Gruppen- und Gemeinwesenarbeit, Bildungsmaßnahmen, Erziehung etc.« (Sickendiek/Engel/Nestmann 1999: 13).

Kil/Thöne (2001) sprechen vor diesem Hintergrund von den »spezifischen Kompetenzen im Bereich des Lehrens und Lernens«, die Pädago-g/innen für diesen Bereich besonders qualifizieren. Forschungsergebnisse aus den erziehungswissenschaftlichen Bezugswissenschaften, beispielsweise aus der Psychologie (vgl. Straumann 2001, 2004) oder der Soziologie (vgl. von Alemann 2002), stehen dabei ebenso im Blickfeld wie erziehungswissenschaftliche Ableitungen in ihre subdisziplinären Richtungen hinein (vgl. Engel 2004: 103 ff.[38]). Die Beziehung zwischen Helfer und Klient, Beraterin und Ratsuchender wird von alltäglichen oder freundschaftlichen Interaktionen abgegrenzt, und trotzdem wird gelegentlich von einer »quasi-magische(n)« (Schmitz/Bude/Otto 1989: 125) Relation im Beratungskontext gesprochen. Schmitz/Bude/Otto (ebd.) deuten darauf hin, dass trotz dem Gebot professioneller, pädagogischer Interaktion, den sozialen Rahmen neutral, objektiv und sachbezogen zu konstruieren, gewisse Parteilichkeiten und emotionale Beteiligungen seitens der professionellen Beraterin nicht auszuschließen seien. Deshalb würde ein so großer Wert auf reflektierte, in der Regel durch Supervision unterstützte ›Abstinenz‹ des professionellen Beraters gelegt[39]. In der Differenzierung zwischen professioneller Expertise und zu beratender, meist ›psychosozial eingeschränkter Klientel‹ ist die Konstruktion binärer Polarität zwischen Nähe und Distanz, beruflicher und privater Identität sowie professioneller und unprofessioneller Haltung von weitreichendem Interesse. Sie repräsentiert gewissermaßen das grundlegende Kriterium professioneller Haltung Sozialer Arbeit. Wenn sich aber die professionell determinierten Beziehungen innerhalb eines »magischen Schematismus« (ebd.: 124) in einem gemeinsamen Bereich ähnlicher Erfahrungen treffen, dann wird es zusehends schwieriger, die ›Experte-Laie-Trennung‹ klinisch-störungsfrei zu halten.

Mit einer psychoanalytisch-tiefenhermeneutischen Hintergrundfolie argumentieren Margret Dörr und Burkhard Müller (2005) und sehen einen Professionalisierungsdiskurs am Werke, der darauf bedacht ist, (Selbst-)Affekte professioneller Akteure im Sozialwesen zu ignorieren. Den Ausschluss emotionaler Erfahrungen im sozialarbeiterischen Alltag erklären sie als Abwehrreaktion im Sinne einer Schutzfunktion vor Erlebnissen, die unangenehme oder schmerzhafte Gefühle auslösen. Wird das Auftreten von emotionalen Eindrücken bei den Sozialarbeiter/innen im Praxisfeld genauso wie im For-

38 Für die Sozialarbeit (vgl. Belardi et al. 2001; Galuske 2001: 167-174; Thiersch 2004b: 115 ff.), Erwachsenenbildung/Weiterbildungsberatung (Mader 1994: 272 ff.; Faulstich/Bayer 2006, Pädagogische Psychologie (Schwarzer/Posse 2004) und schließlich Gesundheitswissenschaften (Hörmann 2004: 171 ff. und Faltermaier 2004). Für eine soziologische Beratungsforschung (vgl. Dewe 2004: 125 ff. und Blättl-Mink/Katz 2004). Einen interessanten Weg findet Dorothea Kunze zwischen personzentrierter Beratung als psychologischer Hintergrundfolie und dem Einsatzgebiet Erwachsenenbildung (vgl. Kunze 2003, besonders S. 140, 251).

39 Eine Verhältnisstruktur zwischen Helfer- und Klientenposition ist nach bestimmten, regelgeleiteten Merkmalen ausgestaltet, die beispielsweise Tendenzen eines übermäßigen Engagements als ›Hilflosigkeit des Helfers‹ ausbuchstabieren, so wie es Wolfgang Schmidbauer (1995) vorgeschlagen hat. »Hilflose Helfer« sind qua Selbstbeteiligung für den professionellen Umgang mit Klienten disqualifiziert.

schungssetting beiseite geschoben, so führen diese nicht reflektierten Affektregulationen dazu, das Praxisverhalten Sozialer Arbeit eindimensional von einem »sichere(n) Ufer der deskriptiven Soziologie« (ebd.: 240) aus ins Visier zu nehmen. Der Standpunkt des ›beschreibenden, soziologischen Kritikers‹, der Ort von dem aus analysiert und bewertet wird, werde darüber vergessen. Ein Vorwurf forschender, wissenschaftlicher Sozialarbeit an die Praxis werde, ausgehend von ihrer Uneinsichtigkeit und ihres Widerstandes, ein wissenschaftliches Referenzsystem zu Rate zu ziehen, formuliert.

Der Kampf für eine wissenschaftssensible Praxis beschränkt sich so auf Strategien der verdinglichenden Beurteilung einer Sozialarbeit, die begriffs- und eigenschaftslos bleibe. Die eigene Empörung, »Wut und Enttäuschung« (ebd.: 239) über diesen Befund[40] gerinnt unentdeckt zur Abwehrhaltung, die sich einzig durch den Rückzug in den soziologischen Elfenbeinturm retten kann und hierüber die Qualität zwischen Praxis, Theorie und Forschung nachhaltig beeinflusst[41]. Diese Feststellung deckt sich letztlich auch mit den empirischen Befunden zu den ›Formen der Betroffenheiten‹. Sie thematisieren über ihre Nähe zum Feld implizit das Fragen nach angemessener Abstinenz innerhalb einer Beratungsbeziehung. »Loyal aber mit kritischer Distanz und Augenmaß« (Müller 2005: 743) gilt es, Involviert-Sein als das »Ineinandergreifen von mitgebrachter Disposition [...] (und) zu ergreifender Position« (Schmeiser 1997: 392) als einflussreichen Faktor für die Beziehung der Interaktanten zu veranschaulichen. Führt die Rahmung einer »Biographie vor der Berufsbiographie« (ebd.), oder wie Bourdieu es nennt, das soziale Erbe (vgl. Bourdieu 1981: 180), zu einem Verlust professionell-abstinenter Haltung, so geraten »Loyalitätsbalancen« (Müller 2005: 743) aus dem Gleichgewicht. Gerade weil die klassische Form der Beratung, die sich formell durch eine asymmetrische Beziehung zwischen Beratern und Ratsuchenden auszeichnet, im professionellen Diskurs als grundlegende Gesetzmäßigkeit anerkannt ist, sehen sich »betroffene Experten« (Klem-

40 Margret Dörr und Burkhard Müller (2005) analysieren kritisch u.a. die Vorgehensweise der Studie von Ackermann/Seeck (1999). Schonungslos offen präsentierten die Autoren ihre ernüchternde Beurteilung wissenschaftsferner Praxis, die weder eine eigene Identität noch Fachlichkeit ausbilden könne.

41 Die vorliegende Studie möchte an dieser Stelle nicht den Eindruck erwecken, als sei ein erkenntnistheoretischer Perspektivwechsel von sozialwissenschaftlich inspirierter Verstehenskunst hin zu einer psychoanalytisch orientierten Sozialarbeitswissenschaft zwingend notwendig. Nach wie vor sind es soziale Verhältnisse und gesellschaftlich legitimierte Konstruktionen, die eine Vorstellung von Welt kreieren. Mit Replik auf die Untersuchung Dörr/Müller (2005) soll einzig auf »vergessene Aspekte« sozialpädagogischer Professionalität aufmerksam gemacht werden, die insbesondere in qualitativen Forschungsdesigns als Involvierung zu problematisieren wären. An dieser Stelle sind (psycho-)analytische Suchbewegungen durchaus geeignet, um ›latente Abwehrhaltungen‹ zu dechiffrieren. Besonders die leidenschaftlich geführte Diskussion über den Zusammenhalt von Theorie und Praxis ist hierfür ein Beispiel.

(Klemmert 2001) aus einem professionalisierungstheoretischen Blickwinkel einem Generalverdacht ausgesetzt, jenes theoretisch festgeschriebene Interaktionsgefälle qua ›Betroffenheit‹ nicht einhalten zu können. Üblicherweise wird eine Kommunikationssituation vorausgesetzt, die davon ausgeht, dass der Berater als Experte das Fragerecht innehat und der Ratsuchende in der Antwortpflicht steht.

## Betroffenenkompetenz

Was passiert aber – aus professionalisierungstheoretischer Perspektive gefragt –, wenn Sozialarbeiter/innen im (Beratungs-)Gespräch auf denselben Erfahrungshintergrund zurückgreifen (können), wie ihr Gegenüber? In welche Situationen geraten SozialarbeiterInnen, wenn sie als Experten selbst auch Klienten sein könnten, wenn ihre berufliche Identität durch eine ›Doppelrolle‹ gekennzeichnet ist? Erfahrungswissen, das auf beiden Seiten beraterischer Verhältnisse auftaucht, nicht also lediglich beim notleidenden Adressaten sozialer Dienstleistung liegt, wird maßgeblich vom Typ ›direkte Betroffenheit‹ thematisiert. Aber auch in den übrigen ›Betroffenheitskategorien‹ formulieren Sozialarbeiter/innen den Erfahrungshorizont Sozialer Arbeit in AIDS-Hilfe. Aus diesem Blickwinkel heraus geht es weniger um eine ›Selbst-Betroffenheit‹ aufgrund eigener affektiver Beteiligungen, sondern vielmehr um die Eingliederung des Organisations-Skripts (Klatetzki) in das berufliche Selbstverständnis ›eigentlich unbetroffener‹ Sozialarbeiter/innen. Diesen Konnex verhandelt Gudrun Zank stellvertretend für die ›nicht betroffenen‹ Experten. Sie adaptiert die Figur einer ›besonderen Ideologie‹ im Verein AIDS-Hilfe als ›besondere Institution‹ unter ›besonderen Vorzeichen‹. Das Leitbild AIDS wird implizit ›geschluckt‹, akzeptiert und in das berufliche Selbstverständnis aufgenommen. Dazu Gudrun Zank:

»Doch, es zeichnet AIDS-Hilfe-Mitarbeiter einfach aus, das ist diese Ideologie. Entweder sie ist stimmig, oder sie ist nicht stimmig. Also ich kenne ja noch Kollegen aus anderen Einrichtungen, die in anderen Einrichtungen arbeiten. Also man hat schon so eine exotische Stellung. […] Aber ich glaube, dass da eine gewisse Ideologie dahinter steht, das Leitbild der AIDS-Hilfe, also wo man nicht sagen kann, das ist per se in der Sozialen Arbeit so, da reicht es ein Studium zu haben, oder die gleiche Qualifikation, das hat auch einfach was mit dem Menschenbild zu tun. […] Ja diese lebensweisenakzeptierende Haltung eben auch. Also das ist etwas, was mir liegt, behaupte ich mal« (Gudrun Zank 500-514).

Das Leitbild in AIDS-Hilfe wird von Zank als Ideologie erkannt, die ihren Angestellten eine besonders »exotische Stellung« verleiht. Obgleich sie in der Darlegung ihrer Eintrittsgeschichte in AIDS-Hilfe jegliche ideelle Verbindung zur intellektuellen Substanz der Institution von sich weist[42], zeigt der Interviewausschnitt schließlich den Versuch, diese »gewisse Ideologie dahinter« in das eigene berufliche Selbstverständnis zu integrieren. Gudrun Zank, die sich in der ersten Analyseeinheit noch vehement gegen eine institutionelle Ideologie ausspricht und explizit kein vorberufliches Erfahrungspotential während der Einmündungsphase in AIDS-Hilfe mitführt, betont zum Ende des Gesprächs schließlich die besondere Gesinnung, das Menschenbild in ›AIDS-Hilfe als eigene Qualität‹ und Auszeichnung. An dieser Stelle wird abermals die magnetische Zugkraft von AIDS-Hilfe als Institution, die einem bestimmten Trend folgt, deutlich.

Burkhard Müller (2005) weiß mit Replik auf Thomas Klatetzki (1998), von einer »praktischen Ideologie« in Institutionen zu berichten. Kollektive Sinnzuschreibungen der Akteure in einer Institution konstituieren ein unverwechselbares Identiätskolorit. Das Selbst formt sich im Zusammenhang gemeinschaftlicher ›Betroffenheit‹ zu einer kollektiven Identität. In einer Situation gruppenbezogener Repressionserfahrungen formulieren Schwulen- und Lesbengruppen ihre Belange und politischen Ziele als ›spezifische Gruppe mit spezifischen, subjektiv bedeutsamen Interessen und Vorstellungen‹ in der Öffentlichkeit. »Ähnlich wie in den frühen Frauengruppen ging es den Schwulen darum, überhaupt erst einen Begriff der eigenen Situation als Teil kollektiver Erfahrung zu entwickeln. Es ging darum, zu realisieren, dass die eigenen Erfahrungen nicht einfach nur individuell waren, sondern gesellschaftlich strukturiert und von anderen in ähnlicher Weise geteilt werden« (Haunss 2004: 203). Jenseits organisatorischer Strukturen, wie Finanzierung, geographische Verortung, Einbindung in Netzwerke, fachlicher Auftrag etc., kommt eine ›praktische Ideologie‹ zum Vorschein, die sich für die Strahlkraft der AIDS-Hilfe-Institution als ›identitäre Ideologie‹ übersetzen ließe. »Emotionalisierte Vorstellungen«, »gemeinsame Weltsicht« und »normative Vorstellungen« (Müller 2002: 744) lancieren die Ideen und Bestrebungen für eine Identitätspolitik der Befreiung von Unterdrückung, Diskriminierung und Stigmatisierung.

Gudrun Zank ist nicht direkt von HIV/AIDS betroffen. Sie gehört auch keiner ›anderen Risikogruppe‹ an, sondern sie zählt sich dem heteronormativen gesellschaftlichen Ideal zugehörig. Und dennoch kann sie etwas mit der identitätsstiftenden Logik von AIDS-Hilfe anfangen. Aus einer »exotischen Stellung« wird für Zank mehr und mehr eine professionelle Einstellung, die neben akademischer Grundlagenausbildung, ein lebensweisenakzeptierendes Leit- und Menschbild integriert. Ohne direkt selbst Erfahrungen gemacht zu haben, die sie als ›betroffene Sozialarbeiterin‹ hätten ›qualifizieren‹ können, setzt sich Zank gründlich mit dem konzeptuellen Überbau von AIDS-Hilfe auseinander.

42 Vgl. die entsprechende Interpretation im Kapitel »Wenn Sozialarbeit betroffen ist«.

Neben der »lebensweisenakzeptierenden Haltung« erweitert Clemens Wagner im folgenden Interviewbeispiel den Blickwinkel um den Gesichtspunkt einer ›Selbsthilfe durch Selbstbetroffenheit‹, die er als ›soziale Ressource‹ versteht. Selbsthilfe und Selbstbetroffenheit stehen in einem engen Verweisungszusammenhang. Sie konstituieren einen relationalen Rahmen, den Clemens Wagner als »eine Bereicherung« formuliert.

»Na ja, zu der damaligen Zeit, also 1990, stand, so würde ich sagen, noch mehr so der Selbsthilfeaspekt im Vordergrund, und das fand ich ganz spannend. Ich als positiver Mann, arbeite hauptamtlich in dem Bereich mit eben dem Thema HIV und AIDS. Also, das fand ich spannend und das war auch was, was ich mir unheimlich gut vorstellen konnte. Und wo ich dachte, dass ich da auch das, was ich so erlebe, und meine Sicht, was HIV und AIDS anbelangt, da gut mit reinbringen kann. Also, ich würde jetzt nicht sagen, man muss jetzt positiv sein, ich habe auch damals nicht gesagt, man muss positiv sein, um die Arbeit zu machen, das nicht, aber ich dachte, oder denke, das ist einfach eine Bereicherung, ja. Wenn jemand, der selbst betroffen ist, in so einem Bereich professionell arbeitet. Und zur damaligen Zeit gab es ja auch noch mehr Hauptamtliche, die positiv waren, was ja heute nicht mehr so ist« (Clemens Wagner 88-98).

Clemens Wagner berichtet von seinen beruflichen Erfahrungen zu Beginn der Entstehung von AIDS-Hilfen. Er betont den »Selbsthilfeaspekt«, der für ihn klar im Vordergrund steht. Als »positiver, schwuler Mann«, erlebt er die hauptamtliche Beschäftigung als »spannend«. Eine erste Assoziation führt zu der Annahme, dass Wagner die Selbsthilfepraxis in AIDS-Hilfe zunächst rein fachlich gesehen interessant, faszinierend, aufregend, eben als »spannend« einordnet. Es koppeln sich eigene Erfahrungen der ›Selbstbetroffenheit‹ an solidarische und gemeinschaftliche Strategien einer mehr oder weniger organisierten Interessensvertretung. »Konstitutiv ist hier das Engagement für sich und Seinesgleichen« sowie eine »weitgehende Übereinstimmung von persönlichen Motiven und dem Zweck der Organisation« (Klöck o.J.)[43]. Die Betonung Wagners liegt auf der selbstorganisierten Initiative aus einem Erleidensprozess heraus. Wenn Menschen ein Problem haben und erkennen, dass andere Menschen ähnliche oder gleiche Schwierigkeiten bewältigen müssen, so ist bereits die Grundlage für einen Zusammenschluss in der Gruppe geschaffen, die sich über ihre je spezifisch strukturierte Problematik identifiziert und auf diese Weise auch Konzepte zur Intervention und Problembehebung ausarbeitet. Der institutionelle Organisationsgrad wird dabei in aller Regel so gering wie möglich gehalten. Im

43 Michael Lukas Moeller (1996) argumentiert mit einem ausgesprochen engen Selbsthilfebegriff, wenn er unter dem Stichwort ›Selbstbetroffenheit‹ diese als »den Wesensunterschied [...] zwischen Selbsthilfegruppen auf der einen und allen Formen helfender Initiativgruppen auf der anderen Seite« (ebd.: 79) herausarbeitet.

Zentrum der zwischenmenschlichen Begegnungen stehen die Vergleichbarkeit psychosozialer Krisen sowie der gegenseitige Informationsaustausch der gelungenen oder missglückten Bewältigungsverhalten. Wagner referiert seine HIV-Infektion (und an anderer Stelle auch sein Schwulsein) als adäquate und geeignete soziale Faktoren, um sich in den AIDS-Selbsthilfe-Diskurs einzubringen und sich in den verschiedenen Organisationsgraden, von ehrenamtlicher bis hin zur hauptamtlichen Beschäftigung, in AIDS-Hilfe zu engagieren. Sein ›Erfahrungswissen‹ und seine Einschätzungskompetenz prononciert er für einen effektiven Beitrag im Selbsthilfesystem. Zwar räumt er ein, dass seine Erlebnisse und Sicht, »was HIV und AIDS anbelangt«, nicht zwingende Voraussetzung sind, um sich in AIDS-Hilfe zu engagieren. ›Selbstbetroffenheit‹ ist aber in seinen Augen eine wesentliche »Bereicherung« gerade für eine professionelle Einbettung ›selbstbetroffener‹ Erfahrungsberichte im Hilfesetting der AIDS-Organisationen.

Im Folgenden gebraucht Sebastian Droschke den Begriff der »Betroffenenkompetenz«, um so den Nexus einer ›Betroffenheit‹, zunächst als identitäre Beeinträchtigung verstanden, in eine eigenständige Kategorie mit Problemlösungsqualitäten zu übersetzen.

»Ich sehe Betroffenenkompetenz mit sehr, sehr kritischen Augen und ich melde da sehr große Zweifel an, aber was ich halt eben sehe, ist, dass es für viele Leute eben ein Bedürfnis ist, zu Leuten, auch wenn es professionelle Kontakte sind, einen Kontakt zu haben, wo irgendwas da ist, an verbindendem, an etwas Gemeinsamen. […] Also, ich kann mich erinnern, dass zum Beispiel eine der Prostituierten, die wir in Betreuung haben, sich ganz bewusst nicht an ihre eigentliche Betreuerin gewandt hat mit Fragen, sondern dann eher an jemanden, den sie dann dort so milieumäßig anders verortet sieht. Also, so was gibt es schon. Umgekehrt wird es natürlich auch immer wieder gerne eingesetzt als ein Mittel, sich nicht auf die Fragen, die man gestellt bekommt, einzulassen, weil eben immer so mitschwingt: ›Na ja, Du weißt ja nicht, wie das ist, wenn man drauf ist‹. Also, das ist so diese Betroffenensache, wo von Klientenseite aus, das eine Rolle spielt« (Sebastian Droschke 10:26-11:8).

Droschke sieht »Betroffenheitskompetenz« als schwierige Rubrik, um hieraus eine fortschrittliche, am Bedürfnis der Adressaten orientierte Methode der Sozialen Arbeit zu formulieren. Er hält die Frage nach dem für und wider der Leistungsfähigkeit ›betroffener Experten‹ offen. Einerseits hat er Verständnis für jene Adressaten von AIDS-Hilfe, die explizit nach den gemeinsam gemachten Erfahrungen innerhalb einer Hilfebeziehung suchen und ›Betroffenheit‹ als zentrale Verbindungsstelle in der Beziehung zum Experten schätzen. Die Milieukenntnisse Sozialer Arbeit, die sie sich durch Zugehörigkeit zu einer ›Randgruppe‹ erworben hat, zeichnet sich an dieser Stelle als Vertrauen fördernde Fähigkeit aus. SozialarbeiterInnen, die ehemals selbst berufliche Erfahrungen mit der Prostitution gemacht haben, so seine Einschätzung, können im Hilfeprozess auf diese Erfahrungen zurückgreifen. ›Betroffenheit‹ transformiert sich auf diese Weise zur unverwechselbaren *Qualität durch Erfahrung*. Andererseits erklärt Droschke, werde ›fehlende Betroffenheit‹ beim Experten von einigen Klienten instrumentalisiert, um bereits im Vorfeld einer Zusammenarbeit die notwendige Vertrauensgrundlage in Abrede zu stellen.

Fehle ›Expertenbetroffenheit‹ als ›offensichtliche‹ Komponente im Beratungsprofil, sei dies nicht selten ein wesentlicher Grund für Klienten, das Beratungsverhältnis als Ganzes anzuzweifeln.

## Professionelle Betroffenenkompetenz?

Ein weiterer problematischer Aspekt, den Droschke im Interview zwar nicht direkt zur Sprache bringt, der aber in der einschlägigen Literatur wiederholt zu finden ist, bezieht sich auf das deprofessionalisierende Element ›selbstbetroffener‹ Akteure, wenn gewissermaßen der »Bock zum Gärtner gemacht« (Ferranti 1999: 191) wird. ›Betroffenheit‹ könnte dementsprechend systematisch ›blinde Flecken‹ erzeugen, die es schwierig machen, zwischen den erwarteten Rollen, ›Experte‹ und ›Klient‹ eindeutig zu differenzieren. »Zudem birgt Betroffenheit hier auch das Risiko einer Rollenkonfusion, wenn der Helfer als Kumpel oder Freund und nicht als professioneller Sozialarbeiter wahrgenommen wird« (ebd.: 194). Für den Zusammenhang zwischen Selbst- und AIDS-Hilfe konstatiert Mario Ferranti, nun positiv gewendet, ein »Sichzurechtfinden in veränderten Lebenssituationen« (ebd.: 193) als ausgewiesenen Vorteil, den Experten nutzen können, um das Vertrauen ihrer Klienten zu gewinnen. »Experte(n) aus Betroffenheit« nennt sie Oskar Klemmert (2001) in einem Aufsatz zum Professionalisierungsvermögen des Sozialstaats durch ein stärkeres Einbeziehen der Potenzialität sozialer Selbsthilfebewegung als Form »neuer Ehrenamtlichkeit« (ebd.: 87). Mithilfe des Engagements und Wissens von Gleichbetroffenen sei es erst möglich, wirklich effektiv und auch kostengünstig sozial zu arbeiten (vgl. ebd.: 84).

Selbstbetroffene Menschen werden als ›neue Expertenkategorie‹ mit einem unverwechselbaren und optimal nutzbaren Wissensbestand auserkoren und in die Debatte über die Qualität Sozialer Arbeit, die sich einem »enormen Modernisierungsdruck« (Köpp/Neumann 2003: 72) ausgesetzt sieht, eingeführt. »Als Eingeweihte verkörpern sie für die Hilfesuchenden ein Vorbild, das authentische Krisenerfahrungen bewältigt hat und ›querliegendes‹ Insiderwissen besitzt, das an keiner normalen Aus- und Weiterbildungstätte vermittelt werden kann. Und sie sind last but not least noch etwas preisgünstiger als ihre Vorgänger« (Klemmert 2001: 84). Klemmerts Rekurs auf die Vorteile von Szenenähe und Szenekenntnissen im sozial-

im sozialarbeiterischen Alltag, provoziert eine qualitativ bedeutsame Konkurrenz zwischen akademischen Wissensbeständen, die sich über Fachhochschul- und universitäre Bildungsangebote aneignen lassen, und einer esoterischen Variante sozialarbeiterischen Know-hows, das ausschließlich über die individuelle Verlaufskurve persönlichen Erleidens der Experten freizulegen ist. Wenn Soziale Arbeit ›betroffen‹ ist und sich nicht mehr eindeutig klären lässt, welcher Erfahrungshintergrund legitimerweise als Standard für ein professionelles Unterstützungsprogramm gelten kann, geraten auf die AIDS-Hilfen gerichtete Professionalisierungsinteressen ins Wanken. Insbesondere gilt dies dann, wenn ›Betroffenheit‹ nicht als Hilflose-Helfer-Figur stehen bleibt, sondern fachlich fundiert supervidiert wurde.

Mit dem Fokus auf Expert_innen, die selbst involviert und in schicksalhafte Erfahrungen verstrickt sind, wird es professionalisierungstheoretisch kompliziert, dem Praxisfeld Sozialer Arbeit in AIDS-Hilfen uneingeschränkt eine ›Good Practice‹[44] zu attestieren. Auf den zweiten Blick jedoch erscheint die ›Betroffenheit‹, die sich im Diskurs über Professionalität und Professionalisierung als ›involvierte Professionalität‹ übersetzen lässt, als eine ernst zu nehmende und empirisch zunächst festzustellende Handlungsorientierung in einem spezifischen Berufsfeld der Sozialen Arbeit.

Welche ›eigene Qualität‹ könnte einer ›involvierten Professionalität‹ zukommen? Jenseits eines Qualitätsdenkens, das sich einzig auf den Outputgehalt quantifizierbarer Leistungsmerkmale als Kennzahlen beschränkt, sollte es möglich sein, ein Qualitätsverständnis zu befragen, das sich von einer gewissen Metrik (vgl. Köpp/Neumann 2003: 136) lösen kann und stärker die komplexen Handlungsprozesse, die zu einer Ausbildung von Qualität notwendig sind, zu berücksichtigen.

Dabei ist zu bedenken, dass Qualität »kein genuin erziehungswissenschaftliches Konzept« (Honig/Neumann 2004: 254) ist, sondern aus der Betriebswirtschaftlehre und den Anwendungserfahrungen im Verwaltungsbereich importiert wurde. Mit Bezug auf die Konvergenz einer Wirksam-

44 Die Konzepte der AIDS-Hilfen gelten aus heutiger Sicht als nachahmenswerte Projekte im Sinne eines ›Good Practice‹-Ansatzes. Dieser versucht, in Anlehnung an ›best practice‹, nicht zwingend einem Höchstleistungsanspruch zu genügen, sondern Kriterien geleitet, soziale und gesundheitsförderliche Projekte zu identifizieren, die als Vergleichsmaßstab für andere Projekte dienen. Dennoch basiert diese Schematisierung auf normativen Verfahren der Präskription. Der Public-Health-Forscher Michael T. Wright vom Wissenschaftszentrum Berlin für Sozialforschung attestiert den AIDS-Hilfen ein signifikantes Erfahrungswissen in der Entwicklung und Konsolidierung wirksamer Präventionsmaßnahmen, doch fordert er zugleich, dass sich die Arbeit der AIDS-Hilfen einer kontinuierlichen Evaluation unterziehen müsse, damit Konzepte sichtbar und vergleichbar gemacht werden können. Er argumentiert: »Es herrscht ein Mangel an klar definierten Theorien und Methoden für die Evaluation dieser spezifischen Arbeit für AIDS-Kranke bzw. für von AIDS Bedrohte« (Wright 2003b: 16).

keitslogik und pädagogischen Professionalität gehe ich von der Annahme aus, »dass es sich bei Qualität nicht um eine objektive Entität, sondern um ein in unterschiedlichen Verwendungsweisen konkretisiertes Konstrukt handelt. Das bedeutet, die Verwendung des Qualitätsbegriffs ist nicht nur perspektivisch, und insofern abhängig von jeweiligen Maßstäben [..], sondern auch kontextrelativ« (Köpp/Neumann 2003: 125).

Die ›Typologie der Betroffenheit‹, die ich im Kapitel 3 bereits detailliert vorgestellt habe, wird im Zusammenhang mit der Frage nach Qualität und Professionalität Sozialer Arbeit in der Typisierung ›Betroffenenkompetenz‹ erneut virulent. Wenn ›Betroffenheit‹ als Status unreflektierter Befangenheit und insofern auch als Unfähigkeit, über Situationen nachdenken zu können, interpretiert wird, so wäre eine ›Betroffenheit‹ der ExpertInnen in den AIDS-Hilfen durchaus ein Indiz zur Disqualifizierung. Soziale Arbeit als ›selbstbetroffene Klientin‹ würde auf diese Weise degradiert. Die ihr zugeschriebene defizitäre Berufsidentität rangierte als »Prototyp eines Unprofessionellen« (Schweppe 2003: 162).

Wenn ›Betroffenheit‹ hingegen in Verhältnisse verwickelt und in Machtkomplexe eingebunden verstanden würde, wenn also weniger eine eindeutige, gute oder schlechte Positionierung als Einordnungsraster gefordert würde, so könnte sie als Situation des Involviertseins gelesen werden. Die Erfahrungen ›betroffener Sozialarbeit‹ sind ein wichtiges und nützliches Wissen, um die professionelle Beziehung zu den Adressat/innen mitzugestalten. Diese Erfahrungen folgen dabei weniger der Logik einer Mehrwertsteigerung im Sinne einer evidenzbasierten[45] Sozialarbeit. ›Involvierte Professionalität‹ hat einen Gebrauchswert für die Nutzerinnen der AIDS-Hilfe, denn die ›Nähe zum Feld‹ kann sich durchaus produktiv auf das ›Problemlösungsmanagement‹ auswirken. Zu wissen, wie es geht, bedeutet insofern nicht zwangsläufig, dass man die Ebenen der eigenen Erfahrungen nicht mehr von dem Erleben anderer trennen und bedenken kann. Involvierte, professionelle Sozialarbeiter/innen in den AIDS-Hilfen stützen sich auf diskursiv hergestellte Bedeutungen, Werte und Normalitäten. Sie betreiben Identitätsarbeit und machen, so wie andere Menschen auch, All-

45 ›Evidenzbasierte Praxis‹ ist aus zweierlei Hinsicht eine problematische Strategie. Ihr Import aus der medizinischen Disziplin als ›evidence based medicine‹ sowie der Versuch einer Implementierung innerhalb der Gesundheitsförderung (vgl. hierzu kritisch Rosenbrock 2004) aber auch der Sozialen Arbeit (vgl. kritisch hierzu Schnurr 2005), basiert auf einem ungeklärten Begriff (vgl. Kromrey 2004: 75-78). Weiterhin ist die Konzentration auf eine klinisch-eindeutige Beweisführung, die ausschließlich mit den ›bestmöglichen‹ und kostengünstigsten Behandlungsverfahren arbeiten will, nicht ohne weiteres auf soziale Zusammenhänge und Situationen übertragbar. Eindimensionale Kausalitäten sind schon aufgrund alltäglicher Antinomien im sozialarbeiterischen Alltag eine unzureichende Perspektive, um gute Qualität als Maßstab einzusetzen.

tagserfahrungen, die ich als Perspektiven eines prozesshaften Lebens bezeichnen möchte.

»Auch Alltag ist kein *Bereich* des gesellschaftlichen Lebens, sondern eine *Perspektive*: das selbstverständliche und nicht problematische Wissen und Können, mit denen man das eigene Leben und die übernommenen Aufgaben in der Gesellschaft managt. Diese Selbstverständlichkeit heißt zugleich Routine: Die entsprechenden Handlungsabläufe sind eingeübt und kehren wieder, in Zyklen unterschiedlicher Frequenz« (Steinert 1998a: 17; Hervorh. i. O.).

Die ›eigene unverwechselbare Qualität involvierter Sozialarbeit‹ zeichnet sich gerade nicht durch ein genuines Alleinstellungsmerkmal aus, sondern durch ein nutzbares und zu gebrauchendes Wissen.

## Distanzierte Profis – Engagierte Experten

Involvierte, professionelle Sozialpädagog/innen in AIDS-Hilfen arbeiten in einem spezifischen Praxisfeld der Sozialen Arbeit. AIDS-Hilfe hat ihre je eigene Geschichte. Ihre Entstehung und ihr vielfach beschriebener Professionalisierungserfolg (vgl. DAH 2003[46]) verlaufen entlang mehr oder weniger stabiler ›Bilder von AIDS‹. Nicht nur die ›gesellschaftliche Moralpanik‹ tangiert die weitere Entwicklung einer zunehmend professionell organisierten Institution.

Der Ruf nach Gütekriterien auch für den sozial-pflegerischen Bereich wird immer lauter. AIDS-Hilfe steht innerhalb eines wachsenden Interesses, die Arbeit an der ›sozialen Frage‹ nach evidenten Gesichtspunkten zu reformieren. Im Bereich der Gesundheitsförderung, mit dem AIDS-Hilfe institutionell wie disziplinär verschränkt ist, wird der Kampf um ›die richtigen Verfahren zur Sicherung guter Praxis‹ schon seit längerem geführt (vgl. Luber/Geene 2004). Immer häufiger wird der Versuch unternommen, evidenzbasierte Grundsätze in sozial- und gesundheitsbezogene Dienstleistungen einzuführen und sie als Maßstab zur Bemessung wirksamer Interventionen dauerhaft festzuschreiben. AIDS-Hilfen sind diesen naturwissenschaftlichen Verfahren objektiver Messung sämtlicher medizinischer, pflegerischer und betreuerischer Dienstleistungszusammenhänge insofern ausgeliefert, als Kostenträger und Entscheider[47] zumindest wissenschaftlich belegte Qualitätskriterien in der Sozialen Arbeit mit ›Bedürftigen‹ verankern möchten. Nur auf diesem Wege, so scheint es, lassen sich sozialpädagogi-

46 Zur Erläuterung: Deutsche AIDS-Hilfe e.V. (DAH) (Hrsg.) (2003): AIDS im Wandel der Zeiten, Band 1 und 2, Berlin.

47 Unter den Begriff ›Entscheider‹ fallen beispielsweise Krankenkassen, Lobbyvertretungen sowie fachliche Netzwerke.

sche Interventionen und Maßnahmen auch in Zukunft überhaupt noch refinanzieren. Welches Wissen braucht Sozialarbeit, um die Anforderungen nach effizienten und am Mehrwert orientierten Konzepten mit Effektivitätskriterien zu verbinden? Welcher Logik müsste gefolgt werden, damit die Frage nach ›what works‹ in der Sozialen Arbeit für die Soziale Arbeit beantwortet werden könnte?

»Bei Verhandlungen (wird) über die Finanzierung von gesundheitsfördernden Projekten häufig eine Evaluierung nach den Methoden der Evidenzbasierung gefordert. Dabei geht es nicht allgemein um ›best evidence‹, also den bestmöglichen Nachweis auf wissenschaftlicher Grundlage, sondern um die Anwendung kontrollierter Studien, außer Acht lassend, dass diese für die meisten der Fragestellungen der Gesundheitsförderung nicht geeignet sind. Diese Situation ist paradox: Obwohl in den klinischen Bereichen, die durch konsequente Evidenzbasierung noch wesentlich optimiert werden könnten, nur der kleinere Teil, etwa ein Viertel, sich dieser Methoden bedient, wird bei Fragestellungen, wo diese nicht geeignet sind, deren Anwendung gefordert« (Luber 2004: 38).

Die AIDS-Hilfen sind, so lässt sich daraus schließen, in heterogene Diskurse verstrickt. Jenseits der Debatten um Krankheit, Sexualität und Identität konfrontiert gleichsam ein Professionalisierungsdiskurs mit Fragen der Finanzierung und Qualität der AIDS-Hilfe-Arbeit jenseits eines Konzepts ›Freunde helfen Freunden‹ oder ›Wir helfen uns selbst‹. Der Streit um den Gebrauch öffentlicher Finanzmittel für eine gute Sache ist in den AIDS-Hilfen heftig geführt worden und ebenso schnell, unter dem Druck, AIDS-Hilfe nicht nur als Ort des politischen Selbstschutzes vor reaktionären Übergriffen zu konsolidieren, sondern auch als funktionstüchtige Spezialeinrichtung, als erfolgreiche NGO zu etablieren, nicht weiter verfolgt worden.

Dass sich die AIDS-Hilfen in einem Bereich verorten, der zunächst einmal sehr viel mit ›abweichendem Verhalten‹ zu tun hat, ist ein durchgängiges Verstehensmuster der praktizierenden Sozialarbeiter/innen. Sicherlich sind es in erhöhtem Maße ›betroffene Experten‹, die sich dezidiert mit direkten Zuschreibungen, Stigmatisierungen, Verschiebungen in Bereiche des sozial Randständigen und mit Diskriminierungen beschäftigen. Sie berichten von eigenen Erlebnissen in Zusammenhang mit Coming-Out, sexueller Identität und AIDS-Krise. Schwulsein wird als Tabu und Sonderstatus in der Gesellschaft wahrgenommen. Die eigenen Ängste und Befürchtungen im Kontext einer komplizierten Identitätsarbeit sensibilisieren ›direkt betroffene Sozialarbeiter/innen‹ für ein Engagement in der AIDS-Hilfe. Man weiß, woher man kommt und entwickelt eine gewisse ›Empfindlichkeit‹ gegenüber Marginalisierungsprozessen. Die Diskussionen über eine ›Chronifizierung und Normalisierung der Krankheit AIDS‹ lässt die Experten hellhörig werden.

Eine ›Betroffenheit Sozialer Arbeit‹ habe ich empirisch fundiert ›involvierte Professionalität‹ genannt. In folgender Tabelle fasse ich die vier Typisierungen graphisch noch einmal zusammen.

Abbildung 2: ›Involvierte Professionalitäten‹

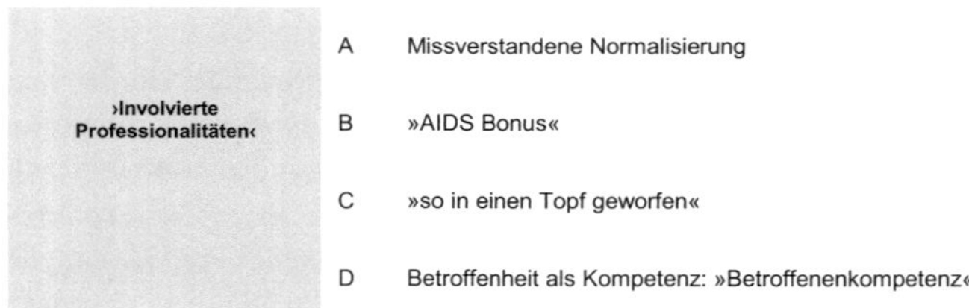


Jenseits der Debatten um die normal gewordene AIDS-Krankheit bleiben Diskriminierungs- und Stigmatisierungshandeln wirksam. Diese Reflexionsfähigkeit der Sozialarbeiter/innen, hierarchisch aufgebaute Diskriminierungskaskaden bis in die Tiefen eines Peer-Zusammenhangs (Community) hinein zu entlarven, ist wohl der auffälligste Befund meiner empirischen Analyse. Das Phänomen einer ›Diskriminierung unter Diskriminierten‹ sensibilisiert die Mitarbeiter/innen für einen grundlegenden Spürsinn hinsichtlich gesellschaftlicher Ungerechtigkeitsverhältnisse. Über ein ›sensitives Beobachten‹ werden prädisponierende Ordnungslogiken zwar nicht in ihrer soziologischen Komplexität gesehen, aber zumindest erahnt. Prädisponierende Ordnungslogiken vergeben gesellschaftlich akzeptierte, legitime Regionen ›normaler Lebensweisen‹. In diesen Räumen der Normalität können sich Identitäten entfalten, die aufgrund ihrer Konstitution keinen Anlass zur Ausgrenzung geben. Erst durch ein Anderssein fallen AIDS-erkrankte Menschen auf. Sichtbar steht ihnen die Krankheit AIDS regelrecht ins Gesicht geschrieben. Führt das Stigmaphänomen in der sozialarbeiterischen Praxis gelegentlich dazu, dass selbst ›nicht-betroffene‹ Experten einzig durch ihre Anwesenheit an der Seite ihrer Klienten in ganz ähnlicher Weise mitstigmatisiert, mit ihnen also ›in einen Topf geworfen werden‹, so wird dieser Zusammenhang von den ExpertInnen vergleichsweise oberflächlich in Augenschein genommen. Dann nämlich, wenn sich die Angriffe auf die persönliche Integrität spürbar am eigenen Leibe vollziehen, verrutscht die sichere Ordnungslogik zwischen ›betroffen‹ und ›nicht-betroffen‹, zwischen Profi und Klient.

Die Typisierung ›AIDS-Bonus‹ ist ein weiteres Beispiel für die sozialarbeiterische Einschätzung von Bedürfnissituationen. Einerseits werden Veränderungen des Nutzer/innenprofils erkannt und auch Überlegungen jenseits der Personalisierung von Problemlagen angestellt. Andererseits katalysiert ein ›AIDS-Bonus‹ Denkweisen, die versuchen, die Rechtmäßigkeit sozialpädagogischer Betreuungsmaßnahme zu klären. Am Beispiel der

›Eintrittskarte‹ wird deutlich, dass unversehens von pluralen Lebenskomplikationen ausgegangen wird, ohne die reflexive Sensibilität weiterhin aufrechterhalten zu können. Der Einfall in einen eher affirmativen Gestus polymorpher Bedürftigkeiten, die sich als Mehrfach- oder Doppeldiagnosen aufschichten, kann von einem analytischen Spürsinn nicht mehr aufgefangen werden.

Im Blick auf die professionelle Beziehung zu den Adressaten verändert sich die unterkomplexe Auswertung einer ›Probleme-Haben-Perspektive‹ und führt das Nachdenken über die Beschaffenheit eines idealtypischen Kontaktes zum Klienten in Richtung professioneller Einstellungsmuster. Zwischen empathischem Beziehungswissen und spezialisierter Faktenkompetenz eröffnet sich ein Feld, das in der sozialpädagogischen Forschung zu weitreichenden, empirisch begründeten Rekonstruktionsbemühungen professioneller Habitualität führte. Mit dieser Extension der sozialarbeiterischen Überlegungen in Richtung Professionalität und ihrer identitären Verfasstheit, knüpfe ich an die grundlegende Handlungsproblematik in den AIDS-Hilfen an, wie ›Betroffenheit als Kompetenz‹ zu verhandeln wäre. Auch ›nicht-betroffene‹‹ Experten erkennen die Notwendigkeit, sich als AIDS-Hilfe-Experten an eine institutionelle Aura anzuschließen, die ihren ideellen Ursprung aus einer ›Selbstbetroffenheit‹ heraus entwickelt hat. Die Metapher eines ›Magnetismus‹ verdeutlicht die Schubkraft disziplinierender und zugleich regulierender Machtkomplexe. Fluchtpunkt dieses Gedankens ist schließlich meine Überlegung und auch zugleich Empfehlung, ›Selbstbetroffenheit‹ als Ressource zu nutzen und diese als ›eigene Qualität‹, als ›involvierte Professionalität‹ zu berücksichtigen.

Meine Hervorhebung eines vernutzbaren Wissens Sozialer Arbeit in der AIDS-Hilfe leite ich aus den analytischen Rekonstruktionen des empirischen Datenmaterials ab. Die von Wissenschaft und ›Entscheidern‹ geforderte Rückkoppelung professioneller Konzepte an eine Logik des ›entweder professionell oder unprofessionell‹ ist so konzipiert, dass ausschließlich die Handlungspraxen Sozialer Arbeit anerkannt und gefördert werden, die sich ebendieser spezifischen Professionalitätslogik unterwerfen. ›Nützlichkeiten und Wertschöpfungen jenseits dieses binären Kriterienkatalogs bleiben unerkannt. Anhand zweier einschlägiger sozialpädagogischer Studien, die sich ebenfalls empirisch mit Fragen sozialarbeiterischer Professionalität auseinandersetzen, möchte ich das Potenzial, aber auch die Schwachstellen dieser Analysen aufzeigen, um daran anschließend einen Vorschlag zur Perspektiverweiterung zu machen.

In einer sich beharrlich differenzierenden Gesellschaft sieht Ulrike Nagel (1997) den Menschen mit der Aufgabe konfrontiert, seinen eigenen biographischen Verlauf mit den Unsicherheiten eines gesellschaftlichen Risikomodells abzugleichen. Daher geht ihre Studie der »Frage der individuell-biographischen Verarbeitung des Gesellschaftsprozesses am Beispiel der

Statuspassage in den sozialen Beruf nach« (ebd.: 9). Die Bewältigung der Statuspassage vom absolvierten Studium in das Berufsleben sei kompliziert und grundsätzlich problematisch, da nicht mehr von statisch abgesicherten ›Normalbiographien‹ ausgegangen werden könne. Die Annahme entsprechend unterschiedlicher Handlungspraxen begründe bereits eine empirische Erforschung dieser Statuswechsel. Im Übergang von einer Passage (Studium) in die darauf folgend nächste (Beruf) stellt Nagel eine grundsätzliche Strukturproblematik für den Eintritt in das soziale Berufsleben fest: die Kandidaten sind angehalten, innerhalb eines Kontinuums Person-Beruf, ein dynamisches Wechselverhältnis zwischen »Abstandhalten« und »Dahinterstehen« (ebd.: 205) herzustellen. Die damit einhergehende Ausbildung eines spezifischen Berufshabitus, der sich explizit mit diesem erforderlichen Ausbalancieren auseinandersetzt, bezeichnet sie entsprechend als »engagierte Rollendistanz«.

Zwei Berufskonzeptionen werden in diesem Zusammenhang besonders betont: »Sozialarbeit als Krisenmanagement« (ebd.: 126) im Sinne eines effektiveren Helfens und »Sozialarbeit als Sozialanwaltschaft« (ebd.: 141). Ausgehend von den empirisch anzutreffenden Konzepten Resozialisation, Therapie, Sozialanwaltschaft und fürsorglich-pflegerische Berufsorientierung sieht Nagel einen engen Bezug zwischen ›moderner Sozialarbeit und therapeutischen Interventionsanstrengungen‹. Denn ähnlich wie sich eine Therapeutin reflexiv ein Bild über die Situation ihres Patienten machen müsse, so könne auch die Sozialarbeiterin nicht von normalbiographischen Lebensläufen ausgehen, sondern sei dazu angehalten, eine Position stellvertretender Rekonstruktion und Deutung einzunehmen, um so das komplexe, biographisch aufgeschichtete Problempotenzial systematischer in den Blick zu bekommen. Das Wissen für die effektiv assistierende Unterstützung in Krisensituationen setze sich zusammen aus gelerntem Faktenwissen, das an der Hochschule angeeignet wurde, und den Erfahrungen ›on the job‹. »Im Laufe der Zeit formt dieser Prozess einen Fächer synthetischer Erfahrungsurteile, die die Person mit den Institutionen des Berufssystems verkoppeln. Solche Erfahrungsurteile können als Ausdruck eines Individualisierungsprozesses gelten, und wir betrachten sie als Orientierungsmuster der beruflichen Rollenausübung« (Nagel 1997: 127).

Das sozialanwaltschaftliche Deutungsmuster hingegen stecke im Vereinbarkeitsdilemma zwischen ideellem Anspruch und Rollenanforderung, also der Verpflichtung, Hilfe zu leisten. Das Aushandeln »von advokatorischer Theorie und empirischer Praxis der Sozialarbeit stelle sich als zentrales Problem und Risiko der Sozialadvokatur-Konzeption dar« (ebd.: 141). Im Gegensatz zum rekonstruktiv-reflexiven Muster systematischer Krisenbewältigung, suche eine Sozialanwaltschaft »nach einer Nische im System Sozialarbeit« (ebd.), um jenseits struktureller Vorgaben Lösungen freier und kreativer zu gestalten. Diese Zielvorstellung verbinde sich mit

mit einer beruflichen Identifikation, die ›hinter ihren authentischen Ideen‹ stehen möchte und ein Sich-Engagieren hochhalte. Im Kontext dieses Handlungsmusters achteten die Sozialarbeiter/innen also weniger darauf ›Abstand zu halten‹; entscheidender sei in ihrem Fall ein überzeugtes, engagiertes Dahinterstehen können. Im Ergebnis findet Ulrike Nagel unter Rückgriff auf das Habituskonzept Pierre Bourdieus den ›Schlüssel professioneller Erwiderung auf das herausgearbeitete Strukturproblem‹ im professionellen Habitus. Dem signifikanten Rollenkonflikt zwischen einerseits helfen wollen und andererseits professionellem Abstand einhalten und aufrechterhalten müssen, begegnet das professionelle Lösungskonzept mit einer »beruflichen Handlungsstruktur in Gestalt des professionellen Habitus« (ebd.: 206). Rat suchende und Rat gebende Person stünden gleichermaßen in der Verantwortung, die Interaktion für beide Seiten zufrieden stellend zu gestalten. Die Fähigkeit zum Ausbalancieren und Dynamisieren struktureller Gegebenheiten und persönlicher Vorstellungen charakterisiere einen professionellen Auftritt.

Ähnlich wie Ulrike Nagel das generativ-ausgleichende Moment habitueller Situierung nutzt, um empirisch vorzuführen, wie sich Soziale Arbeit ihren Weg durch den ›Risikodschungel gesellschaftlicher Ausdifferenzierung‹ ebnet, versuchen Werner Thole und Ernst-Uwe Küster-Schapfl (1997) in vergleichbarer Weise am Bourdieuschen Habituskonzept anzusetzen. Ausgangslage ist sowohl die pädagogische Herausforderung als auch die Pflicht, in Ausbildung und Studium erworbenes Wissen für den »fachlich abgesicherten Berufsalltag fruchtbar zu machen« (ebd., S. 7), und dies mit der Herausbildung einer spezifischen professionell-sozialpädagogischen Identität zu verbinden. Die Autoren greifen den professionstheoretischen Diskurs innerhalb der Sozialen Arbeit auf und konstatieren eine kaum mehr zu übersehende Studienlandschaft zur Lokalisation professioneller Sozialarbeit. Jedoch: »Bis heute besteht keine Einigkeit darüber, was Sozialpädagogik eigentlich konkret ist, was sie umgrenzt, inhaltlich und begrifflich fasst oder ausschließt und welches professionstheoretische Verständnis einer modernen Sozialpädagogik angemessen ist« (ebd.: 8). Zwischen Wissen und Können, Theorie und Praxis sowie Disziplin und Profession liegen ihrer Ansicht nach erhebliche Vermittlungsprobleme, die beständig verhindern, dass Soziale Arbeit einheitliche, wissenschaftstheoretisch abgestützte und verbindliche Regelwerke finden und ausbauen kann, um sich aus einer diffusen Allzuständigkeit und Veralltäglichung ihres Handlungsauftrags zu befreien und stattdessen einer Identitätsfindung zuzuwenden. »Weder für die Pädagogik der Schule noch für die außerhalb der Schule liegt ein konsistentes, von der erziehungswissenschaftlichen Disziplin und professionellen Zunft mehrheitlich und einheitlich getragenes Professionalisierungsmodell vor« (ebd.: 13).

Auch im Anschluss an eine sehr detaillierte Ausarbeitung biographischer Fallrekonstruktion sowie Kurzportraitdarstellungen steht das Ergebnis fest, dass Soziale Arbeit aufgrund ihrer flüchtigen Identität nach wie vor lediglich als ›bescheidene Profession‹ (Schütze 1992) bestehen könne. Hierfür machen Thole/Küster-Schapfl verschiedene Faktoren verantwortlich. Zunächst erscheint ihnen der uneinheitliche Ausbildungsbereich zwischen Fachhochschule und Universität, eine »Sozialpädagogik an zwei Orten« (Thole 1994) maßgeblich dazu beizutragen, dass sich keine spezifische Form von Wissenschaftlichkeit in die praktischen Anforderungen hineinführen lasse. Andererseits finde sich in den Institutionen[48] auch keine zwingende Notwendigkeit, das Tun konzeptionell aufwendig zu begründen oder es systematisieren zu müssen. Häufig reiche eine Art von »Cleverness« (ebd.: 217) aus, um sich im Feld zurechtzufinden und den Berufsalltag einigermaßen ›erfolgreich‹ zu arrangieren. Eine gewisse »jugendkulturelle Nähe« (ebd.: 218) sei für diesen feldspezifischen Sozialisationsprozess vorteilhaft. Es bleibe letztlich den Pädagogen selbst überlassen, ob und wie Standardisierungsanstrengungen unternommen würden, die sich aus einem akademischen Wissensbereich speisen und in die je besondere Notwendigkeit ›vor Ort‹ einpassen können.

Ihr empirischer Befund »sozialpädagogische Profis« beruft sich auf einen professionellen Auftritt, der mehr vom Klischeebild eines jung gebliebenen Kumpel-Sozialarbeiters in der außerschulischen Jugendarbeit geprägt sei, als von »anerkannte(n), kollektive(n), generalisierte(n) disziplinäre(n) Wissensressourcen« (ebd.: 37). Dies liege an einer verpassten Orientierung am disziplinären Wissenskorpus Sozialer Arbeit, die als Voraussetzung gelte, sich einen zu Reflektion fähigen Professionshabitus anzueignen. Schließlich wird eine Unterscheidung zwischen Disziplin und Profession[49] empfohlen, um ihre je individuelle Eigenlogik nicht leichtfertig aus dem Blick zu verlieren.

Der Appell, Soziale Arbeit müsse sich einer disziplinären Identität rückversichern, indem sie theoretisches Wissen und praktisches Handeln institutionell stärker miteinander verschränke, um zukünftig präziser auf

48 Für die hier diskutierte Studie ist dies der Bereich der außerschulischen Jugendbildung.

49 Unter *Disziplin Sozialpädagogik* fassen die Autoren eine theoretische Fundierung des pädagogischen Faches. Werner Thole streicht heraus, dass es »wissenschaftlichen Disziplinen primär darum (geht), über Forschung, Reflexion und Produktion von Theorien Welt- und Gesellschaftsbilder zu kreieren und zu beeinflussen«, Professionen hingegen sind darauf bedacht, »ihre AdressatInnen und KlientInnen durch Handeln zu beeindrucken, zu ›bilden‹ und zu ›helfen‹« (Thole 2005b). Ein Rekurs auf die Profession betont also die sozialpädagogische Berufspraxis, das Handeln und Ausformulieren entsprechender Standards und Konzepte im je spezifischen Berufsfeld (vgl. Thole/Küster-Schapfl 1997, S. 219).

einen professionellen Habitus zurückgreifen zu können, ist kompliziert und fragwürdig zugleich, weil eine Anlehnung an formalisierte Professionsmodelle stets Abgrenzungen produzieren. Der Wunsch, auf diesem Wege zu einer »exklusiven Identität« (Kruse 2002: 35) zu gelangen, birgt in sich bereits eine Tendenz zum Scheitern.

Die von mir empirisch fundierte Perspektive ›involvierter Professionalitäten‹ hingegen macht auf die diskursiven Verstrickungen und Machtkomplexe aufmerksam, mit denen es SozialarbeiterInnen in den AIDS-Hilfen zu tun haben. Identitätsarbeit wird nicht als Wahlmöglichkeit, sondern als Zwang dekonstruiert. Hier gilt es, zunächst die Kontexte sichtbar zu machen, in denen ›Identitäten gemacht‹ werden, bevor Anweisungen zu einem professionellen Arrangement ihrerseits wieder einen Identitätsformungsprozess in Gang setzen. ›Selbstbetroffenheit‹ habe ich als zunächst ›verdächtige Ressource‹ hinterfragt, weil sie für gemeinhin als altruistische Fürsorge ausgelegt wird und unter professionstheoretischen Gesichtspunkten wohl keine Chance hat, zu bestehen. Ulrike Nagel votiert für einen professionellen Habitus, der die strukturellen Anforderungen an die sozialarbeiterische Berufsrolle mit der persönlichen Motivation des Experten zu verbinden weiß. Werner Thole und Ernst-Uwe Küster-Schapfl schlagen vor, das notwendige wissenschaftliche und praktische Wissen der Sozialarbeiter stärker zu systematisieren, damit es ihnen zukünftig besser gelänge, sich eine professionelle Identität anzueignen, die zudem Handlungssicherheit und Planbarkeit ermögliche. Der Verdienst dieser Studien ist damit zu begründen, dass sie die Paradoxien und Unwägbarkeiten im beruflichen Alltag von Sozialarbeiter/innen empirisch sichtbar machen und theoretisch diskutieren. Im Ergebnis greifen allerdings die Empfehlungen, Identitäten professionell zu kanalisieren und gewissermaßen einen disziplinären Mittelpunkt im Auge zu behalten, damit später im Berufsalltag auf diesen Bezug genommen werden könne, zu kurz.

In Ergänzung dieser Logik habe ich vorgeschlagen, von ›involvierten Professionalitäten‹ auszugehen. Mit dieser Sicht auf die Herstellungsweisen sexueller und professioneller Identitäten, respektive auf ihre Konjunktionen, werden Möglichkeiten für einen grundlegenden Perspektivwechsel vorbereitet und der Abbau asymmetrischer Hierarchien zwischen Theorie und Praxis sowie zwischen Sozialarbeiter/in und Adressat/in erleichtert. Wenn involvierte professionelle Sozialarbeiter/innen nicht stringent nur als Intimus oder nur als distanzierte Expertin auf den Plan gerufen werden, sondern ihre ›Doppelrolle‹, in der sie Erfahrungswissen mit spezialisiertem Faktenwissen nutzbringend kombinieren, analytisch Beachtung findet, so kann mit dieser Denkweise die analytische Rekonstruktion ›involvierter Professionalität‹ um eine strategische Komponente erweitert werden.

Ausgehend von den empirischen Darstellungen ›involvierter Professionalität‹ verbinde ich eine strategische Perspektive mit einer diskurstheoretisch informierten Kritik am normativen Anspruchscharakter ›prototypischer Sozialpädagogik‹. Damit lenke ich den Fokus auf eine dekonstruktive Vorgehensweise. Involvierte Professionalitäten thematisieren zunächst den sozialarbeiterischen Alltag in AIDS-Hilfen, mit seinen paradoxalen Ansprüchen, sowohl ›Betroffenenwissen‹, Beziehungskompetenz und administrative Geschicklichkeit zur Organisation der Grundversorgung in einem Arbeitsbogen zu dynamisieren. Der gesellschaftskritische und –analytische Spürsinn bringt ein Unbehagen der Sozialarbeiter/innen zum Ausdruck, das als produktive Irritation genutzt werden kann.

Wenn die Erfahrung von ›Selbstbetroffenheit‹ im Gedächtnis der Experten eingelassen ist, so wäre dekonstruktiv-kritisch danach zu fragen, welche theoretische Figur weiterentwickelt werden müsste, um zukünftig reflexivkritisch mit den Konvergenzen der Referenzen Sexualität, Identität, Krankheit und Professionalität umgehen zu können, ohne von einem intelligiblen Professionalisierungsdiskurs Sozialer Arbeit disqualifiziert und ausgeschlossen zu werden.

An der Schnittstelle zwischen Professionalisierung und Queer Politics/ Queer Theory eröffnet sich die Möglichkeit, ›involvierte Professionalitäten‹ unter der Prämisse queerer Verschiebungen als ›Queer Professionals‹ anders zu lesen.

›Betroffenheiten‹ im Kontext professioneller Sozialarbeit konnte ich empirisch als Kernkategorie rekonstruieren. Im Anschluss an die Frage, wie sich die verschiedenen, komplexen Weisen des ›Betroffenseins‹ der Akteure in den AIDS-Hilfen auf ihre Handlungsorientierungen in der Berufspraxis auswirken, habe ich weitere ›Typisierungen‹ Sozialer Arbeit in den AIDS-Hilfen dargestellt und konnte somit meine Perspektive um die Kategorie ›involvierter Professionalität‹ erweitern. In beiden empirischen Analysen zeigte sich die Verwobenheit vorberuflicher und beruflicher Identitätsarbeit als wirkmächtiges Phänomen.

Die gesellschaftlich eingewobenen ›Bilder von AIDS‹ als konstitutive Hintergrundfolie und strukturelle Voraussetzung für eine ›professionelle Einstellung‹ liegen hierzu quer. Auf sehr unterschiedliche Weise argumentieren und beschreiben Sozialarbeiter/innen ihren Arbeitsalltag in den AIDS-Hilfen. Inwiefern sich ›Betroffenheiten‹ als professioneller ›Hemmschuh‹ oder gar unterstützende Verstehens-Kompetenz auswirken, habe ich durch diskurstheoretische und machtkritische Reflexion beider Typisierungen aufgezeigt. Um von ›Betroffenheit‹ zu ›involvierter Professionalität‹ zu gelangen, ist ein Übersetzungsschritt erforderlich gewesen, der den Übergang eines identitär begründbaren Sich-Engagieren-Wollens in einem Bereich professioneller Qualität, die stets zur »Rollendistanz« fähig sein sollte, veranschaulicht. ›Involvierte Professionalität‹ in der Sozialen Arbeit entspricht einer analytischen Methode des Sichtbarmachens sozialarbeiterischer Einstellungen, Selbstverständnisse und Handlungsweisen.

Professionalitäten und Identitäten sind beide normativ eingebundene Sphären, die beständig einen Bedeutungskomplex mit sich führen. Die Entstehung und Verwendung von Bedeutungen verstehe ich diskursiv und in produktive Machtkomplexe eingebunden.

»Wenn sie (die Macht) nur repressiv wäre, wenn sie niemals etwas anderes tun würde als nein sagen, ja glauben Sie dann wirklich, dass man ihr gehorchen würde? Der Grund dafür, dass Macht herrscht, dass man sie akzeptiert, liegt ganz einfach darin, dass sie nicht nur als neinsagende Gewalt auf uns lastet, sondern in Wirklichkeit die Körper durchdringt, Dinge produziert, Lust verursacht, Wissen hervorbringt, Diskurse produziert; man muß sie als ein produktives Netz auffassen, das den ganzen sozialen Körper überzieht und nicht so sehr als negative Instanz, deren Funktion in der Unterdrückung besteht« (Foucault 1978: 35).

In diesen Verhältnissen bekommt die Rede von etwas ›ein Gewicht‹. Zugleich kann es aber auch sein, dass ein Nicht-Reden, weniger Reden oder anders Reden ›ein spezifisches Gewicht‹ aberkennt. »Die ›Wahrheit‹ ist zirkulär an Machtsysteme gebunden, die sie produzieren und stützen, und an Machtwirkungen, die von ihr ausgehen und sie reproduzieren« (Foucault 1978a: 54).

Die Konstitution von Identitäten ›lebt‹ davon, im Diskurs Selbstbeschreibungen und Fremdzuschreibungen vorzunehmen. Auf diese Weise sind Identitätskonstitutionen möglich. Ihre Festigkeit und Beständigkeit gelingt durch ein fortwährendes Zitieren und Aufrufen regulierender Normen. In gewisser Weise entsteht so der Effekt, dass diskursiv jene Identitäten produziert werden, die der Diskurs doch scheinbar nur benennen wollte. Ohne eine Identität wäre demnach ein Professionellsein ohne Gehalt und Substanz und daher analytisch nicht auffindbar und auch nicht benennbar. Wenn ich die Frage nach dem Professionellsein stelle, so tue ich dies zunächst nicht ausschließlich deshalb, um mich dem Zwang einer theoretischen Verortung, den uns die Wissenschaft auferlegt hat, zu unterwerfen, sondern weil sich der Professionalisierungsdiskurs als produktives Phänomen darstellt, und mich Effekte interessieren, die sich empirisch anhand von identitären Selbstrepräsentationen aufspüren lassen. Es geht mir also nicht darum, zu zeigen, dass eine Nicht-Identität möglich, besser oder innovativ wäre. Vielmehr plädiere ich dafür, die Prozesse des Werdens und Gewordenseins im Herstellungsprozess professioneller Identität mit zu berücksichtigen.

›Betroffene Sozialarbeit‹ und ›involvierte Professionalitäten‹ sind demzufolge nicht als Empfehlungen ›neuer Berufsidentität‹ zu verstehen, sondern als analytische Kategorien, die etwas aufzeigen und gleichsam dazu einladen, im Anschluss eine Neujustierung des Verstehens vorzunehmen, um der analytischen Perspektive eine strategische folgen zu lassen. Wie könnte eine solche Strategie aussehen? Wie ließe sich ein Verfahren kritisieren, das so wirkmächtige Kategorien wie Identität, Sexualität, Gesundheit und Professionalität hervorzubringen weiß?

## Verque(e)re Professionalität im Modus reflexiv-kritischer Haltung

AIDS-Hilfen verorten sich in einem Verhältnis zwischen den diskursiven Formationen Krank-Sein, Sexuell-Sein aber auch Normal-Sein. Diese sind als Effekte disziplinierender, ordnender und regulierender Machtmechanismen zu sehen, die nicht nur ausschließlich an der Oberfläche wirken, sondern sich direkt in die Subjekte einschreiben, oder genauer gesagt, sie als solche erst hervorbringen. Im Diskurs über Homosexualität, Normalität und ›Schwulenseuche‹ sind AIDS-Hilfen als sexuierte Institutionen konstruiert. Vor diesem Hintergrund beziehen sich soziale Bewegungen und Kritiker/innen einer zunehmenden Homophobie im Kontext von AIDS auf eine Denkrichtung, die sich gegen jegliche Marginalisierungs- und Diskriminierungsprozesse wendet. Im Kampf um Anerkennung und im Engagement gegen Rassismus, Antisemitismus und Antijudaismus kristallisiert sich eine politische und theoretische Einstellung heraus, die sich unter dem Begriff Queer[1] zusammenfasst.

Bereits dieser Schritt, einen eingeführten Begriff, der in wissenschaftlichen Abhandlungen stets erklärungsbedürftig ist, zu definieren und zu verorten, ist problematisch. Der Versuch einer begrifflichen Verortung des Ausdrucks ›Queer‹ entspannt Konfliktlinien, die auffordern, bereits an dieser Stelle zu hinterfragen: Ist es überhaupt möglich die Bedeutung von Queer begrifflich zu fassen oder gar zu definieren? Ist Definition nicht bereits durch die Definition selbst ›gekennzeichnet‹ und aus queerer Perspektive daher unzulässig? Oder lassen sich womöglich Kategorisierungen gar nicht vermeiden? Typisierungen, Kategorisierungen und ein Vergleichen unterschiedlicher komplexer Aussagen lassen sich aus meiner Sicht nicht vermeiden, wohl aber Verdinglichungen von Menschen und Lebensweisen.

Mahoney/van der Platenvlotbrug (2001) beklagen die wissenschaftliche Integration und Absorption des Queeren, dieser (noch) merkwürdig erscheinenden und unetablierten ›Kunstbezeichnung‹. Sie konstatieren: »Sobald das ›queere‹ in die Strukturen des gesellschaftlich Akzeptierten ge-

1 Ich werde im Folgenden keine historische Einordnung Queerer Theorien leisten können. Für dieses umfassende Projekt möchte ich stattdessen auf die hervorragende Arbeit Gudrun Perkos (2005: 120ff.): »Queer-Theorien. Ethische, politische und logische Dimensionen plural-queeren Denkens« hinweisen. Nur soviel: Queere Theorien haben sich in den USA und der BRD unterschiedlich entwickelt. Ihr Import aus den USA bedingt eine Reflexion der jeweiligen geographischen Verwendungsweisen. Ich werde mich queertheoretisch auf die zentrale anglo-amerikanische Literatur beziehen, hier vor allem auf Judith Butler (1991). Hinsichtlich queer-politischer Projekte, Kampagnen und Aktionen rekurriere ich auf den bundesdeutschen Kontext, so wie ich es im Kapitel *AIDS-Hilfe zwischen Bewegung, Selbsthilfe und Professionalisierung* exemplifiziert habe.

zogen wird, kann es nicht mehr ›queer‹ sein« (ebd.: 407f.). So kann ihrer Ansicht nach ein wissenschaftlicher Studiengang beispielsweise ›Queer Studies‹ an sich nicht queer sein, und auch die untersuchten Gegenstände würden durch die wissenschaftliche Betrachtung eigentlich ›ent-queert‹.

»In einer gesellschaftlichen Situation, in der die ›Entzauberung‹ der Welt, nämlich die Entschlüsselung und die finale Erklärung der Welt, immer weiter fortschreitet, so zum Beispiel mit der Entschlüsselung des menschlichen Genoms durch das so genannte ›Genomprojekt‹, das seine Ergebnisse Anfang des Jahres 2001 der Öffentlichkeit vorlegen konnte, ist das ›Queere‹ der letzte Hort des Zaubers. Hier wird das nicht erklärbare, das sich der Erklärung Widersetzende beschrieben« (ebd.).

Ohne an dieser Stelle zu sehr in ein philosophisches Abseits zu geraten, möchte ich auf die diffizile Qualität von Sprachgebrauch im Kontext von Queer (und nicht nur hier) und seiner Rekonstruktion hinweisen (vgl. Engel 2002: 137). Wenn Sprache als soziale Praxis verstanden werden kann und ihr sodann unterstellt wird, ihr wohne gleichsam ein hierarchisches Kräfteverhältnis inne, dann ist in der Folge das Rastern von Sprachpartikeln selbst wiederum eine zu hinterfragende Angelegenheit. Es geht also darum, zu hinterfragen, zu reflektieren und Zusammenhänge neu, anders zu erfahren. Unbekannte und fremde Begriffe machen neugierig, lösen Verwunderung, gelegentlich aber auch Skepsis aus. Sie provozieren geradezu die Notwendigkeit einer inhaltlichen Annäherung, aber auch das Vorhaben, zu kategorisieren, ein- und zuzuordnen. Das schillernde Bild des Verque(e)ren, mit dessen Hilfe Wirklichkeiten anders, verschieden, komplex und neu gedacht werden können, fordert in wissenschaftlichen Formaten eine akademisch abgesicherte Verortung und Herkunftsbeschreibung, die das Selbstverständnis dieses Begriffs doch zu erklären und zu präzisieren weiß. Ist Queer gleichbedeutend mit dem deutschen quer und soll damit ein politisch bewusstes ›Gegen-etwas-Sein‹ nachgezeichnet werden? Oder lassen sich ausschließlich Andeutungen für eine Modekategorie ausmachen, die möglicherweise versucht, über die Hintertüre einer ›unbestimmten Beliebigkeit‹ Zugang zum akademischen Wissensbereich zu erhalten? Diese Fragen deuten an, dass sich das Dilemma einer erkenntnistheoretischen Unmöglichkeit von Definition und andererseits die notwendige Erläuterung queerer Inhalte und Aussagen kaum auflösen lassen. Es bleibt die Notwendigkeit, die Hintergründe, Logik und Stoßrichtung verqueeren Denkens zu erläutern sowie ihre Aussagekraft disziplinär einzuschätzen.

Das Projekt queerer Theoriebildung und widerständiger Politiken möchte ich kurz mit den von Gudrun Perko (2004) vorgeschlagenen vier Varianten vorstellen. Zunächst lässt sich Queer in der ersten Variante tatsächlich als Modeerscheinung beschreiben, »in dem alles Schicke queer erscheint« (ebd.: 31). Queer ist ähnlich wie schwul, lesbisch oder auch gay kein einfacher oder klarer Begriff. Ganz im Gegenteil steht die Verwendung von Queer als Bezeichnung, Hinweis oder einfach ›Einordnungshilfe‹ eher in einer diffamierenden Tradition[2]. In dieser zweiten Variante ließe sich Queer also »im Sinne eines pejorativen Gebrauchs gegen Homosexuelle – im Deutschen am ehesten mit *pervers* und *schwul* vergleichen« (Perko 2005: 15; Hervorh. i. O.).

Queer als schwul/lesbische Identitätskategorie um Bisexualität erweitert, charakterisiert eine dritte Variante. »Am offensten ist eine vierte Variante, in der die größtmögliche Vielfalt von Lebensformen einbezogen wird (transgender Mann, transgender Frau, Intersexe, Drag Kings und Drag Queens, Cyborg, Tomboyfemme, lesbisch, schwul u.v.m.)« (Perko 2004: 31). In diesem Sinne beziehe ich mich auf die vierte Variante, die sich durch ihr plurales Selbstverständnis auszeichnet.

Die Negativkonnotation von Queer wird politisch zum einen bewusst herangezogen und mit idealisiertem Selbstbewusstsein unterfüttert, so dass schließlich mit Stolz und erhobenen Hauptes die traditionelle, naturalisierte Sex-Matrix ›Mann gehört zur Frau‹ durchbrochen werden kann, um jenseits eines binären Geschlechterkodes queere Selbstkonzepte und Seinsformen zu leben. »Weltweit forderten feministische, lesbische und schwule AktivistInnen deshalb eine neue Sichtweise und Analyse von (Zwangshetero-)Sexualität nicht nur als dem Kernstück der Unterdrückung von Frauen, sondern auch von Lesben und Schwulen. Gekämpft wurde gegen die institutionellen, rechtlichen, moralischen und gesundheitspolitischen Formen der Normierung sexueller Praktiken ebenso wie gegen die gesellschaftlich geduldeten und sanktionierten Formen sexistischer Gewalt« (Quaestio3 2000: 10). Parallel zu den schwul-lesbischen Emanzipationsbewegungen – beispielsweise im Zusammenhang mit den Skandalen um die Christopher Street in New York (vgl. Bravmann 2003; Kraß 2003) – schaffen es vor allem feministische und/oder lesbische Theoretikerinnen, ein anderes Bild sexueller Lebensweisen auf theoretisch-abstrakter Ebene zu formulieren (vgl. Butler 1991; de Lauretis 1991).

An dieser Stelle weist Judith Butler eindrucksvoll darauf hin, dass es gar nicht so einfach sei, einen Begriff der Beleidigung einfach umzuwenden, oder wie sie im Brechtschen Sinne nachfragt, wie ein Begriff »umfunktioniert« werden könne (vgl. Butler 1997: 307). Queer ist also weder

2 Heinz-Jürgen Voß (2004) findet eine gängige Version für Queer als diffamierende Bedeutung: »Aus dem Englischsprachigen kommend, stand und steht *queer* als Schimpfwort für Homosexuelle. Übersetzt bedeutet es soviel wie ›seltsam‹ oder ›merkwürdig‹, im Sprachgebrauch erhält es eher eine mit ›Schlampe‹ oder ›Arschficker‹ vergleichbare Bedeutung« (ebd.: 66; Hervorh. i. O.).

3 Quaestio ist das Autorenkollektiv Nico J. Beger, Sabine Hark, Antke Engel, Corinna Genschel und Eva Schäfer, die zusammen als Herausgeberinnen des Bandes »Queering Demokratie« (2000) fungieren.

nur ein Synonym für gay, schwul oder lesbisch, noch ist es nur eine politische Gegenstrategie. Vielmehr bietet sich Queer als Modus an, grundsätzlich normative Regeln zu hinterfragen. Queer ist meiner Ansicht nach eine kritisch-reflexive Denkweise. Butler ging es weniger darum, für lesbisch-schwule Einheiten zu votieren, sondern das gesellschaftliche Modell etablierter Heterosexualität, als Konstruktion von Zwangsheterosexualität auszudeuten und Überlegungen, die Identitäten auf binäre Trennungsschemata zurückführen, prinzipiell anzufechten. Ein gemeinschaftliches Abkommen, dass sich Menschen entweder als Frauen oder als Männer repräsentieren und darüber hinaus selbstverständlich nur gegengeschlechtliche Beziehungen eingehen, wird über eine Gender-Mainstreaming-Debatte hinaus prinzipiell in Frage gestellt.

Butlers Idee einer gemachten Sexualität nimmt das von Foucault vorbereitete Verständnis einer Relation zwischen Sex und Macht auf. Diese Beziehung stellt sich – und das widerspricht einer häufig geäußerten Argumentation, der Sex werde gesellschaftlich ausschließlich unterdrückt – als ausgesprochen hervorbringend dar. Den Verwicklungen von Sex und Macht liegt ein diskursiv aufgeladenes Spannungsfeld zugrunde, das ein Reden über Sex nicht tabuisiert, sondern anreizt und anstachelt. Die Diskurseffekte erschaffen schließlich jene Ordnungsräume, in denen das erlaubte, also intelligible Leben, normativ-heterosexuell stattfinden darf. Die Matrix einer naturalisierten Geschlechtlichkeit steht im Feld von Regulierungen, Verboten und Empfehlungen.

Um dem Potential einer Machtachse im Gespräch über Sexualitäten, Geschlechter, oder besser gesagt, um den je existentiellen Debatten um Identitäten, gerecht zu werden, erscheint die Inaugenscheinnahme ebendieser Verwicklungsgeschichten nicht nur interessant, sondern zwingend notwendig zu sein. Die Möglichkeit, vermeintlich Eindeutiges uneindeutig zu denken, entspricht einem Modus politischer wie auch theoretischer Dekonstruktion, der Identitäten nicht auslöscht, sondern Selbstverständlichkeiten infrage stellt. Als dekonstruktiv lassen sich nun solche Suchbewegungen fassen, deren Anliegen es ist, den konstruktiven Gehalt wirkmächtiger Entitäten aufzubrechen, das vermeintlich authentische Sein als Effekt diskursiver Praktiken zu verstehen und für eine Bedeutungsverschiebung zu öffnen. Auf diesem Wege ließe sich eine Strategie der Unordnung, der Uneindeutigkeit, aber auch des Widerständigen formulieren. Das ›Andere‹ jenseits normativer Identitätspolitiken denken zu dürfen und zu können, ist ein dekonstruktives Projekt zur Demaskierung normierter und in dieser Lesart normalisierter Identitätsverletzungen und Identitätsbeschädigungen. Das Separieren in binäre Kodes verliert sich auf diese Weise zugunsten einer Haltung, die zunächst einmal alles in Frage stellen darf. Soziale Relationen basieren auf interaktionalen Aushandlungsszenarien, sie verlaufen jedoch in diskursiven Schemata, die ihrerseits bestehende Strukturen verfestigen und gleichsam die Gefahr systematischer Hierarchisierungen ignorieren könnten. Ein Verqueeren von Eindeutigkeiten basiert auf der Motivation, das als naturgegeben Vorausgesetzte infrage zu stellen und anzufechten (vgl. Engel 2002). Entscheidend hierbei ist die Bereitschaft, gesellschaftlich etablierte Konstruktionen zu destabilisieren und nach Möglichkeiten der Neugestaltung zu suchen. Der motivationale Katalysator für diese Anstrengung kann als eine Haltung interpretiert werden, die mit einem ›Unbehagen‹ auf potenzielle Verurteilungen diskreditierender Politiken reagiert und diesen widerständig entgegentritt.

## Performanz

Für Judith Butler gilt an dieser Stelle die performative Praxis einer so genannten »subversiven Resignifikation« (vgl. Butler 1991: 212). Was meint sie damit? Die performative Wirkung von Diskursen führt sie als entscheidenden Clou an, der die gesellschaftlich offenbar außerordentlich notwendigen Fragen nach der Zugehörigkeit zu klären versucht, und zwar eindeutig. Performanz bedeutet so gesehen zunächst einmal eine Form der Selbst-Darstellung. Dieser ›Auftritt‹ – der sprachlich durch Anrufung funktioniert – kann nicht außerhalb einer diskursiv festgestellten Norm ablaufen. Er ist beeinflusst und getragen von den jeweils gängigen, situativ vereinbarten Bezeichnungsgewohnheiten[4], die sprachlich aufgerufen sowie im ›Wortschatz‹ über die Zeit konserviert und iterativ genutzt werden[5]. »Diskurse materialisieren sich in der Zeit. So lässt sich zum Beispiel die performative Konstruktion des Geschlechts nicht auf eine Situation oder eine Biografie reduzieren, sondern ist Effekt epochaler Diskurse, in denen sich Geschichte sedimentiert hat« (Villa 2003: 159).

Weiterhin ist für Butler die Position der Sprecherin entscheidend dafür, wie sich die performativen Handlungen vollziehen. Es macht einen erheblichen Unterschied, ob ein Priester, oder ob ein Postbeamter die Ehe gegenüber einem Brautpaar ausspricht. Die Folgen wären gänzlich andere und führten folglich zu anderen ›Realitäten‹. »Eine performative Handlung ist

4 Hiermit sind Zuschreibungsgewohnheiten gemeint, die über Äußerungen wie ›so sind die da!‹, ›so sind die anderen‹, ›so sind die Frauen, so sind die Männer an sich!‹, oder ›so sind Schwarze an sich‹ etc. Meinungen, Urteile und Etikettierungen produzieren.

5 In ihrem Aufsatz »Imitation und die Aufsässigkeit der Geschlechtsidentität« spricht Judith Butler (2003) ihr Unbehagen an, das stets dann auftauche, wenn eine bestimmte Form des Seins angesprochen werde und gleichsam eine Erwartung zu Tage trete, sich als jemand zu äußern. »Denn es ist eine Inszenierung, sich (gewöhnlich als Reaktion auf eine Anfrage) zu einer Identität zu bekennen oder in ihrem Namen zu schreiben, eine Inszenierung, die – ist sie erst produziert – manchmal die Funktion eines politisch wirksamen Trugbilds erfüllt« (ebd.: 144).

eine solche, die das, was sie benennt, hervorruft oder in Szene setzt und so die konstitutive oder produktive Macht der Rede unterstreicht« (Butler 1993b: 123). Performativa liegen parallel zum Prozess der Subjektwerdung, sie sind an diesen gekoppelt und eröffnen stets zwei Perspektiven auf das ›Machen von Sein‹. »Einerseits sind wir die diskursiven Produkte der Anrufungen, denen wir ausgesetzt sind. [...] Andererseits bedarf es gewissermaßen einer individuellen Annahme der Anrufung« (Bruner 2005: 75). Anrufung und Annahme der Anrufung sind zentrale Vorgänge einer Subjektwerdung, die einmal aufzeigen, dass die Entscheidung für ein Sein (beispielsweise das Homosexuellsein oder auch das Behindert-Sein) nicht individuell getroffen werden kann. Wenn ein Mensch geboren wird, und es präsentiert sich ein (vermeintlich) eindeutiges, anatomisches Geschlecht als Vagina, so kann dieser Mensch – nicht nur weil es zu diesem Zeitpunkt altersbedingt kaum möglich wäre, sich selbst zu artikulieren – die Anrufung ›Hurra, es ist ein Mädchen!‹ nicht vermeiden. Es würde auch keinen Sinn machen, dieses Ankommen in der Norm zu verleugnen, denn es wird von außen zugetragen. Der Sexus als morphologische Substanz verantwortet nicht selbst die Zuschreibung und Klassifikation von Identität, und diese Logik möchte ich hier akzentuieren. Sondern im performativen Akt der Anrufung werden eindeutige Kategorien, im vorliegenden Beispiel Frau/Mann, von Anfang an bestimmt. Das wirkmächtige Benennungsverfahren bringt das Neugeborene als Mädchen konstitutiv hervor. ›Erfolgreiche Subjektivation‹ setzt im Anschluss daran voraus, dass die Zuschreibung, in diesem Beispiel als eindeutiges Mädchen, affirmativ übernommen wird. Nur so kann aus dem Verfahren der Subjektivation eine Identität entstehen, die sich im gegenwärtig gültigen, okzidentalen Diskurs intelligibel einrichtet.

## Subversive Resignifikation

Subversive Resignifikation steht vor dem Hintergrund des skizzierten Verständnisses performativer Handlungen und Identitätskonstruktionen (Subjektwerdung) für eine widerständige Strategie, um in der Logik des Bezeichnens Möglichkeiten aufzuspüren und die Matrix der Intelligibilität zu destabilisieren. Es sind dies die Spalten und Risse in der Anrufungspraxis, die genutzt werden können, um den etablierten Diskurs zu irritieren. Am Beispiel der Travestie konkretisiert Butler diese Strategie der Zuschreibungs- und Bedeutungsverschiebung vermittels Imitation und Parodie von Geschlechtsidentitäten.

»Die kulturellen Praktiken der Travestie, des Kleidertauschs und der sexuellen Stilisierung der *butch/femmes*-Identitäten parodieren sehr häufig die Vorstellungen von einer ursprünglichen oder primären geschlechtlich bestimmten Identität. In der feministischen Theorie wurden diese parodistischen Identitäten entweder, was die

Travestie und den Kleidertausch betrifft, als Herabsetzung der Frauen oder, besonders im Fall der lesbischen *butch/femme*-Identitäten, als unkritische Aneignung einer stereotypen Geschlechterrolle verstanden, die aus dem Repertoire der Heterosexualität stammt. Meiner Ansicht nach ist die Beziehung zwischen ›Imitation‹ und ›Original‹ jedoch weitaus vielschichtiger, als die Kritik im Allgemeinen erlaubt. [...] Die Performanz der Travestie spielt mit der Unterscheidung zwischen der Anatomie des Darstellers (*performer*) und der dargestellten Geschlechtsidentität« (Butler 1991: 201f.; Hervorh. i. O.).

Die Maskerade eines travestiven Frau-Seins/Mann-Seins verwirrt insofern, als dass die Existenz eines Originals durch dessen Imitation angezweifelt wird. Plötzlich erscheint ein Mann als Frau et vice versa und unterstützt dies durch derart übertriebene Gestik, dass die Unvereinbarkeit von weiblicher Performanz und männlicher Anatomie, männlicher Performanz und weiblicher Anatomie fast schmerzhaft ins Bewusstsein tritt. Die Sex-Gender-Parodie spiegelt den Diskurs normativer Heterosexualität, um sogleich an ihm zu (zer-)brechen. Schmerzhaft ist die Maskerade deshalb, weil sich an der Peripherie der Norm Wirklichkeitskonstruktionen verzerrt offenbaren und die Sicherheit einer vorgängigen, essenzialistischen Geschlechtsidentität torpediert wird. Die Imitation wird gegen das Original gestellt und verunsichert ihren naturwüchsigen und damit ›wahren‹ Ursprung. Was ist Original und was ist Imitation?

»[...] der parodistische oder imitative Effekt lesbischer und schwuler Identitäten bewirkt weder die Kopie noch die Nachahmung der Heterosexualität, sondern vielmehr ihre Bloßstellung als unaufhörliche und überstürzte Imitation ihrer eigenen naturalisierten Idealisierung. Die Tatsache, daß Heterosexualität immer dabei ist, sich selbst zu erklären, ist ein Indiz dafür, daß sie ständig gefährdet ist, das heißt, daß sie um die Möglichkeit des eigenen Kollapses »weiß«: daher ihr Wiederholungszwang [...]« (Butler 2003: 158).

Travestie ist ein bekanntes Beispiel, mit dem Butler versucht, die Darstellungsweisen ›immer schon da gewesener Geschlechtsidentität‹ zu entzaubern und den Konstruktionsmechanismus stabiler Personalitäten in den Vordergrund zu rücken. Die Kritik am ›Doing Gender‹, das Heteronormativität unhinterfragt als Ursprungsgröße annimmt, kann mit Hilfe von »Strategien der subversiven Wiederholung« (Butler 1991: 216) – hier am Beispiel der Travestie – der Gesetzmäßigkeit vorgängiger Entitäten widersprechen.

Wenn sich nun in den Wiederholungsakt Pertubationen einschleusen, so kann dieses Verfahren als ›subversive Resignifikation‹ verstanden werden. Der archaisch uranfängliche Titel ›Frau‹ oder ›Mann‹ wird belächelt.

Auf diese Weise werden diskursive Wirkmächtigkeiten, in deren Namen auf der Basis von Heteronormativität Entscheidungen getroffen und Gesetze erlassen werden, irritiert[6].

## Aussichten auf ungeklärte Professionalitäten

Im Fall von Normabweichungen und Anderssein ist zu beobachten, dass Sozialarbeiter/innen häufig mit einem Verweis auf ein zu respektierendes Differenzgebot reagieren. Differenz sei grundsätzlich anzuerkennen und zu respektieren, denn nur auf diese Weise sei es möglich, sämtliche unterschiedlichen Lebensentwürfe anzuerkennen und Diskriminierungen vorzubeugen. ›Bunte Vielfalt‹ gilt als pädagogische Zauberformel[7]. Pluralqueeres Denken ist eine durchaus sinnvolle Möglichkeit, den Ausschließungscharakter von Grenzziehungen zu reflektieren und gleichsam Ambiguitäten in den Vordergrund zu rücken. Eine professionelle Perspektive, die Pluralität betont, darf sich indes nicht damit begnügen, heterogene Eigenschaften im Sinne einer additiven Reihung aufzurechnen. Dies entspräche einer Konstitution kollektiver Identität im Baukastenverfahren. Vielmehr müssten Grenzverschiebungen und das Infragestellen vermeintlicher Gewissheiten im Vordergrund stehen. Die Typisierung ›involvierte Professionaliäten‹ präsentiert eine Praxis, die zuallererst das aufruft, »was sie verschieben will. Ein verqu(e)erer Zugang kann nicht jenseits kulturell überlieferter geschlechtlicher und sexueller Kategorien und (professioneller) Identitäten agieren, bestätigt diese jedoch nicht zwangsläufig« (Hartmann 2004: 265).

AIDS-Hilfen sind sexuierte Institutionen, in denen Identitäten arrangiert und letztlich auch festgeschrieben werden. Unter den Vorzeichen ›normaler Existenzweisen‹ fallen sie alleine schon deshalb auf, weil sie diesen per definitionem nicht entsprechen können. Ein schwuler Mann/Junge ist ein schwuler Mann/Junge und kann demzufolge kein heterosexuell empfindendes Subjekt sein. Es sei denn, er entschiede sich für eine unmissverständliche heterosexuelle Identifikation. Dann aber wäre es allerdings nicht mehr vorstellbar, dass er im Anschluss wiederum mann-männliche Beziehungen sucht und diese auch lebt. Der diskursiv getragene und iterativ wiederholte

6 Das Bild eines sich ständig wiederholenden Aussagesystems, das gewissermaßen das Fundament für wahrhaft richtige Identitäten bildet, unterstreicht an dieser Stelle nochmals das diskursive Verständnis Butlers. »Die parodistische Wiederholung und Neubezeichnung heterosexueller Konstrukte in nichtheterosexuellen Mustern machen *den äußerst konstruierten Status des sogenannten Originals überdeutlich*, aber sie zeigen auch, daß sich *Heterosexualität nur durch einen überzeugenden Wiederholungsakt als Original konstituiert*« (Butler 2003: 159; Hervorh. d. V.).

7 Vgl. kritisch dazu Hartmann (2004: 260); Howald (2001: 301).

Appell an die Eindeutigkeit des Selbstauftritts im sozialen Miteinander fundamentiert eine wirkmächtige Matrix unhintergehbarer Identitätsfestschreibung. Gefragt sind möglichst lückenlose, ungebrochene, weil nicht fragwürdige Lebensbiographien, die sich in private, berufliche, ja in kulturelle Aggregate performativ unauffällig einfinden.

Que(e)r durch die Soziale Arbeit lassen sich weitere Versuche beobachten, den normativen Anspruch an die Disziplin und Profession Soziale Arbeit kritisch zu bedenken und Möglichkeiten herauszustellen, traditionelle Denkgewohnheiten, klassischer Sexualpädagogik beispielsweise, zu irritieren. Am Beispiel verqueerer Jugendarbeit möchte ich diese professionelle Praxis beispielhaft an meinen Vorschlag, involvierte Professionalität queer zu denken anlehnen und im Folgenden kurz erläutern.

## Kein Junge und kein Mädchen: verqueere Jugendarbeit

> »Die lebensumfassende Entweder-oder-Alternative transportiert eine weitreichende und schwierige Entscheidung, die der möglichen Leichtigkeit von Verliebtheitsgefühlen eine große Schwere gegenüberstellt. Sie lässt kein mehr oder weniger zu«
>
> (Hartmann 2001: 71).

Gegen Offenheit und differenziertes Nachdenken ist zunächst nichts einzuwenden. Verharren sie indes auf einer affirmativen Lesart ›grundsätzlich trennender Gesetzmäßigkeiten‹, zum Beispiel die vorsoziale binäre Aufteilung in Frauen und Männer, so werden hierarchische Verhältnisse übersehen und ›vielfältig asymmetrische Differenzen‹ postulativ hinterrücks anerkannt. Dieser Vorgang stabilisiert soziale Ungleichheit entscheidend, wie sich am Beispiel getrennter, identitätszentrierter Mädchen- und Jungenarbeit zeigen lässt. »In den meisten Konzeptionen antihomophober oder lesbisch-schwuler Bildungsarbeit (werden) Vorstellungen von sexueller Identität als dichotome Alternative hervorgebracht« (Hartmann 2001: 71). Emanzipatorisch motivierte, geschlechtersensible Pädagogik, die den je individuellen Bedürfnissen von Mädchen und Jungen, getrennt in Mädchenarbeit und Jungenarbeit, professionell gerecht werden möchte, ist in hohem Maße an der Produktion von Geschlechtergrenzen beteiligt. Sie verleiht den gängigen Normen Geltungskraft. Um Missverständnisse im Zuge der nun folgenden Kritik geschlechterdifferenzierender, sozialpädagogischer Konzepte zu minimieren, sei betont: Identität lässt sich schlechterdings nicht ohne Differenz artikulieren und verstehen. Ob aber über Begriffe wirklich das zum Ausdruck gebracht werden kann, was ist, bleibt stets zu hinterfragen.

Mädchen- und Jungenidentitäten lassen sich nicht wegdekonstruieren. Sie sind da, weil sie beständig ›angerufen‹ werden, weil sie in diskursiven Kontexten dem Zwang ausgesetzt sind, Identitäten annehmen zu müssen.

Ein pädagogisches Leugnen der Existenz von Jungen und Mädchen wäre insofern völlig unverständlich und gleichsam identitätslogisch indiskutabel, weil eine abstrakt-theoretische, philosophische Metaebene der Dekonstruktion auf unhintergehbare Statusnotwendigkeiten gelegt würde.

Entscheidend für eine wissenschaftlich-reflexive Inaugenscheinnahme getrennt-geschlechtlicher-Jugendarbeit indes ist der grundsätzliche Umgang mit Identitätskonstruktionen. »In der pädagogischen Praxis kann auf Identitätskategorien meines Erachtens tatsächlich verzichtet werden – nicht jedoch auf die Berücksichtigung von Identität – auf die Wahrnehmung und Anerkennung von identitätspolitischen Strategien der Individuen und Gruppen in der Perspektive von Handlungsfähigkeit« (Maurer 2001: 117). Dem Ansatz Maurers folgend ist eine sozialpädagogische Mädchen- und Jungenarbeit danach zu befragen, wie sie mit Differenz und Normalitätskonstruktion umzugehen weiß, wie also ein Weg vom »borderwork« zum »crossing« (beides Tervooren 2001b: 246) nachgezeichnet werden kann. Identitäten sind entsprechend ein wichtiger und entscheidender Bestandteil ›kritischer Sozialarbeit‹. Noch wichtiger allerdings sind ihre performativen Effekte. Im Zentrum traditioneller Sozialarbeit mit Mädchen stand bisher häufig die professionelle Stellvertretung und Stärkung der Rolle des Mädchens innerhalb patriarchaler Gesellschaftsstrukturen. Getragen von einer feministischen Theorie, welche im Repressions- und Geschlechterkampf verharrt und im Akt der Forderung von Gleichberechtigung Differenzen reproduziert, bleibt die Mädchenarbeit zunächst in ähnlicher Weise einem ›dichotomen Identitätsideal‹ untergeordnet (vgl. Howald 2001: 300-302). Verqueere Bemühungen nun, Dimensionen der Triade Sex, Gender und Desire unter sozialpädagogischen Gesichtspunkten neu oder anders zu denken, setzen an dieser Stelle an, wenn Identität im pädagogischen Konzept als vorgängige Entität akzeptiert und fortgeführt wird. »Die Arbeit mit einem offeneren, nicht essenzialisierenden Identitätsbegriff setzt voraus, dass die Zwangsordnung, die durch ein normatives Ideal entsteht, zuerst einmal sichtbar gemacht wird« (Howald 2001: 302). Dieser Schritt erscheint mit Replik auf die einschlägige Literatur (beispielsweise Bültmann 2004) ausgesprochen schwierig. Lesbischsein wird in der Mädchenarbeit entweder ignoriert, tabuisiert, geheim gehalten, unsichtbar gemacht oder als ›andere Lebensform‹ stilisiert (vgl. ebd.). Dieser Abschiebeprozess lässt sich nicht bloß für das Verhalten von Pädagoginnen in der Mädchenarbeit nachweisen, sondern zugleich als Abkoppeln schwul-lesbischer Fragestellungen im Sinne einer Spezialität, in die Subdisziplin Sexualpädagogik hinein. Das Eintreten für eine ›andere Form des Mädchenseins‹ stößt in der Logik queerer Sozialpädagogik zwangsläufig an seine Grenze. Statt eines

Spielens, Ausprobierens und neugierigen Sich-etwas-Wagens[8], wird die heteronormative Grundformel menschlichen Seins beschworen.

Ähnliche Probleme sieht Olaf Stuve (2001) für die sozialpädagogische Jungenarbeit. Auch hier führe ein scheinbar unhintergehbarer Rekurs auf die natürliche Doktrin des Mannes, der keine Frau ist (und des Jungen, der kein Mädchen ist) zur Verlängerung und Fortsetzung disparater Wesenseinheiten ohne Zwischenraum. Unter Verweis auf die antisexistische Jungenarbeit der ›Heimvolkshochschule Alte Molkerei Frille‹[9] sowie die Veröffentlichung von Lothar Böhnisch und Reinhard Winter (1993) arbeitet Stuve heraus, dass selbst ein kritischer Ansatz der Infragestellung von »Männlichkeitsideologien« (Winter/Neubauer 2004: 69) nicht dazu führen könne, dass sich eindeutige Geschlechtsidentitäten in ihrer Wirkmächtigkeit verschieben. Er postuliert daraufhin: »das Ziel ist kein Junge!« (Stuve 2001: 282). Wenn das Ziel kein Junge ist, dann wäre für eine geschlechtsbezogene Konzeption von Jungenarbeit zu fragen, wie das Ziel anstelle dessen aussehen könnte. Trotz Festhaltens am Signifikant ›Junge‹ erreichen pädagogische Ansätze möglicherweise ein erfolgreiches Sensibilisieren für die Verbindung von Gewalt, Ideologie und Wertevorstellungen an das Konzept Sexualität (und das wäre bereits ein nicht zu verachtender Fortschritt). Die Irritation ›gegebener Geschlechtsidentität‹ sowie der Perspektivwechsel pädagogischer Praxis wäre damit jedoch noch nicht vollzogen.

»Jungenarbeit muss sich bei ständigen Infragestellungen, Verflüssigungen und Vervielfältigungen von Männlichkeiten sicherlich damit beschäftigen, wie mit einem ›Bedürfnis‹ nach stabiler Geschlechtsidentität umgegangen werden kann. Jedoch kann es nicht ihre Aufgabe sein, immer wieder von neuem an einer eindeutigen Unterscheidungslinie zwischen dem ›Männlichen‹ und dem ›Weiblichen‹ beteiligt zu sein« (Stuve 2001: 285)[10].

8 Konkret schlägt Howald (2001) für das Spiel mit Identitäten vor, in Rollenspielen, Cross-Dressing und Postkartenspielen »Geschlecht zwar als gesellschaftliche Realität zu erkennen, aber nicht mehr definieren zu [..] (müssen), was Mädchen sind. Der Begriff hat so keine Essenz mehr, sondern kann jeweils unterschiedlich besetzt werden. Das bedeutet für die Mädchenarbeit, dass die Parteilichkeit für Mädchen eine strategische Funktion hat. Auf der anderen Seite ergibt sich für die Praxis die Möglichkeit, innerhalb der Mädchenarbeit mit einer Vorstellung von Geschlecht und Sexualität jenseits von festschreibenden Identitätskonstruktionen zu arbeiten« (ebd.: 305f.).

9 Vgl. Book (1989) sowie http://www.hvhs-frille.de.

10 Für die Praxis schlägt Olaf Stuve (2001) Formen der Körperarbeit vor. Mit Hilfe von meditativen Übungen und Körperreisen werde ein Bewusstsein für den Körper angereizt, das alternative Erfahrungen jenseits bekannter männlicher Gesten ermögliche. Besonders effektiv gestalte sich diese Körperarbeit in der Gruppe (vgl. ebd.: 290).

Nicht nur der Bereich traditioneller Mädchen- und Jungenarbeit steht vor der professionellen Herausforderung, wie eine moderne Variante Ungerechtigkeit minimierender pädagogischer Verfahren gefunden werden kann. Auch ihre schwul-lesbische Variante trägt ein Identitätsideal vor sich her, das die verworfene Subjektivität als Idealform neben der Idealform konzipieren möchte. Wenn sich LehrerInnen fragen, wie sie sexuelle Orientierung als Thema für das Klassenzimmer pädagogisch vorbereiten könnten, greifen sie nicht selten auf das Angebot ›sexualpädagogischer Experten‹ zurück, die sich für diesen Spezialfall in besonderer Weise vorbereitet haben (vgl. Behrens/Ehmke 1996; Hofsäss 1999). Sexualpädagogische Curricula zur Unterstützung selbstbewusster Handlungsorientierungen Jugendlicher sind danach ausgerichtet, Komplikationen im Finden des eigenen Geschlechts professionell zu begleiten. Hintergrund ist in aller Regel ein Differenzieren zwischen biologischem Geschlecht und Geschlechterrollen, die im gesellschaftlichen Schema als Frau/Mann Wahlmöglichkeiten anbieten. Das Gesetz der Geschlechterpolaritäten kann in den Köpfen und im Selbstverständnis der (jungen) Menschen keine wirkliche Alternative entstehen lassen. Zur Verdeutlichung der besonderen Brisanz schwuler und lesbischer Identität während der Pubertät greifen pädagogische Konzepte häufig auf eine ›Bildsprache‹ zurück. Die Metapher des ›anderen Ufers‹[11] verbindet sich mit dem Anspruch, trotz der latenten Gefahr, diskriminiert zu werden, eine akzeptierte Persönlichkeit im sonst heterosexuell geprägten Gesellschaftsraum zu entwickeln und das Schwulsein zu erkennen, anzunehmen und damit zu leben (vgl. Esch 1996, 1999: 20; Esch/Hein 1999). Möglicherweise führt diese Pädagogik zu einem kongruenten und aufgeklärten Selbstbewusstsein schwuler und lesbischer Eindeutigkeit. Dass sich Coming-Out und Selbsthilfegruppen aber eben am ›anderen Ufer‹ stehend verorten, blendet die latente Machtdynamik zweier Ufer tendenziell aus und reduziert die Coming-Out-Phase auf Selbstaktualisierungsanstrengungen im psychologischen Koordinatensystem geschlechtlicher Sozialisation. Das nachvollziehbare Engagement, ›schwul‹ als Identitätslabel zur Sprache zu bringen, »produziert [...] nur eine neue, andere Form des ›Closet‹, des Schweigens« (Butler 2003: 147).

## Queer Professionals: ›Identität‹ als Provisorium

»Queer hat sich bisher vorwiegend mit Sexualität beschäftigt. Neuere Anzeichen deuten allerdings darauf hin, daß sich sein Projekt der Entnaturalisierung auch auf anderen Identifikationslinien als Sex und Ge-

11 So beispielsweise eine Fachtagung am 04.11.2004, organisiert vom ›Hessischen Jugendring (Wiesbaden) unter dem Motto »*Auf dem Weg zum anderen Ufer. Lesbische und schwule Jugendliche im Coming-Out*«.

schlecht ausweitet[12]« (Jagose 2001: 126), wie im vorliegenden Fall, nämlich auch auf das Projekt einer Professionalisierung Sozialer Arbeit. Queer ist in der Lage, sich nach außen hin zu erweitern, und als queere Dimension für sämtliche (scheinbar unerlässlichen) Identitätskonstruktionen als Kritik am ›positivistischen Sein‹ einsetzbar. Richtet sich nun diese, von mir freigelegte, queere Strategie auf die aktuelle Debatte um Qualität, Wert und Effektivität in der Sozialen Arbeit, so sehen wir uns einem Verständnis von Professionalität gegenüber, das nicht selten ein konkretistisches, verdinglichendes Einordnungsverfahren anwendet: entweder professionell oder unprofessionell. Der Vorgang eines kontinuierlichen Bezeichnungs- und Regulierungsverfahrens eindeutiger Professionalität wird von der Überzeugung getragen, dass Soziale Arbeit, trotz Offenheit, Vielfalt und Anpassungsfähigkeit, durchaus eine bestimmte (berufliche) Identität vorweisen müsse. Allzu leicht verrutschen diese Gewissheiten in eine Richtung zurück, die sich darauf beschränkt, ein deformiertes Professions-Prestige rehabilitieren zu wollen.

Mit der Rastermethode professionell/unprofessionell stehen die Befunde unweigerlich vor dem Problem, das Wissen Sozialer Arbeit, wie auch das Know-how der ihr Anbefohlenen zu trivialisieren und in eine hierarchisierte binäre Kodierung einzuschmelzen. Dazwischen, so scheint es, befinde sich gar nichts. Aber ist es wirklich erforderlich, zwischen dem einen und dem anderen entscheiden zu müssen? Oder produziert und manifestiert sich durch diese Schematisierung nicht vielmehr ein eindimensionales, hierarchisiertes Ordnungssystem, welches die Komplexität und Vielfältigkeit professionellen Handelns völlig außer Acht lässt? Soziale Arbeit in AIDS-Hilfen queer gedacht beschreibt Verhältnisse und soziale Relationen in zum Teil prekären Lebenslagen. Sie diskreditiert nicht die Anstrengungen der Praxisprojekte in Richtung Qualitätsentwicklung und Evaluation. Diese sehen sich nämlich einem enormen Druck ausgesetzt, die Anforderungen der Sozial- und Gesundheitspolitik nach transparenten, ökonomisch richtigen und fachlich innovativen Konzepten einzuhalten. Statt dem Imperativ ›Good Practice‹ und einer resultierenden Systematisierung und Auswertung über Kennzahlen unhinterfragt zu folgen, betont eine queere Haltung das politische Potenzial, sich nicht auf Qualitätsmessungen und Zertifizierungsprogramme reduzieren lassen zu müssen.

Es geht bei der Idee, Professionalität kritisch-reflexiv-queer vorzustellen, um unbestimmte, provisorische Hinsichten auf Selbstverständnisse Sozialer Arbeit jenseits verdinglichender Normierung. So ist auch die Etiket-

12 Auch Gudrun Perko (2004: 32) schlägt vor, »über die sex/gender-Diskussion als bisherigen Schwerpunkt von Queer-Theorien hinausdenkend, [..] eine transformative Erweiterung dieser Theorien hinsichtlich mehrerer Bereiche« vorzunehmen. Sie nennt in diesem Zusammenhang die Ethik, die Politik und die Logik.

tierung in gelungene oder verpasste Professionalisierung auf diesem Wege zu umgehen. Eine queere Dimension Sozialer Arbeit ist wenig daran interessiert, als Normalisierungsagentur eindeutige Identitäten in ›passende Verhältnisse‹ zu integrieren. So gesehen bietet diese Perspektive eine gute Gelegenheit, theoretische Überlegungen zur professionellen Hilfe und Fürsorge mit politisch-praktischen Gedanken zu verbinden. Eine Praxis der Entbestimmung eindeutiger Be-Stimmungen – nicht also der Beliebigkeit – wäre geeignet, in Richtung eines Professionalitätsverständnis weiterzudenken, das ohne binäre Zuschreibung auskommt.

Die Auseinandersetzung mit Queer zeigt, dass es eigentlich kaum möglich ist, überhaupt etwas Definitives zu den Hintergründen, Entstehungskontexten und Verwendungsweisen zu sagen. Sobald nämlich eine Aussage gemacht, eine Beschreibung und Eingrenzung vorgenommen wurde, stellt sich unwillkürlich die Frage nach den diskursiven Verankerungen der geleisteten Queer-Definition. Wer spricht sie aus, in welchem Auftrag wird sie formuliert, warum und wie sind die Anforderungen aufgebaut?

Eine queere Programmatik ist demzufolge nicht einfach zu leisten und kann sogar als schlechterdings unmögliches Projekt angesehen werden.

> »Gerade weil *queer* gegenüber jedem Essentialismus kritisch eingestellt ist und es darauf anlegt, durch eine politische, aber auch epistemische Offenheit Verrückungen, Transformationen und Kontextualisierungen zu erkennen und zu ermöglichen, kann an *queere* intellektuelle Praxis nicht der Anspruch gestellt werden, eine ›kohärente Theorie‹ zu sein; *queer* versteht sich eher als eine flexible Lesart sozialer Verhältnisse und epistemischer Praxen, die daraufhin betrachtet und geprüft werden, inwiefern sie durch Rekurse auf Identität/Differenz Ausschlüsse produzieren« (Mecheril 2004: 68; Hervorh. i. O.).

Trotzdem kann – und das wäre die Behauptung der weiteren Verwendung queerer Strategien im Kontext von Professionalisierungsprozessen Sozialer Arbeit – das Projekt einer Verqueerung durchaus strategisch genutzt werden, ›Identitätspolitiken neu zu denken‹, so wie es Sabine Hark (1998) einmal ausgedrückt hat.

Entscheidend für ein neues, anderes Denken ist eine möglichst lückenlose Offenlegung der Verwendungsweisen jener innovativen, kritischen Fokussierungen. Dieser Anspruch nach selbstreflexiver Transparenz darf indes nicht als ›neue Paradigmatisierung‹ missverstanden werden. Wenn queere Identität als Nicht-Identität oder als »radikale Unbegründetheit politischer Identität« (ebd.) in den Blickpunkt (identitärer) Möglichkeitserweiterung gerückt wird, so möchte die vorliegende Lesart uneindeutige Hinsichten auf Subjektivation und Identitätsherstellung ansprechen und betonen, nicht aber verleugnen, dass Individuen auf Selbstbeschreibungen angewiesen sind und mit Fremdzuschreibungen umgehen müssen. Es wird demzufolge kaum möglich sein, das Produktionsprinzip von Charakteren in einen Bereich der Unwirklichkeit abzustellen.

»Es ist nicht nur unvernünftig, die natürliche Gegebenheiten des Sex zu leugnen, ebenso unvernünftig ist es, körperliche Reaktionen wie Schmerzen oder die individuellen konstitutionellen Grenzen körperlichen Leistungsvermögens zu leugnen. Ja, es scheint nicht nur unvernünftig, sondern auch hochmütig und ein Privileg derer zu sein, die sich wohl fühlen in ihrer eigenen Haut, in ihren eigenen Körpern, die sich einen solchen dekonstruktivistischen Luxus erlauben können. Denn in den Momenten, in denen sich der eigene Körper meldet, in denen er uns spüren lässt, dass es ihn gibt, verweist er auf seine tendenzielle Unbeherrschbarkeit, auf die Tatsache, dass er letztlich der Natur entspringt und trotz allem medizinisch-technischen Fortschritt diese Herkunft nicht verdrängt werden kann« (Bruner 2005: 81).

Wenn queer grundsätzlich Essenzialismen angreift und auf radikale Weise Gegebenes, das sich in den Kleidern eines Originals vorstellt, entzaubert – zumindest skeptisch nach den Hintergründen der Kraft von Performanz fragt, so teile ich den Hinweis Claudia Bruners, dass ›gespürtes Ausgeschlossensein‹ nicht einfach ›wegdekonstruierbar‹ ist. Vielmehr müssen die Situationen des Ausschlusses in Überlegungen von Bündnispolitiken einbezogen werden und zwar auch innerhalb der Anwendung des ›eigenen Dachbegriffes Queer‹. Zugehörigkeiten entstehen – so wie es Queer Politics gezeigt haben – aufgrund teilweise dramatischer Stigmatisierungs- und Entwertungsattacken eines etablierten, diskursiv fundamentierten Bestimmungsprogramms. Die als ›Betroffene‹ heraus gefallenen Individuen suchen ganz erklärbar und verständlich Unterstützungskraft durch Gruppenbildung. Dieser Verlauf ist nachvollziehbar, birgt jedoch gleichsam die Gefahr, dass sich Solidarität auf gemeinsam gemachte Erfahrungen der Diskriminierung beschränkt, und über diese Konstruktion politischer Räume Hierarchisierungen und phobische Einstellungsmuster im abgeschlossenen Identitätscontainer der Subkultur übersehen werden.

»Ein weiterer zentraler Beweggrund für die Entstehung von queer politics waren die sozialen Folgen der Aids-Epidemie. Vor allem zu Beginn wurden über Aids massiv homophobe Vorurteile geschürt: Das Gerede von Risikogruppen grenzte die Zahl der ›Betroffenen‹ auf die Randgruppen der *moral majority* ein: Schwarze, Schwule, Prostituierte und Junkies. Diese Gruppen waren aus Sicht eben dieser *moral majority* für ihre Krankheit auf Grund ihrer riskanten Lebensweise selbst Schuld. Die Verbindung von Homosexualität und Krankheit wurde neu aufgewärmt« (Woltersdorff 2003: 914f.; Hervorh. i.O.).

Queere Denkweisen löschen keine Identität, sie hinterfragen sie. Als Idee der Vieldeutigkeit und notwendigerweise unaufhebbaren Unbestimmtheit, verpflichtet sich eine queere Haltung zur Entnaturalisierung verdinglichender Zuschreibungspraxen, Anpassung und Separatismus. Gerade aus einer professionstheoretischen Perspektive, die bestrebt ist, sich gegen unterschiedliche Wissensbereiche, wie spezialisierte Fachdisziplinen, Laienengagement und Ehrenamtlichkeit abzugrenzen, kommt der stets provisorisch benannten Identität eine besondere Bedeutung zu. Im ständigen Neudifferenzieren, Neureflektieren und Neubenennen liegt zum einen die Notwendigkeit verborgen, dass Identität offenbar gemacht und konstruiert wird. Ohne ein Zutun – so scheint es – realisiert sich der Akt der Anrufung, wie Judith Butler es beschreibt, zum performativen Akt:

»Performative Akte sind Formen autoritativen Sprechens: Die meisten performativen Äußerungen sind zum Beispiel Erklärungen, die mit der Äußerung auch eine bestimmte Handlung vollziehen und eine bindende Macht ausüben. Die in ein Geflecht aus Autorisierung und Bestrafung miteinbezogenen performativen Äußerungen neigen dazu, juristische Urteile, Taufen, Inaugurationen, Eigentumserklärungen einzuschließen, Erklärungen also, die nicht allein eine Handlung vollziehen, sondern der vollzogenen Handlung eine bindende Kraft verleihen. Wenn die Macht des Diskurses, das hervorzubringen, was er benennt, mit der Frage nach der Performativität verknüpft ist, dann ist die performative Äußerung *ein* Bereich, in dem die Macht *als* Diskurs agiert« (Butler 1997: 309; Hervorh. i. O.).

Die Macht diffundiert in den Gesellschaftskörper, und zwar bis in seine kleinsten Kapillaren hinein, und schafft so die Voraussetzungen zur Konstitution des Normalen/Anormalen. In diesen Kontexten formieren sich schließlich Subjektivitäten. Es käme also auf die Aneignungsweisen an, wie mit Heteronormativität und anderen Diskursivitäten umgegangen wird, wie sie angenommen, vielleicht aber auch widerständig ›gebraucht‹ werden. Ein schönes Beispiel präsentiert Antke Engel (1996), wenn sie den deutschsprachigen Import des queering reflektiert und einen weiteren, provokanten Spracheinsatz vorschlägt: »Warum nicht im nächsten Semester ein Seminar ›Perverse Theorie‹ anbieten? Oder eine Postkarte: ›Liebe Oma! Ich würde gerne einige Tage mit meiner perversen Freundin bei dir auf dem Land verbringen‹« (ebd.: 85f.). Es wird deutlich, dass Situationen des Andersdenkens vorstellbar sind. »Affirmative(r) Widerstand« (Butler 2003: 146) ist möglich. Nur wäre gleichzeitig auch zu fragen, ob das Infragestellen ›monolithischer Selbste‹ in Bereichen professioneller, personbezogener Dienstleistung – für diese Arbeit gehe ich entsprechend empirisch vom Berufsfeld Sozialer Arbeit in AIDS-Hilfen aus – den Bedarf nach Unbestimmtheit erkennt und entsprechende dekonstruktive Überlegungen anstellt.

»Denn in der Geschichte der Sozialarbeit wurde bereits viel versucht, um das Identitätsproblem zu lösen. Sozialarbeit hat viel ausprobiert, um ihr berufliches

Selbstverständnis eindeutiger und sicherer zu machen. Sie hat andere Wissenschaften zu Rate gezogen (etwa Pädagogik, Soziologie, Psychologie, Jurisprudenz), um, ausgehend von deren theoretischen Konzepten und Reflexionen, sich selbst zu bestimmen, sie hat sich an diversen psychotherapeutischen Schulen orientiert, um ihre Uneindeutigkeit in den Griff zu bekommen, um mehr Klarheit und Selbstsicherheit zu gewinnen, und jüngst versucht sie sich zu fundieren, schärfer zu konturieren mittels Ökonomisierung, also durch den Einbezug insbesondere betriebswirtschaftlicher Konzepte, die die Effektivität und Effizienz des sozialarbeiterischen Tuns nicht nur steigern, sondern auch eindeutig messbar machen sollen« (Kleve 2001: 15).

Die praxeologischen Notwendigkeiten des Einsatzes identitärer Selbstverständlichkeit existiert offenbar und steigert sich in eine Fremdbestimmtheit hinein, die schließlich nicht mehr in der Lage ist, das eigene Tun samt seiner Voraussetzungen einer Kritik zu unterziehen.

Queer Professionals bieten die Möglichkeit, zu überraschen, etablierte Denkweisen zu irritieren, und traditionelle Kategorisierungen zu verschieben. Sie bieten damit weiterhin eine subversive Strategie, die analytisch entdeckten Verwobenheiten zwischen Sexualität, Identitäten und Professionalität, mit denen es Sozialarbeiter/innen in den AIDS-Hilfen zu tun haben, in Machtkomplexe und normativen Regulierungen eingebunden zu denken, und sensibilisieren insofern für einen Modus kritischen und reflexiven Erkennens, der sich dabei selbst immer wieder in Frage stellt.

## Ohne Ende Queer

Identitäten entstehen nicht im luftleeren Raum. Sie lassen sich vielmehr als ›Zwischenergebnis‹ komplexer und häufig auf den ersten Blick gar nicht sichtbarer Macht- und Herrschaftsverhältnisse verstehen. In Konjunktion wirkmächtiger, produktiver Diskurse sieht Judith Butler am Beispiel der ›Geschlechtsidentität‹ eine Normierungspraxis am Werke, die im ›Akt der Performativität‹ ihre Kraft und Potenzialität entfalten kann. Sie nennt dieses Phänomen ›Heteronormativität‹ oder ›Zwangsheterosexualität‹. Im Kontext dieser polymorphen, hervorbringenden, disziplinierenden wie zugleich auch regulierenden Macht, funktionieren unhintergehbare ›Anrufungen‹. Unter Bezugnahme auf den französischen Philosophen Louis Althusser, erläutert sie, dass der Angesprochene erst im Akt der Anrufung zu dem werde, der angesprochen wurde. Wenn beispielsweise ein Polizist auf der Straße einem Passanten hinterher ruft: »He, Sie da!«, und sich dieser daraufhin umwendet, so ist sowohl der ›Ruf‹ wie auch die Umwendung in der Reaktion als Annahme dieses Rufs identitätsstiftend (vgl. Butler 2001: 91). Es ist schlechterdings unmöglich, dem Verfahren der ›Anrufung‹ zu entgehen, denn ›wir‹ werden angerufen und agieren gleichsam mit einem ›Namen‹. Identitätskategorien werden durch Anrufung ermöglicht. Zugleich entstehen auf diese Weise legitime, anerkannte, also intelligible Lebensbereiche (Existenzweisen), die sich von solchen unterscheiden, die aus dieser Norm ›herausfallen‹, verworfen in das ›konstitutive Außen‹. Der totalisierende und instituierende Effekt spezifischer Identitätskategorien lässt Butler besorgt und irritiert von einem ›Unbehagen‹ sprechen. Problematisch ist aus ihrer Sicht also weniger, dass Identitätskategorien an sich entstehen, sondern dass sie über Ausschließungen funktionieren.

Der Begriff ›Identität‹ ist politisch wie wissenschaftstheoretisch aufgeladen und trägt gleichsam implizit ›eindeutige‹ Vorstellungen eines ›so Seins‹ vor sich her. Dieses Prinzip ist nicht ausschließlich im Bereich der Fabrikation geschlechtlicher Identität wirksam. Über Sex, Gender und Desire hinaus greift das Prinzip der Subjektivation und Identitätsbildung auch in Regulationsräume hinein, die versuchen, beruflich-professionelle Selbstkonzepte aufzubauen. Dieses Feld beruflicher Selbstfindung, Selbstvergewisserung und Identitätsstabilisierung ist strategisch und professionalisierungstheoretisch durchaus ein umkämpfter Raum um die richtige, erfolgreiche und vor allem einflussreichste ›Berufsidentität‹. Professionelle Identitäten entstehen dabei innerhalb einer schematischen Anordnungskonstruktion, die sich eigentlich dem rigiden und funktionalistischen Professionsmodell entziehen will. Häufig fällt Identitätsarbeit im Vergleich zum klassischen Professionsmodell exakt auf dessen positivistische, normative Logik der Abgrenzung zurück. Soziale Arbeit ist vor diesem Hintergrund stets damit beschäftigt, ihr genuines Profil, das was sie ausmacht, sich selbst und anderen gegenüber zu suchen, zu definieren und in dar stellbare Form zu bringen. Sie betreibt »alltägliche Identitätsarbeit« (Keupp/Höfer 1997), um den ›professionellen Auftritt‹ mit der veränderten gesellschaftlichen Situation, ihren antinomischen Gegenläufigkeiten in ein Passungsverhältnis zu bringen, das schließlich Anerkennung findet.

Soziale Arbeit in den AIDS-Hilfen sieht sich einem heterogenen Ensemble von Anforderungskriterien gegenüber, die innerhalb eines professionellen Profils arrangiert werden müssen. Diskursiv verschränken sich mindestens die folgenden Identitätsstränge:

- Identität als schwuler Sozialarbeiter (Sexualitätsdiskurs),
- Identität als ›betroffener‹ Sozialarbeiter (Sexualitäts- und Gesundheitsdiskurs),
- Identität als ›involvierte/r Professionelle/r‹ (Professionalisierungsdiskurs) sowie
- Identität als AIDS-Hilfe-Mitarbeiterin (AIDS-Hilfe-Diskurs, Institutionsdiskurs).

Zwischen diesen Diskurssträngen, müssen die Expert/innen in den AIDS-Hilfen Wege durch den Dschungel existierender Bedeutungsstrukturen hindurch finden und diese sodann in Handlungskompetenzen für die Berufspraxis übersetzen. Als Sozialarbeiterinnen bewegen sie sich beispielsweise in einem disziplinären Kontext, der sich nach wie vor nicht von der »Suche nach einer Ordo-Professionalität« (Kruse 2002: 36) befreien konnte. Sie durchqueren Räume sexueller Normierungen, die definieren, was Männer und Frauen sind, und was schwul und lesbisch sein könnte. AIDS-Hilfen fungieren als sexuierte Institutionen. Ihre Organisation hat sich über die Zeit derart professionalisiert, so dass mittlerweile auch hier Sozialarbeiter einer institutionellen Signatur gegenüberstehen, die versucht, ihren je spezifischen Handlungsauftrag in Konkurrenz zu anderen Anbietern wohlfahrtsstaatlicher Hilfe abzusichern. Lebensweisenakzeptanz, Gesundheitsförderung sowie Safer-Sex-Prävention fassen den Kanon »geskripteter kollektiver Routinen« (Klatetzki 2004: 189) zusammen. Innerhalb dieser vielschichtigen Prämissen leisten Sozialarbeiter/innen in AIDS-Hilfen gezwungenermaßen Identitätsarbeit und begeben sich damit, wie ihre Kolleg/innen in anderen Praxisfeldern auch, in Regionen disziplinärer Machtfragen. Welche Berufsidentität ist die richtige?

Identität, so hört man immer wieder, solle in der Sozialen Arbeit endlich von ihrem prekären Status abrücken und sich mehr ihrem Autonomieprojekt zuwenden (vgl. Engelke 1995; Merten/Sommerfeld/Koditek (1996). Im letztgeannten Band wird vor allem das Label Sozialarbeitswissenschaft kontrovers diskutiert. Im Vordergrund der Debatte steht das Verhältnis von Sozialarbeit, Sozialpädagogik und Erziehungswissenschaft. Die Bemühungen einer »Sozialarbeit auf dem Weg zur Sozialarbeitswissenschaft« (Vahsen 1996) zielen darauf ab, den Rahmen der Disziplin eindeutig, in Abgrenzung zu benachbarten Wissenschaften wie Soziologie, Psychologie und Medizin, zu beschreiben und die Eigenständigkeit der Konzepte verbindlich zu kartographieren. Doch selbst eine emanzipierte, autonome Identität Sozialer Arbeit muss sich darüber im Klaren sein, dass sie ihr Proprium nur um den Preis *identitärer Grenzziehungen* festschreiben kann.

»Wann immer wir also ›im Namen‹ *einer Identität* handeln – eine, wie es scheint, in bestimmten Momenten unverzichtbare Strategie, um Ungleichheit zu thematisieren –, affirmieren wir zugleich die sozial aufgezwungene Differenz, die wir herauszufordern suchen. Statt diese Differenzen als Momente des Prozesses zu verstehen, in dem und durch den sich Macht konstituiert, werden sie allzu oft zu verhärteten Kollektiven vergegenständlicht. Die historische Aufgabe besteht jedoch darin, die soziale Produktion von Identitäten als den fortwährenden und unbarmherzigen Prozess der hierarchisierenden Differenzierung zu verstehen, der aber zugleich immer auch der Neudefinition und der Veränderung unterworfen ist« (Hark 1998: 37; Hervorh.d.V.).

Die Frage lautet also, wie eine notwendige Identitätsarbeit ihre eigenen Konstruktionsverhältnisse und –mechanismen im Auge behalten kann. Soziale Arbeit queer gedacht, rückt eine reflexive Dimension ins Zentrum der Professionalisierungsdebatte, die »keine ›authentischen Echtheiten‹« (Perko 2003: 40) stabilisiert, sondern ›Zonen der Mehrdeutigkeit und Pluralität‹ offen halten möchte. Queer-theoretische Überlegungen hätten dann ihre Berechtigung, wenn sie Macht- und Herrschaftsverhältnisse als Effekte in ihrer diskursiven Verschränkung ausdrücklich auch im Prozess professioneller Identität bedenken. Nicht selten wird ›queeren Denkweisen‹ nachgesagt, sie stünden sich in ihrem Anspruch, den sex/gender-Komplex aufbrechen zu wollen selbst im Wege. Andere Kritiken befürchten gar eine ›gefährliche Paradigmatisierung von Queer‹. In kritischer Erinnerung an Butlers Ausführungen zum Problem des ›autonomen Subjekts‹, heben sie hervor, dass Queer sich selbst als Modeerscheinung trivialisiere und dann nur noch einem ›latenten Subjektivismus‹ folge. »Das wäre eine bloße Wiederholung von bereits Da-Gewesenem« (Perko 2003: 42).

Stimmig wäre dieser Einwand dann, wenn Queer auf dem einfachen Level monothetischer Identitätsarbeit als Fürsprecherin ›betroffener, involvierter Sozialarbeit in AIDS-Hilfe‹ stehen bleiben würde. Dann wäre auch der Vorwurf zutreffend, Queer produziere selbst jene Ausschließungsmechanismen, die sie eigentlich zu irritieren und aufzulösen versuchte. Eine »Mainstreamisierung von queer« (Yekani/Michaelis 2005: 8) würde tatsächlich zur erneuten Reifikation des Subjektiven führen. Diese Perspektive auf ein Verqueeren sozialpädagogischer Konzeptionen greift unterkomplex auf das dekonstruktive Potential von Queer Professionals zurück[1]. Judith Butler interessiert sich nicht einfach nur für das Aufschichten diskursiver Bedeutungslogiken, die am Ende zu einem Subjekt zusammengefasst werden könnten. Den Prozess der ›Subjektwerdung‹ untersucht und nutzt sie eben entschieden auch für die Positionen, von denen aus Anrufungen geäußert werden. Vor dem Hintergrund der Frage, wie ›intelligible Geschlechtsidentität‹ diskursiv hergestellt wird, bringt sie gerade im letzten Teil ihrer Untersuchung »Das Unbehagen der Geschlechter« ein geeignetes Beispiel, wie die etablierte Heteronormativität irritiert, in Frage gestellt, ja parodiert werden könnte. Ihre Ausführungen zur Travestie zeigen, dass Dekonstruktion nicht bedeuten kann, dass wir uns jenseits gesellschaftlicher Anrufung verorten und quasi so tun, als gäbe es identitäre Zuschreibungen, die wir über die Zeit möglicherweise affirmativ übernehmen (müssen), nicht.

Mit dem Versuch, queer als erziehungswissenschaftliche sowie sozialwissenschaftliche Perspektive einzuführen, möchte ich nun eben kein neues Paradigma verkünden, oder gar einen neuen Trend ›verdinglichender Subjektivismen‹ lostreten. Ohne die Kritik von Melanie Plößer (2005) zu ignorieren, wenn sie deutlich machen möchte, »dass auch das vermeintlich gewaltlose Politikmodell der Queer-Politik normierend sein kann und darüber hinaus seine eigenen Normen und Ausschlüsse – etwa durch die These von der Offenheit und der Uneindeutigkeit queerer Politik – zu verschleiern

1 Brian Currid (2001) kritisiert Queer dahingehend, dass in Zeiten einer »Reorganisation des Sexualitätsdispositivs« (ebd.: 365) und gleichzeitiger Ausklammerung des Sex, der praktisch-theoretische Kampfgeist des VerQueeren ins Leere laufe. »Die Grenzen haben sich verschoben und die Verbindungen zwischen ›Identität‹ und ›Sexualität‹ werden auf diesem neuen Terrain rekonfiguriert« (ebd.: 366), so dass es immer schwieriger werde, von Queer zu sprechen, weil es das Queer der 1990er Jahre möglicherweise gar nicht mehr gebe. Der Effekt, dass Queer durch schockierende Auftritte und Maskeraden politisch bewegen könne, ist nach Ansicht Currids längst vorbei. In Dissens mit dieser Argumentation wird Queer im ›Modus queerer Professionalität‹ nicht im Mainstream-Verständnis adaptiert und verdinglicht, sondern versucht, im Kanon mit den komplexen, geschichtlich gewordenen Vielheiten von Queer-Verständnissen, eine je ›eigene Sichtweise von Queer‹ zu exemplifizieren.

droht?« (ebd.: 158), ist das hier explizierte Anliegen, Queer Professionals in ihrer notwendigen Unbestimmtheit zu halten, sie aber dennoch für eine sozialwissenschaftliche Reflexion wie auch für eine gesellschaftskritische Analyse zu nutzen. Queer Professionals werden nicht als ›neue Identität‹ im Professionalisierungsdiskurs eingesetzt. Vielmehr verstehe ich unter verqueerer Sozialarbeit eine Haltung, die sich als kritisch-reflektierend wie auch strategisch anders denkend erweist. Queering wäre so *eine*, nicht *die* Möglichkeit, Soziale Arbeit als Arbeit am Sozialen eben noch einmal ganz anders, strategischer zu fassen. »Akzeptanz, Anerkennung von Differenzen und (politischer) Gleichheit sowie Versuche, eindeutige Identitäten aufzulösen, Kategorisierungen zu dekonstruieren, gehören zu den wesentlichen Anliegen von Queer-Theorien bzw. Queer-Studies« (Perko 2003: 34-35), die als gesellschaftstheoretischer Ansatz auf das identitäre Dilemma Sozialer Arbeit gelegt werden kann. ›Pluralismus‹ und ein ›Sein-Lassen-Können von Andersheiten‹ begleiten die produktiven Verfahren zwischen Identität und Nicht-Identität. Ambiguität hält die Auseinandersetzung mit professioneller Identität im Modus des Vagen und Prozesshaften.

Queer stellt sich nicht außerhalb wirkmächtiger Diskurse. Als kritisch-reflexive Dimension liegt ihr Schwerpunkt auf den politischen Möglichkeiten, etablierte, normative Kategorien zu unterwandern und so ihre soziale Architektur, ihr Gewordensein zu betonen. Identitätsarbeit involvierter professioneller SozialarbeiterInnen in den AIDS-Hilfen ist in komplexe Machtverhältnisse eingebunden. Entweder sind Professionelle gut ausgebildet, neutral und unvoreingenommen, oder sie sind mit den Problemen ihrer Klienten selbst derart verwoben, dass sie per definitionem keine Professionellen mehr sein können. Im Entweder-Oder-Dogma stabilisiert sich eine berufliche Identität, die ihre eigene Genealogie unhinterfragt für gegeben annimmt. Auf diese Weise können politische Machtfragen und berufspolitische Ressourcenkämpfe wirkungsvoller geführt und schließlich ›gewonnen‹ werden.

Wenn sich diese Verteilungskämpfe um akademische wie auch institutionelle Besitzstände mit weiteren gesellschaftlich legitimierten Kodes, wie beispielsweise dem Bereich sexuell eindeutiger Identität, überlagern, vermischen und verbinden, werden disziplinäre Spielregeln aus den ›einzig wahren Diskursen‹ heraus konstruiert. Spezifische Interessenlager haben es dann einfacher, Bedeutungszuschreibungen zu verstärken und andere wiederum zu tabuisieren und aus dem Diskurs auszusperren.

Soziale Arbeit in den AIDS-Hilfen ist ein gutes Beispiel dafür, dass ganz unterschiedliche Diskurse zusammenlaufen und ihre je historische Konstitution als Projektionsfläche für neue Bedeutungskonstruktionen bereithalten. Die Qualitätsdebatte im Sozial- wie auch im Gesundheitsbereich steht hierfür exemplarisch. Versteht sich die Diskussion um professionelle Identität demzufolge als ein Diskurs, der eine bestimmte »Ökonomie des

Denkens« (Wilchins 2006: 75) vorgibt, so werden Identitätspolitiken interessant, die nicht einschränken und isolieren, sondern Mehrdeutigkeiten zulassen können. Queer Professionals halten sich im Modus reflexiv-kritischen Hinterfragens. ›Identitätskonstruktionen an sich‹ werden nicht abgestreift oder ausgelöscht. Der Zwang zur Selbsterkenntnis, zur Einsicht von Normalität und Abweichung sowie ihre Aporie, etwas repräsentieren zu müssen, werden hingegen reflektiert. Obgleich die produktiven Effekte der Macht, ihre Disziplinierung und Generierung ›fügsamer Körper‹, aber auch ihre Selbstkontrolle und ihr Vermögen, aus Individuen Spezies[2] zu formen, als Grundlage für eine gesellschaftsfähige Selbstidentifikation angenommen werden, so gibt es dennoch Risse und Lücken im Netz diskursiver Vereinbarungen.

Innerhalb dieser Spalten lassen sich Bedeutungsverschiebungen einbringen, die vom starren Binären professionell oder unprofessionell abweichen. Umdeutungsmöglichkeiten erlauben das Seinlassen von Mehrdeutigkeiten und besprechen die eigene Qualität involvierter Professionaliät neu und anders. ›Involvierte Professionalität‹ muss nicht per se ein Beispiel für unprofessionelles Handeln sein. Rahmenbedingungen, Strukturen und berufliche Selbstverständnismuster sind sehr komplexe Zusammenhänge, die zunächst einmal empirisch ›sichtbar‹ gemacht werden müssen, bevor ein Nutzwert näher bestimmt werden kann.

Die Typisierung ›Involvierte Professionalitäten‹ macht auf einen Gebrauchswert Sozialer Arbeit in den AIDS-Hilfen aufmerksam, der beispielsweise ›Betroffenheiten‹ als Erfahrungswissen und gleichermaßen Professionswissen für die Nutzerinnen der AIDS-Hilfen zur Verfügung stellen kann. ›Betroffenheiten‹ habe ich empirisch als komplexe soziale Verhältnisse analysiert, die sich nicht dem binären professionell/unprofessionell-Paradigma unterordnen lassen. Eine weitere Überprüfung meiner Befunde mit den Perspektiven einer Nutzungsforschung bietet sich an.

Die empirischen Ergebnisse aus der ›Betroffenheitstypik‹, genauso wie die Selbstverständnisse und Handlungsmuster aus der Typisierung ›involvierter Professionalität‹, haben gezeigt, wie different, vielschichtig und verwoben Handlungsorientierungen sein können. Es wurde deutlich, dass im Praxisfeld der AIDS-Hilfen schließlich nicht von einer ›bescheidenen‹, halben, Semi- oder ›stabilen Profession‹ ausgegangen werden kann. Auffällig ist ein ›AIDS-Hilfe-Magnetismus‹, der ›bestimmte Identitäten‹ stärker, andere hingegen weniger anzieht. Eine dritte Typisierung entdeckt ein berufliches Selbstverständnis, das sich eher zufällig mit den Hintergründen

2 Michel Foucault macht hier den Hinweis darauf, dass der Sodomit im 18. Jh. im Duktus des Sünders verhandelt wurde, der Homosexuelle hingegen bereits eine spezifische Identität angenommen habe, die sich einzig durch Abgrenzung vom Normalen konstituieren konnte. »Der Sodomit war ein Gestrauchelter, der Homosexuelle ist eine Spezies« (Focault 1983: 47).

gründen der AIDS-Hilfen auseinandersetzt, selbst aber darauf Wert legt, keine ›ideologischen Geschichten‹ mit beruflichen Interessen zu vermischen. Identitätsarbeit in den AIDS-Hilfen steht in enger Verbindung zur AIDS-Hilfe-Bewegung, die sich historisch-spezifisch entwickelt hat und deren Zugkraft für berufliche Identitäten bis heute wirksam geblieben ist. Und dennoch erzwingt ein Modus queerer Professionalität keine Proprium-Identität. Vielmehr erlaubt eine queere Dimension, das Nachdenken über provisorische Identitäten. Queer Professionals reflektieren, dass eine Positionierung gefordert und erwartet wird. Spätestens die Debatte um die »Installierung ökonomischer Relevanzkriterien und managerieller Steuerungsformen« (Schaarschuch 2000: 169) stellt die Soziale Arbeit erneut vor die Frage, mit welchen Partnern und Interessenvertretungen sie zukünftig paktieren wird, um professionell zu helfen, und welche Mittel ihr hierfür zur Verfügung stehen. In Kooperationen mit Wohlfahrtsverbänden, benachbarten Disziplinen, die ebenfalls helfen, beraten, therapieren und regulieren, wird Soziale Arbeit ohne die Kategorie ›berufliche Identität‹ nicht auskommen können.

Im Produktionsprozess stabiler Identitäten ›spielen‹ Queer Professionals im ›Modus des Unbestimmbaren‹ mit dem scheinbar ›natürlichen Grundgesetz‹ ursprünglicher und eindeutiger Identitäten. Innerhalb produktiver, gesellschaftlicher Ordnungen sowie im Kraftfeld hervorbringender Herrschaftsverhältnisse halten sie ihr Denken und Reflektieren stets beweglich. Als provisorische Identitäten interessieren sie sich für Bedeutungsverschiebungen, die es ermöglichen, das Professionalisierungsprojekt Sozialer Arbeit weniger konkretistisch stattdessen dynamisch-vielschichtig zu begleiten. Queer Professionals symbolisieren eine strategische Möglichkeit jenseits vereindeutigenden Definitionszwangs, Sozialität anders, nämlich vielfältiger und vor allem diskursiv verstrickt zu denken. In ähnlicher Weise wären auch professionelle Instrumente zur Bearbeitung psychosozialer Einschränkungen der Adressaten sozialarbeiterischer Hilfe zu hinterfragen. M.E. kann nicht länger von einem heteronormativen Grundsatz ausgegangen werden, der gewissermaßen implizit vorzugeben weiß, auf welche Subjektivität und Ethik sich letztendlich zu beziehen sei. Soziale Arbeit agiert im Kontext komplex verschachtelter Machtverhältnisse. Queer Professionals repräsentieren nun den Versuch, Identitätspolitiken, die ihre Wirksamkeit im ›sozialarbeiterischen Betrieb‹ keineswegs verlieren, zu dechiffrieren. Dies kann gleichsam als Bemühung gelesen werden, eingewöhnte Praktiken und Handlungsweisen zu irritieren, um erstens die Aufmerksamkeit auf den Konstruktionscharakter anerkannter ›Formen des Seins‹ zu richten und zweitens den Blick dafür zu schärfen, wie sich alternative Lebensentwürfe im gängigen Diskurs einspeisen lassen. Das Konzept der Identität wird in pädagogischen Beziehungen vorausgesetzt. Eine queere Perspektive würde diesen Zusammenhang keineswegs leugnen oder gar methodisch aussetzen wollen. Einzig die Festigkeit und Geschlossenheit, von der an dieser Stelle stets ausgegangen wird, stellt sich von einem queerprofessionellen Standpunkt aus als fragwürdige Position dar. Sozialpädagogisch gewendet bietet das Projekt verqueerer Professionalität Möglichkeiten, den Umgang mit Identitäten analytisch exakt zu erforschen, deren Effekte theoretisch zu reflektieren, um schließlich strategisch Modelle widerständigen Potentials zu entwickeln. Soziale Arbeit braucht zur Konstitution professioneller Identität keine homogene Definition. Auf diese Weise kritisch ist mein Beitrag für eine professionelle Haltung im Berufsfeld der AIDS-Hilfen geeignet, subtile Machtachsen als Untersuchungsgegenstand in die Diskussion um ›den Nutzen Sozialer Arbeit‹ zurückzuholen. Dem Ruf nach Klärung der identitären Verunsicherung innerhalb der Disziplin wie auch der Profession Sozialer Arbeit wäre damit eine brauchbare Methode an die Hand gegeben.

# Dankeschön

Soziale Phänomene beobachten, fremde Welten betreten und Leuten begegnen, die offen von ihren Erfahrungen berichten und damit ›ethnographisch bedeutsames Staunen‹ ermöglichen, mit anderen Worten Forschung zu betreiben, funktioniert nicht im Alleingang. Ich habe im Kontext meiner Untersuchung, die mir finanziell dankenswerterweise durch ein Promotionsstipendium der Hans-Böckler-Stiftung ermöglicht wurde, sehr bald festgestellt, dass diese Arbeit nur in Gemeinschaft und mit Unterstützung vieler Gefährt_innen und Komplizen gelingen kann. Immer an meiner Seite, auch dann, wenn der große Berg komplexer Ideen und Interviewtranskripte schier unbezwingbar erschien, war Matthias Bäumner, dem ich besonders danken möchte. Ich bin sehr froh, dass mich Inge Schütte und Werner Schütte während der Endphase meiner Doktorarbeit durch einen finanziellen Zuschuss unterstützt haben und sich auf diese Weise am Abbau ›sinnloser Verzagtheit‹ beteiligten.

Helga Cremer-Schäfer und Martin Dannecker haben mir durch viele intensive Gespräche und Diskussionen gezeigt, wie Kritik, als Modus ›produktiver Skepsis‹ verstanden, genutzt und eingesetzt werden kann, um Zumutungen der Disziplinierung nachgerade als Verdinglichungen und Kategorisierungen von Personen interpretieren und auch skandalisieren zu können. Ihnen danke ich für brauchbare Reflexionen.

Im Forschungsprozess haben es Sozialwissenschaftler_innen mit ganz unterschiedlichen Phasen der Selbst-Etikettierung zu tun. Entscheidend war und ist für mich, dass Wissenschaft zuallererst Dialog und Kooperation bedeutet, zumindest bedeuten sollte, will sie nicht hinter die Wirkmächtigkeit eines ›Doing Society‹ zurückfallen.

Für gute Gespräche sowie für die hartnäckigen wie liebevollen Aufforderungen, durchzuhalten, danke ich besonders Antje Langer, Marion Ott, Alexandra Rau und Karen Wagels.

Mechthild Hetzel, Cornelia Weigand, Angela Poppitz, Susanne Gerner, Thomas Markert und Safiye Yildiz haben mich durch ihren Scharfsinn und ihr Interesse an meinen Überlegungen und Interpretationen freundschaftlich unterstützt.

Wenn schließlich das Buch zum Forschungsprojekt geschrieben werden soll, kommt den lektorischen Fertigkeiten immer größere Bedeutung zu. Hier möchte ich vor allem Heide Ott danken, die sich wohlwollend um Lesefreundlichkeit und grammatikalische Ordnung gekümmert hat. In diesem Sinne danke ich auch Stephanie Köhler für ihre Mühen sowie Alexander Ruhl für Rettungseinsätze im Kampf mit der Elektronenrechenmaschine.

Selbstverständlich möchte ich mich zum Schluss bei all jenen bedanken, die zu einem Interview bereit waren und die mir Einblicke in komplexe Lebenswelten gewährt haben – Dankeschön!

# Literatur

Ackermann, Friedhelm/Seeck, Dietmar (1999): Der steinige Weg zur Fachlichkeit: Handlungskompetenz in der sozialen Arbeit, Hildesheim, Zürich, New York.

Adorno, Theodor W. (1997): Negative Dialektik, Frankfurt am Main.

Adorno, Theodor W. (2003): Minima Moralia. Reflexionen aus dem beschädigten Leben, Frankfurt am Main.

Althusser, Louis (1977): Ideologie und ideologische Staatsapparate. Aufsätze zur marxistischen Theorie, Hamburg, Berlin.

Altman, Lawrence K. (1981): »Rare Cancer Seen in 41 Homosexuals«, in: The New York Times, 03.07.1981, Elektronische Ressource: http://www.nytimes.com/1981/07/03/health/03AIDS.html,Zugriff 22.04.2006.

Ambrosini, Francesca (2001): »Europäisches Netzwerk zur Drogen- und AIDS-Hilfe im Strafvollzug«, in: Jacob, Jutta/Keppler, Karlheinz/Stöver, Heino (Hg.), LebHaft: Gesundheitsförderung für Drogen Gebrauchende im Strafvollzug, AIDS-Forum, Deutsche AIDS-Hilfe e.V., H. 42, Band 2, Berlin, S. 106-113.

Anhalt, Rüdiger (1994): »ACT-UP«, in: Dunde, Siegfried Rudolf (Hg.), Die Angst verlieren. Schwules Leben in Zeiten von AIDS, Reinbek bei Hamburg, S. 145-159.

Aretz, Bernd (1995): Annäherungen: meine ersten 10 Jahre im Zeichen von AIDS, Berlin.

Aretz, Bernd (1997): Notate: aus dem Leben eines HIV-infizierten schwulen Mannes, Berlin.

Aue, Michael/Bader, Birgit/Lühmann, Jörg (1995) (Hg.), Krankheits- und Sterbebegleitung. Ausbildung, Krisenintervention, Training, Deutsche AIDS-Hilfe e.V., Weinheim, Basel.

Bader, Birgit (1995): »Methodische Grundlagen für Schulungen und Trainings«, in: Aue, Michael/Bader, Birgit/Lühmann, Jörg (Hg.), Krankheits- und Sterbebegleitung. Ausbildung, Krisenintervention, Training, Deutsche AIDS-Hilfe e.V., Weinheim, Basel, S. 21-43.

Bamberger, Günther C. (2004): »Beratung unter lösungsorientierter Perspektive«, in: Nestmann, Frank/ Engel, Frank/ Sickendiek, Ursel (Hg.), Das Handbuch der Beratung. Ansätze, Methoden und Felder, Band 2, Tübingen, S. 737-748.

Beckmann, Christof/Otto, Hans-Uwe/Richter, Martina/Schrödter, Mark (2004): »Negotiating Qualities – Ist Qualität eine Verhandlungssache?«, in: Beckmann, Christof/Otto, Hans-Uwe/Richter, Martina/Schrödter, Mark (Hg.), Qualität in der Sozialen Arbeit. Zwischen Nutzerinteresse und Kostenkontrolle, Wiesbaden, S. 9-31.

Behrens, Christoph/Ehmke, Hans-Peter (1996): Homosexualität im Klassenzimmer. Standardwerk zur Aufklärungsarbeit an Schulen, Düsseldorf.

Belardi, Nando/Akgün, Lale/Gregor, Brigitte/Neef, Reinhold/Pütz, Thomas/Sonnen, Fritz Rolf (2001): Beratung. Eine sozialpädagogische Einführung, Weinheim und Basel.

Bengel, Jürgen (Hg.). (1996): Risikoverhalten und Schutz vor Aids (Ergebnisse sozialwissenschaftlicher Aids-Forschung), Bd. 17, Berlin.

Bengel, Jürgen/Strittmatter, Regine/Willmann, Hildegard (2001): Was erhält Menschen gesund? Antonovskys Modell der Salutogenese – Diskussionsstand und Stellenwert, Köln.

Beule, Jürgen (1999): Bildwelten zu AIDS. Die Immunschwäche im Spiegel der Printmedien, Frankfurt am Main.

Biechele, Ulrich/Reisbeck, Günter/Keupp, Heiner (2001): Schwule Jugendliche: Ergebnisse zur Lebenssituation, sozialen und sexuellen Identität. Studie im Auftrag des Niedersächsischen Ministeriums für Frauen, Arbeit und Soziales, http://www.mfas.niedersachsen.de, Zugriff 22.01.2002. Hannover.

Bischofberger, Iren/Schaeffer, Doris (2001): »Normalisierung von AIDS aus Sicht der Angehörigen – von der akuten Krise zur Dauerkrise«, in: *Pflege und Gesellschaft*, 6 , S. 37-72.

Blättel-Mink, Birgit/Katz, Ingrid (2004): Soziologie als Beruf? soziologische Beratung zwischen Wissenschaft und Praxis, Wiesbaden.

Bleibtreu-Ehrenberg, Gisela (1978): Tabu Homosexualität. Die Geschichte eines Vorurteils, Frankfurt am Main.

Bleibtreu-Ehrenberg, Gisela (1989): Angst und Vorurteil: AIDS-Ängste als Gegenstand der Vorurteilsforschung, Reinbek bei Hamburg.

BMGS, Bundesministerium für Gesundheit und Soziale Sicherung (2005): Lebenslagen in Deutschland. Der 2. Armuts- und Reichtumsbericht der Bundesregierung, Bonn.

Bochow, Michal (1993): Die Reaktionen homosexueller Männer auf AIDS in Ost- und Westdeutschland. Ergebnisbericht zu einer Befragung im Auftrag der Bundeszentrale für gesundheitliche Aufklärung in Köln, Deutsche AIDS-Hilfe e.V., (DAH). AIDS-Forum DAH, 10, Berlin.

Bochow, Michal/Wright, Michael T./Lange, Michael (2004): Schwule Männer und AIDS: Risikomanagement in Zeiten der sozialen Normalisierung einer Infektionskrankheit. Eine Befragung im Auftrag der Bundeszentrale für gesundheitliche Aufklärung, Deutsche AIDS-Hilfe e.V., (DAH). AIDS-Forum DAH. (48). Berlin.

Bock, Herbert/Zafirov, B./Priehäußer, Bruno et al. (1992): AIDS in der Presse. Eine sprachpsychologische Untersuchung zur Berichterstattung über die Krankheit AIDS in Print-Medien, Regensburg.

Bock, Herbert (1997): »Zur sprachlichen Darstellung von AIDS in Printmedien«, in: Biere, Bernd Ulrich/Liebert, Wolf-Andreas (Hg.), Metaphern, Medien, Wissenschaft. Zur Vermittlung der AIDS-Forschung in Presse und Rundfunk, Opladen, S. 81-101.

Bogner, Alexander/Menz, Wolfgang (2002a): »Expertenwissen und Forschungspraxis: die modernisierungstheoretische und die methodische Debatte um die Experten. Zur Einführung in ein unübersichtliches Problemfeld«, in: Bogner, Alexander/Littig, Beate/Menz, Wolfgang (Hg.), Das Experteninterview. Theorie, Methode, Anwendung, Opladen, S. 7-30.

Bogner, Alexander/Menz, Wolfgang (2002b): »Das theoriegenerierende Interview. Erkenntnisinteresse, Wissensformen, Interaktion«, in: Bogner, Alexander/Littig, Beate/Menz, Wolfgang (Hg.), Das Experteninterview. Theorie, Methode, Anwendung, Opladen, S. 33-70.

Böhnisch, Lothar/Winter, Reinhard (1993): Männliche Sozialisation. Bewältigungsprobleme männlicher Geschlechtsidentität im Lebenslauf, Weinheim und München.

Bollinger, Heinrich (2005): »Profession – Dienst – Beruf«, in: Bollinger, Heinrich/Gerlach, Anke/Pfadenhauer, Michaela (Hg.), Gesundheitsberufe im Wandel: soziologische Beobachtungen und Interpretationen, Frankfurt am Main, S. 13-30.

Book, Mechthild (1989): Parteiliche Mädchenarbeit und antisexistische Jungenarbeit: Abschlußbericht des Modellprojektes »Was Hänschen nicht lernt, verändert Clara nimmer mehr!« Geschlechtsspezifische Bildungsarbeit für Jungen und Mädchen. Heimvolksschule Alte Molkerei Frille, Frille.

Borchardt, Gudrun (2004): »Qualitätsmanagement in Gesundheitsförderung und Prävention. Herausforderung für Krankenkassen«, in: Luber, Eva/Geene, Raimund (Hg.), Qualitätssicherung und Evidenzbasierung in der Gesundheitsförderung, Frankfurt am Main, S. 103-113.

Bourdieu, Pierre (1981): »Klassenschicksal, individuelles Handeln und das Gesetz der Wahrscheinlichkeit«, in: Bourdieu, Pierre (Hg.), Titel und Stelle: Über die Reproduktion sozialer Macht, Frankfurt am Main, S. 169-226.

Braun, Joachim (2001): ›Ich will keine Schokolade‹. Das Coming-out-Buch für Schwule, Reinbek bei Hamburg.

Bravmann, Scott (2003): »Queere Fiktionen von Stonewall«, in: Kraß, Andreas (Hg.), Queer denken. Gegen die Ordnung der Sexualität (Queer Studies), Frankfurt am Main, S. 240-274.

Brodt, Hans-Reinhard/Helm, Eilke B./Kamps Bernd Sebastian (2000): AIDS 2000. Diagnostik und Therapie, Wuppertal.

Brösskamp-Stone, Ursel/Kickbusch, Ilona/Walter, Ulla (1998): »Gesundheits-förderung«, in: Deutsche AIDS-Hilfe E.V., (DAH) (Hg.), Strukturelle Prävention. Ansichten zum Konzept der Deutschen AIDS-Hilfe, 33, Berlin, S. 149-163.

Brückner, Margrit (2001): »Fürsorge und Pflege (Care) im Geschlechterverhältnis«, in: Gruber, Christine/Fröschl, Elfriede (Hg.), Gender-Aspekte in der Sozialen Arbeit, Wien, S. 269-284.

Brumlik, Micha (1992): Advokatorische Ethik, Bielefeld.

Brumlik, Micha (2000): »Advokatorische Ethik und sozialpädagogische Kompetenz«, in: Müller, Siegfried/Sünker, Heinz/Olk, Thomas et al. (Hg.), Soziale Arbeit. Gesellschaftliche Bedingungen und professionelle Perspektiven, Neuwied und Kriftel, S. 279-287.

Bruner, Claudia Franziska (2005): Körperspuren. Zur Dekonstruktion von Körper und Behinderung in biographischen Erzählungen von Frauen, Bielefeld.

Brunnett, Regina/Jagow, Finn (2001): »Macht und Homosexualitäten im Zeitalter von AIDS. AIDS als Knotenpunkt von Normalisierungen und Selbstnormalisierungen in Sexualitäten von Lesben und Schwulen«, in: Heidel, Ulf/Micheler, Stefan/Tuider, Elisabeth (Hg.), Jenseits der Geschlechtergrenzen, Hamburg, S. 190-205.

Bublitz, Hannelore (2003): Diskurs. Bielefeld.

Bührlen-Armstrong, Bernhard (1998): Evaluationsforschung und Qualitätssicherung in der Personalkommunikativen AIDS-Prävention – Eine Meta-Evaluation, Freiburg.

Bültmann, Gabriele (2004): Sexualpädagogische Mädchenarbeit. Eine Vergleichsstudie im Auftrag der BZgA, Köln.

Bundesministerium für Wirtschaft und Arbeit (2005): »Vorrang für die Anständigen – Gegen Missbrauch, ›Abzocke‹ und Selbstbedienung im Sozialstaat. Ein Report vom Arbeitsmarkt im Sommer 2005«, August 2005, Elektronische Ressource des Bundesministeriums für Wirtschaft und Arbeit: http://www.bmwa.bund.de, Zugriff 01.03.2006, dort vom Server genommen, weitere Fundstelle: http://www.harald-thome.de, Zugriff 20.06.2007.

Butler, Judith (1991): Das Unbehagen der Geschlechter. Frankfurt am Main.

Butler, Judith (1993a): »Ort der politischen Neuverhandlung. Der Feminismus braucht ›die Frauen‹, aber er muss nicht wissen, ›wer‹ sie sind«, in: *Frankfurter Rundschau*, 27. Juli 1993, S. 10.

Butler, Judith (1993b): »Für ein sorgfältiges Lesen«, in: Benhabib, Seyla/Butler, Judith/Cornell, Drucilla et al. (Hg.), Der Streit um Differenz. Feminismus und Postmoderne in der Gegenwart, Frankfurt am Main, S. 122-132.

Butler, Judith (1997): Körper von Gewicht. Die diskursiven Grenzen des Geschlechts, Frankfurt am Main.

Butler, Judith (1998): Hass spricht: zur Politik des Performativen, Berlin.

Butler, Judith (2001): Psyche der Macht. Das Subjekt der Unterwerfung, Frankfurt am Main.

Butler, Judith (2002): »Zwischen den Geschlechtern. Eine Kritik der Gendernormen«, in: Aus Politik und Zeitgeschichte. (B 33-34), S. 6-8.

Butler, Judith (2003): »Imitation und die Aufsässigkeit der Geschlechtsidentität«, in: Kraß, Andreas (Hg.), Queer denken. Gegen die Ordnung der Sexualität (Queer Studies), Frankfurt am Main, S. 144-168.

Butler, Judith (2004): »Gender-Regulierungen«, in: Helduser, Urte/Marx, Daniela/Paulitz, Tanja et al. (Hg.), under construction? Konstruktivistische Perspektiven in feministischer Theorie und Forschungspraxis, Frankfurt am Main, S. 44-57.

Carneiro, Mechthild (2002): »Betreutes Wohnen«, in: *infact*. Magazin der AIDS-Hilfe Frankfurt e.V. (59), S. 6-7.

Carstens, Hans-Peter/Daniel, Jörg (2002): »Betreutes Wohnen in Hessen für Menschen mit Behinderungen«, in: *LWV info, Landeswohlfahrtsverband Hessen*. (4, Sonderbeilage), Elektronische Ressource: http://www.lwv-hessen.de, Zugriff 01.03.2006.

Castells, Manuel (2000): »Materials for an Exploratory Theory of the Network Society«, in: *British Journal of Sociology*, (51), 1, S. 5-24.

Cloerkes, Günther (1985): Einstellung und Verhalten gegenüber Behinderten. Eine kritische Bestandsaufnahme der Ergebnisse internationaler Forschung, Berlin.

Cloerkes, Günther (2000): »Die Stigma-Identitäts-These«, in: *Gemeinsam leben - Zeitschrift für integrative Erziehung*, 3, S. 104-111.

Combe, Arno/Helsper, Werner (1996): »Einleitung: Pädagogische Professionalität. Historische Hypotheken und aktuelle Entwicklungstendenzen«, in: Combe, Arno/Helsper, Werner (Hg.), Pädagogische Professionalität. Untersuchungen zum Typus pädagogischen Handelns, Frankfurt am Main, S. 9-48.

Combe, Arno/Helsper, Werner (2002): »Professionalität«, in: Otto, Hans-Uwe/Rauschenbach, Thomas/Vogel, Peter (Hg.), Erziehungswissenschaft: Professionalität und Kompetenz, Opladen, S. 29-47.

Commerçon, Markus (1994): AIDS. Mein Weg ins Leben. Recklinghausen.

Connell, Robert W. (1999): Der gemachte Mann. Konstruktion und Krise von Männlichkeiten, Opladen.

Corbin, Juliet/Strauss, Anselm (1996): Grundlagen qualitativer Sozialforschung, Weinheim.

Cremer-Schäfer, Helga (1975): »Stigmatisierung von Vorbestraften und Rückfallkriminalität«, in: Brusten, Manfred/Hohmeier, Jürgen (Hg.), Stigmatisierung. Zur Produktion gesellschaftlicher Randgruppen, (2), Neuwied, S. 129-144.

Cremer-Schäfer, Helga (1985): Biographie und Interaktion. Selbstdarstellungen von Straftätern und der gesellschaftliche Umgang mit ihnen, München.

Cremer-Schäfer, Helga (1990): »Die sanften Kontrolleure: Konkurrenten oder Kartellpartner strafender Kontrolle? Über den Formwandel sozialer Kontrolle in den letzten zwei Jahrzenten«, in: Feltes, Thomas/Sievering, Ulrich O. (Hg.), Hilfe durch Kontrolle? Beiträge zu den Schwierigkeiten von Sozialarbeit als staatlich gewährter Hilfe, Arnoldshainer Texte, (62), Frankfurt am Main, S. 35-54.

Cremer-Schäfer, Helga (1995): »Einsortieren und Aussortieren. Zur Funktion der Strafe bei der Verwaltung der Sozialen Ausschließung«, in: *Kriminologisches Journal*. 27, S. 89-119.

Cremer-Schäfer, Helga (1997): »Kriminalität und soziale Ungleichheit. Über die Funktionen von Ideologie bei der Arbeit der Kategorisierung und Klassifikation von Menschen«, in: Frehsee, Detlev/Löschper, Gabi/Smaus, Gerlinda (Hg.), Konstruktion der Wirklichkeit durch Kriminalität und Strafe, Baden-Baden, S. 68-100.

Cremer-Schäfer, Helga (2002a): »Formen sozialer Ausschließung. Über den Zusammenhang von ›Armut‹ und ›Kriminalisierung‹«, in: Anhorn, Roland/Frank, Bettina (Hg.), Kritische Kriminologie und Soziale Arbeit. Impulse für professionelles Selbstverständnis und kritisch-reflexive Handlungskompetenz, Weinheim und München, S. 125-146.

Cremer-Schäfer, Helga (2002b): »Defizite von ›Sozialräumen‹ und die Abhilfe von sozialen Akteuren in Situationen sozialer Ausschließung«. Vortrag auf der Tagung Spacing Social Work in Bielefeld. Bielefeld.

Cremer-Schäfer, Helga (2003): »Die Widersprüche von (nicht mehr so sanfter) Kontrolle und sozialer Ausschließung. Wie relevant sind Gouvernementalitätsstudien für eine Kritik kriminologischen Wissens und punitiver Institutionen?«, in: www.Copyriot.Com/Gouvernementalitaet (Hg.), ›führe mich sanft‹. Gouvernementalität – Anschlüsse an Michel Foucault. Gesammelte Veröffentlichungen zur gleichnamigen studentischen Tagung am 1. und 2. November 2002 in Frankfurt am Main, Frankfurt am Main, S. 55-71.

Cremer-Schäfer, Helga (2004): »Nicht Person, nicht Struktur: soziale Situation! Bewältigungsstrategien sozialer Ausschließung«, in: Kessl, Fabian/Otto, Hans-Uwe (Hg.), Soziale Arbeit und Soziales Kapital. Zur Kritik lokaler Gemeinschaftlichkeit, Wiesbaden, S. 169-183.

Cremer-Schäfer, Helga (2005a): »Soziologische Modelle von Kritik in Zeiten sozialer Ausschließung«, in: Braun, Wolfgang/Nauerth, Matthias (Hg.), Lust an der Erkenntnis. Zum Gebrauchswert soziologischen Denkens für die Praxis Sozialer Arbeit, Bielefeld, S. 151-177.

Cremer-Schäfer, Helga (2005b): »Situationen sozialer Ausschließung und ihre Bewältigung durch die Subjekte«, in: Anhorn, Roland/Bettinger, Frank (Hg.), Sozialer Ausschluss und Soziale Arbeit. Positionsbestimmungen einer kritischen Theorie und Praxis Sozialer Arbeit, Wiesbaden, S. 147-164.

Cremer-Schäfer, Helga (2005c): »Lehren aus der (Nicht-)Nutzung wohlfahrtsstaatlicher Dienste. Empirisch fundierte Überlegungen zu einer sozialen Infrastruktur mit Gebrauchswert«, in: Oelerich, Gertrud/Schaarschuch, Andreas (Hg.), Theoretische Grundlagen und Perspektiven sozialpädagogischer Nutzerforschung, München, S. 163-177.

Cremer-Schäfer, Helga (2005d): »Wenn Kontrolle zur Strafe wird und Strafe außer Kontrolle gerät. Anmerkungen zur Theoretisierung und Moralisierung von Kriminalitätskontrolle in kritischen Kriminologien«, in: Pilgram, Arno/Prittwitz, Cornelius (Hg.), Jahrbuch für Rechts- und Kriminalsoziologie '04. Kriminologie. Akteurin und Kritikerin gesellschaftlicher Entwicklung. Über das schwierige Verhältnis der Wissenschaft zu den Verwaltern der Sicherheit, Baden-Baden, S. 189-202.

Cremer-Schäfer, Helga/Böhnisch, Tomke (1999): »Social exclusion in Germany«, in: Steinert, Heinz (Hg.), Social exclusion as a multidimensional process, Wien, S. 187-240.

Cremer-Schäfer, Helga/Peters, Helge (1975): Die sanften Kontrolleure. Wie Sozialarbeiter mit Devianten umgehen. Stuttgart.

Cremer-Schäfer, Helga/Peters, Helge (2000): »Soziale Ausschließung und Ausschließungs-Theorien. Schwierige Verhältnisse«, in: Peters, Helge (Hg.), Soziale Kontrolle. Zum Problem der Normkonformität in der Gesellschaft, Opladen, S. 43-63.

Cremer-Schäfer, Helga/Steinert, Heinz (1998): Straflust und Repression. Zur Kritik der populistischen Kriminologie. Münster.

Currid, Brian (2001): »Nach *queer*?« in: Heidel, Ulf/Micheler, Stefan/Tuider, Elisabeth (Hg.), Jenseits der Geschlechtergrenzen. Sexualitäten, Identitäten und Körper in Perspektiven von Queer Studies, Hamburg, S. 365-385.

Czollek, Leah Carola/Perko, Gudrun (2004): Lust am Denken. Queeres im experimentellen Raum jenseits kultureller Verortungen, Köln.

Czollek, Leah Carola/Weinbach, Heike (2003): Was sie schon immer über Gender wissen wollten … und über Sex nicht gefragt haben, Berlin.

Dannecker, Martin (1990): Homosexuelle Männer und AIDS. Eine sexualwissenschaftliche Studie zu Sexualverhalten und Lebensstil. Stuttgart, Berlin, Köln.

Dannecker, Martin (1991): Der homosexuelle Mann im Zeichen von AIDS, Hamburg.

Dannecker, Martin (1992): Das Drama der Sexualität, Hamburg.

Dannecker, Martin (1994): »Homosexuelle Männer und AIDS«, in: Heckmann, Wolfgang/Koch, Meinrad A. (Hg.), Sexualverhalten in Zeiten von AIDS, Berlin, S. 271-278.

Dannecker, Martin (1997a): »Sexualität und AIDS«, in: Dannecker, Martin (Hg.), Vorwiegend homosexuell, Hamburg, S. 26-36.

Dannecker, Martin (1997b): »Das andere AIDS«, in: AIDSnet.ch – the Swiss HIV/AIDS Documention Center online – AIDS Info Docu Switzerland, 3, Elektronische Ressource: http://www.AIDSnet.ch, Zugriff 01.12.2005.

Dannecker, Martin (1997c): »Das Trauma AIDS«, in: Dannecker, Martin (Hg.), Vorwiegend homosexuell, Hamburg, S. 56-60.

Dannecker, Martin (1997d): »Der-AIDS-Hilfe-Komplex«, in: Dannecker, Martin (Hg.), Vorwiegend homosexuell, Hamburg, S. 61-64.

Dannecker, Martin (1997e): »Einer von uns – Outing«, in: Dannecker, Martin (Hg.), Vorwiegend homosexuell, Hamburg, S. 81-83.

Dannecker, Martin (1997f): »Nein sagen zu AIDS«, in: Dannecker, Martin (Hg.), Vorwiegend homosexuell, Hamburg, S. 126-132.

Dannecker, Martin (1997g): »Kann empirische Sexualforschung kritisch sein? Zum Andenken an Alfred C. Kinsey«, in: Dannecker, Martin (Hg.), Vorwiegend homosexuell, Hamburg, S 37-47.

Dannecker, Martin (1997h): »Sexualität und AIDS«, in: Dannecker, Martin (Hg.), Vorwiegend homosexuell, Hamburg, S. 26-36.

Dannecker, Martin (1997i): »Der unstillbare Wunsch nach Anerkennung. Homosexuellenpolitik in den fünfziger und sechziger Jahren«, in: Gumbach, Detlef (Hg.), Was heißt hier schwul? Politik und Identitäten im Wandel, Hamburg, S. 27-44.

Dannecker, Martin (1998): »AIDS-Zeiten«, in: AIDSnet.ch – the Swiss HIV/AIDS Documention Center online – AIDS Info Docu Switzerland, 6, Elektronische Ressource: www.AIDSnet.ch, Zugriff 01.12.2005.

Dannecker, Martin (2000a): »Wider die Verleugnung der sexuellen Wünsche«, in: *AIDS Infothek*, Das Magazin Der AIDS Info Docu Schweiz (Hg.), Sexualität von Menschen mit HIV und AIDS, 1, Bern, S. 4-10.

Dannecker, Martin (2000b): »Der ›gewöhnliche Homosexuelle‹ an der Schwelle zum neuen Jahrtausend«, in: Setz, Wolfram (Hg.), Die Geschichte der Homosexualitäten und die schwule Identität an der Jahrtausendwende. Eine Vortragsreihe aus Anlass des 175. Geburtstags von Karl Heinrich Ulrichs, Berlin, S. 177-195.

Dannecker, Martin (2002a): »Homosexualität«, in: Fürsorge, Deutscher Verein Für Private Und Öffentliche (Hg.), Fachlexikon der sozialen Arbeit, Frankfurt am Main, S. 472-472.

Dannecker, Martin (2002b): »HIV-Prävention und Sexualität«, in: *AIDS Infothek*, Das Magazin Der AIDS Info Docu Schweiz (Hg.), AIDS-Forschung, Sonderausgabe, 4, Bern, S. 37-44.

Dannecker, Martin (2003): »Sexualität im Wandel«, in: *AIDS Infothek*, Das Magazin Der AIDS Info Docu Schweiz (Hg.), Sexualität und sozialer Wandel, 1, Bern, S. 10-29.

Dannecker, Martin (2004): »Was riskiere ich, wenn ich mich riskiere?« in: *Pflege Aktuell*, 5, S. 284-289.

Dannecker, Martin (2005): »Sieben Thesen zur HIV-Prävention«, in: AIDS-Hilfe Frankfurt e.V. (AHF) (Hg.), Vielfältig verbunden. 20 Jahre AIDS-Hilfe Frankfurt e.V., Festschrift der Frankfurter AIDS-Hilfe zum 20-jährigen Bestehen, Miltenberg und Frankfurt am Main, S. 145-151.

Dannecker, Martin (2006): »Abschied von AIDS«, in: *Zeitschrift für Sexualforschung*, 03, (2006), S. 63-67.

Dannecker, Martin/Reiche, Reimut (1974): Der gewöhnliche Homosexuelle. Eine soziologische Untersuchung über männliche Homosexuelle in der BRD, Frankfurt am Main.

De Lauretis, Teresa (1991): »Queer Theory: Lesbian and Gay Sexualities. An Introduction«, in: *differences*. A Journal of Feminist Cultural Studies, (3), S. 3-18.

Der *Spiegel*. (1983): 23, S. 144.

Der *Spiegel*. (1988): 9, S. 120.

Der *Spiegel*. (1989): 5, S. 195.

De Saussure, Ferdinand (1967): Grundfragen der allgemeinen Sprachwissenschaft, Berlin.

Deutsche AIDS-Hilfe e.V. (DAH) (1998): »Kopfgeburt ohne Realitätsbezug oder gelebte Solidarität? Auszüge aus einem Round-Table-Gespräch der DAH zum Thema Strukturelle Prävention am 13.12.1997 in Berlin«, in: Deutsche AIDS-Hilfe (DAH) (Hg.), Strukturelle Prävention. Ansichten zum Konzept der Deutschen AIDS-Hilfe. AIDS-Forum DAH, 33, Berlin, S. 13-36.

Deutsche AIDS-Hilfe e.V. (DAH) (1999): Zwischen Selbstbezug und solidarischem Engagement. Ehrenamtliche Begleitung von Menschen mit AIDS. Berlin.

Deutsche AIDS-Hilfe e.V. (DAH) (2003): AIDS im Wandel der Zeiten. Deutsche AIDS-Hilfe e.V. (DAH), AIDS-Forum DAH, 47 (Teil 1 und 2), Berlin.

Deutsche AIDS-Hilfe e.V. (DAH) (2004): Rund um die Kombinationstherapie. Informationen für Menschen mit HIV und AIDS. Berlin.

Deutsche Aidsstiftung ›Positiv leben‹ (Hg.) (1990): Aids und Psyche. Zum Einfluß von Psyche und Immunsystem auf den Verlauf der HIV-Infektion (Ergebnisse sozialwissenschaftlicher Aids-Forschung, Bd. 3, Berlin.

Deutsche AIDS-Stiftung (DAS) (2004): »Hilfe für Menschen mit HIV und AIDS im Jahr 2003. Jahresbericht«, in: Elektronische Ressource: http://www.AIDS-stiftung.de, Zugriff 12.12.2005.

Deutsche AIDS-Stiftung, (DAS) (2005): »Hilfe für Menschen mit HIV und AIDS. Die Arbeit der Deutschen AIDS-Stiftung 2004. Jahresbericht 2004«, in: Elektronische Ressource: http://www.AIDS-stiftung.de, Zugriff 22.10.2006.

Devereux, Georges (1998): Angst und Methode in den Verhaltenswissenschaften, Frankfurt am Main.

Dewe, Bernd (1995): »Beratung«, in: Krüger, Heinz-Hermann/Helsper, Werner (Hg.), Einführung in die Grundbegriffe und Grundfragen der Erziehungswissenschaft, Opladen, S. 119-131.

Dewe, Bernd (2004): »Soziologie und Beratung«, in: Nestmann, Frank/ Engel, Frank/Sickendiek, Ursel (Hg.), Das Handbuch der Beratung. Disziplinen und Zugänge, 1, Tübingen, S. 125-140.

Dewe, Bernd/Otto, Hans-Uwe (2005a): »Reflexive Sozialpädagogik. Grundstrukturen eines neuen Typs dienstleistungsorientierten Professionshandelns«, in: Thole, Werner (Hg.), Grundriss Soziale Arbeit. Ein einführendes Handbuch, Wiesbaden, S. 179-198.

Dewe, Bernd/Otto, Hans-Uwe (2005b): »Profession«, in: Otto, Hans-Uwe/Thiersch, Hans (Hg.), Handbuch Sozialarbeit, Sozialpädagogik, München und Basel, S. 1399-1423.

Diaz-Bone, Rainer (2002): Kulturwelt, Diskurs und Lebensstil: eine diskurstheoretische Erweiterung der bourdieuschen Distinktionstheorie, Opladen.

Dörr, Margret/Müller, Burkhard (2005): »›Emotionale Wahrnehmung‹ und ›begriffene Angst‹. Anmerkungen zu vergessenen Aspekten sozialpädagogischer Professionalität und Forschung«, in: Schweppe, Cornelia /Thole, Werner (Hg.), Sozialpädagogik als forschende Disziplin, Weinheim und München, S. 233-251.

Duesberg, Peter (1996): Inventing the AIDS Virus, Regnery.

Ebli, Hans (2003): Pädagogisierung, Entpolitisierung und Verwaltung eines gesellschaftlichen Problems? Die Institutionalisierung des Arbeitsfeldes ›Schuldnerberatung‹, Baden-Baden.

Eichler, Daniel (2001): Armut, Gerechtigkeit und soziale Grundsicherung: Einführung in eine komplexe Problematik, Wiesbaden.

El-Tayeb, Fatima (2003): »Begrenzte Horizonte. Queer Identity in der Festung Europa«, in: Steyerl, Hito/Gutiérrez Rodriguez, Encarnación (Hg.), Spricht die Subalterne deutsch?, Münster, S. 129-145.

Engel, Antke (1996): »Verqueeres Begehren«, in: Hark, Sabine (Hg.), Grenzen lesbischer Identitäten, Berlin, S. 73-95.

Engel, Antke (2002): Wider die Eindeutigkeit: Sexualität und Geschlecht im Fokus queerer Politik der Repräsentation. Frankfurt am Main.

Engel, Frank (2004): »Allgemeine Pädagogik, Erziehungswissenschaft und Beratung«, in: Nestmann, Frank/ Engel, Frank/ Sickendiek, Ursel (Hg.), Das Handbuch der Beratung. Disziplinen und Zugänge, 1, Tübingen, S. 103-114.

Engel, Frank/Sickendiek, Ursel (2004): »Beratung«, in: Krüger, Heinz-Hermann/Grunert, Cathleen (Hg.) Wörterbuch Erziehungswissenschaften, Wiesbaden, S. 35-41.

Engelke, Ernst (1993): Soziale Arbeit als Wissenschaft: Eine Orientierung, Freiburg im Breisgau.

Engelke, Ernst (1995): »Soziale Arbeit – eine relativ eigenständige Wissenschaft mit Tradition«, in: Wilfing, Heinz (Hg.), Konturen der Sozialarbeit, Wien, S. 41-54.

Engelmann, Jan (1999): Foucault. Botschaften der Macht. Diskurs und Medien, Stuttgart.

Esch, Jürgen (1996): Auf dem Weg zum anderen Ufer. Qualitative Interviews über Sozialisations- und Coming-out-Bedingungen schwuler Männer. Diplomarbeit an der Katholischen Fachhochschule für Sozialwesen, Religionspädagogik und Pflege, Freiburg im Breisgau.

Esch, Jürgen (1999): »Die gewöhnliche Sozialisation für Jungen – für Schwule geeignet?«, in: Esch, Jürgen/Hein, Rüdiger (Hg.), Wie verwandelt. Coming-out: Theorie und Praxis für Selbsthilfegruppen, Hamburg, S. 18-48.

Esch, Jürgen/Hein, Rüdiger (1999): Wie verwandelt. Coming-out: Theorie und Praxis für Selbsthilfegruppen. Hamburg.

Etgeton, Stefan (1998a): »Strukturelle Prävention als Konzept kritischer Gesundheitsförderung«, in: Deutsche AIDS-Hilfe e.V. (DAH) (Hg.), Strukturelle Prävention. Ansichten zum Konzept der Deutschen AIDS-Hilfe. AIDS-Forum DAH, 33, Berlin, S. 71-80.

Etgeton, Stefan (1998b): »Die Zeit mit AIDS«, in: *Zeitschrift für Sexualforschung*, 11, S. 212-219.

Etgeton, Stefan (2002): »Professionalisierung ohne Profilverlust«, in: Deutsche AIDS-Hilfe e.V. (DAH) (Hg.), AIDS Selbsthilfe, 44, Berlin, S. 123-131.

Etgeton, Stefan/Hark, Sabine (1997): Freundschaft unter Vorbehalt: Chancen und Grenzen lesbisch-schwuler Bündnisse, Berlin.

Faltermaier, Toni (2004): »Gesundheitsberatung«, in: Nestmann, Frank/ Engel, Frank/Sickendiek, Ursel (Hg.), Das Handbuch der Beratung. Ansätze und Methoden, 2, Tübingen, S. 1063-1082.

Faulstich, Peter/Bayer, Mechthild (2006): Lernwiderstände: Anlässe für Vermittlung und Beratung. Hamburg.

Ferranti, Mario (1999): »Aus Schaden klug geworden oder den Bock zum Gärtner gemacht? Ansichten zur Betroffenenkompetenz«, in: Günther, Peter/Rohrmann, Eckhard (Hg.), Soziale Selbsthilfe. Alternativen, Ergänzungen oder Methode sozialer Arbeit?, Heidelberg, S. 191-196.

Fesenfeld, Anke (2001): »AIDS: Von der Pandemie zur manageable disease?« in: *Pflege*, 14, S. 327-337.

Fink, Karin/Werner, Wolfgang B. (2005): Stricher: ein sozialpädagogisches Handbuch zur mann-männlichen Prostitution, Lengerich.

Fischer, Wolfram (2003): »Körper und Zwischenleiblichkeit als Quelle und Produkt von Sozialität«, in: *Zeitschrift für qualitative Bildungs-, Beratungs- und Sozialforschung*, 1, S. 9-31.

Foucault, Michel (1977): Überwachen und Strafen. Die Geburt des Gefängnisses, Frankfurt am Main.

Foucault, Michel (1978a): Dispositive der Macht. Über Sexualität, Wissen und Wahrheit, Berlin.

Foucault, Michel (1978b): »Nein zum König Sex. Ein Gespräch mit Bernard-Henri Lévy«, in: Foucault, Michel, Dispositive der Macht, Berlin, S. 176-198.

Foucault, Michel (1981): Archäologie des Wissens, Frankfurt am Main.

Foucault, Michel (1983): Der Wille zum Wissen. Sexualität und Wahrheit, Erster Band, 1, Frankfurt am Main.

Foucault, Michel (1987a): »Das Subjekt und die Macht«, in: Dreyfus, Hubert L./Rabinow, Paul (Hg.), Michel Foucault. Jenseits von Strukturalismus und Hermeneutik, Weinheim, S. 243-250.

Foucault, Michel (1987b): »Wie wird Macht ausgeübt?«, in: Dreyfus, Hubert L./Rabinow, Paul (Hg.), Michel Foucault. Jenseits von Strukturalismus und Hermeneutik, Weinheim, S. 251-261.

Foucault, Michel (1992): »Andere Räume«, in: Barck, Karlheinz (Hg.), Aisthesis. Wahrnehmung heute oder Perspektiven einer anderen Ästhetik, Leipzig, S. 34-46.

Foucault, Michel (1999a): »Die Maschen der Macht«, in: Engelmann, Jan (Hg.), Foucault. Botschaften der Macht. Diskurs und Medien, Stuttgart, S. 172-186.

Foucault, Michel (1999b): »Die politische Technologie der Individuen«, in: Engelmann, Jan (Hg.), Foucault. Botschaften der Macht. Diskurs und Medien, Stuttgart, S. 202-214.

Foucault, Michel (1999c): »Das Abendland und die Wahrheit des Sexes«, in: Engelmann, Jan (Hg.), Foucault. Botschaften der Macht. Diskurs und Medien, Stuttgart, S. 127-132.

Foucault, Michel (1999d): »Technologien der Wahrheit«, in: Engelmann, Jan (Hg.), Foucault. Botschaften der Macht. Diskurs und Medien, Stuttgart, S. 133-139.

Foucault, Michel (2003): Die Ordnung des Diskurses, Frankfurt am Main.

Freudemann, Andreas (1986): »Wie wir auf die Tätowierung aller Virusträger als Alternative zu ihrer Internierung kamen«, in: Hoevels, Fritz Erik (Hg.), Zwischen Monogamie-Propaganda und grünem Licht für Virus-Überträger. Tabuthema AIDS-Stop. Gedanken eines Ketzers, Freiburg, S. 52-60.

Fritzsche, Bettina (2001): »Poststrukturalistische Theorien als sensitizing concept in der qualitativen Sozialforschung«, in: Fritzsche, Bettina/Hartmann, Jutta/Schmidt, Andrea et al. (Hg.), Dekonstruktive Pädagogik. Erziehungswissenschaftliche Debatten unter poststrukturalistischen Perspektiven, Opladen, S. 85-101.

Fritzsche, Bettina/Hartmann, Jutta/Schmidt, Andera et al. (Hg.) (2001): Dekonstruktive Pädagogik. Erziehungswissenschaftliche Debatten unter poststrukturalistischen Perspektiven. Opladen.

Frohn, Thomas (2004): »Generationenwechsel. The Young and the Restless«, in: *GAB. Das Gay Magazin*, H. 06, S. 8-11.

Galuske, Michael (2001): Methoden der Sozialen Arbeit. Eine Einführung, Weinheim und München.

Geene, Raimund (2000): AIDS-Politik: ein Krankheitsbild zwischen Medizin, Politik und Gesundheitsförderung, Frankfurt am Main.

Geene, Raimund/Luber, Eva (2000): Gesundheitsziele. Planung in der Gesundheitspolitik, Frankfurt am Main.

Geiger, Andreas/Kreuter, Hansheinz (1997): Handlungsfeld Gesundheitsförderung. 10 Jahre nach Ottawa, Gamburg.

Genschel, Corinna (1997): »Umkämpfte sexualpolitische Räume. Queer als Symptom«, in: Etgeton, Stefan/Hark, Sabine (Hg.), Freundschaft unter Vorbehalt. Chancen und Grenzen lesbisch-schwuler Bündnisse, Berlin, S. 77-98.

Genschel, Corinna/Lay, Caren/Wagenknecht, Nancy Als Peter et al. (2001a): »Vorwort zu Queer Theory. Eine Einführung«, in: Jagose, Annamarie (Hg.) Queer theory. Eine Einführung, Berlin, S. 7-12.

Genschel, Corinna/Lay, Caren/Wagenknecht, Nancy als Peter et al. (2001b): »Anschlüsse. Nachwort der Herausgeberinnen«, in: Jagose, Annamarie (Hg.), Queer theory. Eine Einführung, Berlin, S. 167-198.

Gerhardt, Uta (1986): Patientenkarrieren: eine medizinsoziologische Studie, Frankfurt am Main.

Goffman, Erving (1972): Asyle. Über die soziale Situation psychiatrischer Patienten und anderer Insassen, Frankfurt am Main.

Goffman, Erving (1975): Stigma. Über Techniken der Bewältigung beschädigter Identität, Frankfurt am Main.

Graf, Werner (2005): »Lifestyle AIDS-Werbung«, in: *Jungle World*, (46), Elektronische Ressource: http://jungle-world.com/seiten/2005/46/6672.php, Zugriff 01.05.2006.

Groddeck, Norbert (2002): Carl Rogers. Wegbereiter der modernen Psychotherapie, Darmstadt.

Gudjons, Herbert (2001): Pädagogisches Grundwissen. Überblick, Kompendium, Studienbuch, Bad Heilbrunn.

Günther, Peter/Rohrmann, Eckhard (1999): Soziale Selbsthilfe. Alternativen, Ergänzungen oder Methode sozialer Arbeit?, Heidelberg.

Gusy, Burkhard (1994): Aufsuchende Sozialarbeit in der AIDS-Prävention: das »Streetwork«-Modell, Baden-Baden.

Hall, Stuart (1994): »Der Westen und der Rest: Diskurs und Macht«, in: Hall, Stuart (Hg.), Rassismus und kulturelle Identität, Hamburg, S. 137-179.

Hanses, Andreas (2005): »Perspektiven biographischer Zugänge für eine nutzerInnenorientierte Dienstleistungsorganisation«, in: Oelerich, Gertrud/Schaarschuch, Andreas (Hg.) Soziale Dienstleistungen aus Nutzersicht. Zum Gebrauchswert Sozialer Arbeit, München und Basel, S. 65-78.

Hark, Sabine (1996): Grenzen lesbischer Identitäten: Aufsätze, Berlin.

Hark, Sabine (1998): »Die Paradoxe Politik der Identität. Was ist eine ›authentische lesbische Identität‹?«, in: Biechele, Ulrich (Hg.), Identitätsbildung. Identitätsverwirrung. Identitätspolitik. Eine psychologische Standortbestimmung für Lesben, Schwule und andere, Berlin, S. 35-55.

Hark, Sabine (1993): Queer Interventionen, in: *Feministische Studien*, 11, S. 103-109.

Hark, Sabine (1999): deviante Subjekte. Die paradoxe Politik der Identität, Opladen.

Hark, Sabine (2005): Dissidente Partizipation. Eine Diskursgeschichte des Femi-nismus, Frankfurt am Main.

Hartmann, Jutta (1998): »Die Triade Geschlecht-Sexualität-Lebensform. Widersprüche gesellschaftlicher Entwicklungstendenzen und neue Impulse für eine kritische Pädagogik«, in: Hartmann, Jutta/Holzkamp, Christine/Lähnemann, Lela et al. (Hg.), Lebensformen und Sexualität. Herrschaftskritische Analysen und pädagogische Perspektiven, Bielefeld, S. 29-41.

Hartmann, Jutta (2001): »Bewegungsräume zwischen Kritischer Theorie und Poststrukturalismus. Eine Pädagogik vielfältiger Lebensweisen als Herausforderung für die Erziehungswissenschaft«, in: Fritzsche, Bettina/Hartmann, Jutta/Schmidt et al. (Hg.), Dekonstruktive Pädagogik. Erziehungswissenschaftliche Debatten unter poststrukturalistischen Perspektiven, Opladen, S. 65-84.

Hartmann, Jutta (2004): »Dekonstruktive Perspektiven auf das Referenzsystem von Geschlecht und Sexualität – Herausforderungen der Queer Theory«, in: Glaser, Edith/Klika, Dorle/Prengel, Annedore (Hg.), Handbuch Gender und Erziehungswissenschaft, Bad Heilbrunn, S. 255-271.

Haunss, Sebastian (2002): »Perspektiven gesellschaftlicher Veränderung im 21. Jahrhundert – kollektive Identität und identitäre Politik«, in: Bartmann, Sylke/Gille, Karin/Haunss, Sebastian (Hg.), Kollektives Handeln, Düsseldorf, S. 13-31.

Haunss, Sebastian (2004): Identität in Bewegung: Prozesse kollektiver Identität bei den Autonomen und in der Schwulenbewegung, Wiesbaden.

Hauschild, Hans-Peter (1998): »Noch zehn Jahre strukturelle Prävention?« in: Deutsche AIDS-Hilfe e.V., (DAH) (Hg.), Strukturelle Prävention. Ansichten zum Konzept der Deutschen AIDS-Hilfe, AIDS-Forum DAH, 33, Berlin, S. 65-70.

Heide, Ulrich (2000): »Soziale Not bei Menschen mit HIV und AIDS in der Bundesrepublik Deutschland: Zustand und Perspektiven«, in: Deutsche AIDS-Hilfe e.V., (Hg.), AIDS und Soziale Not, AIDS-Forum DAH, 15, Berlin, S. 9-24.

Herriger, Norbert (2002): Empowerment in der Sozialen Arbeit. Eine Einführung, Stuttgart.

Herriger, Norbert/Kähler, Harro Dietrich (2003): Erfolg in der sozialen Arbeit: gelingendes berufliches Handeln im Spiegel der Praxis, Bonn.

Herrmann, Kitty S. (o. J.): Performing the gap. Queere Gestalten und geschlechtliche Aneignung, http://www.gender-killer.de, Zugriff 15.04.2007

Herrn, Rainer (1999): Anders bewegt. 100 Jahre Schwulenbewegung in Deutschland, Hamburg.

Herzer, Manfred (2001): Magnus Hirschfeld: Leben und Werk eines jüdischen, schwulen und sozialistischen Sexologen, Hamburg.

Hetzel, Mechthild/Hetzel, Andreas (2007): »Zur Sprache der Sprachlosen. Ebenen der Gewalt in der diskursiven Produktion von Behinderung«, in: Herrmann, Kitty Steffen/Krämer, Sybille/Kuch, Hannes (Hg.), Verletzende Worte. Die Grammatik sprachlicher Würde, Bielefeld, S. 337-352.

Hinzpeter, Werner (1997): Schöne schwule Welt: der Schlussverkauf einer Bewegung, Berlin.

Hirschauer, Stefan (1989): »Die interaktive Konstruktion von Geschlechtszugehörigkeit«, in: *Zeitschrift für Soziologie, (ZfS), 18 (2), S.* 100-118.

Hirschauer, Stefan (1992): »Konstruktivismus und Essentialismus. Zur Soziologie des Geschlechterunterschieds und der Homosexualität«, in: *Zeitschrift für Sexualforschung*, (05), S. 331-345.

Hörster, Reinhard (2003): Fallverstehen. Zur Erkundung kasuistischer Produktivität in der Sozialpädagogik, in: Helsper, Werner/Hörster, Reinhard/Kade, Jochen (Hg.), Ungewissheit. Pädagogische Felder im Modernisierungsprozess, Weilerswist, S. 318-341.

Hoevels, Fritz Erik (1986): Zwischen Monogamie-Propaganda und grünem Licht für Virus-Überträger. Tabuthema AIDS-Stop. Gedanken eines Ketzers, Freiburg.

Hoffmann, Christian (2005): »ART 2005«, in: Hoffmann, Christian/Kamps, Bernd Sebastian/Rockstroh, Jürgen K. (Hg.), HIV.NET 2005, Wuppertal-Beyenburg, S. 91-266.

Hoffmann, Christian/Kamps, Bernd Sebastian/Rockstroh, Jürgen K. (Hg.) (2005): HIV.Net 2005, Wuppertal-Beyenburg.

Hofsäss, Thomas (1999): Jugendhilfe und gleichgeschlechtliche Orientierung, Berlin.

Homfeldt, Hans Günther/Schulze-Krüdener, Jörgen (2000): Wissen und Nichtwissen. Herausforderungen für Soziale Arbeit in der Wissensgesellschaft, Weinheim und München.

Honig, Michael-Sebastian/Neumann, Sascha (2004): »Wie ist ›gute Praxis‹ möglich? Pädagogische Qualität als Gegenstand erziehungswissenschaftlicher Forschung«, in: Beckmann, Christof/Otto, Hans-Uwe/Richter, Martina/Schrödter, Mark (Hg.), Qualität in der Sozialen Arbeit. Zwischen Nutzerinteresse und Kostenkontrolle, Wiesbaden, S. 251-281.

Hoppe, Birgit (2000): »Falsches Ehrenamt – richtiges Ehrenamt? Soziale Berufe in der Zumutungsfalle. Konsequenzen für Professionalisierung und Qualifizierung«, in: Stiftung Sozialpädagogisches Institut Berlin, (SPI) (Hg.), Jahresbericht 1999/2000, Berlin, S. 27-38.

Hörmann, Georg (2004): »Gesundheitswissenschaften/Medizin und Beratung«, in: Nestmann, Frank/Engel, Frank/Sickendiek, Ursel (Hg.), Das Handbuch der Beratung. Disziplinen und Zugänge, 1, Tübingen, S. 171-180.

Howald, Jenny (2001): »Ein Mädchen ist ein Mädchen ist kein Mädchen? Mögliche Bedeutungen von ›Queer Theory‹ für die feministische Mädchenbildungsarbeit«, in: Fritzsche, Bettina/Hartmann, Jutta/Schmidt, Andrea et al. (Hg.), Dekonstruktive Pädagogik. Erziehungswissenschaftliche Debatten unter poststrukturalistischen Perspektiven, Opladen, S. 295-309.

Humphrey, Laud (1974): Klappen-Sexualität. Homosexuelle Kontakte in der Öffentlichkeit, Stuttgart.

Hutter, Jörg (1987): »Definitionsmacht Medizin und soziale Kontrolle homosexuellen Verhaltens«. In: *Kriminologisches Journal*, 2, S. 148-158.

Hutter, Jörg (1993): »Schwule Konfliktunfähigkeit im Zeichen von AIDS«, in: *Vorgänge*, 122, S. 94-104.

Hutter, Jörg (1997a): »AIDS und die gesellschaftliche Moralpanik«, in: *Vorgänge*, 139, S. 86-95.

Hutter, Jörg (1997b): »Homophobie und Krankheit: Ein wichtiges Feld zukünftiger Schwulenpolitik«, in: Gumbach, Detlef (Hg.), Was heißt hier schwul?, Hamburg, S. 150-162.

Hutter, Jörg/Koch-Burghardt, Volker/Lautmann, Rüdiger (2000): Ausgrenzung macht krank. Homosexuellen-Feindschaft und HIV-Infektionen, Wiesbaden.

Jagose, Annamarie (2001): Queer theory. Eine Einführung, Berlin.

Junge, Torsten (2001): »Rezension zu: Jörg Maas (1999), Identität und Stigma-Management von homosexuellen Führungsgruppen«, in: *Forum Qualitative Sozialforschung, FQS*, (2), Elektronische Ressource: http://qualitative-research.net/fqs/fqs.htm, Zugriff 11.11.2004.

Kamps, Bernd Sebastian (2005): »Einleitung«, in: Hoffmann, Christian/Kamps, Bernd Sebastian/Rockstroh, Jürgen K. (Hg.), HIV.NET 2005, Wuppertal-Beyenburg, S. 21-39.

Keck, Andreas (2006): »Die Identitätsstörung der Sozialarbeitswissenschaft. Eine kritische Betrachtung«, in: Sozial Extra, 12, S. 30-31.

Keckeisen, Wolfgang (1976): Die gesellschaftliche Definition abweichenden Verhaltens. Perspektiven und Grenzen des labeling approach, München.

Kelle, Udo/Kluge, Susann (1999): Vom Einzelfall zum Typus: Fallvergleich und Fallkontrastierung in der qualitativen Sozialforschung, Opladen.

Kessl, Fabian/Reutlinger, Christian/Maurer, Susanne/Frey, Oliver (2005): Handbuch Sozialraum, Wiesbaden.

Kessl, Fabian/Ziegler, Holger (2005): Zur politischen Bestimmung des Sozialen der Sozialen Arbeit. Vortrag auf der Theorie-AG der Sektion Sozialpädagogik in der DGfE in Bielefeld, Dezember 2003, Bielefeld.

Ketterer, Armin (1998): »Strukturelle Prävention im theoretischen Kontext und als Spiegel der Zeit: Vorbilder, Einflüsse, Abgrenzungen, Merkmale«, in: Deutsche AIDS-Hilfe E.V., (DAH) (Hg.), Strukturelle Prävention. Ansichten zum Konzept der Deutschen AIDS-Hilfe, 33, Berlin, S. 39-56.

Keupp, Heiner (1976): Abweichung und Alltagsroutine. Die Labeling-Perspektive in Theorie und Praxis, Hamburg.

Keupp, Heiner/Höfer, Renate (1997): Identitätsarbeit heute: klassische und aktuelle Perspektiven der Identitätsforschung, Frankfurt am Main.

Kil, Monika/Thöne, Bettina (2001): »Pädagogische Beratungsarbeit. Eine Feldsondierung«, in: *Der pädagogische Blick*, (9), S. 132-146.

Kilian, Holger/Geene, Raimund/Phillippi, Tanja (2004): »Die Praxis der Gesundheitsförderung für sozial Benachteiligte im Setting«, in: Rosenbrock, Rolf/Bellwinkel, Michael/Schröer, Alfons (Hg.), Primärprävention im Kontext sozialer Ungleichheit. Wissenschaftliche Gutachten zum BKK-Programm ›Mehr Gesundheit für alle‹, Bremerhaven, S. 151-230.

Klatetzki, Thomas (1998): »Qualität der Organisation«, in: Merchel, Joachim (Hg.), Qualität in der Jugendhilfe: Kriterien und Bewertungsmöglichkeiten, Münster, S. 61-75.

Klatetzki, Thomas (2003): »Skripts in Organisationen. Ein praxistheoretischer Bezugsrahmen für die Artikulation des kulturellen Repertoires sozialer Einrichtungen und Dienste«, in: Schweppe, Cornelia (Hg.), Qualitative Forschung in der Sozialpädagogik, Opladen, S. 93-118.

Klatetzki, Thomas (2004): »Organisatorische Qualität sozialer Dienste und Einrichtungen«, in: Beckmann, Christof/Otto, Hans-Uwe/Richter, Martina/Schrödter, Mark (Hg.), Qualität in der sozialen Arbeit: zwischen Nutzerinteresse und Kostenkontrolle, Wiesbaden, S. 185-198.

Klein, Ansgar/Legrand, Hans-Josef/Leif, Thomas (1999): Neue soziale Bewegungen. Impulse, Bilanzen und Perspektiven, Opladen.

Klemmert, Oskar (2001): »›Experte aus Betroffenheit‹. Wird im neuen Jahrhundert die Tür zu einer alternativen Professionalität aufgestoßen?« in: *Archiv für Wissenschaft und Praxis der Sozialen Arbeit*, 1, S. 83-104.

Kleve, Heiko (2000): Die Sozialarbeit ohne Eigenschaften. Fragmente einer postmodernen Professions- und Wissenschaftstheorie Sozialer Arbeit, Freiburg im Breisgau.

Kleve, Heiko (2001): »Sozialarbeit als Beruf ohne (eindeutige) Identität. Eine postmoderne Umdeutung, ihre Begründung und Auswirkung«, in: *Forum Sozial,* Zeitschrift des DBSH, 3, S. 15-17.

Klöck, Tilo (o.J.): »Was ist ›Empowerment‹?«, in: Elektronische Ressource: http://www.stadtteilarbeit.de/index.html?/Seiten/Theorie/Kloeck/Was_ist_Empowerment.htm, Zugriff 02.06.2007.

Kluge, Susann (2000): »Empirisch begründete Typenbildung in der qualitativen Sozialforschung«, in: *Forum Qualitative Sozialforschung, FQS*, (1), Elektronische Ressource: http://qualitative-research.net, Zugriff 01.06.2006.

Knittel, Hannelore/Höpfner, Christine (2001): »AIDS-Hilfe in Deutschland«, in: *AIDS Infothek*, Das Magazin Der AIDS Info Docu Schweiz (Hg.), Aktuelle Situation und Zukunft der AIDS-Hilfen in Deutschland, Frankreich und in der Schweiz, 3, Bern, S. 9-14.

Knoll, Christopher/Edinger, Manfred/Reisbeck, Günter (1997): Grenzgänge: Schwule und Lesben in der Arbeitswelt, München und Wien.

Köllner, Erhard (2001): Homosexualität als anthropologische Herausforderung. Konzeption einer Homosexuellen Anthropologie, Bad Heilbrunn.

Köpp, Christina/Neumann, Sascha (2003): Sozialpädagogische Qualität: problembezogene Analysen zur Konzeptualisierung eines Modells, Weinheim und München.

Krämer Sybille (2001): Sprache, Sprechakt, Kommunikation. Sprachtheoretische Positionen des 20. Jahrhunderts, Frankfurt am Main, S.241.

Kraß, Andreas (2003): Queer Denken. Gegen die Ordnung der Sexualität, Frankfurt am Main.

Kromery, Helmut (2004): »Evaluation, Evidenzbasierung, Qualitätssicherung – Worüber reden wir?«, in: Luber, Eva/Geene, Raimund (Hg.), Qualitätssicherung und Evidenzbasierung in der Gesundheitsförderung, Frankfurt am Main, S. 75-85.

Kruse, Jan (2002): »Vom Ende der Bescheidenheit zum Ende der Abgrenzung«, in: *Forum Sozial*, Zeitschrift des DBSH, 4, S. 35-37.

Kruse, Jan (2004): Arbeit und Ambivalenz. Die Professionalisierung Sozialer und Informatisierter Arbeit, Bielefeld.

Kruse, Jan (2005): »Reflektierte Subjektivität als Programm einer professionellen Kultur Sozialer Arbeit«, in: *Widersprüche*, 96, S. 49-60.

Kruse, Otto (1997): »Wissenschaftliche Textproduktion und Schreibdidaktik. Schreibprobleme sind nicht einfach Probleme der Studierenden; sie sind auch die Probleme der Wissenschaft selbst«, in: Jacobs, Eva-Maria/Knorr, Dagmar (Hg.), Schreiben in den Wissenschaften, Frankfurt am Main, S. 141-156.

Kunstreich, Timm (2001): »Vom Missverständnis eines politischen Mandats Sozialer Arbeit«, in: Merten, Roland (Hg.), Hat Soziale Arbeit ein politisches Mandat? Positionen zu einem strittigen Thema, Opladen, S. 121-130.

Kunstreich, Timm/Lindenberg, Michael (2005): »Die Tantalus-Situation – Soziale Arbeit mit Ausgegrenzten«, in: Thole, Werner (Hg.), Grundriss Soziale Arbeit, Wiesbaden, S. 349-366.

Kunze, Dorothea (2003): Lerntransfer im Kontext einer personzentriert-systematischen Erwachsenenbildung: wie Wissen zum (nicht) veränderten Handeln führt, Köln.

Kutscher, Nadia (2002): Moralische Begründungsstrukturen professionellen Handelns in der Sozialen Arbeit: eine empirische Untersuchung zu normativen Deutungs- und Orientierungsmustern in der Jugendhilfe, Bielefeld.

Langer, Antje (2003): Klandestine Welten. Mit Goffman auf dem Drogenstrich, Königstein.

Lautmann, Rüdiger (1997): »Die Trojanischen Pferde der Homopolitik«, in: Gumbach, Detlef (Hg.), Was heißt hier schwul? Politik und Identitäten im Wandel, Hamburg, S. 57-69.

Lautmann, Rüdiger (2002): Soziologie der Sexualität: erotischer Körper, intimes Handeln und Sexualkultur, Weinheim, München.

Lautmann, Rüdiger (2003): Sexualität, Kultur, Gesellschaft. Grundkurs Homosexualität und Gesellschaft I, Göttingen.

Lehmann, Elke (2003): HIV/AIDS und die Rolle der Medien. Die Entwicklung von HIV/AIDS in Großbritannien aus medizinhistorischer Sicht und die Darstellung in den Medien, München.

Lehmann, Frank/Geene, Raimund/Kaba-Schönstein, Lotte/Kilian, Holger/Meyer-Nürnberger, Monika/Brandes, Sven/Bartsch, Gabi (2005): Kriterien guter Praxis in der Gesundheitsförderung bei sozial Benachteiligten. Ansatz – Beispiele – Weiterführende Informationen, Köln.

Lehmann, Frank/Meyer-Nürnberger, Monika/Altgeld, Thomas/Brandes, Sven (2003): Gesundheitsförderung für sozial Benachteiligte. Aufbau einer Internetplattform zur Stärkung der Vernetzung der Akteure, Köln.

LFQ (Netzwerk lesbisch-feministisch-queerer Forscherinnen) (2006): lfq-Positionierung zur Initiative Queer Nations, 30.04.2006, Elektronische Ressource: http://www.lesbisch-feministisch-queer.de/aktuelles.html, Zugriff 20.06.2007.

Lindemann, Gesa (1994): »Die Konstruktion der Wirklichkeit und die Wirklichkeit der Konstruktion«, in: Wobbe, Theresa/Lindemann, Gesa (Hg.), Denkachsen. Zur theoretischen und institutionellen Rede vom Geschlecht, Frankfurt am Main, S. 115-146.

Luber, Eva (2004): »Wessen Qualität ist gemeint?«, in: Luber, Eva/Geene, Raimund (Hg.), Qualitätssicherung und Evidenzbasierung in der Gesundheitsförderung, Frankfurt am Main, S. 37-57.

Luber, Eva/Geene, Raimund (2004): Qualitätssicherung und Evidenzbasierung in der Gesundheitsförderung. Wer weiß, was gut ist: Wissenschaft, Wirtschaft, Politik, BürgerInnen?, Frankfurt am Main.

Lühmann, Jörg (1995): »Beratung als Schwerpunktangebot der AIDS-Hilfen«, in: Aue, Michael/Bader, Birgit/Lühmann, Jörg (Hg.), Krankheits- und Sterbebegleitung. Ausbildung, Krisenintervention, Training, Weinheim und Basel, S. 47-62.

Luhmann, Niklas (1993): Soziologische Aufklärung, Teil 5, Konstruktivistische Perspektiven, Opladen.

Maas, Jörg (1997): »Schwule Identität 1997«, in: Gumbach, Detlef (Hg.), Was heißt hier schwul? Politik und Identitäten im Wandel, Hamburg, S. 110-129.

Maas, Jörg (1999): Identität und Stigma-Management von homosexuellen Führungskräften, Wiesbaden.

Mader, Wilhelm (1994): »Weiterbildung und Beratung«, in: Tippelt, Rudolf (Hg.), Handbuch Erwachsenenbildung/Weiterbildung, Opladen, S. 272-281.

Mahoney, Blessless/Van Der Platenvlotbrug, Didine (2001): »Die Tunte – Krönung der Schöpfung?«, in: Heidel, Ulf/Micheler, Stefan/Tuider, Elisabeth (Hg.), Jenseits der Geschlechtergrenzen, Hamburg, S. 386-413.

Maihofer, Andrea (1994): »Geschlecht als hegemonialer Diskurs. Ansätze zu einer kritischen Theorie des ›Geschlechts‹«, in: Wobbe, Theresa/Lindemann, Gesa (Hg.), Denkachsen. Zur theoretischen und institutionellen Rede vom Geschlecht, Frankfurt am Main, S. 236-263.

Maihofer, Andrea (1995): Geschlecht als Existenzweise: Macht, Moral, Recht und Geschlechterdifferenz, Frankfurt am Main.

Maihofer, Andrea (2004): »Geschlecht als soziale Konstruktion – eine Zwischenbetrachtung«, in: Helduser, Urte/Marx, Daniela/Paulitz, Tanja/Pühl, Katharina (Hg.), under construction? Konstruktivistische Perspektiven in feministischer Theorie und Forschungspraxis, Frankfurt am Main, S. 33-43.

Matzat, Jürgen (2003): »Die Selbsthilfe als Korrektiv und ›vierte Säule‹ im Gesundheitswesen«, in: Kiss, Kontakt- Und Informationsstelle Für Selbsthilfegruppen e.V.; (Hg.), Stärkung und Förderung der Selbsthilfe. Stuttgarter Fachtag 21. Mai 2003, Stuttgart, S. 14-27.

Maurer, Susanne (2001): »Zentrierte Vielfalt? Zur Frage von Subjekt und Handlungsfähigkeit in der Auseinandersetzung mit poststrukturalistischem Denken«, in: Fritzsche, Bettina/Hartmann, Jutta/Schmidt et al. (Hg.), Dekonstruktive Pädagogik. Erziehungswissenschaftliche Debatten unter poststrukturalistischen Perspektiven, Opladen, S. 105-118.

Mayer, Ruth/Weingart, Brigitte (2004): Virus! Mutationen einer Metapher, Bielefeld.

Mecheril, Paul (2004): »Ein Mund, der kaut, ein Ausländer, der isst, und die Liebe: Eine nichtromantische Notiz zu Queer«, in: Czollek, Leah Carola /Perko, Gudrun (Hg.), Lust am Denken. Queeres im experimentellen Raum jenseits kultureller Verortungen, Köln, S. 65-76.

Melucci, Alberto (1999): »Soziale Bewegungen in komplexen Gesellschaften. Die europäische Perspektive«, in: Klein, Ansgar/Legrand, Hans-Josef/Leif, Thomas (Hg.), Neue soziale Bewegungen. Impulse, Bilanzen und Perspektiven, Opladen, S. 114-130.

Mennemann, Hugo (1998): Sterben lernen heißt leben lernen. Sterbebegleitung aus sozialpädagogischer Perspektive, Münster.

Mennemann, Hugo (2000): »Krise als Zentralbegriff der (Sozial-)Pädagogik – eine ungenutzte Möglichkeit?«, in: *Neue Praxis*, 3, S. 207-226.

Merchel, Joachim (2003): »Zum Stand der Diskussion über Effizienz und Qualität in der Produktion sozialer Dienstleistungen«, in: Möller, Michael (Hg.), Effektivität und Qualität sozialer Dienstleistungen, Kassel, S. 4-25.

Merchel, Joachim (2004): »Qualität als Verhandlungssache. Kontraktsteuerung und Professionalisierung sozialer Dienste«, in: Beckmann, Christof/Otto, Hans-Uwe/Richter, Martina/Schrödter, Mark (Hg.), Qualität in der Sozialen Arbeit. Zwischen Nutzerinteresse und Kostenkontrolle, Wiesbaden, S. 133-154.

Merten, Roland/Sommerfeld, Peter/Koditek, Thomas (Hg.) (1996): Sozialarbeitswissenschaft – Kontroversen und Perspektiven, Neuwied.

Meuser, Michael/Nagel, Ulrike (2002): »ExpertInneninterview – vielfach erprobt, wenig bedacht. Ein Beitrag zur qualitativen Methodendiskussion«, in: Bogner, Alexander/Littig, Beate/Menz, Wolfgang (Hg.), Das Experteninterview. Theorie, Methode, Anwendung, Opladen, S. 71-93.

Mielck, Andreas (2003): »Projekte für mehr gesundheitliche Chancengleichheit: Bei welchen Bevölkerungsgruppen ist der Bedarf besonders groß?«, in: Lehmann, Frank/Meyer-Nürnberger, Monika/Altgeld, Thomas et al. (Hg.), Gesundheitsförderung für sozial Benachteiligte. Aufbau einer Internetplattform zur Stärkung der Vernetzung der Akteure, Köln, S. 10-19.

Mildenberger, Florian (1999): Die Münchner Schwulenbewegung 1969 bis 1996. Eine Fallstudie über die zweite deutsche Schwulenbewegung, Bochum.

Moeller, Michael Lukas (1996): Selbsthilfegruppen: Anleitungen und Hintergründe, Reinbek bei Hamburg.

Mrochen, Siegfried (1994): »Sozialarbeiterisches/-pädagogisches Handeln in der Beratung. Kompetenzermittlung zwischen Einzelhilfe und Psychotherapie«, in: Groddeck, Norbert/Schumann, Michael (Hg.), Modernisierung Sozialer Arbeit durch Methodenentwicklung und -reflexion, Freiburg im Breisgau, S. 68-80.

Muckel, Petra (1996): »Selbstreflexivität und Subjektivität im Forschungsprozeß«, in: Breuer, Franz (Hg.), Qualitative Psychologie: Grundlagen, Methoden und Anwendungen eines Forschungsstils, Opladen, S. 61-78.

Muckel, Petra (2000): »Methodische Reflexionen zur Forschung in Institutionen – Phänomenspiegelungen als Erkenntnisinstrument«, in: *Forum Qualitative Sozialforschung*, *FQS*, (1), Elektronische Ressource: http://www.qualitative-research.net/fqs-texte/2-00/2-00muckel-d.htm, Zugriff 03.06.2007.

Müller-Kohlenberg, Hildegard (1996): Laienkompetenz im psychosozialen Bereich: Beratung – Erziehung – Therapie, Opladen.

Müller, Burkhard (1987): »Sozialpädagogisches Handeln«, in: Eyferth, Hanns/Otto, Hans-Uwe/Thiersch, Hans (Hg.), Handbuch zur Sozialarbeit/Sozialpädagogik, Neuwied und Darmstadt, S. 1045-1059.

Müller, Burkhard (2002): »Sozialpädagogische Interaktions- und Klientenarbeit«, in: Otto, Hans-Uwe/Rauschenbach, Thomas/Vogel, Peter (Hg.), Erziehungswissenschaft: Professionalität und Kompetenz, Opladen, S. 79-90.

Müller, Burkhard (2005): »Professionalisierung«, in: Thole, Werner (Hg.), Grundriss Soziale Arbeit. Ein einführendes Handbuch, Opladen, S. 731-750.

Müller, Burkhard (2006): Sozialpädagogisches Können. Ein Lehrbuch zur multiperspektivischen Fallarbeit, 4, Freiburg im Breisgau.

Nagel, Ulrike (1997): Engagierte Rollendistanz. Professionalität in biographischer Perspektive, Opladen.

Naidoo, Jennie/Wills, Jane (2003): Lehrbuch Gesundheitsförderung, Gamburg.

Nestmann, Frank (1988): »Beratung«, in: Hörmann, Georg/Nestmann, Frank (Hg.), Handbuch der psychosozialen Intervention, Opladen, S. 101-113.

Nestmann, Frank/ Engel, Frank/ Sickendiek, Ursel (2004a): Das Handbuch der Beratung. Disziplinen und Zugänge, 1, Tübingen.

Nestmann, Frank/ Engel, Frank/ Sickendiek, Ursel (2004b): Das Handbuch der Beratung. Ansätze und Methoden, 2, Tübingen.

Nittel, Dieter (1994): »Biographische Forschung – ihre historische Entwicklung und praktische Relevanz in der Sozialen Arbeit«, in: Groddeck, Norbert/Schumann, Michael (Hg.), Modernisierung Sozialer Arbeit durch Methodenentwicklung und -reflexion, Freiburg im Breisgau, S. 147-188.

Oelerich, Gertrud/Schaarschuch, Andreas (2005): Soziale Dienstleistung aus Nutzersicht. Zum Gebrauchswert Sozialer Arbeit, München und Basel.

Ohms, Constance (2000): Gewalt gegen Lesben, Berlin.

Ohms, Constance/Stehling, Klaus (2001): »Gewalt gegen Lesben – Gewalt gegen Schwule: Thesen zu Differenzen und Gemeinsamkeiten«, in: Libs, Lesben Informations- Und Beratungsstelle e.V. (Hg.), Erstes Europäisches Symposium ›Gewalt gegen Lesben‹, Berlin, S. 17-52.

Otto, Hans-Uwe/Thiersch, Hans (Hg.) (2001): Handbuch Sozialarbeit, Sozialpädagogik, unter Mitarbeit von Karin Böllert, 2, Neuwied und Kriftel.

Otto, Hans-Uwe/Thiersch, Hans (Hg.) (2005): Handbuch Sozialarbeit, Sozialpädagogik, unter Mitarbeit von Karin Böllert, 3, München und Basel.

Otto, Hans-Uwe/Ziegler, Holger (2005): »Sozialraum und sozialer Ausschluss. Die analytische Ordnung neo-sozialer Integrationsrationalitäten in der Sozialen Arbeit«, in: Anhorn, Roland/Bettinger, Frank (Hg.), Sozialer Ausschluss und Soziale Arbeit. Positionsbestimmungen einer kritischen Theorie und Praxis Sozialer Arbeit, Wiesbaden, S. 115-146.

Pankofer, Sabine (1997): Freiheit hinter Mauern. Mädchen in geschlossenen Heimen, Weinheim und München.

Pantucek, Peter (2005): »Pseudoprofessionalisierung und Ambivalenz. Ein Lamento, eine Polemik und eine Reflexion«, in: *Widersprüche*. 96, S. 75-85.

Pascoe, Cheri Jo (2006): »Du bist so 'ne Schwuchtel, Alter. Männlichkeit in der Adoleszenz und der ‚Schwuchteldiskurs'«, in: *Zeitschrift für Sexualforschung*, 3, S. 1-14.

Peirce, Charles S. (1955): »Deduction, Induction and Hypothesis«, in: Peirce, Charles S. (Hg.), Collected Papers, (2), Cambridge, S. 619-644.

Peirce, Charles S . (1991): Schriften zum Pragmatismus und Pragmatizismus, Frankfurt am Main.

Perko, Gudrun (2003): »Fragend queer be/denken«, in: Czollek, Leah Carola/Weinbach, Heike (Hg.), Was sie schon immer über Gender wissen wollten ... und über Sex nicht gefragt haben, Berlin, S. 27-42.

Perko, Gudrun (2004): »Denken im Transit – ein Entwurf: Über das Ethos der Anerkennung, die Politik der Autonomie und Dimensionen der Magmalogik als transformative Erweiterung von Queer«, in: Czollek, Leah Carola /Perko, Gudrun (Hg.), Lust am Denken. Queeres im experimentellen Raum jenseits kultureller Verortungen, Köln, S. 31-53.

Perko, Gudrun (2005): Queer-Theorien. Ethische, politische und logische Dimensionen plural-queeren Denkens, Köln.

Peuckert, Rüdiger (2006): »Sozialer Status«, in: Schäfers, Bernhardt/Kopp, Johannes (Hg.), Grundbegriffe der Soziologie, 9, Wiesbaden, S. 313-315.

Pfadenhauer, Michaela (2002): »Auf gleicher Augenhöhe reden. Das Experteninterview – ein Gespräch zwischen Experte und Quasi-Experte«, in: Bogner, Alexander/Littig, Beate/Menz, Wolfgang (Hg.), Das Experteninterview. Theorie, Methode, Anwendung, Opladen, S. 113-130.

Piaget, Jean (1969): Nachahmung, Spiel und Traum. Die Entwicklung der Symbolfunktion beim Kinde, Stuttgart.

Pieper, Kajo/Vael, Guido (1993): »Die AIDS-Hilfe: ein historischer Abriss«, in: Deutsche AIDS-Hilfe e.V. (DAH) (Hg.), 10 Jahre Deutsche AIDS-Hilfe, Geschichten und Geschichte, Sonderband, Berlin, S. 25-32.

Plößer, Melanie (2005): Dekonstruktion-Feminismus-Pädagogik. Vermittlungsansätze zwischen Theorie und Praxis, Königstein.

Pollak, Michael (1990): Homosexuelle Lebenswelten im Zeichen von AIDS. Soziologie der Epidemie in Frankreich, Berlin.

Pühl, Katharina (2003): »Queere Politiken im Neoliberalismus«, in: *arranca*, 26, Elektronische Ressource: http://arranca.nadir.org; Zugriff 01.05.2006.

Pulver, Marco (1999): Tribut der Seuche oder: Seuchenmythen als Quelle sozialer Kalibrierung: eine Rekonstruktion des AIDS-Diskurses vor dem Hintergrund von Studien zur Historizität des Seuchendispositivs, Frankfurt am Main und Berlin.

Quaestio (2000): Queering-Demokratie: sexuelle politiken, Berlin.

Raab, Heike (1998): Foucault und der feministische Poststrukturalismus, Dortmund.

Rathgeb, Kerstin (2005a): »Ressourcen im ›sozialen Raum‹. Gemeindestudien als Perspektive der Nutzungsforschung«, in: Oelerich, Gertrud/ Schaarschuch, Andreas (Hg.), Soziale Dienstleistungen aus Nutzersicht. Zum Gebrauchswert Sozialer Arbeit, München und Basel, S. 150-162.

Rathgeb, Kerstin (2005b): »Sozialer Raum als Ressource. Vom Nutzen der Gemeindestudien für die Soziale Arbeit«, in: Anhorn, Roland/Bettinger, Frank (Hg.), Sozialer Ausschluss und Soziale Arbeit. Positionsbestimmungen einer kritischen Theorie und Praxis Sozialer Arbeit, Wiesbaden, S. 319-333.

Rau, Alexandra (2004): »Gender Mainstreaming jenseits von Repräsentation und Identität, oder: Was ist politisch an der Dekonstruktion?«, in: Herzog, Margarethe (Hg.), Gender Mainstreaming. Von der Frauen- und Geschlechterforschung zur Forderung nach neuen Geschlechterverträgen, Düsseldorf, S. 53-68.

Rauchfleisch, Udo (1996): Schwule, Lesben, Bisexuelle: Lebensweisen, Vorurteile, Einsichten. Göttingen und Zürich.

Rauschenbach, Thomas (2005): »Ehrenamt«, in: Otto, Hans-Uwe/Thiersch, Hans (Hg.), Handbuch Sozialarbeit, Sozialpädagogik, München und Basel, S. 344-360.

Reichertz, Jo (2000): »Abduktion, Deduktion und Induktion«, in: Flick, Uwe/von Kardorff, Ernst/Steinke, Ines (Hg.), Qualitative Forschung. Ein Handbuch, Reinbek bei Hamburg, S. 276-286.

Ritter, Claudia (1992): »AIDSarbeit im Spannungsfeld von Schwulenbewegung und Staat«, in: *Forschungsjournal Neue Soziale Bewegungen*, 5 (4), S. 77-84.

Robert Koch Institut (RKI) (2006): HIV/AIDS in Deutschland – Eckdaten, Epidemiologische Kurzinformation des Robert Koch-Instituts. Stand: Ende 2006, Elektronische Ressource: www.rki.de.

Rohrmann, Eckhard (1999): »Was ist überhaupt Selbsthilfe? Zum Begriff und Verständnis Sozialer Selbsthilfe«, in: Günther, Peter/Rohrmann, Eckhard (Hg.), Soziale Selbsthilfe. Alternativen, Ergänzungen oder Methode sozialer Arbeit?, Heidelberg, S. 15-33.

Rose, Nikolas (1999): Powers of Freedom. Cambridge.

Rosenbrock, Rolf (1993): »Von der schwulen Selbsthilfe zum professionalisierten Akteur der Gesundheitsförderung und Wohlfahrtsverband. Eine Erfolgsgeschichte mit ein paar Fragezeichen«, in: Deutsche AIDS-Hilfe e.V. (DAH) (Hg.), 10 Jahre Deutsche AIDS-Hilfe, Berlin, S. 14-19.

Rosenbrock, Rolf (1997): Gemeindenahe Pflege aus Sicht von Public Health, P97-203. Veröffentlichungsreihe der Arbeitsgruppe Public Health, Wissenschaftszentrum Berlin für Sozialforschung, Berlin.

Rosenbrock, Rolf (2002a): »Ein Grundriss wirksamer AIDS-Prävention«, in: Rosenbrock, Rolf/Schaeffer, Doris (Hg.), Die Normalisierung von AIDS. Politik-Prävention-Krankenversorgung, Berlin, S. 71-81.

Rosenbrock, Rolf (2002b): »AIDS-Politik, Gesundheitspolitik und Schwulenpolitik«, in: Rosenbrock, Rolf/Schaeffer, Doris (Hg.), Die Normalisierung von AIDS. Politik-Prävention-Krankenversorgung, Berlin, S. 111-124.

Rosenbrock, Rolf (2003): »Innovationen statt Katastrophe. Die Normalisierung von AIDS«, in: *WZB-Mitteilungen*, H. 100, S. 33-36.

Rosenbrock, Rolf (2004): »Qualitätssicherung und Evidenzbasierung. Herausforderungen und Chancen für die Gesundheitsförderung«, in: Luber, Eva/Geene, Raimund (Hg.), Qualitätssicherung und Evidenzbasierung in der Gesundheitsförderung, Frankfurt am Main, S. 59-73.

Rosenbrock, Rolf/Schaeffer, Doris/Moers, Martin et al. (2002): »Die Normalisierung von AIDS in Westeuropa. Der Politik-Zyklus am Beispiel einer Infektionskrankheit«, in: Rosenbrock, Rolf/Schaeffer, Doris (Hg.), Die Normalisierung von AIDS. Politik-Prävention-Krankenversorgung, Berlin, S. 11-68.

Sachße, Christoph (2003): Mütterlichkeit als Beruf Sozialarbeit. Sozialreform und Frauenbewegung 1871-1929, Opladen.

Sack, Fritz/Lüderssen, Klaus (1975): Seminar: Abweichendes Verhalten, Band 1 und 2, Frankfurt am Main.

Salmen, Andreas (1991): ACT-Up. Feuer unterm Arsch. Die AIDS-Aktionsgruppen in Deutschland und den USA. Sonderband, Deutsche AIDS-Hilfe e.V. (DAH), Berlin.

Salmen, Andreas/Eckert, Albert (1988): »Die neue Schwulenbewegung in der Bundesrepublik Deutschland zwischen 1971 und 1987. Verlauf und Themen«, in: *Forschungsjournal Neue Soziale Bewegungen*, 2 (3), S. 25-32.

Salmen, Andreas/Eckert, Albert (1989): 20 Jahre bundesdeutsche Schwulenbewegung 1969-1989, Köln.

Schaarschuch, Andreas (2000): »Gesellschaftliche Perspektiven sozialer Dienstleistung«, in: Müller, Siegfried/Sünker, Heinz/Olk, Thomas et al. (Hg.) (2000): Soziale Arbeit. Gesellschaftliche Bedingungen und professionelle Perspektiven, Neuwied, S. 165-177.

Schaarschuch, Andreas/Oelerich, Gertrud (2005): »Theoretische Grundlagen und Perspektiven sozialpädagogischer Nutzerforschung«, in: Oelerich, Gertrud/Schaarschuch, Andreas (Hg.), Soziale Dienstleistungen aus Nutzersicht. Zum Gebrauchswert Sozialer Arbeit, München und Basel, S. 9-25.

Schaeffer, Doris/Moers, Martin (1995): Ambulante Pflege von HIV- und AIDS-Patienten, P95-201. Veröffentlichungsreihe der Arbeitsgruppe Public Health, Wissenschaftszentrum Berlin für Sozialforschung, Berlin.

Schmeiser, Martin (1997): »Disposition und Position: Motivlagen der Berufseinmündung von Krankenschwestern und ihr Wandel (1890-1990)«, in: *Arbeit*, 4 (6), S 392-411.

Schmidbauer, Wolfgang (1992): Helfen als Beruf. Die Ware Nächstenliebe, Reinbek.

Schmidbauer, Wolfgang (1995): Die hilflosen Helfer: über die seelische Problematik der helfenden Berufe, Reinbek.

Schmidt, Christiane (2003): »'Am Material': Auswertungstechniken für Leitfadeninterviews«, in: Friebertshäuser, Barbara/Prengel, Annedore (Hg.), Handbuch Qualitative Forschungsmethoden in der Erziehungswissenschaft, Weinheim und München, S. 544-568.

Schmidt, Gunter (1987): »Moral und Volksgesundheit«, in: Sigusch, Volkmar (Hg.), AIDS als Risiko. Über den gesellschaftlichen Umgang mit einer Krankheit, Hamburg, S. 24-38.

Schmitz, Enno/Bude, Heinz/Otto, Claus (1989): »Beratung als Praxisform angewandter Aufklärung«, in: Beck, Ulrich/Bonss, Wolfgang (Hg.), Weder Sozialtechnologie noch Aufklärung?, Frankfurt am Main, S. 122-148.

Schnurr, Stefan (2005): »Evidenz ohne Reflexivität? – Zur Debatte um Evidenzbasierte Praxis in der Sozialen Arbeit«, in: *Forschung und Wissenschaft Soziale Arbeit*, 2, S. 19-28.

Schorn, Ariane (2000): »Das ›themenzentrierte Interview‹. Ein Verfahren zur Entschlüsselung manifester und latenter Aspekte subjektiver Wirklichkeit«, in: *Forum Qualitative Sozialforschung, FQS*, (1), Elektronische Ressource: http://qualitative-research.net/fqs-texte/2-00/2-00schorn-d.htm, Zugriff 0.05.2006.

Schütte, Christian (2002a): Personzentrierte Kommunikation mit Sterbenden in der Hospizarbeit, Köln.

Schütte, Christian (2002b): »Ganzheitliche Sterbebegleitung. Ein Berufsfeld für die Soziale Arbeit?«, in: *Sozialmagazin*, 27 Nr. 9, S. 25-38.

Schütte, Christian (2005a): »Soziale Arbeit und AIDS. Aufgaben, Methoden, Konzepte«, in: *Sozialmagazin*, 30 Nr. 3, S. 13-22.

Schütte, Christian (2005b): »Was in aller Welt ist ›kollektive Identität‹? Rezension zu Haunss, Sebastian: Identität in Bewegung, Opladen 2004«, in: *Forschungsjournal Neue Soziale Bewegungen*, 1 (18), S. 110-112.

Schütze, Fritz (1987): »Symbolischer Interaktionismus«, in: Steger, Hugo/Wiegand, Herbert Ernst (Hg.), Sociolinguistics/Soziolinguistik.

Handbücher zur Sprach und Kommunikationswissenschaft, New York und Berlin, S. 520-553.

Schütze, Fritz (1992): »Sozialarbeit als ›bescheidene‹ Profession«, in: Dewe, Bernd Ferchhoff, Wilfried/Radtke, Frank-Olaf (Hg.), Erziehen als Profession. Zur Logik professionellen Handelns in pädagogischen Feldern, Opladen, S 132-170.

Schwarzer, Christine/Posse, Norbert (2004): »Pädagogische Psychologie und Beratung«, in: Nestmann, Frank/Engel, Frank/Sickendiek, Ursel (Hg.), Das Handbuch der Beratung. Disziplinen und Zugänge, 1, Tübingen, S. 73-88.

Schweppe, Cornelia (2003): »Wie handeln SozialpädagogInnen? Rekonstruktionen der professionellen Praxis der Sozialen Arbeit«, in: Schweppe, Cornelia (Hg.), Qualitative Forschung in der Sozialpädagogik, Opladen, S. 145-165.

Sickendiek, Ursel/Engel, Frank/Nestmann, Frank (1999): Beratung. Einführung in sozialpädagogische und psychosoziale Beratungsansätze, Weinheim.

Sigusch, Volkmar (1987): »AIDS als Risiko. Ein Vorwort«, in: Sigusch, Volkmar (Hg.), AIDS als Risiko. Über den gesellschaftlichen Umgang mit einer Krankheit, Hamburg, S. 7-22.

Sigusch, Volkmar (1990): Anti-Moralia. Sexualpolitische Kommentare, Frankfurt am Main.

Sigusch, Volkmar (2000): »Uranität als Existenzweise. Karl Heinrich Ulrichs als Präzeptor der Homosexuellen- und Schwulenbewegung«, in: Setz, Wolfram (Hg.), Die Geschichte der Homosexualitäten und die schwule Identität an der Jahrtausendwende. Eine Vortragsreihe aus Anlass des 175. Geburtstags von Karl Heinrich Ulrichs, Berlin, S. 65-92.

Sigusch, Volkmar (2005a): Neosexualitäten. Über den kulturellen Wandel von Liebe und Perversion, Frankfurt am Main und New York.

Sigusch, Volkmar (2005b): Sexuelle Welten. Zwischenrufe eines Sexualforschers, Gießen.

Sindelar, Clemens (2003): »Das Menschenbild der DAH – Wen spricht die Prävention an?«, in: Steffens, Melanie Caroline/Ise, Michaela (Hg.), Jahrbuch Lesben – Schwule – Psychologie, Lengerich, S. 196-200.

Sontag, Susan (1997): AIDS und seine Metaphern. München und Wien.

Staub-Bernasconi, Silvia (1995): Systemtheorie, soziale Probleme und soziale Arbeit: lokal, national, international oder: vom Ende der Bescheidenheit, Bern, Stuttgart und Wien.

Stefan, 27 Jahre [anonym]: »Ich, AIDS-Schleuder«, Gastkommentar zum Welt-AIDS-Tag in: die tageszeitung (taz) Berlin (1993) (01.12.1993) 4177, S. 17.

Steffen, Monika (1998): »The normalisation of AIDS Policies in Europe. Phases, Levels and Perspectives«, in: Working Papers for Synthesis

Sessions of the 2nd European Conference ›AIDS in Europe, New Challenges for Social and Behavioural Sciences‹, UNESCO, 12-15 January, Paris.

Steinert, Heinz (1998a): »Reflexivität. Zur Bestimmung des Gegenstandsbereichs der Sozialwissenschaften«, in: Steinert, Heinz (Hg.), Zur Kritik der empirischen Sozialforschung. Ein Methodengrundkurs, Frankfurt am Main, S. 15-28.

Steinert, Heinz (1998b): »Genau hinsehen, geduldig nachdenken und sich nicht dumm machen lassen«, in: Steinert, Heinz (Hg.), Zur Kritik der empirischen Sozialforschung. Ein Methodengrundkurs, Frankfurt am Main, S. 67-79.

Steinert, Heinz (2005): »Eine kleine Radikalisierung von Sozialpolitik: Die allgemeine verfügbare ›soziale Infrastruktur zum Betreiben des eigenen Lebens‹ ist notwendig und denkbar«, in: *Widersprüche*, 97, S. 51-67.

Stöver, Heino (2000): Healthy Prisons: Strategien der Gesundheitsförderung im Justizvollzug, Oldenburg.

Stöver, Heino/Trautmann, Franz (2001): Risikominimierung im Strafvollzug. Arbeitsmaterialien zur HIV-Prävention für Praktiker/innen, Deutsche AIDS-Hilfe e.V. (DAH), Berlin.

Straumann, Ursula (2001): Professionelle Beratung. Bausteine zur Qualitätsentwicklung und Qualitätssicherung, Heidelberg.

Straumann, Ursula (2004): »Klientenzentrierte Beratung«, in: Nestmann, Frank/ Engel, Frank/ Sickendiek, Ursel (Hg.), Das Handbuch der Beratung. Ansätze und Methoden, 2, Tübingen, S. 641-654.

Strauss, Anselm L./ (1998): Grundlagen qualitativer Sozialforschung. Datenanalyse und Theoriebildung in der empirischen soziologischen Forschung, München.

Stuve, Olaf (2001): »›Queer Theory‹ und Jungenarbeit. Versuch einer paradoxen Verbindung«, in: Fritzsche, Bettina/Hartmann, Jutta/Schmidt, Andrea et al. (Hg.), Dekonstruktive Pädagogik. Erziehungswissenschaftliche Debatten unter poststrukturalistischen Perspektiven, Opladen, S. 281-294.

Süssmuth, Rita (1987): AIDS: Wege aus der Angst, Hamburg.

SVR, Sachverständigenrat Zur Begutachtung Der Entwicklung Im Gesundheitswesen (2005): Koordination und Qualität im Gesundheitswesen, Gutachten 2005, Bonn.

Terhart, Ewald (1990): »Professionen in Organisationen: Institutionelle Bedingungen der Entwicklung von Professionswissen«, in: Alisch, Lutz-Michael/Baumert, Jürgen/Beck, Klaus (Hg.), Professionswissen und Professionalisierung, Braunschweig, S. 151-170.

Tervooren, Anja (2001a): »Körper, Inszenierung und Geschlecht. Judith Butlers Konzept der Performativität«, in: Wulf, Christoph/Göhlich, Michael/Zirfas, Jörg (Hg.), Grundlagen des Performativen. Eine Einführung in die Zusammenhänge von Sprache, Macht und Handeln, Weinheim und München, S. 157-180.

Tervooren, Anja (2001b): »Pausenspiele als performative Kinderkultur«, in: Wulf, Christoph/Althans, Birgit/Audehm, Kathrin et al. (Hg.), Das Soziale als Ritual. Zur performativen Bildung von Gemeinschaften, Opladen, S. 205-248.

Thiersch, Hans (1977): Kritik und Handeln. Interaktionistische Aspekte der Sozialpädagogik, Neuwied und Darmstadt.

Thiersch, Hans (1986): Die Erfahrung der Wirklichkeit, Weinheim und München.

Thiersch, Hans (1992): Lebensweltorientierte Soziale Arbeit. Aufgaben der Praxis im sozialen Wandel, Weinheim und München.

Thiersch, Hans (1996): Alltag – Nicht-Alltägliches und die Lebenswelt. Beiträge zur lebensweltorientierten Sozialpädagogik, Weinheim und München.

Thiersch, Hans (1998): »Lebensweltorientierte Soziale Arbeit und Forschung«, in: Rauschenbach, Thomas/Thole, Werner (Hg.), Sozialpädagogische Forschung. Gegenstand und Funktionen, Bereich und Methoden, Weinheim und München, S. 81-96.

Thiersch, Hans (2000): »Lebensweltorientierung in der Sozialen Arbeit – als radikalisiertes Programm«, in: Müller, Siegfried/Sünker, Heinz/Olk, Thomas et al. (Hg.), Soziale Arbeit. Gesellschaftliche Bedingungen und professionelle Perspektiven, Neuwied und Kriftel, S. 529-545.

Thiersch, Hans (2002a): Positionsbestimmungen der Sozialen Arbeit. Gesellschaftspolitik, Theorie und Ausbildung, Weinheim und München.

Thiersch, Hans (2002b): »Sozialpädagogik-Handeln in Widersprüchen?«, in: Otto, Hans-Uwe/Rauschenbach, Thomas/Vogel, Peter (Hg.), Erziehungswissenschaft: Professionalität und Kompetenz, Opladen, S. 209-222.

Thiersch, Hans (2004a): »Vorwort«, in: Heiner, Maja (Hg.), Professionalität in der Sozialen Arbeit. Theoretische Konzepte, Modelle und empirische Perspektiven, Stuttgart, S. 7-11.

Thiersch, Hans (2004b): »Sozialarbeit/Sozialpädagogik und Beratung«, in: Nestmann, Frank/ Engel, Frank/ Sickendiek, Ursel (Hg.), Das Handbuch der Beratung. Disziplinen und Zugänge, 1, Tübingen, S. 115-124.

Thole, Werner (1994): »Sozialpädagogik an zwei Orten. Professionelle und disziplinäre Ambivalenzen eines noch unentschiedenen Projektes«, in: Krüger, Heinz-Hermann/Rauschenbach, Thomas (Hg.), Erziehungswissenschaft. Die Disziplin am Beginn einer neuen Epoche, Weinheim und München, S. 253-274.

Thole, Werner (1996): »Das Unbehagen bleibt. ›Sozialarbeitswissenschaft‹ – Modell zur Lösung der Identität sozialpädagogischer Theorie und Praxis«, in: Puhl, Ria (Hg.), Sozialarbeitswissenschaft. Neue Chancen für

für theoriegeleitete Soziale Arbeit, Weinheim und München, S. 149-165.

Thole, Werner (2005a): Grundriss Soziale Arbeit. Ein einführendes Handbuch, Opladen.

Thole, Werner (2005b): »Soziale Arbeit als Profession und Disziplin. Das sozialpädagogische Projekt in Praxis, Theorie, Forschung und Ausbildung. Ein Versuch einer Standortbestimmung«, in: Thole, Werner (Hg.), Grundriss Soziale Arbeit. Ein einführendes Handbuch, Opladen, S. 13-60.

Thole, Werner/Cloos, Peter (2000a): »Soziale Arbeit als professionelle Dienstleistung. Zur ›Transformation des beruflichen Handelns‹ zwischen Ökonomie und eigenständiger Fachkultur«, in: Müller, Siegfried/Sünker, Heinz/Olk, Thomas et al. (Hg.), Soziale Arbeit. Gesellschaftliche Bedingungen und professionelle Perspektiven, Neuwied und Kriftel, S. 547-567.

Thole, Werner/Cloos, Peter (2000b): »Nimbus und Habitus. Überlegungen zum sozialpädagogischen Professionalisierungsprojekt«, in: Homfeldt, Hans Günther/Schulze-Krüdener, Jörgen (Hg.), Wissen und Nichtwissen, Weinheim und Basel, S. 277-297.

Thole, Werner/Küster-Schapfl, Ernst-Uwe (1997): Sozialpädagogische Profis. Beruflicher Habitus, Wissen und Können von PädagogInnen in der außerschulischen Kinder- und Jugendarbeit, Opladen.

Thole, Werner/Pothmann, Jens (2005): »Die MitarbeiterInnen«, in: Deinet, Ulrich/Sturzenhecker, Benedikt (Hg.), Handbuch Offene Kinder- und Jugendarbeit, Wiesbaden, S. 19-37.

Tiefel, Sandra (2004): Beratung und Reflexion: eine qualitative Studie zu professionellem Beratungshandeln in der Moderne, Wiesbaden.

Ulich, Dieter (1987): Krise und Entwicklung. Zur Psychologie der seelischen Gesundheit, Weinheim und München.

Vahsen, Friedhelm G. (1996): »Sozialarbeit auf dem Weg zur Sozialarbeitswissenschaft?«, in: Puhl, Ria (Hg.), Sozialarbeitswissenschaft. Neue Chancen für theoriegeleitete Soziale Arbeit, Weinheim und München, S. 9-23.

Villa, Paula-Irene (2001): Sexy Bodies: eine soziologische Reise durch den Geschlechtskörper, Opladen.

Villa, Paula-Irene (2003): Judith Butler, Frankfurt am Main.

Villa, Paula-Irene (2004): »(De)Konstruktion und Diskurs-Genealogie: Zur Position und Rezeption von Judith Butler«, in: Becker, Ruth/Beate, Kortendiek; (Hg.), Handbuch Frauen- und Geschlechterforschung: Theorie, Methoden, Empirie, Wiesbaden, S. 141-152.

Von Alemann, Annette (2002): Soziologen als Berater: eine empirische Untersuchung zur Professionalisierung der Soziologie. Opladen.

Von Praunheim, Rosa/Dannecker, Martin (1987): »›Das ist kriminell‹. Ein Streitgespräch, moderiert von Ingrid Klein«, in: Sigusch, Volkmar (Hg.), AIDS als Risiko. Über den gesellschaftlichen Umgang mit einer Krankheit, Hamburg, S. 82-102.

Voß, Heinz-Jürgen (2004): »Queer zwischen kritischer Theorie und Praxisrelevanz«, in: Hertzfeldt, Hella/Schäfgen, Katrin/Veth, Silke (Hg.), GeschlechterVerhältnisse. Analysen aus Wissenschaft, Politik und Praxis, Berlin, S. 66-76.

Walter, Ulla/Schwartz, Friedrich Wilhelm/Hoepner-Stamos, Friederike (2001): »Zielorientiertes Qualitätsmanagement und aktuelle Entwicklungen in Gesundheitsförderung und Prävention«, in: Dierks, Marie-Luise/Walter, Ulla/Schwartz, Friedrich Wilhelm (Hg.), Qualitätsmanagement in Gesundheitsförderung und Prävention. Grundsätze, Methoden und Anforderungen, Köln, S. 18-37.

Weber, Achim (2004): Pflege von Menschen mit HIV und AIDS zwischen Selbsthilfe und ›Professionalität‹, Deutsche AIDS-Hilfe e.V. (DAH), 2, Berlin.

Weber, Max (1922): Gesammelte Aufsätze zur Wissenschaftslehre, Tübingen.

Wegenstein, Bernadette (1998): Die Darstellung von AIDS in den Medien. Semiolinguistische Analyse und Interpretation, Wien.

Weingart, Brigitte (2003): Ansteckende Wörter. Repräsentationen von AI-?S, Frankfurt am Main.

Weiß, Volker (2001): »Queer-Theorie und Queer-Politics. Eine Einführung«, in: Stehling, Klaus (Hg.), Queer Politics. Aufbruch zu neuen U-fern!, Göttingen, S. 16-81.

Weiß, Volker (2003): »Sünde, Verbrechen, Krankheit: Die Diskriminierung von Homosexualität durch Kirche, Strafrecht und Medizin«, in: Tietz, Lüder/Weiß, Volker (Hg.), Normierung und Diskriminierung. Grundkurs Homosexualität und Gesellschaft, II, Göttingen, S. 7-57.

Weisser, Jan (2005): Behinderung, Ungleichheit, Bildung. Eine Theorie der Behinderung, Bielefeld.

Wetterer, Angelika (1995a): Die soziale Konstruktion von Geschlecht in Professionalisierungsprozessen, Frankfurt am Main.

Wetterer, Angelika (1995b): »Die soziale Konstruktion von Geschlecht in Professionalisierungsprozessen. Einleitung«, in: Wetterer, Angelika (Hg.), Die soziale Konstruktion von Geschlecht in Professionalisierungsprozessen, Frankfurt am Main, S. 11-28.

Wilchins, Riki (2006): Gender Theory. Eine Einführung, Berlin.

Wimmer, Michael (1996): »Zerfall des Allgemeinen – Wiederkehr des Singulären. Pädagogische Professionalität und der Wert des Wissens«, in: Combe, Arno/Helsper, Werner (Hg.), Pädagogische Professionalität.

Untersuchungen zum Typus pädagogischen Handelns, Frankfurt am Main, S. 404-447.

Winkler, Michael (2005): »Formationen der Ausgrenzung – Skizzen für die Theorie einer diskursiven Ordnung«, in: Anhorn, Roland/Bettinger, Frank (Hg.), Sozialer Ausschluss und Soziale Arbeit. Positionsbestimmungen einer kritischen Theorie und Praxis Sozialer Arbeit, Wiesbaden, S. 95-114.

Winter, Reinhard/Neubauer, Gunter (2004): Kompetent, authentisch und normal? Aufklärungsrelevante Gesundheitsprobleme, Sexualaufklärung und Beratung von Jungen. Eine qualitative Studie im Auftrag der BZGA, Köln.

Winterhager-Schmid (2004): »Generationenbeziehungen der Sorge. Fragen an die Zukunft des pädagogischen Generationenvertrags«, in: Hörster, Reinhard/Küster-Schapfl, Ernst-Uwe/Wolff, Stephan (Hg.), Orte der Verständigung. Beiträge zum sozialpädagogischen Argumentieren. Burkhard Müller zum 65. Geburtstag gewidmet, Freiburg im Breisgau, S. 173-186.

Woltersdorff, Volker (2003): »Queer Theory und Queer Politics«, in: *U-TOPIE kreativ*, 156, S. 914-923.

Woltersdorff, Volker (2005): Coming out – Die Inszenierung schwuler Identitäten zwischen Auflehnung und Anpassung, Frankfurt am Main und New York.

Wright, Michael T. (2003a): »Ungehorsam auch bei HIV/AIDS«, in: Deutsche AIDS-Hilfe e.V. (DAH) (Hg.), Compliance und antiretrovirale Therapie, AIDS-Forum, H. 37, Berlin, S. 15-59.

Wright, Michael T. (2003b): »AIDS-Hilfen auf dem Prüfstand. Evaluation im Gesundheitssektor«, in: *WZB-Mitteilungen*, Heft 101, S. 16-19.

Wright, Michael T. (2003c): Unraveling the complexity of HIV prevention. Reflections on finding out what works, Berlin.

Wright, Michael T. (2003d): Stricher und Stricherarbeit: Erkenntnisse aus Wissenschaft und Praxis. In: Deutsche AIDS-Hilfe e.V. DAH (Hg.), Prostitution, Prävention und Gesundheitsförderung, AIDS-Forum, H. 45, Berlin, S. 11-24.

Wright, Michael T. (2003e): »Wie kann die innovative Präventionsarbeit im Nichtregierungssektor evaluiert werden? Die AIDS-Hilfen als Beispiel«, in: Luber, Eva/Geene, Raimund (Hg.), Qualitätssicherung und Evidenzbasierung in der Gesundheitsförderung: wer weiß, was gut ist: Wissenschaft, Wirtschaft, Politik, BürgerInnen?, Frankfurt am Main, S. 127-133.

Wright, Michael T. (2003f): »Case Management und ›Advocacy‹: Erfahrungen aus der US-amerikanischen Sozialarbeit für Menschen mit HIV und AIDS«, in: Ewers, Michael/Schaeffer, Doris (Hg.), Bern, Göttingen, Toronto, Seattle, S. 145-159.

Wright, Michael T. (2004): »Partizipative Qualitätssicherung und Evaluation für Präventionsangebote in Settings«, in: Rosenbrock, Rolf/Bellwinkel, Michael/Schröer, Alfons (Hg.), Primärprävention im Kontext sozialer Ungleichheit. Wissenschaftliche Gutachten zum BKK-Programm ›Mehr Gesundheit für alle‹, Bremerhaven, S. 297-346.

Wright, Michael T./Block, Martina (2005): Bestandsaufnahme der Aktivitäten der AIDS-Hilfen zu Evaluation und Qualitätssicherung in der Primärprävention, Berlin.

Yekani, Elahe Haschemi/Michaelis, Beatrice (2005): »Vorwort«, in: Yekani, Elahe Haschemi/Michaelis, Beatrice (Hg.), Quer durch die Geisteswissenschaften. Perspektiven der Queer Theory, Berlin, S. 7-16.

Zander, Helmut (1988): Der Regenbogen: Tagebuch eines AIDSkranken, München.

Ziegler, Holger (2001): »Prävention – Vom Formen der Guten zum Lenken der Freien«, in: Widersprüche, Heft 79, S. 7-24.

Ziegler, Holger (2003): Jugendhilfe als Prävention – Die Refiguration sozialer Hilfe und Herrschaft in fortgeschritten liberalen Gesellschaftsformationen. Dissertationsschrift, Universität Bielefeld, Bielefeld.

Zink, Christoph (1994): »Was ist ›besonders‹ an HIV und AIDS?«, in: Dressler, Stephan/Beier, Klaus-Michael (Hg.), AIDS und Ethik, Berlin, S. 99-114.

Zinn, Alexander (2005): »Szenarien der Homophobie. Apologeten und Vollstrecker«, in: Heitmeyer, Wilhelm (Hg.), Deutsche Zustände, Folge 3, 3, Frankfurt am Main, S. 207-219.

# Pädagogik

Christian Schütte-Bäumner
**Que(e)r durch die Soziale Arbeit**
Professionelle Praxis in den AIDS-Hilfen
August 2007, 304 Seiten, kart., 29,80 €, ISBN: 978-3-89942-717-2

Johannes Giesinger
**Autonomie und Verletzlichkeit**
Der moralische Status von Kindern und die Rechtfertigung von Erziehung
Juli 2007, 218 Seiten, kart., 23,80 €, ISBN: 978-3-89942-795-0

Felicitas Lowinski
**Bewegung im Dazwischen**
Ein körperorientierter Ansatz für kulturpädagogische Projekte mit benachteiligten Jugendlichen
Juli 2007, 242 Seiten, kart., 25,80 €, ISBN: 978-3-89942-726-4

Kathrin Audehm
**Erziehung bei Tisch**
Zur sozialen Magie eines Familienrituals
Juni 2007, 226 Seiten, kart., 24,80 €, ISBN: 978-3-89942-617-5

Fabian Lamp
**Soziale Arbeit zwischen Umverteilung und Anerkennung**
Der Umgang mit Differenz in der sozialpädagogischen Theorie und Praxis
April 2007, 258 Seiten, kart., 25,80 €, ISBN: 978-3-89942-662-5

Paul Mecheril, Monika Witsch (Hg.)
**Cultural Studies und Pädagogik**
Kritische Artikulationen
2006, 322 Seiten, kart., 28,80 €, ISBN: 978-3-89942-366-2

Peter Kossack
**Lernen Beraten**
Eine dekonstruktive Analyse des Diskurses zur Weiterbildung
2006, 218 Seiten, kart., 25,80 €, ISBN: 978-3-89942-294-8

Autostadt GmbH (Hg.)
**DENK(T)RÄUME Mobilität**
Bildung – Bewegung – Halt
2005, 176 Seiten, kart., 17,80 €, ISBN: 978-3-89942-357-0

Thorsten Kubitza
**Identität – Verkörperung – Bildung**
Pädagogische Perspektiven der Philosophischen Anthropologie Helmuth Plessners
2005, 352 Seiten, kart., 28,80 €, ISBN: 978-3-89942-318-1

Andrea Liesner, Olaf Sanders (Hg.)
**Bildung der Universität**
Beiträge zum Reformdiskurs
2005, 164 Seiten, kart., 18,80 €, ISBN: 978-3-89942-316-7

**Leseproben und weitere Informationen finden Sie unter:**
**www.transcript-verlag.de**

## Pädagogik

Ellen Schwitalski
**»Werde, die du bist«**
Pionierinnen der Reformpädagogik. Die Odenwaldschule im Kaiserreich und in der Weimarer Republik

2004, 394 Seiten,
kart., 28,80 €,
ISBN: 978-3-89942-206-1

Thomas Brüsemeister,
Klaus-Dieter Eubel (Hg.)
**Zur Modernisierung der Schule**
Leitideen – Konzepte – Akteure
Ein Überblick

2003, 426 Seiten,
kart., 26,80 €,
ISBN: 978-3-89942-120-0

Thomas Höhne
**Pädagogik der Wissensgesellschaft**

2003, 326 Seiten,
kart., 25,80 €,
ISBN: 978-3-89942-119-4

Werner Friedrichs,
Olaf Sanders (Hg.)
**Bildung/Transformation**
Kulturelle und gesellschaftliche Umbrüche aus bildungstheoretischer Perspektive

2002, 252 Seiten,
kart., 24,80 €,
ISBN: 978-3-933127-94-5